U0909977

珍藏本
纪念版

汉译世界学术名著丛书

东南亚的贸易时代：1450-1680年

第二卷

扩张与危机

〔澳〕安东尼·瑞德 著

孙来臣 李塔娜 吴小安 译

商务印书馆
SINCE 1897 The Commercial Press

2017年·北京

Anthony Reid
SOUTHEAST ASIA IN THE AGE OF COMMERCE 1450 - 1680
Volume Two: Expansion and Crisis

（本书根据耶鲁大学出版社 1993 年版译出）

汉译世界学术名著丛书
（120年纪念版·珍藏本）
出版说明

2017年2月11日，商务印书馆迎来120岁的生日。120年前，商务印书馆前贤怀揣文化救国的理想，抱持“昌明教育，开启民智”的使命，立足本土，放眼寰宇，以出版为津梁，沟通中西，为中国、为世界提供最富智慧的思想文化成果。无论世事白云苍狗，潮流左右激荡，甚至战火硝烟弥漫，始终践行学术报国之志，无改初心。

迻译世界各国学术名著，即其一端。早在20世纪初年便出版《原富》《天演论》等影响至今的代表性著作，1950年代后更致力于外国哲学和社会科学经典的译介，及至1980年代，辑为“汉译世界学术名著丛书”，汇涓为流，蔚为大观。丛书自1981年开始出版，历时三十余年，迄今已推出七百种，是我国现代出版史上规模最大、最为重要的学术翻译工程。

丛书所选之书，立场观点不囿于一派，学科领域不限于一门，皆为文明开启以来，各时代、各国家、各民族的思想与文化精粹，代表着人类已经到达过的精神境界。丛书系统译介世界学术经典，引领时代思想，为本土原创学术的发展提供丰富的文化滋养，为推动中国现代学术和现代化进程做出了突出的贡献。

为纪念商务印书馆成立120周年，我们整体推出“汉译世界学术名著丛书”120年纪念版的珍藏本，寄望既利于文化积累，又便于研读查考，同时向长期支持丛书出版的译者、编者和读者致以敬意。

两甲子后的今天，商务印书馆又站在了一个新的历史时间节点上。我们不仅要铭记先辈的身影和足迹，更须让我们的步伐充满新的时代精神。这是商务人代代相传的事业，更是与国家和民族的命运始终紧密相连的事业。我们责无旁贷，必须做好我们这代人的传承与创造，让我们的努力和成果不仅凝聚成民族文化的记忆，还能成为后来人可以接续的事业。唯此，才能不负前贤，无愧来者。

商务印书馆编辑部

2017年10月

献 给 海 伦

目　　录

地图、表格和插图

地图

表格

插图

序　　言

五年前，在本书第一卷出版时，我已经就本研究的宗旨进行了 xiii
说明。在此，我谨为第二卷的姗姗来迟而深表歉意。

读者可以单独阅读本卷，它旨在探讨贸易时代作为一个历史时期对东南亚地区的意义。但是，与出版于 1988 年的第一卷，即《东南亚的贸易时代：1450—1680 年——季风吹拂下的土地》一起，这两卷旨在共同展示一部东南亚“整体历史”的风貌，在这里，饮食、健康和娱乐与战争、王朝和外商同样重要，无分轩轾。

本书第一卷描述东南亚地区物质和社会生活的架构，而第二卷则勾画一个导致该架构发生巨变的重要时期。但是，继承与变化互为表里，难以区分。生活的架构在不断变化，但这种变化非常缓慢，在短期内经常不易察觉。而另一方面，尽管在一些重大事件中，城市毁为灰烬，人民被迫流亡，但东南亚人所特有的那种彼此互动的方式，以及他们与自然环境之间的关系却顽强留存下来，并不断得到调整。

读者很快就会发现，“贸易时代”在本书不同的地方有不同的诠释。在第一章，我将讨论贸易方面的史料，旨在揭示该时代肇始于 1400 年前后、而在 1570 年至 1630 年这段时间达到巅峰。第五章将考察导致贸易时代结束的一系列危机。我的结论是，虽然该

xiv 时代的脉络直到17世纪中叶仍然清晰可见,但贸易时代象征性的转折点是1629年,而到了17世纪80年代,这一时代才在剧痛中终结。

尽管如此,该书封面上的1450—1680年这一时期反映了本书的实际内容。虽然我们有种种理由将1400年作为贸易持续发展的开端,但巧妇难为无米之炊,15世纪史料的极度缺乏使我无法撰写那一段本人孜孜以求的历史。我希望这种史料多寡不均、前后不匀的情况起码说明这样一个明显的事实,即历史分期的目的是为了解决具体的历史问题,如果问题变了,那么分期也必须随之而变。

和世界上其他广袤的地区一样,东南亚地区各地情况也千差万别。尽管本书勾画了整个东南亚地区历史中的律动,但不同民族和不同地方所受影响不尽一致。海洋贸易、银币铸造、新式武器、城市生活以及与此相关联的价值观念和政治制度对城市的影响自然大于乡村,对海岛和河口的影响自然大于山间要塞,对贸易孔道的影响也自然大于种植稻米的平原地区。专门探讨一个国家或文化的国别史,特别是在那些边陲地区(例如,越南北部和缅甸北部),比较容易察觉出不同的历史律动。读者可以通过第三章看出本书在论述方面的详略不一:伊斯兰教和基督教与佛教所带来的变化就非常不同。不过,就整个东南亚地区来讲,其一致性仍然跃然纸上,而且所考察的地区越广,这种一致性就越清晰可见。虽然国际贸易的大潮对东南亚居民的影响程度不尽相同,但所有人都饱经这场大潮的洗礼,无一例外。曾几何时,在学术研究中有一种观点甚嚣尘上,认为东南亚社会专制主义盛行、历史静止不变、经济自给自足，但贸易时代的史料则证明这种观点大错特错。

为了重现东南亚在近世[1]世界史中的地位，我们有必要将不同地方、不同时间所使用的度量衡制度进行换算，使人一目了然。为此，重量和长度一律使用公制，而货币则用白银来计算（见附录“度量衡与货币”）。但是，我将换算结果四舍五入后而得出的大概的数字并非十分精确。在大多数情况下，原文史料中的原始估计本来就只是估计而已，而所有度量衡之间的互换值以及货币和白银的比值也都因地因时而异。很自然，这些估计充其量只能大致标明贸易规模的大小和长时段的涨落而已。

一般来讲，本书都采用当时的地名，但采用现代的拼法。暹罗
和交趾支那是外国人使用的两个地名，用来指东南亚大陆地区的 xv
两个国家，比使用现代的国家名称泰国或［中部］越南要更合适。[2]与此相反，对于东南亚地区的民族，本书则一律使用现代名称，包括印度尼西亚人、菲律宾人、泰国人和分布广泛的语族泰人。为了表明东南亚地区内部的地理和文化分区，本书使用大写的“大陆地区”（Mainland，包括现在的缅甸、泰国、老挝、柬埔寨和越南）与“海岛地区”（Archipelago，包括今天的马来西亚、印度尼西亚和菲律宾）。

在引用史料方面，本卷和第一卷一样，在行文中仍然标明原作

[1] “近世”原文为“early modern”，为当代历史研究中的重要分期。在欧洲指1450—1750年这一时期，而在东南亚则大概指1350/1400—1830年这一阶段。考虑到中文尚无固定译法，现借用日语“近世”这一流行用法。在日本史上“近世”主要指江户时代（1603—1867）。——译注

[2] 在行文中，原作者有时仍使用“Thailand”一词，译文即照直翻译为“泰国”。——译注

者姓名和首次出版日期,或者在有些情况下,标明史料撰写日期。所有其他有关史料的详细情况,包括英文和荷兰文档案史料的馆藏场所,都在“引用书目”中一一列出。在此,本作者再次感谢所有那些编辑、抄写和翻译这些史料的学者们。读者只要细心浏览该书所引用的书目,就能真正体会到本作者对这些学者们的感激之情实在是难以言表。

自从本书第一卷出版问世以来,有更多的学者和机构都为本人提供了巨大的帮助。澳大利亚国立大学继续慷慨支持本人的研究;确实,能够为撰写这样的著作提供这样的条件的地方在全世界都可谓凤毛麟角。此外还感谢下列机构为我提供宝贵的时间和条件,使我可以从容研究:1987 年,巴黎社会科学高等学院;1987 年,牛津大学万灵学院;1989 年,华盛顿大学与洛克菲勒基金会;1990 年,伦敦大学东方与非洲学院;1991 年,我第二次前赴位于谢波罗尼山庄(Villa Sherbelloni)的洛克菲勒基金会从事研究。没有上述机构的支持,该书的写作可能还会延宕时日。

下列学者帮助查找资料、交流观点、提出中肯意见,在此我一并表示感谢:彼得·博姆高(Peter Boomgaard),约翰·鲍恩(John Bowen),珍尼弗·布鲁斯特(Jennifer Brewster),哈罗德·布鲁克菲尔德(Harold Brookfield),亨利·尚贝尔-卢瓦尔(Henri Chambert-Loir),陈希育,布鲁斯·克鲁克香克(Bruce Cruikshank),迪拉瓦·纳·庞贝加(Dhiravat na Pombejra),托尼·迪勒(Tony Diller),丹·德普尔斯(Dan Doeppers),罗拉·杜利(Laura Dooley,耶鲁大学出版社),汉弗莱·费希尔(Humphrey Fisher),康乃尔·弗莱舍(Cornell Fleischer),玛丽·格罗(Mary

Grow),伊藤武志,石井米雄,查里斯· 凯斯(Charles Keyes),安·库马(Ann Kumar),吕尔代· 拉尔霍芬(Ruurdje Laarhoven),李塔娜,德尼·隆巴尔(Denys Lombard),皮埃尔-伊夫·芒甘(Pierre-Yves Manguin),大卫·马尔(David Marr),莫倚梅(Mo Yi-mei),貌貌纽(Maung Maung Nyo),理查德·奥康纳(Richard O'Connor),诺曼·欧文(Norman Owen),伯伊班· 敖西瓦坦(Peuipanh Ngaosyvathn),克雷格·雷诺兹(Craig Reynolds),M. C. 李克莱弗斯(M. C. Ricklefs),迈克尔·萨默菲尔德(Michael Summerfield),科里斯托夫·韦克(Christopher Wake)。大英图书馆的帕特里夏· 赫伯特(Patricia Herbert)、安娜贝尔·盖洛普(Annabel Gallop)、亨利·金斯伯格(Henry Ginsburg),博德利安(Bodleian)图书馆的多丽丝·尼科尔森(Doris Nicholson) 鼎力相助,提供手稿材料;在澳大利亚国立大学,伊恩·海沃德(Ian Heyward)和奈杰尔·达菲(Nigel Duffy)帮助绘制地图,而大卫·布尔贝克(David Bulbeck),朱莉·戈登(Julie Gordon),多萝西·麦金托什(Dorothy McIntosh),克里斯·罗杰斯(Kris Rodgers),祖德·沙纳汉(Jude Shanahan),陈丽真(Tan Lay-cheng)和伊夫琳·温伯恩(Evelyn Winburn)也在方方面面鼎力相助。

第一章　贸易时代:1400—1650 年

1　贸易对东南亚地区一向都是生死攸关。风下之地地理条件优越,地处中国(有史以来最大的国际市场)与印度、中东和欧洲之间的海上贸易孔道,每逢国际贸易的大潮汹涌澎湃之际,该地区就成为乘风破浪的弄潮儿。早在古罗马时代和汉朝,东南亚地区的产品,诸如丁香、肉豆蔻、檀香木、苏木、樟脑和虫胶,就被输往国际市场。既然如此,我们又为何单单将 15 至 17 世纪挑选出来、视其为一个由贸易主导的历史时期呢?

首先,“漫长的 16 世纪”的持续繁荣不仅影响了欧洲和地中海东岸地区,也影响了中国和日本,也许还有印度;其中东南亚地区也扮演了至关重要的角色。费尔南·布罗代尔(Braudel 1979 Ⅱ:408)坚持认为,胡椒、丁香和肉豆蔻这些远程贸易的最重要商品(除金银外)直接促进了商业资本主义的形成;而这些商品均产于东南亚。其次,在这一时期,东南亚的商人、君王、城市和国家,无论在源于本地还是在流经该地区的贸易中都处于中心和主导地位。在此期间,一系列贸易中心在风下之地应运而生,如勃固、阿瑜陀耶、金边、会安(海铺)①、马六甲、北大年、文莱、巴赛、亚齐、万

① “海铺”原文为 Faifo。西方文献中的 Faifo 应源于 Haifo(海铺),而 Haifo 则可能源于 Haipho 或 Hoaipho(花铺),意思为“花江上的港口”。Faifo 与 Hoi An Pho(会安铺)通用。——译注

丹、扎巴拉、锦石和望加锡。直到欧洲人控制的桥头堡(比如1511年以后的葡属马六甲和1571年以后的西属马尼拉,特别是1619年以后的荷属巴达维亚)建立并逐渐取代这些城市在远程贸易中的关键地位之前,它们都是风下之地经济生活、政治权力和文化创新的中心。

本书通过这一重要时期的历史来演示当代东南亚社会的演变 2
过程。在本章中我将用经济数据来说明和界定贸易时代,因为这是将东南亚地区与世界上其他地区进行比较的唯一可行办法。此后的章节将在经济迅速变化的大背景之下,逐一考察城市化、商业组织、宗教制度和价值观念以及国家组织方面所发生的天翻地覆的变化。用布罗代尔的话说,如果本书第一卷探讨的是历史深层结构的暗流,那么本卷描述的就是这些暗流如何浮现到历史表层,创造出波澜迭起、惊心动魄的政治风云和军事事件。最后一章将探讨17世纪中期东南亚所面临的深刻危机,并考察这场危机所带来的长期后果。

香料和胡椒

> 马来商人说,上帝赐予帝汶檀香木,赐给班达肉豆蔻衣,赐给马鲁古丁香。除了这几个地方外,世界上没有任何地方能够获得这些商品。
>
> ——Pires 1515:204

从东南亚贸易的整体上看,吸引商人们从世界的另一端前

来贸易的香料实在微不足道。在巽他大陆架平静的海面上往返游弋的商船上，运载更多的是稻米、食盐、腌鱼或干鱼、棕榈酒、

3

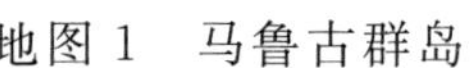

地图 1　马鲁古群岛

纺织品和金属器皿这样的大宗物品。香料贸易之所以重要,既是因为其中利润巨大,也是因为前来寻找香料的商人为港口和产地所带来的其他货物。因此,香料数量最小,但在这些贸易中心的发展中所起的作用却异常巨大。作为衡量贸易涨落的指标,香料还有其他好处。首先,由于在欧洲,人们对香料兴趣盎然,关于香料数量和价格的记载就相对丰富;其次,因为丁香、肉豆蔻和肉豆蔻衣只产于印度尼西亚东部,所以那些运抵欧洲的香料都要途经从马鲁古到地中海的所有商道;最后,和东南亚许多其他林产品不同,香料可以由人们根据出口需求而进行大规模种植。

在贸易中被叫做“指甲”香的是热带常绿植物丁香树(学名为 Szgium aromaticum 或 Caryophullus aromaticus)的干花蕾。一棵丁香树在好年头可产 34 公斤丁香。在 1770 年垄断被打破前,只有马鲁古一地出产丁香。16 世纪最早的记载说,只有在哈马黑拉
岛西岸附近的特尔纳特、蒂多雷、马基安、莫蒂(Motir)这些小岛上 4
才种植丁香,而在较大的巴占岛上也刚刚开始种植(Pires 1515:214—219;Pigafetta 1524:79)。在 16 世纪,香料种植继续向南传播,到达安汶岛和塞兰岛,而 17 世纪时这些南部岛屿就成为香料生产的主要中心(地图 1)。

肉豆蔻树学名为 Myristica fragrans,所结的果仁为肉豆蔻,包裹果仁的表皮叫肉豆蔻衣。在 18 世纪之前,这种树只在塞兰以南、一群称为班达的小型岛屿上种植(插图 1a 和 1b)。

早在公元 10 世纪,开罗和亚历山大城的贸易资料中就提到丁香,偶尔也提到肉豆蔻和肉豆蔻衣(Goitein1967:253,357;Ashtor

1969:139—140;Goitein 1973:224—226,257)。但在欧洲,直到14 世纪末叶,这些香料都非常罕见,也极其昂贵。早在唐代,中国人就知道丁香和肉豆蔻的存在,但在 15 世纪前仍然极少使用。

我们从汪大渊 1349 年的著述中得知(引自 Rockhill 1915:259—260),中国商船在 14 世纪 40 年代定期访问马鲁古,购买少量丁香:“其树满山,然多不常生。”相反,15 世纪初郑和下西洋,舰队浩浩荡荡,文献记载丰富,但对马鲁古却只字未提,反映出中国商船在 14 世纪对马鲁古的访问为期短暂。特尔纳特和蒂多雷人正是这样告知葡萄牙人的:由北而来的中国商船最早来到这些岛屿,特尔纳特和蒂多雷人的先辈们正是从他们那里了解到丁香的价值。后来,爪哇人和马来人步中国人后尘,自南而来,而中国人则不再前来(Galvão 1544:79—81;Barros 1563 III,i:577—579)。尽管特尔纳特语中有自己的专有名称来称呼丁香,但马来语(还有爪哇语、望加锡语和他加禄语)都借用汉语“cengkeh”一词。[①] 直到 1500 年,讲马来语的人都一直使用该词(Pigfetta 1524:72,83;Edwards and Blagden 1931:725);而这条证据可以帮助说明这样一个变化:即大约在 1400 年左右,中国人就不再直接从马鲁古购买丁香,而中国对丁香的需求则由马来和爪哇商人来满足。由于郑和下西洋时有一些士兵滞留不归,又由于中国移民在印度尼西亚贸易中占有举足轻重的作用,如果说这些马来和爪哇商人本身就具有某些中国血统,那也是毫不奇怪的(Reid 1992:181—198)。

① 普通话中为指甲,广东和闽南话中为 zhen ga。

5

插图 1a　肉豆蔻树。

插图 1b　荷兰画家笔下 1599 年班达人向荷兰商人出售肉豆蔻的情景。

1400 年前后,出口到中国和欧洲的马鲁古香料数量突然激增,而在 15 世纪则缓慢增长;而 15 世纪实际的情形更可能是,15

世纪中期香料出口下降,而15世纪后期则猛增(见下文)。我们需要利用马鲁古的资料来印证这种增减的趋势。尽管托梅·皮雷斯
6 (Tomé Pires 1515:219)未曾到过马鲁古群岛,但有人告诉他,一直到1500年前后,在巴占岛内地,原本野生而无人问津的丁香树却很快发展成为栽培植物,“就像野生梅子成为栽培梅子、野生橄榄成为栽培橄榄那样”。皮雷斯对各个岛屿在“正常年景下”香料年产量的估计却高到有些令人难以置信。[①] 和其他产量估计一样,皮雷斯的过高估计可能是下列原因造成的:第一,香料种植每四年只有一次丰年(Galvão 1544:137;van den Broecke 1634 I:68;Knapp 1987:229),而皮雷斯的估计很可能是根据丰年的产量;第二,受战争的影响,一些商道梗阻不通,使得某些货物囤积并造成高产的印象;第三,统治者们为了竞争,喜欢夸大自己拥有的香料数量,并说能提供多少多少香料等等。但是,葡萄牙人在马六甲的贸易估计也表明,在1512年葡萄牙人干预印度尼西亚东部香料贸易前夕,香料出口额的确非常巨大。那时,马鲁古群岛很可能有能力为全世界提供丁香和肉豆蔻,但商道上的战争和抢掠造成

① 所有这些加起来为丁香和肉豆蔻各1000吨,肉豆蔻衣180吨(Pires 1515:206,213,217)。这些数字有可能是将各岛最大产量相加所得,但实际上各年产量极不稳定。尽管如此,皮雷斯所估丁香产量6000巴哈尔似乎成为权威的数字,为后来学者反复引用,例如,利贝罗(Rebello)在1570年和利耶尔·科内里斯(Reyer Cornelisz)在1599年都引用过,而后者使用的是葡萄牙史料。皮加费塔(Pigafetta 1521)和科恩(Coen 1614)估计每年为460吨,则更切合实际。在17世纪20年代和50年代,荷兰东印度公司对安汶地区(这时香料种植已转移到该地区)香料产量的估计为200吨到300吨(Meilink-Roelofsz 1969:352—353;Knapp 1987:13,20,233—234)。

了香料贸易的大起大落。

安东尼奥·皮加费塔（Antonio Pigafetta 1524：79）曾访问过丁香种植历史最悠久的岛屿之一蒂多雷，在那里，他了解到，在穆斯林开始抵达特尔纳特和蒂多雷（他估计大约在 1470 年前后）之前，马鲁古人“根本没有把丁香当回事”。但实际上，我们知道，可能从 14 世纪中叶、当马鲁古和安汶成为满者伯夷的属国时期、当特尔纳特的史书刚刚开始记载一些半伊斯兰化国王的名字时（de Clercq 1890：148—149），爪哇人（包括一些穆斯林）就已经开始驾船前来马鲁古购买丁香（*Nagara-kertagama* 1365：17；Pires 1515：174）。然而在某种程度上皮加费塔的看法有可能是正确的，因为爪哇-穆斯林文化对特尔纳特有系统的影响（例如，特尔纳特人将他们的铸币、文字、宗教、音乐和法律，“以及他们所有其他的好东西”都归功于这种影响）（Galvão 1544：105）似乎都是从 15 世纪后半叶才开始的（前揭书：83—85；Pires 1515：213；de Clercq 1890：148—149）。尽管我们对班达所知不多，但爪哇穆斯林商人开始频繁访问班达群岛的时间似乎比他们前赴丁香群岛的时间还要晚些。 7

卢多维科·德·瓦尔塔马（Ludovico de Varthema 1510：244）声称，他曾经于 1505 年到过班达群岛，但他实际上可能不过是抄袭旧的二手材料。他描述说，班达人是尚未开化的异教徒，“形同禽兽”；如果有人需要，他们就到森林里的野树上去采点肉豆蔻。皮雷斯（Pires 1515：206—207）和巴尔博扎（Barbosa 1518 II：197）报告说，在班达的数千居民中，穆斯林居住在海岸地区，而住在内地的则是精灵崇拜者。皮雷斯又说，班达人在 15 世纪 80 年代才开始皈依伊斯兰教，爪哇和马来商人贩运过来的棉布“对他们来说还很稀罕”，所以他们都对这些商人崇敬有加、奉若神明。尽管欧洲方面的数据（见下文表格 3）显示香料出口在 14 世纪 90 年代开始起飞，香料产地的资料则暗示，强劲增长从 1470 年前后才开始，这与马六甲港口的繁荣正好暗合；毫无疑问，这时候的香料更多是出口到亚洲而非欧洲市场。

尽管胡椒比马鲁古香料便宜很多，但因为其出口额大十倍，所以胡椒对经济的发展至关重要。在 16 和 17 世纪，从重要性来讲，胡椒名列东南亚出口货物的榜首。不过，胡椒是经济作物，种植的目的就是为了出口；在决定种植后，椒农需要精心看管三年，然后才能收获，这就需要从其他作物上挪用时间和资金。为了市场需求，成千上万的东南亚人种植、贩卖胡椒，这是繁荣的贸易所带来的最明显的经济效果之一。

当然，其他地方也出产胡椒。圆胡椒或黑胡椒（学名为 Piper nigrum）为贸易大宗，原产于印度西南部马拉巴尔海岸的喀拉拉（Kerala），中世纪的欧洲和阿拉伯旅行家称该地区为“胡椒国”（插图 2）。在 12 世纪，中国史料开始认为胡椒为爪哇所产，不过赵汝适（Chau Ju-kua 1250：223）在其游记的一条注释中提醒说，“或曰……无离拔国至多，番商之贩于阇婆，来自无离拔也”（参见 Wheatley 1959：100—101）。[①] 室利佛逝的产品中没有胡椒，当 1292 年马可波罗或 1355 年伊本·白图泰访问苏门答腊时也没有栽种。这样，15 世纪初的中国人在苏门答腊北部见到的胡椒（Ma Huan 1433：

① “无离拔”即指马拉巴尔。——译注

118；Rockhill 1915：155—156）很可能是在此前不久刚刚从印度或爪哇引进过来的。胡椒种植在苏门答腊兴旺发达，以至于最早的葡萄牙人史料估计，仅仅巴赛一地的胡椒产量就相当于马拉巴尔的一半，约1400到1800吨。皮雷斯认为，巴赛附近的另外一个苏门答腊港口皮迪尔所产的胡椒曾经比巴赛还要多，不过这时候皮迪尔出产只有500吨左右（Pires 1515：82，140，144）。根据皮雷斯的估计，东南亚出产的胡椒总量接近2500吨，而马拉巴尔的产量为3600吨。大约到1530年为止，这些胡椒中的绝大部分不是留在风下之地消费，就是被贩运到北方，去供应庞大的中国市场。

在16世纪，由于需求的增加，印度和东南亚的胡椒生产都在扩展。胡椒藤从马拉巴尔北上，传至卡纳拉（Kannara）；又从苏门答腊北部沿着该岛的西海岸传到米南加保的腹地，再越海至马来半岛（地图2）。在1500年前后，印度还在为几乎全欧洲和中东提供胡椒，仅仅60年之后，葡萄牙人就转而主要从风下之地购买胡椒，而重新恢复的红海商道上的胡椒更是大部分来自苏门答腊。在17世纪，荷兰、英国、中国和葡萄牙商人购买胡椒的激烈竞争集中在东南亚。印度的胡椒生产成本高出50%，而且，随着好望角航路的开拓，印度销往欧洲市场的胡椒又失去地理上的优势。到了17世纪后半叶，连印度自己都要从印度尼西亚进口胡椒（Glamann 1958：81，85；Arasaratnam 1986：107）。尽管英国东印度公司在印度尼西亚的地位不如荷兰人，在17世纪60和70年代它从 10
印度尼西亚岛屿进口的胡椒仍然高达五分之四（Glamann1958：84；

插图 2　1783 年马斯登(Marsden)描绘的胡椒藤。

Chaudhuri 1978:527—529)。这样,我们要得出的结论是,既然国际市场上所增加的对胡椒的所有需求都由东南亚地区供给,那么在 1520 年之后,东南亚的胡椒生产很可能增加了二到三倍。

到了 17 世纪,有关胡椒产量的估计不但多了起来,而且要比皮雷斯的估计更可信。1600 年前后，苏门答腊、马来半岛和西爪哇一共出产了 4500多吨的胡椒，仅万丹一地平常年景就能出产 2000 吨。在 1610 到 1670 年之间，胡椒生产区已经包括苏门答腊、马来半岛上的一些生产中心（吉打、北大年、宋卡和彭亨）以及婆罗洲的马辰。到 1630 年为止，这些地区的胡椒年总产量应该有 6000 吨之多，而 1670 年高峰期的总产量则达 8000 多吨，而那些欧洲人不

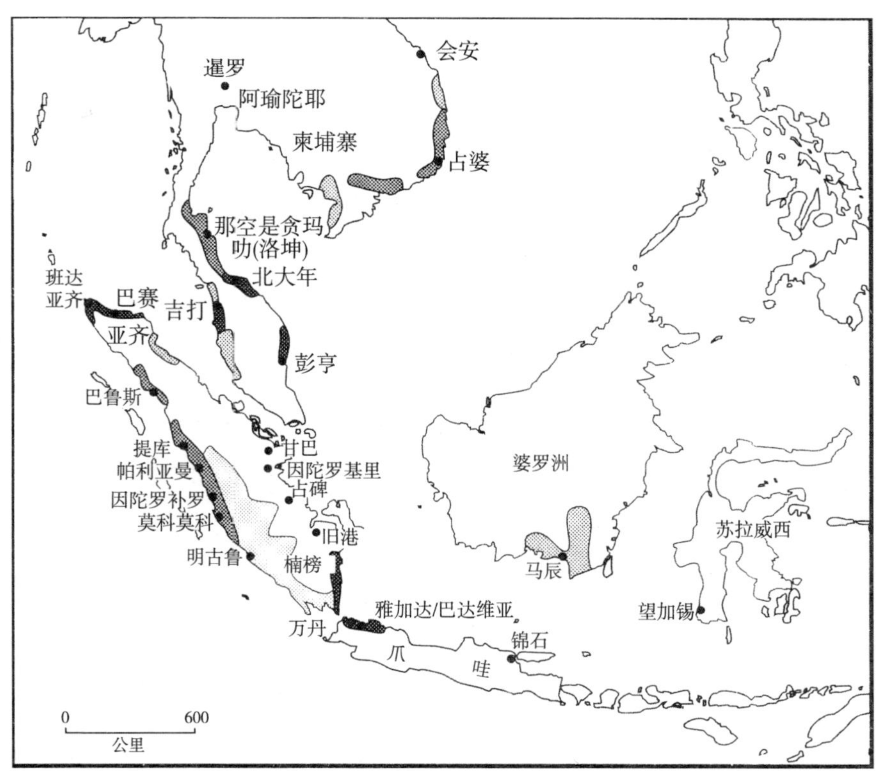

地图 2　胡椒种植面积的扩大

感兴趣的小生产中心还不计算在内(Reid 1990:17—19)。到了 17 世纪 50 年代,由于印度尼西亚胡椒是如此物美价廉而且又货源充足,荷兰人和英国人对印度胡椒也就很少问津了(Glamann 1958:81,84)。

1400 年前后贸易的起飞

> 朝闻收览沧海之由,务其负贩经商,乃以薄土……贵国朝混一海宇,仁育万物,其生之盛,非前代[可比]。①
>
> ——1468 年 9 月 1 日马六甲苏丹曼苏尔·沙致琉球国王的信;载 Kobata and Matsuda 1969:111

在贸易时代以前,特别是当中国经济繁荣或贸易政策宽松的时候,对东南亚货物的需求量就特别大。在 8 和 9 世纪,唐朝的贸易很可能导致了室利佛逝的崛起;在 13 世纪,宋代海上贸易以及十字军东征所引起的欧洲对东方奢侈品需求的增加,也同样促进了满者伯夷的繁荣。可是,当基督教和穆斯林在地中海东部地区的冲突与中亚的"蒙古和平"使贸易从海路改道、转到崎岖难行的陆路商道(即所谓的从中国到黑海的"丝绸之路")后,在 1370 年之前的几乎一个世纪,海路贸易曾经一度沉寂(地图 3)。1346 到
12 1348 年的黑死病与随之而来的人口减少降低了北半球对舶来品的需求。相对的贸易衰落反映在本时期东南亚地区中国瓷器遗存的缺乏,这种缺乏与大量发现的 1400 年以后的瓷器遗存恰成鲜明

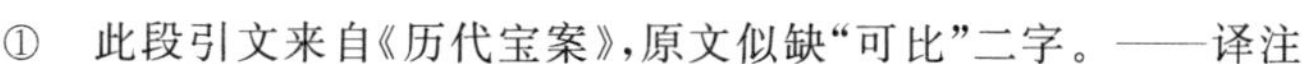

① 此段引文来自《历代宝案》,原文似缺"可比"二字。——译注

对照。

在 17 世纪以前,中国无疑是东南亚产品最重要的市场。马可波罗(Marco Polo 1298:209)曾宣称,凡在亚历山大城有一艘意大利船停泊,就有 100 艘满载香料的商船在中国港口刺桐(泉州)靠岸。尽管印度作为一个贸易伙伴对东南亚来说几乎同样重要,但中华帝国对南洋贸易政策的突然改变却总是导致东南亚对外贸易出现重大断层的主要原因。

从 14 世纪末叶开始,中国明朝呈现经济繁荣、人口增加的趋势,并一直持续了两个世纪。但因为明朝统治者屡屡实行海禁政策(当然,这种政策并非总是令行禁止),中国的繁荣并没有对东南亚立即产生影响。但是,毫无疑问,明朝永乐皇帝(1402—1424年)在位期间,官方组织贸易船队六下西洋,以及中国与此同时在越南和缅甸所进行的扩张,都刺激了对东南亚产品的需求。如果我们必须界定东南亚"贸易时代"的起点的话,那么由宦官郑和率领船队在 1405 年首次下西洋就是最佳选择。

毫无疑问,郑和下西洋刺激了东南亚对中国市场的商品生产。田汝康(T'ien Ju-kang 1981)指出,通过南洋贸易而贩运到中国的主要产品胡椒和苏木数量空前,在 15 世纪首次成为大众消费品;在政府的仓库里,胡椒和苏木堆积如山、积压过剩,政府只好用其来支付成百上千官员和士兵的薪水。郑和下西洋也可能导致了印度胡椒树传到苏门答腊北部,从而导致了随后为中国市场而生产的东南亚胡椒产量的急剧增加。此外,它也可能导致了 1400 年前后马鲁古香料出口的增长。阿瑜陀耶、马六甲、巴赛、文莱、锦石和淡目这些贸易城市早期的繁荣都部分归因于15世纪早期中国船队

40°
60°
80°
100°
120°
20°
0°
苏伊士
红
海
吉达
波斯湾
哈德拉毛
阿丹
阿拉伯海
古吉拉特
苏拉特
比贾布尔
果阿
卡利卡特
柯枝
科尔康达
科罗曼达尔
马苏里帕塔姆
普利卡特
纳格伯蒂讷姆
马尔代夫群岛
孟加拉
阿瓦
阿拉干
缅甸
勃固
阿瑜陀耶
暹罗
丹那沙林
北大年
彭亨
马六甲
柔佛
亚齐
巴赛
帕利亚曼
苏门答腊
旧港
万丹
淡目
巴厘
爪哇
印　度　洋
升龙
越南
柬埔寨
会安
占婆
广州
澳门
厦门
吕宋
马尼拉
棉兰老
文莱
苏禄
特尔纳特
马鲁古
苏拉威西
望加锡

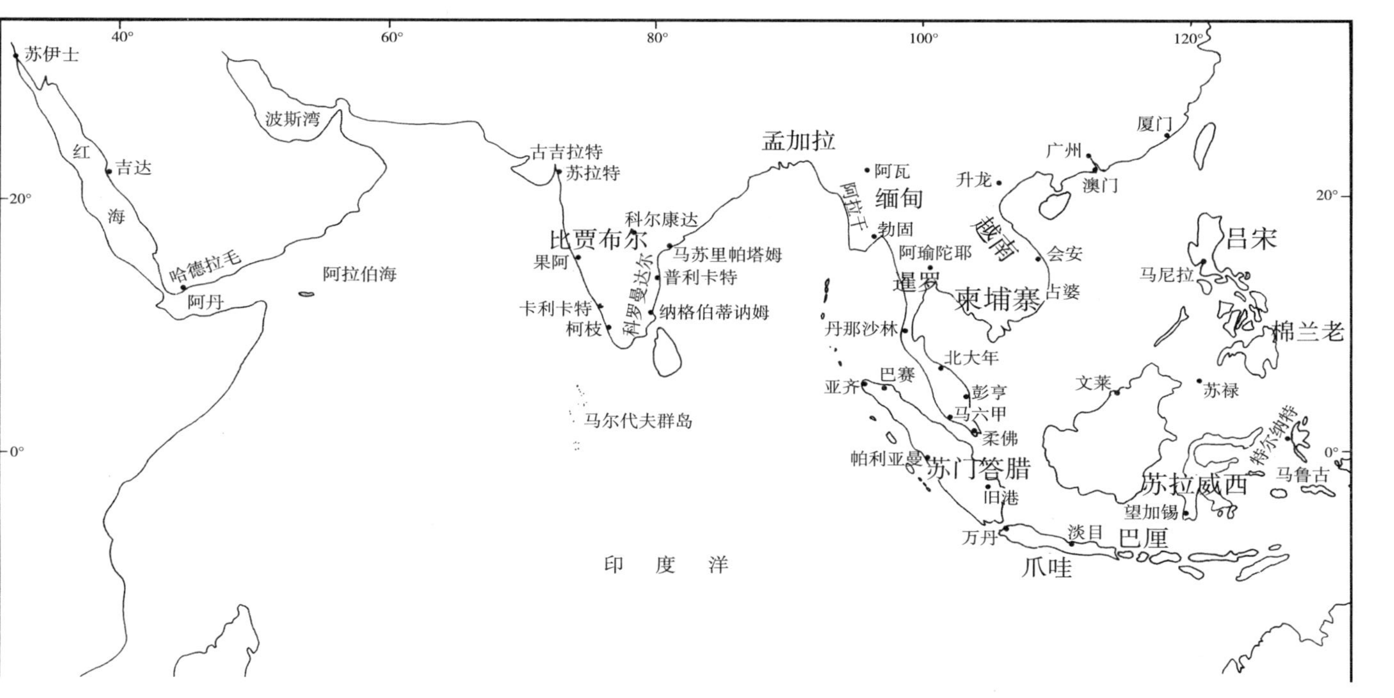

地图 3　印度洋贸易网络

在这些地方停泊贸易。明朝政策的逆转又使得几个重要的中国商人群体（大多是穆斯林）滞留在东南亚这些刚刚崛起的贸易港口。

中国对越南的短期军事干涉（1406—1427 年）及其在北部掸邦 13
地区的长期扩张都大大提高了该地区金银和其他矿产的开采量。根据有关统计，这些扩张使得中国的白银产量在 15 世纪初叶高达每年 36 吨，而一个世纪之后，年产量却降到区区 4 吨（Deyell 1983：222—224；Moloughney and Xia 1989：56—57）。虽然郑和的船队从没有到过缅甸，但缅甸也感受到海路贸易加快的脉搏。新兴港市叶城（在马达班南部）于 1438 年开港；而根据一部孟族史书的记载，勃固信绍布女王（1453—1472 年在位）登基伊始，万象更新，四方商贾“会聚云集，奇装异服随处可见，人人身着精美服装，居民生活富裕安康”（Lieberman 1984：22）。

无独有偶，欧洲在黑死病过后社会经济得到恢复，人口增长，物价上扬，对舶来品的需求也急剧增加，这与上述中国的情况非常类似。1345 年，威尼斯和埃及马穆鲁克的统治者签订贸易条约，但因为教皇仍然反对与敌手撒拉逊人进行贸易[①]，在一段时期内，威尼斯船队无法前往亚历山大城。14 世纪后半叶，马穆鲁克王朝加强了对至亚历山大城、贝鲁特和大马士革陆路商道的控制。亚洲产品通过红海和波斯湾港口经陆路商道运抵地中海地区，在这些商道逐渐畅通的同时，中亚的陆路商道却衰落了。因此，在 14 世纪的最后 20 年，威尼斯贸易繁荣，开罗的香料商（卡里米）也开始大显身

① 撒拉逊人（Saracen）主要指在十字军东征时期的阿拉伯人或伊斯兰教徒。——译注

手。通过经营印度和东南亚的产品,这些卡里米商人腰缠万贯、富可敌国(Lapidus 1967:23—24,121—126;Ashtor 1976:325—328)。[①]

尽管欧洲的进口只占东南亚市场的一小部分,但这方面的数字却最为详尽。早在 1390 年至 1404 年这一时期,意大利的贸易代理就将每年从马穆鲁克王朝的港口亚历山大城和贝鲁特转运到威尼斯、热那亚和巴塞罗那的东方产品进行登记,这样,从这一时期开始,就有欧洲进口马鲁古香料数量的系统记载。尽管对 15 世纪的大部分时间来说,这些记载支离破碎、用途有限,但从 1496 年起,比较系统的资料开始出现,其间也包括了葡萄牙人涉足香料贸易后所带来的影响。

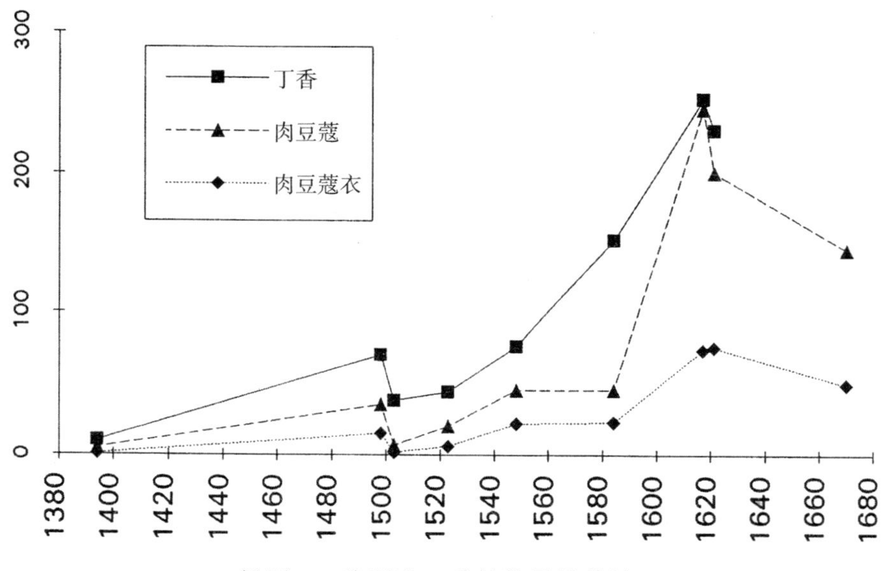

插图 3　欧洲进口香料数量的估计。

① 卡里米(Karimi)为中世纪埃及的重要商人集团,主要从事香料和胡椒贸易,足迹远至中国,14 世纪初叶达到鼎盛。——译注

虽然这些资料对某些年份缺乏记载，但在进行平均、权衡之后，我们可以看到，从14世纪90年代到1399—1405年间，丁香进口额跃升至约30吨，肉豆蔻10吨；此后，15世纪缓慢增长（毫无 14
疑问，这期间曾经有剧烈的波动起伏，但已经无迹可寻），而到15世纪末叶，丁香进口额约为75吨，肉豆蔻为37吨，肉豆蔻衣为17吨（Ashtor 1979；Wake 1979；Reid 1990；插图3）。

自1499年起，葡萄牙人驾船闯入印度洋，大肆击沉或抢掠穆斯林商船，兴旺繁荣的香料贸易因此受到严重影响。在1502—1520年的长达近20年的时间里，没有任何马鲁古的香料通过中东运抵意大利港口。当然，威尼斯在1499年与奥斯曼帝国的冲突和在1505—1508年与埃及的冲突，以及在奥斯曼帝国于1517年征服埃及前马穆鲁克王朝的动荡不安，都在短期内影响了香料的进口（Lane 1933：13—14；Magalhães-Godinho 1969：701—702，713—728）。但是，主要是因为印度洋历史悠久的穆斯林商人和港口在葡萄牙人手中受到重创，才使得运抵欧洲（可能还有印度）的东南亚产品在16世纪的前30年中寥若晨星。在1511年占据东南亚著名港口马六甲之前，葡萄牙人自己运抵欧洲的香料不及穆斯林船队运输量的四分之一。从1513年到16世纪30年代，葡萄牙人时来运转，平均每年转运30多吨的丁香和10吨的肉豆蔻，从而主宰了欧洲市场；虽然仍有一些香料经中东商道转运，但数量有
限，而且时涨时落。在1500年前后的波动之后，胡椒出口欧洲的 15
增长趋势与香料非常相似，只是在1530年之后东南亚的出口量才开始大幅度增加（Magalhães-Godinho 1969：701—718；Wake 1979；Reid 1990：26—27）。

潘尼迦(Panikkar 1953)曾将 1498 年以后的时期称为“瓦斯科·达伽玛时代”。但鉴于以上论述,我们必须将东南亚的贸易时代同瓦斯科·达伽玛时代严格区分开来。与这种观点恰恰相反的是,无论我们考察地中海还是中国市场的资料,对东南亚产品需求的增长都似乎是在 1400 年前后突然开始,而 1500 年至 1530 年的中断期也清晰可见。

要搞清楚这期间的贸易走势,殊非易事。尽管中国严禁私人贸易,但在 15 世纪,前赴南洋的中国商船似乎仍在增加。究其原因,其中有二。第一,1457 年至 16 世纪 20 年代明朝政府的海禁政策执行不力,这样,该时期中国商船每年仍然自闽南赴南洋贸易(Wills 1974:7;Mills 1979:70);第二,由于明朝前三位皇帝着意招徕、厚赏来使,15 世纪外国使节朝贡中国达到高潮。

但是,1421 年明朝自南京迁都北京,以便更有效地对付北方蒙古的威胁;自此以后,中国的南洋政策完全趋于保守。主要是为了贸易的目的,东南亚人(包括许多带有中国血统、以南洋为基地的商人)一直在推动这种朝贡制度的运转。为了贸易,爪哇在明朝初期积极主动、频频来贡,以至中国朝廷在 1443 年和 1453 年两次致书,明确要求爪哇国王减少朝贡次数(366,383)。但是,在 15 世纪后半叶,尽管中国方面态度日趋冷淡或不胜其烦,但暹罗和马六甲仍然坚持朝贡,这使得它们代替爪哇成为东南亚对中国贸易的主要中心(表格 1)。马六甲使团规格很高、与众不同,在 1456 年苏丹穆扎法的孩子们被派往中国,而 1463 年则有 12 位高官前赴中国(Wade 1991:79)。在 1511 年葡萄牙征服马六甲后,只有暹罗和占婆继续通过海路遣使纳贡,而随后每位国王遣使不超过一次（*Ming Shi Lu*；另见 Fairbank and Teng 1941：123—129；Wang 1970：74；Suebsang 1971：106—120；Reid 1992：191—194）。

1429 年琉球国王尚巴志统一全国后，想出了第三种办法以便 16
绕过中国的海禁。在 1433 年，明朝官方组织的下西洋活动戛然而止，而且禁止私人贸易。琉球这位精明能干的国王乘机鼓励福建商人定居在冲绳首都附近，在他的支持下进行贸易。通过定期向中国和日本朝廷派遣使团，尚巴志及其后任保持了同两国的接触。派出的琉球使团态度谦恭，但从朝贡贸易中却获利甚丰。这样，当中国和东南亚的直接贸易无法进行时，琉球就充当了关键的掮客。琉球的《历代宝案》里保存了有关贸易的资料，根据记载，1430—1442 年的 13 年中，琉球至少派遣了 17 个贸易使团到阿瑜陀耶，8 个到旧港，6 个到爪哇。现存的资料还显示，从 1463 到 1481 年，马六甲、阿瑜陀耶和巴赛（苏门答腊北部）作为主要贸易伙伴与琉球贸易关系密切，而从 1508 到 1554 年，琉球商人经常赴阿瑜陀耶、北大年、西爪哇和马六甲（直到 1511 年被葡萄牙人征服为止）这些港口进行贸易。但到了 16 世纪，贸易衰落，而从 16 世纪 50 年代起，琉球在东南亚的对外贸易中也就悄然消失了（Sakamaki 1964；Sakai 1968；Kobata and Mastuda 1969）。

表格 1　赴中国朝贡使团次数

年份/港口	爪哇	巴赛	暹罗	占婆	柬埔寨	彭亨	马六甲	文莱	菲律宾
1400—1409	8	3	11	5	4		3[a]	3[a]	2[a]
1410—1419	6	7	6	9	3	3	8[a]	4[a]	2[a]
1420—1429	16	5	10	9			5[a]	2	5[a]

续表

1430—1439	5	3	4	10			3		
1440—1449	7		3	9			2		
1450—1459	3		2	3			3		
1460—1469	3	1	1	4			2		
1470—1479			4	3			1		
1480—1489		3	3	3					
1490—1499	2		3	3					
1500—1510			1	2			2		

注释:a 包括国王亲自率队的使团。

材料来源:*Ming Shi Lu*;另见 Wang 1970:74 以及 Wade 1991。

1570 至 1630 年间贸易的繁荣

在热带亚洲出口产品增长最迅速的时期,继中国和印度之后,欧洲和日本又加入进来,成为贸易增长的主要外部催化剂。日本在这一时期发生“巨变”,被速水(Hayami 1986:5)称之为“昭示日本‘现代化’开始的最重要的转折点”。国家统一、城市化、集散市
18 场网络的建立以及观念的商业化都是日本这一飞跃的一部分,但它也涉及同东南亚的一段密切却短暂的贸易交往。

从 1580 年前后开始,日本商船满载日本矿山出产的前所未有的大量白银,驶向南方的港口。在 1604—1616 年的 13 年间,德川幕府对其所签发的船引(朱印)有详细记载,共有 173 艘日本船只航行至东南亚(插图 4)。从 1604 年到 1635 年,根据岩生成一的研究,日本至少向东南亚派遣了 299 艘船只(表格 2)。如果以每艘船运往东南亚港口的货物(以白银为主)价值近两吨白银计,那么每年

插图 4　绘制于 1630 年前后日本丝绸画轴的局部，描绘京都茶屋家族的朱印船抵达会安（海铺）的情形。三艘越南船只正在将朱印船拖向会安河。河口附近插有阳伞的地段代表市场区，后面则是日本街，街上有店铺和房屋。河流对岸为唐人街，有三栋长房子。

平均 10 艘船运往东南亚的货物，就应该是价值约 20 吨白银。1635 年，德川家光禁止日本人出外贸易，否则以死论处，这样日本对东南亚的出口就戛然而止（Iwao 1976：300—301；Innes 1980：51—66）。

表格 2　赴东南亚的日本朱印船总数

年份/港口	东京	交趾支那[a]	占婆	柬埔寨	暹罗	北大年	菲律宾[b]	年总量[c]
1604—1605	5	9	2	10	4	5	9	45
1606—1610	2	9	3	10	18		13	59
1611—1615	3	26		4	14	2	13	62
1616—1620	9	22		3	2		8	45
1621—1625	6	7	1	4	8		9	35
1626—1630	3	5		4	8		2	22
1631—1635	9	9		9	2		2	31
港口总数	37	87	6	44	56	7	56	299

注释：a 包括安南（1604—1611），交趾支那（自 1609 年），顺化和迦知安（Kachian）①（1604 年各有一艘）。

b 除了 1605 年和 1606 年各有一艘来自米沙鄢外，其他都来自“吕宋”（马尼拉）。

c 包括一些赴小港口的单独船只：文莱（1605，1606）、马六甲（1607）、马鲁古（1616）和达坦（Datan）（岩生成一认为该地位于柬埔寨和暹罗之间；1606，1607）。

资料来源：Iwao 1976：300—301；Innes 1980：58。

在这一时期，由于日本和美洲白银的输入，中国的贸易也得到了长足的发展。1567 年，在福建官吏的一再吁请下，穆宗皇帝首次解除海禁，允许私商赴南洋贸易。起初，每年允许 50 艘船只出

---

① 迦知安（Kachian）是越南语 Kẻ Chiêm 的对音，意为“占人的地方”，指会安所在的广南地区。一说该名系 Cochin 这一称呼的对音和雏形，“迦知安”一名后来逐渐消失，为“交趾国”所取代。——译注

洋贸易，但 1589 年增至 88 艘，1597 年又增至 117 艘。此后，尽管没有充分的资料，而且到了 17 世纪 20 年代这一制度全部崩溃，但根据估计，1613 年有 190 艘；根据一份官方报告，在 1616 年前后“有数百艘”。在 1576 年至 1594 年之间，漳州的海关税收几乎增加了三倍（Zhang 1617：131—133；Blussé and Zhuang 1991：146）。

1589 年，大约半数的中国商船领到船引，前赴“东洋”（菲律宾 19
和婆罗洲）贸易。另外一半前赴“西洋”的船只主要目的地是西爪哇（8 艘）、交趾支那（8 艘）、南苏门答腊（7 艘）、暹罗（4 艘）、柬埔寨（3 艘）和占婆（3 艘）。可以肯定，有些船只没有船引，但仍然出洋贸易，特别是中国附近的越南港口（Innes 1980：52—53）。对于中国来说，这是一个繁荣的时期，城镇扩大、人口增加、商业发达。而导致这一繁荣的原因包括罕见的自由对外贸易与日本和美洲白银的源源不断地输入。

因为中国继续禁止与日本“海盗”的贸易，东南亚的港口就成为必要的贸易中转站；在这里，日本人用白银换取中国的丝绸和东南亚的蔗糖、香料和鹿皮。这种贸易最大的受益港口是马尼拉和会安（海铺），后者地处贸易孔道，1600 年后开始由越南南部王国（欧洲人称其为交趾支那）的阮氏统治者进行开发。在 16 世纪 90 年代，每年有 16 艘中国船只得到船引，前赴马尼拉贸易；在此后的数十年中，每年有相同数量的船只驶往会安（Chen 1974：12—16；Innes 1980：53）。但是，中国在 17 世纪 20 年代的政治动乱和经济危机开始影响繁荣的贸易，从 1640 年到 1680 年，中国对东南亚的贸易无疑是急剧衰落（见第五章）。

在东南亚产品的所有市场中，欧洲市场在 16 世纪末叶和 17 世纪初叶扩展最快，其越来越多地进口马鲁古香料和东南亚胡椒。欧洲人在餐桌上对“香料的疯狂消费”日渐增加(Braudel 1979 I：221)，环绕好望角的运输系统越来越发达，再加上 17 世纪荷兰人对香料贸易的垄断和亚洲人的日益贫困，这些都导致了越来越多的香料贩运到欧洲。在 15 世纪香料贸易繁荣之前，大概只有不到十分之一的马鲁古香料出口到欧洲。到了 15 世纪 90 年代，欧洲所占的份额有可能占到四分之一(Magalhães-Godinho 1969：591—592)，但由于葡萄牙人在早期对印度洋贸易的破坏，这一份额肯定有所下降。根据托马斯(Thomaz 1981：100—101)的计算，葡萄牙人出口到欧洲的丁香从未超过马鲁古丁香总量的八分之一，但是如果再加上 16 世纪后半叶通过重新振兴的穆斯林商道转运的香料，那么，欧洲的进口份额应该至少有四分之一。

在 17 世纪，荷兰人估计，在马鲁古向全世界供应的香料中，欧
20 洲人占去三分之一到一半的份额(Knaap 1987：234，245—246)。但事实上，荷兰人通过垄断市场输往欧洲的香料还要更多。弗朗西斯科·佩尔萨俄特(Francisco Pelsaert)早在 1627 年就已经指出，在荷兰东印度公司基本上垄断销售以前，阿格拉的老商人都说，有三倍于现在的丁香输入印度(Glamann 1958：103)。在 1641 到 1660 年间，当荷兰东印度公司仍然面临一些来自英国、葡萄牙和印度的商人的竞争时，其在苏拉特每年平均销售丁香为 31 吨，而在科罗曼德尔海岸地区则为大约 25 吨。此后，印度人对香料消费的减少比欧洲人来得更迅速。到了 17 世纪 60 年代，当荷兰人把

价格定为通常价格的二到三倍时,苏拉特每年只输入 23 吨,而科罗曼达尔只有 5 吨(源自 Glamann 1958:301—302 页的表格;Raychaudhuri 1962:193—194)。

在贸易繁荣期,东南亚胡椒出口急剧上升。印度尼西亚椒农不但满足了日益扩大的中国旧市场的需求,而且还取代印度成为急剧扩大的欧洲市场的主要供应商。在 1500 到 1530 年的中断期,地中海地区的港口不得不转向里斯本,以求得到亚洲产品(Braudel 1966 I:543—534)。但是,穆斯林商道逐渐恢复起来。由葡萄牙人引进的欧洲海洋战术很快就不再新奇,无法出奇制胜。奥斯曼帝国在 1517 年对埃及的征服,以及随后在 1538 年对阿拉伯红海地区的征服都为印度洋的穆斯林商船提供了坚强的后盾。为了谋取商业利润,葡萄牙代理商也为他们的夙敌穆斯林商船发放船引,甚至提供经济资助。最后,胡椒和丁香种植传播到新的地区,葡萄牙人已经不可能再像控制马拉巴尔沿海地区(胡椒产地)和特尔纳特(丁香产地)那样控制这些新的种植区了。

1536 年,葡萄牙人承认,“不计其数”满载胡椒的商船避开他们的巡逻,驶离卡利卡特,驶往红海方向。葡萄牙军官连连抱怨说,如果不增添人手和设备,他们根本无法禁止这种走私贸易。在 16 世纪 40 年代中期,他们暂时取得成功,由他们转运的胡椒量每年达到 1500 吨的新高,多于欧洲在 15 世纪的进口额(Magalhães-Godinho 1969:773—774)。很可能是因为这个原因,另外一条通往红海地区的穆斯林商道应运而生;为了躲避葡萄牙人在印度洋的大本营,这条商道从亚齐出发,途经马尔代夫群岛,直穿印度洋;而亚齐当时是葡萄牙人在东南亚的主要商业和贸易对手。到 16 世
21 纪 60 年代为止,有几项令人信服的估计认为,每年有 1250 到 2000 吨的胡椒通过恢复的穆斯林商道运抵埃及(Lane 1940;Braudel 1966:545—551;Boxer 1969:418—419;Subrahmanyam 1990:130—133)。由于葡萄牙人的航运(主要以印度为出发地)只是在 16 世纪 90 年代遭受了灾难性的打击后才开始衰落,运抵埃及的大部分胡椒很有可能是来自苏门答腊的新种植区,而不是来自印度(见插图 5)。

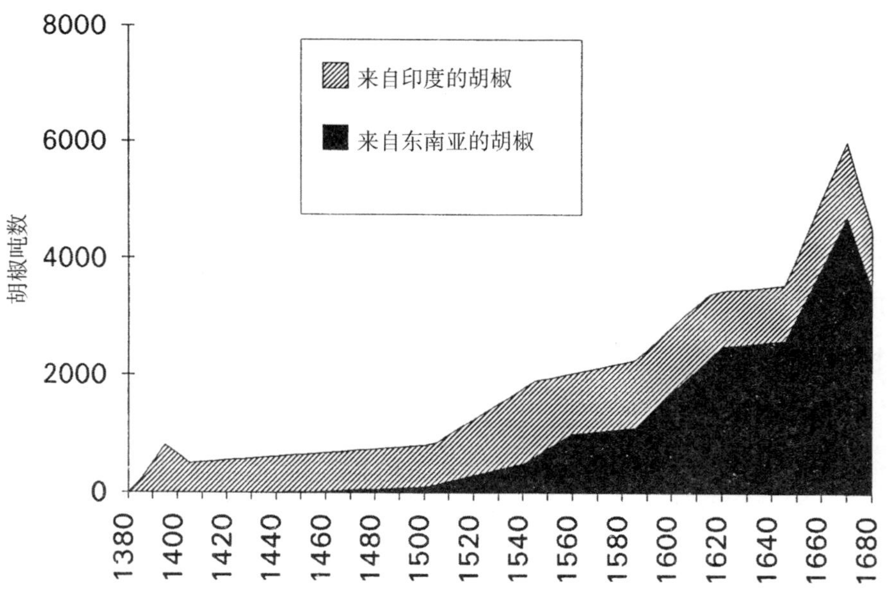

插图 5　欧洲进口胡椒量的估计。

再向东去,爪哇穆斯林和马来商人不顾葡萄牙人企图建立对马鲁古香料的垄断,将他们大部分的丁香和肉豆蔻向西通过同一

条商道从亚齐运往埃及。1550年以后，葡萄牙人在马鲁古的影响开始衰落，而在1575年他们失去了位于特尔纳特的印度尼西亚东部的大本营。此后，“马鲁古的居民拒绝卖丁香给葡萄牙人，而是卖给爪哇人，而爪哇人则在[葡属]马六甲将丁香卖掉”（Fernandez 1579：226）。但即使是在公开市场上购买丁香，在16世纪80年代葡萄牙人还是成功地将100多吨丁香运回本国，创历史新高。在同一时期，葡属马六甲的海关税收达到高峰，为16世纪40年代的二倍（Thomaz 1979：116）。16世纪下半叶，通过葡萄牙和穆斯林商道运抵欧洲的香料很可能是葡萄牙人书面记录贩运量的二到三倍，为前一个高峰，即15世纪90年代的二倍。

在16世纪的最后30年，西属墨西哥和秘鲁银矿的银产量大 22
幅度增加，大量的白银被葡萄牙人和西班牙人从阿卡普尔科通过“马尼拉大帆船”转运到亚洲。西属马尼拉的贸易迅速增长，在1616—1620年间达到高峰，每年的贸易量超过60万比索；直到1645年，还保持在50万比索以上，但从1645年开始急剧下跌，跌幅超过半数（Chaunu 1960：78—82，245；见下文表格7）。1627年，耶稣会士从马尼拉寄出的一封信件这样说道：“自从菲律宾被征服以来，它从来没有像今天这样兴旺富饶。”（引自de la Costa 1967：347）

从1596年开始，荷兰人和英国人加入对胡椒和香料的竞争，导致其价格高涨，种植面积急剧扩大。在16世纪的最后20年内，葡萄牙商道和伊斯兰-威尼斯商道上驶向欧洲的商船加在一起，每年平均也只有5到8艘；但在17世纪20年代每年从亚洲返抵欧洲的船只平均达13.3艘（Steensgaard 1973：170—171）。这标志着好望角海路商道的决定性胜利。1616 年，有几艘船只从亚齐出发，驶抵红海地区；但在此后的 10 年内却完全消失了，因为即使是奥斯曼帝国也不得不从西欧运输商那里获取胡椒(Steensgaard 1973:171—172)。被运往西方的香料总量继续迅速增长，在 17 世纪 70 年代每年高达约 6000 吨，为 40 年前的二倍。要估计在不同时期运往中国的香料总量更为困难，但在 17 世纪初叶和末叶之间，似乎在 2000 吨之间徘徊；而在 17 世纪 40 年代明朝覆灭之际，数量则非常微乎其微。还有为数不多的一些香料被贩运到印度东部和大陆东南亚。

当欧洲转运商正在激烈争夺香料、而荷兰东印度公司还未能通过垄断来控制市场的时候，运往欧洲的马鲁古香料似乎在 1620 年左右达到高峰(见上文，插图 3)。那时候，每年欧洲人购买的香料大约为 300 吨丁香、200 吨肉豆蔻和 80 吨肉豆蔻衣。由于马鲁古丁香的年产量不过 400 吨多一点(马鲁古北部的旧产区和安汶的新产区各产 200 吨，Knapp 1987:20，231)，这时的欧洲有可能暂时垄断了全世界的丁香消费。1621 年，荷兰东印度公司刚垄断了班达的肉豆蔻和肉豆蔻衣，就立即谋求将运往欧洲的数量减少到高峰期的一半，肉豆蔻和肉豆蔻衣的价格也因此
23 飞涨(Glamann 1958:98—101；Steensgaard 1973:155—157)。马鲁古丁香种植分布广泛，只是到了 1650 年前后荷兰东印度公司才开始垄断。该公司直接控制安汶南部和利斯群岛的丁香种植，而对荷兰人直接控制区以外的丁香树大加砍伐，在 17 世纪 50 和 60 年代的 20 年中，每年产量都只有 180 吨左右。丁香在欧洲的价格成倍增长，每市斤(荷兰语为 pond，0.494 公斤)值 7.5 荷

兰盾，在印度的价格则翻了三番，为 5 荷兰盾（Knapp 1987：234—235）。

由于荷兰人拼命向他们的安汶属民施加压力，丁香产量从 17 世纪 70 年代又开始重新增长，到 17 世纪 90 年代产量达到 500 吨。在 1677 年，荷兰人被迫将丁香在欧洲的价格压到 3.75 荷兰盾，但这种紧急补救措施为时已迟，无法挽救欧洲丁香消费的长期萎缩。在丁香价格居高不下之际，价格便宜的巴西“丁香木”广受欢迎，销路大开（Glamann 1958：97—101；Knapp 1987：245—246）。因此，在 17 世纪的最后 10 年，荷兰东印度公司丁香供大于求，利润下降，而在过去丁香却曾是该公司最大的摇钱树。

由于胡椒种植在季风亚洲地区分布广泛，荷兰东印度公司无法垄断或控制市场。那里的问题是过量供应导致价格下降，以及亚洲人最终也开始减少购买量。在 1616 至 1641 年，欧洲的胡椒价格最高，而在这一世纪的最后 25 年里价格最低（Glamann 1958：77—83）。印度棉布则成为最赚钱的大宗货物，由欧洲的船只装运归国；这样，在 17 世纪中叶，英国东印度公司就用印度棉布代替胡椒作为回程货物，而荷兰人到了 1680 年也亦步亦趋，如法炮制（见第五章）。

无论我们考察东南亚的西向还是东向贸易，总的趋势都清晰可见。1400 年前后，贸易突然起飞，在 15 世纪则呈现间歇性增长，很可能在该世纪末叶增长幅度达到最大。1500 年，该贸易急剧衰落，但在 1530 年势头转好。此后又开始增长，1570 年左右增长速度加快，最后在 1600—1630 年达到高峰。在 17 世纪中叶，荷兰东印度公司大获全胜、捷报连连，而对东南亚来说则是危机不

断、屡战屡败。

贸易时代的交换形式是:东南亚从印度进口棉布,从美洲和日本进口白银,从中国进口铜钱、丝绸、瓷器及其他制成品,而东南亚的输出品则包括胡椒、香料、香木、树脂、虫胶、玳瑁、珍珠、鹿皮,以
24 及越南和柬埔寨出口的蔗糖。然而在这个贸易繁荣期,纵然有四面八方对香料和其他产品的需求,东南亚的种植者却绝不是主要受益人。在世界各地的商道上的任何一个环节,转手之间利润都可以高于100%,这种情况屡见不鲜。托梅·皮雷斯(Tomé Pires 1515:213—214)注意到,用500西班牙银币(雷亚尔)在马六甲购买的货物,在马鲁古就足够购买1巴哈尔的丁香,回到马六甲就可以卖到9到12葡萄牙银币,利润为7到10倍。许许多多的人都从中获利:在马六甲到爪哇和爪哇到马鲁古的各个航线上的船长和船员、为航行预支资金的资本家、马六甲、特尔纳特、爪哇(一个或更多的港口)、巴厘或松巴哇港口的君王或港口官员,还有贩卖粮食和布匹的商人(在爪哇、巴厘或松巴哇购买这些货物,用于马鲁古的贸易)。无论是被贩往西方或北方的香料、还是被贩往东方的棉布均不例外,每航行一程,产品价格就增加一些,航行越远,利润越高。东南亚的所有贸易港口都在这种远程贸易繁荣的成倍增长效应的覆盖之下,连那些出口产品的内陆集散地也常常感受到这种脉动。只是到了17世纪中叶,当荷兰东印度公司完成了对马鲁古香料的垄断后,亚洲那些形形色色的商人和大大小小的贸易中心才不再可能从这条至关重要的贸易生命线中继续得益。

金 银 进 口

胡椒价格在 17 世纪 40 年代达到顶点,东南亚以平均每担 9 个雷亚尔的价格每年出口 6500 吨胡椒;用当地价格来计算,这相当于每年出口 100 万个雷亚尔或 25 吨白银。在同一时期,马鲁古以最高价(每巴哈尔或 300 公斤值 100 个雷亚尔)出口将近 400 吨的丁香,按照马鲁古的价格值 15 万雷亚尔或 4 吨白银,而在东南亚其他主要市场上的价值则几乎翻倍。在 17 世纪 30 年代,暹罗每年出口 2000 吨的苏木,主要销往中国和日本。暹罗和柬埔寨还大约每年向日本出口 30 万张鹿皮(Ishii 1988:6)。在 1604 到 1629 年这一时期,赴东南亚港口贸易的 10 艘"朱印船"每年运来 20 吨白银,运回相等价值的中国丝绸与东南亚鹿皮、生丝、苏木、蔗糖、安息香、棉花和香料。赴东南亚贸易的中国船数目是日本船的 10 倍,但它们所运货物的价值却可能稍逊几分。在东南亚贸易的高峰期,包括中日、中荷之间的转口贸易等等,可以粗略估计如
下:出口到印度、中东和欧洲的东南亚货物,目的在于换取印度棉 25
布、金属和货币,价值相当约 120 吨白银;而出口到中国和日本的货物,目的在于换取制成品、金属和货币,价值约 100 吨白银。

尽管日本人和欧洲人都用货币来购买他们进口的亚洲产品,但东南亚用上述出口换取的进口却主要是商品。然而,有关货币进口量的资料虽说不甚完整,但相对来说比较详细,可以帮助我们了解东南亚的贸易繁荣何时达到巅峰,何时又开始衰落。

欧洲中世纪的道德家们经常为欧洲贵金属"外流"到东方而痛

心疾首。在 15 世纪末叶，胡椒和香料向西方的出口达到第一个高潮，因此这些贵金属的外流数额巨大。根据马加良斯—高天若(Magalhães-Godinho 1969:316—317,334)的计算，在 15 世纪末叶，为了购买东方的奢侈品，欧洲支付了 40 万葡萄牙银币，相当于 10 吨多的白银。在 16 世纪初期，由于胡椒和香料进口减少，再加上除了合法购买的胡椒和香料外，欧洲人还大肆进行掠夺，这一支付额“暴跌”到 8 万葡萄牙银币以下(约相当于 2 吨白银)。在 16 世纪后半叶，随着地中海东部贸易的恢复(仍然主要用黄金来支付)和葡萄牙人得到的白银越来越多，贵金属的出口也就猛涨。特别是 1570 年以后，西班牙美洲白银的大量开采使得白银成为支付葡属东印度贸易的主要手段。1580 年西班牙和葡萄牙皇室的合并除去了又一个障碍，而在 16 世纪 80 年代，根据两个独立得出的估计，葡萄牙人每年向果阿运送大约 100 万葡萄牙银币(30 吨白银)(前揭书：329—330)。将所有这些加起来，根据马加良斯-高天若(Magalhães-Godinho 1969:335)的估计，在 16 世纪末叶，欧洲通过葡萄牙人和地中海东部的商道向东方输送了相当于 72 吨的白银。

在 17 世纪，葡萄牙人、荷兰人、英国人和西班牙人都向东方输送大量货币，特别是美洲白银。秘鲁波托西(今天的玻利维亚)采银技术的改进大大提高了白银的开采量，而基本上与此同步，日本矿山也进行了类似的改进，使用水银开采白银。对亚洲东部来说，日本白银更为重要。特别重要的是，日本白银的开采几乎是与美洲白银同时达到高峰，只不过是势头更猛一些。

表格 3 所提供的一些数据的可信之处在于它们所显示的趋势

而不是绝对数字。由于欧洲的货运量是官方数字,实际上低估了 26
总体货运量,尤其是葡萄牙的货运量。而与之相反的是日本的数据,他们只是基于不完整的数据而进行的推断。尽管如此,这些数据对于标示亚洲贸易何时达到鼎盛、何时开始衰落,还是大有用处。马尼拉大帆船在 1610 年至 1630 年以后的百年间不再将巨额美洲白银运至亚洲,而日本白银的出口也再没达到 1610 年至 1640 年那样异乎寻常的规模。1668 年,日本的白银出口遭到禁止,尽管还有少量白银通过高丽继续出口。英国与荷兰的白银出口量于 17 世纪 20 年代达到了顶峰,但却不再继续增长。在该世纪结束之前,这两个国家的白银出口量虽然再度扩大,但它们在东南亚购买的货物却大大减少。

日本大部分的(以及马尼拉帆船所运载的)白银都流进了中国,加速了中国明朝末期的商业化和城市扩展。这些白银中的很大一部分都通过会安、马尼拉、北大年、阿瑜陀耶和柬埔寨等地的市场间接流入中国,而在这个过程中,这些地方以及其他地方的商业也得到了发展。葡萄牙、荷兰以及英国的白银主要出口到印度,在那里购买棉布这个东南亚贸易不可或缺的货物。即便如此,越来越多的白银也流向所有东方国家的市场,荷兰、英国和法国在印度尼西亚采购胡椒的商人经常被要求用雷亚尔付款。在 17 世纪上半叶,这些西班牙银元成为了东南亚最通行的国际流通货币。尽管不可能将流入东南亚的白银的比例区分开来,但这种流入在 17 世纪 20 年代达到了顶峰,并且如同在欧洲和中国一样,白银在东南亚也推动了城镇的扩展,扩大了商品需求,促进了社会的商业化。流入东南亚的白银在 1630 年后的逐渐减少是东南亚 17 世纪中叶危机的原因之一。

印度棉布的进口

棉布在东南亚的非必需品消费中向来是首屈一指,所占比例巨大。这个地区在好年景的出口所得主要用于进口那些鲜艳精致的印度棉布。如果这个棉布进口规模可以用一个长时段来测量,那么这个数据就是衡量商业繁荣的最好单一指标。

表格 3 流入东部亚洲的白银和黄金

27 (十年平均量,以白银计算。单位:吨)

	葡萄牙人[a]	荷兰东印度公司[b]	英国人[c]	马尼拉大帆船[d]	日本出口[e]
1581—1590	8.6			4.0	30
1591—1600	?			2.7	40
1601—1610	5.9	5.7	1.3	12.0	80
1611—1620	4.7	10.9	4.7	19.4	110
1621—1630	4.4	12.7	7.7	23.1	130
1631—1640		8.7	5.5	18.4	130
1641—1650		9.5	?	10.1	70
1651—1660		8.6	?	9.0	50
1661—1670		11.8	9.9	8.0	40

注释:

a 据 Magalhães-Godinho 1969:330—331 的数据计算。

b 据 Bruijn,Gaastra and Schoffer 1987:187,224 的数据计算。

c 据 Chaudhuri 1965:115 and Chaudhuri 1978:512 的数据计算。

d 据 TePaske 1983:444—445 的数据计算,再加上私人汇款数。由于现存的资料仅包括政府方面的汇款数字,1581—1590 年及 1661—1670 年这两个时期的数据只是估算。

e 此栏的数据均为大略估计,其资料来源如下:Glamann 1958:58;Iwao 1976;Innes,1980:634—642;Yamamura and Kamiki 1983;Tashiro 1987;Moloughny and Xia 1989。

最早而且最有用的统计数据来自托梅·皮雷斯(Tomé Pires

1515：269—272)。据他估计，在葡萄牙入侵之前，当马六甲占据着马六甲海峡贸易的主要地位时，每年从古吉拉特有 5 艘船将布匹运送到马六甲，其中一艘船载着价值 7 万至 8 万枚克鲁萨多(葡萄牙银币)的货物，而其他的船则各载着 1.5 万至 3 万枚克鲁萨多的货物。每年从马拉巴尔有 3 艘或者 4 艘船运送价值 1.2 万至 1.5 万枚克鲁萨多的布匹，从普利卡特也有 1 艘或者 2 艘船运送价值 8 万至 9 万枚克鲁萨多的布匹。对这些数据进行平均就能估计出，来自古吉拉特的布匹价值 16.5 万枚克鲁萨多，而来自印度南部的布匹则值 174750 枚克鲁萨多。皮雷斯(Tomé Pires 1515：92)先说，每年有 1 艘、"或者有时候 2 艘"平底帆船载着价值 8 万至 9 万枚克鲁萨多的布匹从孟加拉抵达马六甲，稍后就变成了每年"4 艘或者 5 艘商船和帆船"将布匹运至马六甲和巴赛。这些商船大概是一些小船，在棉布贸易中只是小角色，我们姑且假定说从孟加拉进口棉布的价值大约只在 12 万枚克鲁萨多上下。这意味着马六甲每年从印度进口棉布的价值总额达 46 万枚克鲁萨多，几乎相当于 20 吨白银。

毫无疑问，东南亚进口的印度布匹有一部分直接到达了勃固、丹那沙林、巴赛以及其他港口，并没有经过马六甲。但这些棉布的数量可与那些输入马六甲后又出口到东南亚以外的地区(特别是中国和琉球)的印度棉布大致相抵。因此，东南亚的净出口应该是 28
相当于 24 吨白银。假设皮雷斯指的是印度棉布在马六甲的价格，那么在印度的购买价格就应该接近 12 吨白银。

16 世纪末，这种进口的规模进一步扩大。1602 年，英国航海探险家詹姆斯·兰卡斯特(James Lancaster)抢劫了一艘从科罗曼德尔前往马六甲的葡萄牙货船,船上装有价值30万枚克鲁萨多的货物,主要是布匹(Lancaster 1602:107)。也有一些印度穆斯林商船以亚齐(而不是马六甲)为其航运的终点港埠,在1602年,亚齐港口就停泊着16至18艘印度商船(Lancaster 1602:90)。这些货船中有一半大约来自古吉拉特,而古吉拉特于1608年又有8艘大型"帆船"抵达亚齐(Verhoeff 1611:242)。在16世纪,从古吉拉特出发的商船几乎翻了一番。但是古吉拉特人在向欧洲市场供应东南亚的胡椒和香料(通过中东)方面难以与北欧国家竞争,因此在1620年以后就越来越少地出航东南亚。17世纪30与40年代,古吉拉特每年大约只有3艘布匹船航抵亚齐(Clark 1643:282;Vlaming van Outshoorn 1644:547;Mundy 1667 II:329,338)。荷兰于1656—1659年封锁了亚齐,随后又从亚齐手中夺取了对西苏门答腊胡椒海岸的控制权,这使得从印度运送布匹抵达亚齐的船只减少到每年只有五至六艘,而其中只有一两艘来自古吉拉特(Dampier 1699:101;Coolhaas 1968:93,324,476;Das Gupta 1982:431;Arasaratnam 1986:126)。

孟加拉和科罗曼德尔的货运在欧洲的竞争面前相对没有那么脆弱,在17世纪还得到了持续发展。普拉卡什(Prakash 1979:51—53)收集的数据显示,从孟加拉运送布匹到东南亚的船只在17世纪中期达到顶峰,每年有6艘货船抵达亚齐,还有更多其他的货船抵达丹那沙林供应暹罗市场。17世纪80年代,依然有8

艘货船在供应整个东南亚市场,但是到了该世纪最后的年份中,就降到了每年只有一两艘。

科罗曼德尔海岸向东南亚的出口在 16 世纪得到了显著增长,并且一直持续到 17 世纪 20 年代。从那时开始到 17 世纪 40 年代,科罗曼德尔的出口总体上可能开始止步不前:荷兰东印度公司的出口增长了,葡萄牙人和丹麦人向东南亚的出口衰落了,英国人的出口在 17 世纪 30 年代先盛后衰,而亚洲商船的出口也逐渐下滑(表格 4)。据荷兰人 1675 年的估算,整个科罗曼德尔海岸的出口额在 1000 万至 1200 百万荷兰盾之间,相当于 100 至 120 吨白银(Arasaratnam 1986:96)。上述贸易的最大宗商品是布匹,而东南亚一直到 1650 年都是布匹的主要市场。1650 年以后,出口到欧洲的布匹则迅速增加。 29

表格 4　驶往东南亚的科罗曼德尔商船

	从马苏利帕南前往			从纳加帕蒂南前往		
	亚齐	勃固	总数	亚齐	马六甲	总数
1624	2	4	13	2	5	10
1625	3	2	10	2	3	11
1626[a]	2	4	11			
1627	2	2	6			
1628	2	2	9			
1629	2	2	7	0	1	6
1630	1	3	6			
1632	1		3	1	2	6
1633—1634	1	1	7			
1639				3	3	8

续表

	亚齐	勃固	总数	亚齐	马六甲	总数
1645				2	1	6
1649[a]				2	0	6
1650				3		5

注释:a＝抵达船只的数量。

资料来源:Subrahmanyam 1990:203,208,214,334。

由于荷兰东印度公司对科罗曼德尔海岸这两个主要港埠的航运活动进行密切监视和认真记录,使得我们能够把握那些非荷兰东印度公司的船只这一时期在这两个口岸和东南亚之间的航运趋势(表格 4)。从纳加帕蒂南出发(1649 年这一栏指的是抵达船只数量)的船只中,1624—1625 年每年都有一艘前往马尼拉,1645—1650 年每年都有一艘前往望加锡。除此以外的船只都是前往孟加拉湾东部的港口,包括亚齐、马六甲、柔佛、吉打、班格里(Bangeri)、养西岭(普吉)、墨吉和勃固。从纳加帕蒂南出发的船只大部分控制于印(度)葡(萄牙)人之手,而从马苏利帕南出发的船只不是属于东南亚的君主们(亚齐、暹罗和阿拉干),就是属于科尔康达的波斯人所有。

因为有荷兰东印度公司的记载,我们才有了关于印度棉布销往东南亚的长时段的可靠数据。在扬 · 彼得松 · 库恩(Pieterszoon Coen,1619 至 1629 年为总督)的大力领导下,东印度公司迅速瞄准了利用印度布匹与东南亚产品进行交换的先机。起初,布匹很不起眼,但在 17 世纪逐渐成为主要贸易商品。荷兰东印度公司在科罗曼德尔采购布匹的数量越来越大,从 1619 年的 3 吨白

30 银增长到 1621 年的 5 吨白银,再到 1623 年的 7 吨白银,更增到 1640

年的 8 吨白银（Coen 1619 A；583；Colenbrander 1921：94，296；Subrahmanyam 1990：174）。由于大量资本的投入，以及 1641 年起葡属马六甲不再作为竞争对手，也由于在科罗曼德尔辖下新开设了几个孟加拉商馆，在 17 世纪 40 年代，荷兰从科罗曼德尔向巴达维亚的出口（主要是布匹，但不全是）显著增长。荷兰的采购量在 1644—1655 年期间处于高位，但是在随后的 10 年中下跌，其中包括印度 1660—1661 年发生的饥荒时期。然而在 1664—1669 年间，当所有其他出口商都在苦苦挣扎之际，荷兰东印度公司的棉布贸易却进入鼎盛时期。它平均每年的出口价值达到 200 万盾以上，相当于 20 吨白银。

表格 5　荷兰东印度公司自科罗曼德尔海岸输往巴达维亚的货物价值

（五年平均值）

	出口（千盾）	相当于白银（吨）
1646—1650	1443	14.8
1651—1655	1447	14.9
1656—1660	1171	12.0
1661—1665	1356	13.2
1666—1670	2038	19.8
1671—1675	1494	14.5
1676—1680	1298	12.6
1683—1685	2880	27.7
1687—1689	791	7.6

资料来源：根据 Raychaudhuri 1962：140—143 数据而得出的统计。

此后，荷兰东印度公司的布匹贸易一路下滑。为了在竞争中胜出，他们在 1683—1685 年间曾孤注一掷，将所有布匹购买一空。然而却搬起石头砸了自己的脚：他们想以高价卖出布匹，但却无人问津，这反而促进了印度尼西亚本地的土布生产。在 17 世纪的最后 15 年中，荷兰只采购了少量棉布，更不再为日益缩小的东南亚市场购买棉布。这使得马德拉斯以及科罗曼德尔其他港口的非东印度公司的商人赢得稍稍喘息之机，但挽回东南亚棉布进口业的颓势却已是回天乏术（Raychaudhuri 1962：139—143，162；Arasaratnam 1986：134；Laarhoven 1988）。

1620 年前后，东印度公司从印度采购的布匹的三分之二销往东南亚（Coen 1619 A：583）；到了 1652—1653 年，销往东南亚的份额降到三分之一强，而到 17 世纪末，这一份额跌到大约 15%（据
31 Ruurdie Laarhoven 提供的资料；另见 Arasaratnam 1986：134）。如果算上荷兰从古吉拉特和孟加拉为东南亚市场采购的少量布匹，荷兰东印度公司在 1620 年前后销往东南亚的印度布匹价值大约为 5 吨白银，在 1640 年至 1685 年期间则大约为 8 至 10 吨白银，随后则大幅下滑。

除了在 1683—1685 年期间试图垄断印度棉布市场这一短暂时期外，荷兰东印度公司购买的棉布从未超过科罗曼德尔纺织品出口三分之一以上的份额。1640 年以前，荷兰东印度公司出口到东南亚的印度棉布份额非常小。在 1615 年之前，古吉拉特人将大量棉布输入亚齐，而到 17 世纪 90 年代，古吉拉特人对亚齐棉布的出口更是数量可观。17 世纪 20 年代，英国将科罗曼德尔的布匹出口到东南亚的价值大约为 0.6 吨白银，并在之后的 10 年间翻了

一番多，但在1641年以后开始急剧下滑（Subrahmanyam 1990：175—177）；17世纪30年代，仅仅葡萄牙与英国两个国家就将价值10万雷亚尔（2.5吨白银）的布匹输入望加锡（Coulson and Ivy 1636：293—294）；即使在放弃了印度尼西亚东部贸易点给荷兰人之后，英国人在17世纪六七十年代还是每年将一船布匹从印度南部运送到万丹，平均价值为1万英镑，相当于1吨白银（*English Factories* 1668—1669：280；1670—1677：3，30，120—121，141，157，264）。在1620—1640年间的棉布贸易中，丹麦人是一个小角色，在顶峰期间他们从科罗曼德尔贩卖到东南亚的布匹也仅值半吨白银（Subranhmanyam 1990：181—188）。由于印度北部的贸易者在17世纪下半叶对东南亚的贸易竞争中落败，因此科罗曼德尔的船主继续经营绝大部分的布匹贸易，从这种更加本土化的贸易中赢利，至少持续到17世纪80年代（Arasaratnam 1986：119—125）。

这样，可以说东南亚进口印度布匹的鼎盛时期是在1620年至1655年期间，其每年的进口额高达40吨白银，相当于1510年时进口额的四倍。这意味着每年进口的布匹有150万。1652年，仅仅东印度公司一家就将100万匹布输入巴达维亚，其中31.4万匹用来供应印度尼西亚市场（Laarhoven 1988）。如果如人们所说，每匹布面积平均为14平方米，那么东南亚每年进口的布匹可以制成大约600万件纱笼，而整个东南亚的人口却只有两千万多一点。

到了17世纪80年代，荷兰东印度公司占据了棉布供应的支配地位之时，整个布匹输入数量大致下降到只有早先的一半，到了

17 世纪末期下降得更多。关于东南亚市场对印度纺织品需求量的下降,我们将在第五章中讨论。

经济作物

32 (东方岛国)盛产独特的水果和商品,比如香料和其他药品,而且世界上绝无仅有……所以,他们依靠本地生产的一种产品去交换所有其他东西;这就是为什么除了本地产品之外,当地所有食物都异常昂贵的原因,这也是为什么当地人不得不互相交往、互通有无的原因。

——Pyrard 1619 II:169

从整体上看,东南亚一直以来都出口原材料,进口制成品。东南亚自身的成品在本地贸易中很受欢迎,可是,除了越南出产丝绸之外,中国和印度这两个东南亚的近邻都有着发达的制造业,并不需要东南亚的制成品。贸易的兴盛促进了东南亚的热带农业和园艺产品的生产,如胡椒、丁香、肉豆蔻、蔗糖和安息香等,其次还有林产品如鹿皮、檀香木、苏木、樟脑以及虫胶等。

经济作物种植业的竞争模式在生产中心的变迁中表现得很明显。当战火四起、贸易中断、土地消耗或需求增加为一个生产中心造成困难时,其他地方就会迅速兴起攫取商机。丁香树原是在马鲁古群岛的许多岛屿上的野生树丛,但是最先定期栽培丁香树并从中获利的却是特尔纳特和蒂多雷这两个岛屿。到 1500 年,丁香生产已经扩展到邻近的三个小岛。而一个世纪以后,这些生产中心的丁香产量大减，大部分丁香都来自特尔纳特控制下的塞兰岛西部和安汶岛北部。接下来几十年中，新的生产中心在安伯劳(Ambelau)和马尼帕(Manipa)这些小岛上发展起来，因为望加锡的商人可以逃过荷兰的盘查从这些地方更加方便地采购丁香。17世纪下半叶，东印度公司对安汶与其控制的塞兰岛西南海岸的其他小岛开始强行实施新的丁香集中种植制度(Knaap 1987)。每个丁香种植中心的劳动人口都是倾巢出动，至少在最繁忙的收获季节是这样。

圆胡椒(学名为 Piper nigrum)的传播过程更是引人注目：1400 年前后它从印度南部移植到苏门答腊北部，1500 年前传播到马来半岛，1550 年前后到苏门答腊西部海岸，1600 年前到苏门答腊的米南加保内陆地区、西爪哇以及苏门答腊南部，并且在 1630
年前传播到婆罗洲南部。这些黑胡椒都种植在人口稀少、从事刀 33
耕火种的地区，因为这样可以避免与主要的粮食作物争夺耕地。18 世纪的生产估计显示，一块种有 1000 株胡椒的家庭种植园(kebun)扣除头三年无产出的长成期以及其后的不稳定的收成，每年大约可以收获 200 公斤胡椒(Kathirithamby-Wells 1977：61，70；Marsden 1783：132；de Rovere van Breugel 1787：342)。这意味着，当 17 世纪中叶胡椒种植达到顶峰时候，东南亚可以收获大约 8500 吨胡椒，参与种植的家庭需要超过 4 万户，参与人数 20 万人。这也意味着，苏门答腊、马来半岛以及婆罗洲有 6％的人口靠为国际市场种植这一种作物谋生。

在中国的提炼方法传入交趾支那(广南地区)、暹罗(平原水稻区域周边的山区)、柬埔寨以及爪哇(巴达维亚和北加浪岸[Pekalongan]周边地区）之后，东南亚的蔗糖生产在 17 世纪也得到长足发展，并且成为出口中国、尤其是日本的大宗产品。17 世纪的日本所需的蔗糖基本上全靠进口。1685 年后，日本规定的年度进口蔗糖的配额为 2100 吨，反映了 1640—1700 年期间蔗糖进口的平均规模（Innes 1980:504—508）。日本进口的蔗糖本来主要来自台湾或者华南，但是中国的国内局势在 17 世纪 40 年代开始变得动荡不安，于是直到 17 世纪 80 年代，日本都从东南亚进口大量蔗糖，占日本总进口量的三分之一到二分之一。1636 年，荷兰希望从交趾支那购买 250 吨至 300 吨蔗糖，尽管实际买到的并没有这么多（Innes 1980:507）。在 17 世纪 80 年代，一艘中国船只就可以将 100 吨至 200 吨蔗糖从暹罗运到长崎（Ishii 1971:170）。在 17 世纪 30 年代，荷兰也将暹罗和爪哇生产的蔗糖运到欧洲。1649 年，爪哇向欧洲出口的蔗糖达到 100 吨（Glamann 1958:152—156）。

安息香是安息香树的树脂，可当香用，在苏门答腊北部、老挝以及柬埔寨北部的山稻旁边广泛种植（Marsden 1783:154）。柬埔寨在 17 世纪 30 年代每年出口 270 吨安息香，这其中可能还包括了几年之后老挝出口的 18 吨安息香（Wusthoff 1642:202；Coolhaas 1960:592）。整个亚洲都将安息香当香使用，仅仅波斯在 17 世纪 30 年代每年就进口 60 吨安息香（van Hall and van der Koppel 1946—1950 III:659）。1575 年，西班牙人将烟草传入吕宋，而在一个世纪以后烟草也成了棉兰老岛重要的出口作物（Dampier 1697:228）。

34 这些新经济作物的种植和贸易又是如何组织实施的呢？种植者和国际贸易商之间几乎无一例外地存在着中间环节——这些中

介不是那些村里的“头人”(big men)就是港口的君主，他们为农民提供贷款，帮助他们度过头几年的难关；作为回报，他们将从经济作物的销售中分得一大杯羹。控制港口和外国市场的君主们在收取较高额度关税的同时，也往往试图控制经济作物的贸易。大约在 1600 年前后，安汶的精英阶层奥朗卡亚(orangkaya)一手将丁香卖给爪哇人、马来人以及后来的欧洲商人，另一手将进口的棉布销售给种植农户。希图(Hitu)的国王及其属下的高官显贵将丁香贸易 10%的税收收入塞进自己的腰包。农户只能在极为秘密的情况下才能与外国客商直接交易(Gijsels 1621：22—23；Knaap 1987：232)。特尔纳特的君主对其治下生产的丁香课以 10%的税收，对用于出口的丁香还要再征收 10%的关税(van Neck 1604：199—200)。班达奥朗卡亚阶层的寡头们垄断了所有肉豆蔻的贸易，而土地和从事肉豆蔻种植的农户们也被置于其控制之下(Villiers 1981：728—729)。

18 世纪时，万丹地区(与 1682 年之前的独立时期相比，此时当政者的统治更为严苛)的种植户与其头人之间往往存在债务关系，据说他们每生产 1 巴哈尔(约合 180 公斤)的胡椒只能从头人那里获得半个雷亚尔的收入。收获的胡椒以每巴哈尔 7 个雷亚尔的固定价格出售给苏丹——不过也有一个苏门答腊的客商声称，他通常给出的收购报价是 6 个雷亚尔，之后再以 12 个雷亚尔的价格销售给苏丹——因此部落的头人和中间商抽走了胡椒贸易中最大的一笔利润。随后苏丹又依据垄断协议将胡椒按每巴哈尔 12 至 20 雷亚尔的价格转卖给荷兰东印度公司(La-uddin 1788：5；de

Rovere van Breugel 1787:342—343)。

19 世纪之前有关苏门答腊胡椒种植所需资金来源的详细史料寥寥无几,但上述胡椒种植体系的核心特点在当时既然十分普及,说明胡椒的种植和贸易长期以来都遵循着这一制度。投资者垄断了资本和市场这两大稀缺资源,并由此控制了第三大关键因素——劳动力。他们为拓荒种植户(往往是季节性移民)提供必要的资金、生产工具和粮食以帮助其在第一个耕作季节里平整林地、种植胡椒、生产生存必需的副食品农作物。这样,种植户就与其形成了人身依附关系,不得不将收获的胡椒卖给他们,即便这些农户们此时实际上仍是其亲手开拓的土地的主人。随着时间的推移,投资者成为了新拓展的胡椒种植区的一个个小王侯,像国王那样,他们控制了贸易以及与外部世界的所有联系。即使种植户们最终还清了所欠投资者的预付资金,但他们还必须通过投资者销售产
35 品。投资者成功的部分原因在于其与当权者——亚齐、万丹或占卑等地的苏丹——关系密切,经济作物出口收入中有 10%被当作贡赋、或按指定价格出售奉献给了衮衮诸公(Anderson 1826:61,260—261;Veth 1877:242—243;Gould 1956:100—104;Siegel 1969:17—21)。

土地广袤而劳动力稀缺的现实意味着,控制了劳动力便掌握了开拓新种植区的关键。据我们所知,很多地方,如 1511 年前马六甲精英阶层所有的坡地种植园(dusun)(Pirés 1515:260),一个世纪之后万丹的沿海地区(Lodewycksz 1598:129),以及 17 世纪时的亚齐(Dampier 1699:91),经济作物的种植都由城镇商业贵族役使的“奴隶”承担。在马鲁古群岛,贵族们驱使着自己的奴隶大

军从那些由农户种植又转租给他们的丁香树上采摘丁香,因为只有在收获季节才会需要如此密集的劳动力。按照惯例,所获丁香的一半归树的主人所有,另一半则归采摘方所有(Reael 1618:88;Gijsels 1621:22)。采摘这些经济作物的劳力中,一部分可能是贵族俘获或购买而来的奴隶;另一些则是与贵族形成长期依附关系的劳动者或拖欠种植启动资金的农户。这种灵活的人身依附制度构成了开拓原始林地、种植经济作物所需的劳力流动的基础。

在 17 世纪,连人口极为稀少的婆罗洲南部的马辰也发展起胡椒种植业,这些地区不但以前毫无种植胡椒的历史,连密集的稻米种植都闻所未闻。当时最先从事胡椒种植的大部分人可能是从别处购入的奴隶,因为望加锡出口至当地市场的一大主要商品便是"适宜在胡椒种植园劳作的男女奴隶"(Speelman 1670 A:112)。然而,无论种植者与其主人之间的依附关系如何,其长期的核心义务则是恒定不变的,那就是在交易中心将自己生产的价值不菲的经济作物完全交付给主人。

这些发展经济作物种植业的边疆地区的生产生活条件大都十分恶劣,死亡率居高不下,女性人口屈指可数,文化生活极度匮乏。年轻男性寄希望于在短时间内积累一定的财富,偿还掉自己的债务,选择好的地区过上正常的家庭生活。但正如一位亚齐诗人所说:"如果你吉星高照,你将能够重返故里;如果你运交华盖,边疆垦区(rantau)就是你葬身之地。"(*Hikayat Ranto*:10—11)一些人的确从种植业中挣到些钱,但一旦收购价格下跌或是荷兰人的封锁导致胡椒无法外运出口,那所有的财富憧憬就会化为泡影。非常明显，随着经济作物种植业的兴起，整个社会短时期内经历了深刻的变化，新的定居点如雨后春笋般发展起来，新的精英阶层得以崛起，旧日的社会精英成为历史，种植稻米的平原地区比较稳定的等级关系也面临着挑战。

与 20 世纪一样，17 世纪时的经济作物种植者普遍采取的做
法是当经济作物价格高昂便种植此类作物，而在价格波动的时
36 期，他们则学会了拨出部分土地用于种植粮食作物。这样一旦
经济作物的市场行情走软，他们也就有了维持生计的回旋空间。
如果价格持续居于低位，或经济作物由于政治原因陷入低迷，种
植户们要么选择退出、要么被统治者胁迫退出种植业（参见第五
章有关经济作物种植业衰落的论述）。

东南亚帆船驰骋海疆的辉煌岁月

> （爪哇人）极富航海经验，并自称其航海历史最为悠久，不过很多人则把这一殊荣给予了中国人，并且认为爪哇人的航海技艺实际上源自中国。然而可以肯定的是，爪哇人历史上曾经劈波斩浪远航至好望角，并与圣劳伦佐岛（S. Laurenzo，即马达加斯加）东海岸的部族有过交往，当地至今仍有很多棕色肤色、爪哇化了的居民自称是爪哇人的后裔。
>
> ——Couto 1645 IV，iii：169

航海史上对于一种独特的帆船有着明确的记载和描述。它有时被称为东南亚帆船、或称南岛帆船，有时又被称为马来-波利尼

西亚帆船，又有时直接称为“叭喇唬船”(prahu)。其最为悠久的一大特色在于所有构成船体的木板彼此间以及与龙骨间都是以木榫固定连接的，没有使用任何铁钉或框架，船首和船尾均呈尖状，配以两只桨状侧舵和长方形大三角帆。这种小型货运海船实用性极为突出，比以铁钉固定连接船板和船舶框架的船只更为紧密结实；时至今日，印度尼西亚很多地方仍在使用相同的工艺制造船舶(Horridge 1981：8—70)。在贸易时代以及此前此后的几个世纪里，数以千计的此类帆船装载着4吨至40吨不等的货物来往穿行于东南亚的海面上。在当时的历史文献中这种帆船称为“叭喇唬”、“巴咯可”(balok)或者“帕嘎加洼”(pangajawa)(插图6b)。

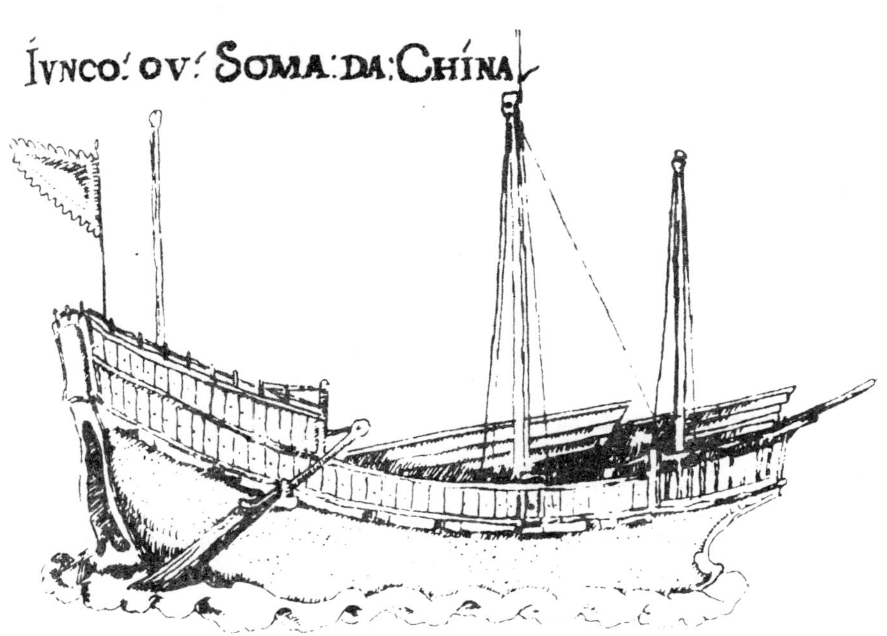

插图6a　戈迪尼奥·德·埃雷迪亚(Godinho de Eredia)在马六甲所绘的东南亚帆船。注意船上的复合舵。

插图 6b　马来“叭喇唬”商船。

不过,15 和 16 世纪时主宰着海上主要贸易航线的并不是这种小帆船。扮演这一角色的是两桅或三桅的大型船舶,不过这种船只同样具有很多上述“东南亚”特色(以木榫钉相结合的船舱、复合舵和龙骨),它们满载着船主的货物、肩负着远洋货运的重任,乘风破浪于东南亚主要航道上(插图 6a)。这种东南亚帆船被当时的文献记载一致称作 junk。在今天,该词听起来很像是中文词汇,但当初却是通过马来和爪哇语中“jong”的这一发音而进入欧洲语言的,而同一历史时期的中文文献也表明这是马
38 来语中“船舶”一词的发音(Edwards and Blagden 1931:734)。这

一叫法①以及某些制作工艺很可能是伴随着蒙古人的远征传到爪哇地区的，但到了 16 世纪，这种帆船的东南亚和中国特色至少平分秋色（Manguin 1985：24；Reid 1992：178—184）。

欧洲关于这种帆船的描述最早出现在卢多维科·迪·瓦尔泰马（Ludovico di Varthema 1510：239）的著作中。他说，大约在 1504 年前后，在苏门答腊北部的皮迪尔和丹那沙林，人们便在建造着一种"他们称为 giunchi 的大型船舶；这种船尖艏尖艉，配备有三条桅杆和两只船舵"。在接下来的半个世纪里，无数欧洲人对于这种船只体型之大、结构之坚固都交口称赞，对于其只使用最简单的工具（包括扁斧、钻子、凿子等）、不使用一根铁钉及令人叹为观止的精良工艺也大为折服（Empoli 1514：48，131；Pires 1515：194—195；Pigafetta 1524：59；Manguin 1980：267—268；Scott 1982：530）。史上为人亲眼目睹过的最大的帆船是一艘排水量约为 1000 吨的运兵船，采用了多重船体设计以增加其坚固性，爪哇人建造的这艘巨舰曾参与过 1513 年进攻马六甲的那场战争——"与其相比，[葡萄牙人的]'阿南西阿达'号（Anunciada）就根本不叫船"（引自 Cortesão 1944：152n）。

近几十年对于泰国湾、廖内群岛、中国南部海岸以及朝鲜半岛西海岸沉船的考古发掘成果都补充丰富了当年的记载。所有这些被发现的船只都曾活跃于 13—17 世纪间东南亚的贸易中，游弋于东南亚水域内外，并且具有相同的基本构造。它们都有龙骨（并未

① 这一叫法似乎来自于中国福州地区方言中"船"的发音"song"。试比较普通话的"chuan 船"。

采用中国北方船舶的平底结构),多数船体都采用所谓“东南亚式工艺”以木榫连接固定。所有船只在使用木榫钉固定船板之外,也采用了铁钉和夹钳以增加船板固定的强度,这与当时人们的观察有些出入。这一新发现促使芒甘(Manguin 1984,1985)认为,这一时期的帆船是一种融合了“南中国海”式的混合型船,其特点在于将中国和东南亚风格特征灵活地糅合起来。一首爪哇史诗为这一理论提供了佐证。据该史诗,13 世纪 90 年代时爪哇首次仿制了“鞑靼国船只”,而当时爪哇东部地区的确曾遭受到由 2 万余名官兵、1000 艘船舰组成的中国军队的军事干预(Kidung Sunda:77;Manguin 1984:201)。

39 上述理论也天衣无缝地与华人在 15 世纪的南洋经济活动的证据相印证。1368 年明王朝建立后,明令禁止私人海外贸易,使得身处南洋的中国人有家难回、有国难投。而 1405 年至 1435 年随郑和下西洋后又有许多军士滞留不归,这都使南洋当地中国人的数量和地位进一步上升。他们在锦石、淡目(此两地均在爪哇岛)、巨港、马六甲、北大年、阿瑜陀耶等地造船组队,从事这些地区与中国的朝贡贸易,建立起整个东南亚地区的商业网络。东南亚地区盛产价格低廉的优质木材,手艺精良的工匠人数众多,而且这一地区又处于中国朝廷监管视线范围之外,因此它自然成为了理想的船舶建造基地。南中国海地区很大一部分的中国式帆船应该都是由东南亚地区的工匠为华裔船主制造的。因此这些船舶呈现出混合特征也就在意料之中了。而在欧洲人的记述中,无钉船体和双舵结构成为东南亚地区造船技艺的主要特征,极具异域色彩。

15 世纪爪哇地区的航运业呈现出如火如荼的发展态势。葡萄牙人关于 1500 年前后爪哇社会的第一批史料显示,爪哇人主宰了西起马六甲东至马鲁古群岛的印度尼西亚海域的贸易。当时马六甲地区一批大多为爪哇籍的船主共同起草了《马六甲海商法》。他们以马六甲为基地的船队经常穿梭于南洋和中国之间的海域。皮雷斯(Pires 1515:122—123)认为,这些船队只能在中国近海处下锚驻泊而不许靠岸,因为中国人担心"船队中的一艘船便可轻易击溃 20 艘中国帆船",而这种担心也并非全无道理。皮雷斯更坚称,此前一个世纪爪哇人对外贸易的规模还要庞大许多——"因为他们坚称曾远航至亚丁,而印度南部的本诺·羯陵伽(Benua Keling)、孟加拉、巴赛等地则是其主要贸易地盘,并且当时他们一度垄断了这些地区的贸易"(Pires 1515:174)。为何偏偏是爪哇人此时一花独放?可能性最大的一种解释是,当地人民在郑和远征后创造性地将中国和爪哇的航海技术融合在一起。在郑和历次远洋航行过程中(包括 1406、1408、1410、1414、1418 和 1432 年的远征),由多达百艘以上的海船组成的中国船队都曾在东爪哇沿海港口长期驻泊以事休整。

在 16 世纪,葡萄牙人海船的吨位也日益攀升。在该世纪初时,东印度航路上的葡萄牙大黑帆船"瑙"(nao)不过载货 400 吨,而到该世纪末时其吨位已接近了 1000 吨(Pyrard 1619 II:180—182;Boxer 1969 A:209—211)。与之形成鲜明对比的是,亚洲国家船舶的吨位却逐步萎缩。芒甘(Manguin 1980:268)推断,16 世纪初亚洲地区制造的帆船平均吨位约在 400 吨至 500 吨之间。即便它事实上是上限数据,但到了该世纪末时,亚洲帆船的吨位也下降到一半以下。荷兰人留下的史料表明,只有那些将爪哇生产的稻米运往苏门答腊和马来半岛各地的大型船舶的吨位才在 200 吨以上。到 1620 年时,马打兰国王还至少拥有一艘 400 吨的稻米运
40 输帆船(“Verhaal” 1622:540)。总体而言,东南亚地区船舶的吨位虽有所下降,但其数量却突飞猛进,一位荷兰旅行者在泗水便曾亲眼见到过“千艘以上”的 20 至 200 吨位的船舶(前揭书:532)。并没有目睹过大型运粮帆船的罗德维克兹记述说,“东印度诸岛船舶数量甚巨,然均为蝼蚁小船,凡吾所亲见未有载重逾 40 吨者”(Lodewycksz 1598:132—133;参见插图 7a)。到 17 世纪中叶时,东南亚当地所产的船舶再也不被人称为“junk”。其中吨位最大的船舶(战船或货船)均为统治者所有,由万丹、阿拉干、阿瑜陀耶的国王们依照欧洲或中国式设计建造。到了这一历史时期,“junk”一词仅指那些为中国人所有的 200 至 800 吨的船舶,尽管两个世纪后这些船舶仍保留着众多东南亚的造船特征(Manguin 1984:202—204;Blussé 1986:106;参见插图 7b)。

看一看葡萄牙人如何记述欧洲人对东南亚帆船的毁灭性打击,我们就会明白为什么那些威严庞大但却笨重不堪的帆船最终会变得无影无踪。的确,和平时期将这些大船投入海上贸易可以
41 得到最多利润,然而面临危险时它们既缺少逃逸所需的速度,又没有堪与欧洲船舶抗衡的机动性和火力。阿方索·德·亚伯奎(Alfonso de Albuquerque)在 1511 年抵达并占领马六甲之前,已经在路上顺手猎获了几艘满载货物的帆船,并没收了船上的货物。据史料记载,1513年扎巴拉的巴蒂·玉努思进攻葡属马六甲时曾

插图7a　荷兰人首次远航爪哇时所见到的爪哇沿海各种帆船。自上而下顺时针方向:爪哇叭喇唬商船、中国帆船、本地渔船、爪哇帆船。

动用过35艘大型爪哇帆船,每艘的吨位都在500吨左右;但在与葡萄牙人的一场海战中,这些帆船不是被焚毁就是被击沉,几乎落得个全军覆没的下场(Empoli 1514:148—149)。对此皮雷斯评论说,在巴蒂·玉努思的舰队被击溃之后,"爪哇人的帆船船队也就不复存在,因为大部分爪哇帆船来自勃固。爪哇(以及其他在马六 42
甲购买船只者)过去总是请人在勃固造船。……同时,葡属印度总督烧毁并击败了敌人每一艘帆船,他们现在个个是两手空空,无计可施"(Pires 1515:195)。当然,这是夸大其词。虽然缅甸和暹罗柚木是最好的造船材料,勃固工匠手艺又特别好,爪哇人仍然使用南望地区生产的柚木和婆罗洲生产的木材自己造船。但使用笨重的帆船运输大型贵重商品的风险实在太大,这一点在1618年得到

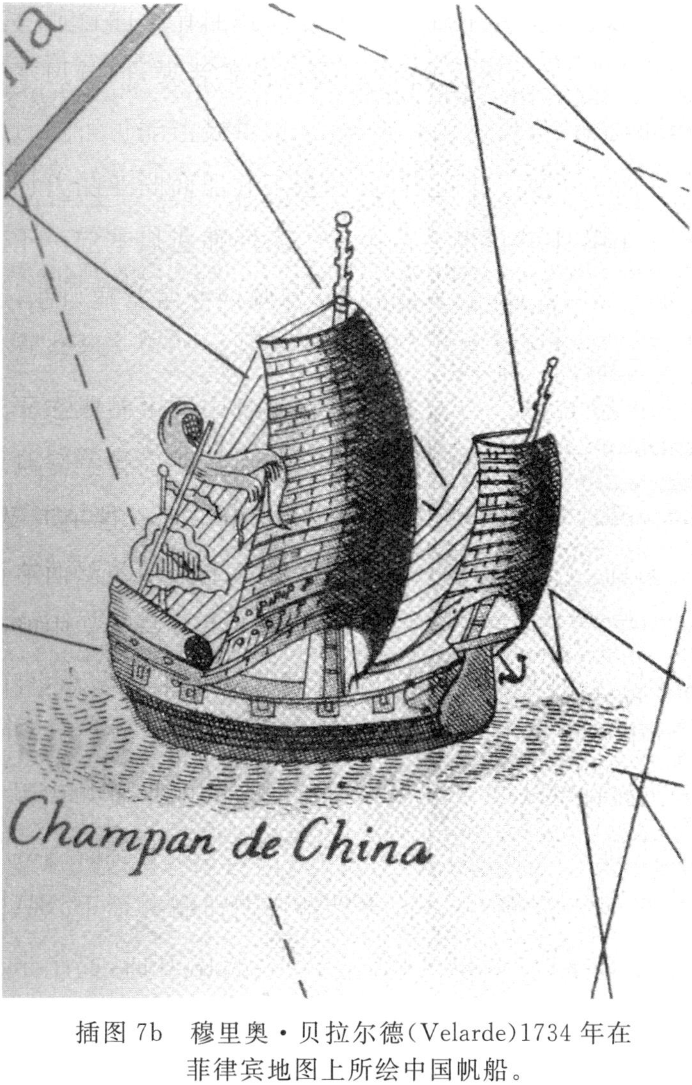

插图 7b　穆里奥·贝拉尔德(Velarde)1734 年在菲律宾地图上所绘中国帆船。

进一步验证。当时,荷兰人夺取或烧毁了马打兰的最大运米船队,其中一艘船重达 200 多吨(Coen 1619:419)。在 17 世纪,只有欧洲人和中国人觉得使用大型货运船安全可靠(同时又有所需要的资本)。风下之地的统治者不提倡其臣民建造大型武装商船。

他们主要着力于建造纯军用战舰(Manguin 1993;也参见第四章)。

需要强调的是,使用简陋的东南亚造船方法造船,其船体大小方面的局限性并不在其技术方面。在今天的印度尼西亚,那些小型的造船作坊都可用传统方法造出重达500余吨的木船。只要统治者需要大船,他们就能造出来。晚至1629年时,亚齐人还建造了一艘蔚为壮观、长达百米的战船。虽然造船技术广泛传播,但大型帆船或战船是在一些特定的村庄建造的。在这些村庄中,村民是全职造船工匠。马达班是勃固王国的良港,柚木资源又十分丰富,这里的船坞为马六甲的商人们建造大批巨型帆船,还间接地为爪哇、苏门答腊、吕宋,甚至是华南的商人们造船;这些商人都在马六甲购买勃固所造之船(Pires 1515:145,195;Bouchon 1979:139)。每年这些船坞可建造“大约20艘大型船舶”(du Jarric 1614:845)。不过,马六甲本身也是苏丹控制下的一个重要造船中心。征服马六甲后,亚伯奎(Alfonso de Albuquerque 1557:168)将该造船厂的60名技术熟练的爪哇木匠带往印度,为那里的葡萄牙人工作。位于马来半岛西海岸的墨吉和丹那沙林同样以造船和优质木材闻名于世。菲律宾中部的西班牙人发现,在树木茂盛的班乃岛附近有两个小岛,居住有大约400名技术熟练的造船工人。这些人“每年奔赴各岛造船”(Loarca 1582:78—79)。16世纪90年代,万丹最大的船是在婆罗洲建造的,但由于爪哇北海岸的拉森附近盛产上等
柚木,该岛因而成为重要的造船中心(Lodewycksz 1598:132— 43
133)。扎巴拉附近的大部分船队应该是在拉森建造的。

航　　海

当君遥望地平线，
暗礁锋利边缘险。
紧握舵杆睁大眼，
分毫不爽进港湾。

——Hamzah Fansuri Poems：112

既然中国人与东南亚在航海方面关系密切，那么就可以想见中国的罗盘至少为某些风下之地的水手所知并运用。阿尔西纳（Alcina 1668 III：54—55）断言，菲律宾水手在西班牙人抵达菲律宾很久以前就知道罗盘。他合理地引用证据，指出在印度尼西尼和菲律宾语中原本就有“指南针”一词（由马来词 pedoman 演变而来，而这个词可能源自于爪哇语的“针”[dom]）。马来人有很好的方向感，他们对罗盘上的八个方位各有自己的叫法。这8个方位可能是马六甲海峡地区创造的，因为南方被称为 selatan（来自 selat“石叻”，即[新加坡]海峡），而西南和印度海用的是同一个词 laut。卢多维科·迪·瓦尔泰马（Ludovico di Varthema 1510：247）说，他从婆罗洲搭船前往爪哇时，帆船的船长“带着一个带有磁铁的指南针，和我们的相似；此外，他还有一个标满线条的导航图”。

然而，荷兰早期的报告却认为，马来人和爪哇人以前对罗盘一无所知,即使知道也不过是最近的事,而且是从葡萄牙人那里得知的(Lodewycksz 1598:131)。荷兰销给印度尼西亚水手的第一批指南针因销售不畅而不得不退回(Meilink-Roelofsz 1962:104—105),这通常被认为是当地人不了解指南针的证据。然而,更有可能的情况是,中国的指南针满足了他们的需求。阿尔西纳(Alcina 1668 III:55)评论说:"虽然他们使用中国制造的罗盘,与我们的罗盘在方位和风向方面有很大的不同,不过足够用了。"

东南亚(以及中国)船员总是尽量沿着海岸,凭借他们渊博的风向和海流知识向前航行。《马来海商法》规定了他们的任务:"舵
手必须在海上和陆上根据风向、海浪、海流、海水深浅、月亮和星 44
星、时节和季风、港湾、岬角和海岸线、暗礁……珊瑚和沙洲、沙丘、山脉,进行导航。"(*Un-dang-undang Laut*:38)阿尔西纳认为,菲律宾导航员比西班牙、荷兰或中国舵手在这些方面更胜一筹。这样看起来,似乎只有远程航行在长时间看不见大陆后才需要指南针,而这些指南针可能来自中国。

除了按中国传统绘制的越南地图和或多或少受中国影响的一幅暹罗地图外(插图 8 和 9),很少有 19 世纪前的东南亚地图和航海图保存至今。人们通常认为,贸易时代东南亚的航海并不主要
依赖航海图。然而,皮雷斯(Pires 1515:211)认为,他的有关前赴 45
马鲁古的路线信息是从马六甲当地穆斯林及其航海图中得到的,"这些图我看过很多次",它们在导航方面非常可靠,但上面的文字内容并不十分确切。更令人惊讶的是亚伯奎于 1511 年在马六甲获取的航海图:

非常大,属于一位爪哇舵手所有,上面标有好望角、葡萄牙、巴西、红海、波斯湾、丁香群岛、中国人和琉球人的罗盘方位和笔直航线、内陆地区以及王国之间的国界。陛下,对我而言,这是我平生所见过的最好的东西。……图上名称全是爪哇语,但我的随行是一位能读善写的爪哇人(亚伯奎 1512 年 4 月 1 日致曼努埃尔国王的信,译文引自 Cortesão 1944:lxxviii)。

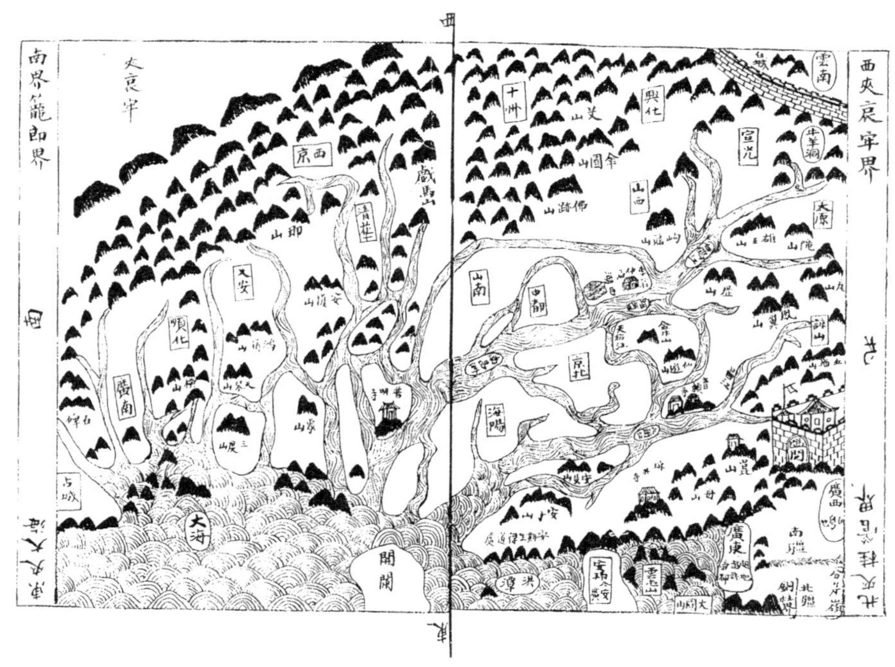

插图 8 《洪德版图》所载越南人绘制的越南地图,虽然一般认为绘于 1490 年,但实际可能绘于 17 世纪末。图上的右方为越南首都升龙,与中国的边界位于右上角,各省的名字标注在小方框内。

不幸的是,这一展示了东南亚历史上那个短暂的开放时期的珍贵地图却在“海上花”(Flor de la Mar)海难中遗落海底。它的来龙去脉有可能是这样的：一位继承了爪哇人高超绘图技术的爪哇舵手，一直就在马六甲这样的国际商埠与中国人、印度人和阿拉伯人密切接触。当葡萄牙人到来时，他又不失时机地了解他们的航海知识，充实其航海图。另一种可能是，由于马来和爪哇舵手必须懂阿拉伯文以便带领船员集体祈祷，他们得以与阿拉伯人或印度穆斯林频繁交流，这些人将葡萄牙人的航海发现告诉了他。

东南亚人对世界的这种好奇心并非绝无仅有。欧洲旅行者经常被询问起他们家乡的情况，人们急切想掌握他们的天文学和地理学方面的知识。在 17 世纪的阿瑜陀耶王宫和望加锡王宫，人们以巨大的热情去了解和复制欧洲航海图。望加锡对航海图的复制本很可能激发了布吉斯人绘制航海图的传统（Le Roux 1935：699—701；Reid 1981：21—22）。托马斯·弗雷斯特（Thomas Forrest 1792：82）为同时代的布吉斯人船主对航海图的兴趣浓厚感到吃惊。“我已经向船主一些提供了许多情况……他们对此非常感谢。他们常常用他们的语言在航海图上标上地名”。不幸的是，现存最早的布吉斯地图都属于 18 世纪末和 19 世纪初（插图 10）。不过，几乎可以肯定的是，这些地图是基于 17 世纪的地图知识而绘制的。

根据现有的资料，我们很难肯定东南亚贸易时代的地图在多大程度上是东南亚人自己绘制，多大程度上是依赖外国舵手们带来的地图。如果说爪哇拥有过自己的地图绘制传统的话，它也已经随着爪哇航海业在 17 世纪初的急剧衰微而烟消云散了。

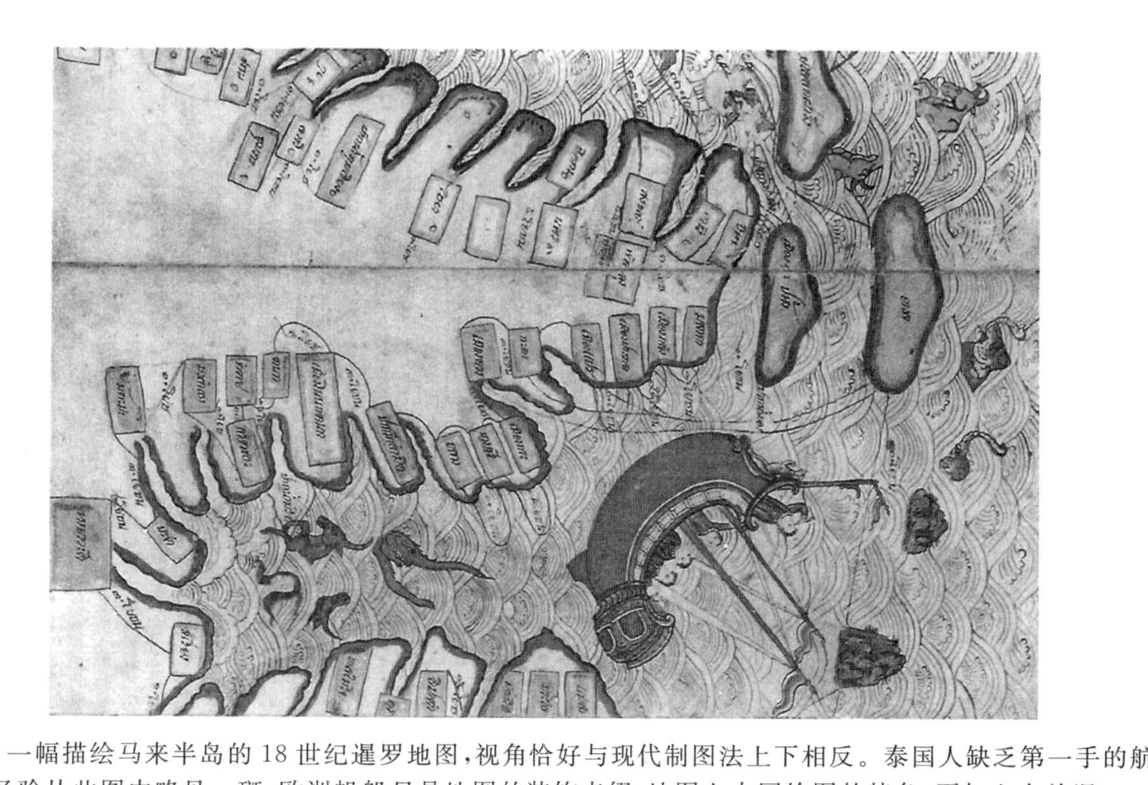

插图 9　一幅描绘马来半岛的 18 世纪暹罗地图，视角恰好与现代制图法上下相反。泰国人缺乏第一手的航海经验从此图中略见一斑：欧洲帆船只是地图的装饰点缀，地图上中国绘图的特色，再加上有关暹罗以外地区的情况都模糊不清。马来半岛南方的岛屿标注为勐彭亨（muang Pahang），而该地名其实应该绘在大陆上。再过去一点的地名是“Yache”，大概指的是亚齐。地图上绘有从暹罗港口墨吉和丹那沙林前往亚齐通商、遣使的航线。

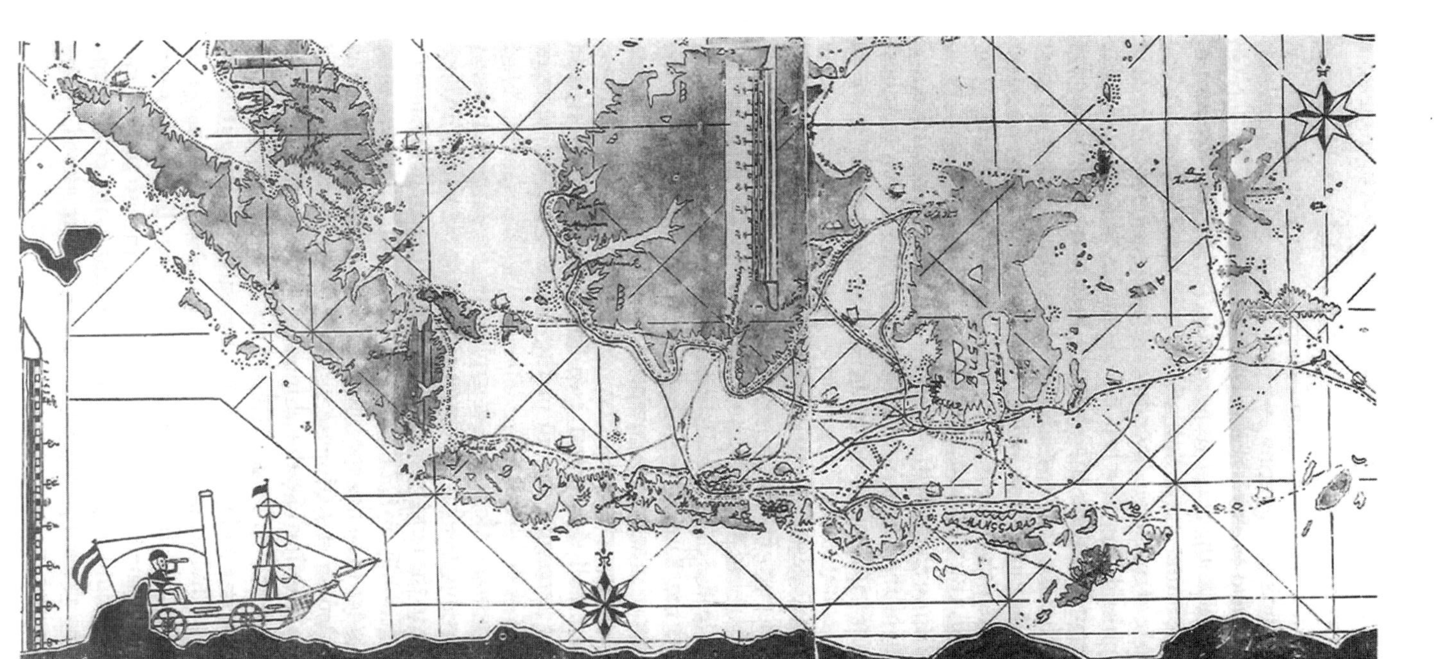

插图 10　一幅 19 世纪初期的布吉斯地图，可能绘制于望加锡。这是该时期几幅几乎完全相同的布吉斯地图中的一幅。不过其他几幅上均有以布吉斯文字拼写的地名，但却没有标出航线。此图上的航线均标明不同的目的地及货运成本。由于这些资料与阿曼纳·伽帕（Amanna Gappa）所记述的详细行情几乎如出一辙，因此有可能是后加的。所有现存的布吉斯地图对海岸线的描绘，显然都抄自至少一个世纪之前的欧洲人的海图，证明布吉斯人的绘图传统可以追溯到 17 世纪的望加锡。

商船的组织形式

48 关于东南亚帆船的船员和货物的组织主要有三方面的资料。首先是外国人的记录，最重要的是托梅·皮雷斯 1511 年前后的马六甲航运记录。其次是《马来海商法》。该法典是由以马六甲为基地的一些著名船主在马六甲王国的最后 10 年中集体编纂。虽然现存法典的内容年代更晚，但这些后期文件的序言却认为，因为这些法律反映了“马六甲苏丹过去强大之时的各种古老习俗”，即使它们与伊斯兰教的法律发生冲突时也必须严格遵守（*Un-dang-undang Laut*：30）。这个马六甲的马来模式又影响了布吉斯人的海商法。布吉斯人海商法现存有不同版本，其编纂得益于荷兰征服望加锡后布吉斯人的第三任首领（Amanna Gappa 1676）。

第三种史料是在葡萄牙征服名港马六甲后从该港口派遣出发的第一批商业航行的一些资料。在数次前往勃固、巴赛、科罗曼德尔的航行中，葡萄牙人几乎全部依靠其主要亚洲合作者的商业知识。他们称之为羯陵加·尼那·彻图（Kling Nina Chetu）的人系一位印度富商，可能是来自于专营借贷业务的哲地阶层（chettiar caste）的泰卢固人。[①] 和通常一样，在这些航行中，他雇佣了一批本地的爪哇和孟族水手，而葡萄牙人只是出一半资金和两名葡萄牙船员；但葡萄牙人也首开先例，在王室账目上详细记录航行情况。

---

① “Chettiar”又拼为 chetty、chetti 和 setty 等等，马欢《瀛涯胜览》中“古里”条译为“哲地”，本书也采用这一译法。——译注

这些资料说明，大型东南亚帆船上的纪律与当时欧洲的船上纪律一样严格，而与近代印度尼西亚叭喇唬小船上的家庭式气氛截然不同。该海事法规定，任何船员甚至是舵手的疏忽都将受到鞭笞，以示惩戒。正如当时印度和中国商船上的规矩一样，船上最高权力者不是水手，而是船主或其代表，这两种人当时均叫做“拿寇大”（nakhoda）。船主之威风凛凛，堪比陆地上的君主（raja），而船上的高级船员，如舵手、水手长（jurubatu，负责抛锚停泊及测量水深）以及甲板长（tukang）则大权在握，身份尊贵，犹如王室官员。拒绝执行船长的命令以死论罪，拒绝执行大副的命令将被处于三、四或七次鞭打。这些处罚由水手长执行（*Undang-undang Laut*：32，36—37）。舵手（malim，这一术语也用于称呼伊斯兰教师）关系到所有船员的安全，不列在这一权力结构范围之内。在海事法 49
中，舵手被比作博学的阿訇，其职责是避免航行中的精神和物质危害（前揭书：38）。见习船员在海上和陆上为船长服务并保护船长，确保帆船任何时候都做好准备，击退攻击（前揭书：43）。

与中国帆船相同的是，东南亚的帆船配备的船员数量远远多于同样吨位的欧洲船舶。1512 年，尼那·彻图（Nina Chetu）的两艘各载重约 200 吨的帆船配备至少各 80 名船员。每艘船上的船员包括 1 名马来或爪哇船长、1 名勃固（孟族）舵手及其助手、1 名甲板长（tukang agung）和 2 至 4 名助手（tukang tengah）、6 名水手长、4 名舵手、3 至 6 名船舶维护、4 人管理风帆，外加 4 名见习船员。其他人员（一艘船上 45 人，另一艘船 65 人）或被称为水手（awak perahu），或根据职责称呼，这些人似乎大部分为奴隶（Thomaz 1966：

194—195;Bouchon 1979:135)。因为《海商法》和皮雷斯(Pires 1515:212)都证实,奴隶在海员中的比例相当高。

与欧洲、阿拉伯、印度或中国的做法非常不同的是,当时妇女是东南亚贸易帆船上的常客。当万丹的爪哇人惊讶地发现,首航爪哇的荷兰人在如此遥远的航程中船上居然没有一个女人陪伴时,很快就将几名妇女送到荷兰船上(Lodewycksz 1598:133;参见 Empoli 1514:131)。根据东南亚和中国帆船的建造方法,帆船的甲板上下两边有许多小隔舱,比欧洲船有更多的私人空间。虽然多了一些,但仍然不够。偷看船尾是对船主的冒犯,因为船尾是船主的船舱所在。"因为如果船长带有妻妾,事情将非常严重"(*Undang-undang Laut*:49)。欧洲人对船上的鸡奸行为处罚非常严厉,马来和爪哇船舶对通奸则毫不留情。根据《马来海商法》(*Undang-undang Laut*:32—34)中对妻妾的不同分类可以明显看出,甚至普通水手有时也携带女人到船上去,而自由妇女和作为奴隶的妇女也作为乘客或商人参与航行。

东南亚船员的组织和报酬都与中国帆船相似。印度船员挣的是具体薪金(如果是船长、舵手及职员,那么还外加几个舱位;
50 Abu'l-Fazl 1596:291)。而东南亚及中国海员基本上都是商人,其报酬其实就是所获得的贩运商品的机会本身。详细查阅尼那·彻图的那两艘帆船的详细账目,我们发现船主的确发给各类船员大米或货币,但这些稻米看起来是口粮而非薪金,对奴隶们尤其是这样。对自由人而言优厚报酬就是为其货物在船上提供的空间。重要船上职员可以分得一个舱位(petak,分隔间),而不属于奴隶的水

手则为半个舱位(Thomaz 1966:194—195;Bouchon 1979:136)。

将货舱分成众多舱位对于商人进行贸易极为重要。《马来海商法》证实了托梅·皮雷斯及其他欧洲观察家的记述,并表明,根据事先协议,商人在一条船上租一个或多个其他商人所拥有的舱位是海上贸易的惯例。关于这一点,《马来海商法》中有一个重要章节称为"胡坤客位"(hukum kiwi),是关于海上行商的法律条文。它概述了随船航行的商客(kiwi)与船主的四种不同的经济关系(可惜有些含糊不清),而船主则代表了船东的利益(*Undang-undang Laut*:39)。马来语的 kiwi 是贸易时代一个来自中国的外来语,后来已不再使用。它可能是源自厦门方言中的"客位"(kheh-ui①,汉语拼音为 kewei),字面意思为船员空间(Douglas 1873:125)。在《马来海商法》中,该词表示那些随船旅行并带有货物的商人。他们必须完全服从船主的指挥,遵守船上纪律,但当商船被迫丢弃货物前,却要与他们商量。此外,船主必须定期与他们的代表 (maula kiwi 或 mulkiwi)就任何可能影响到航行商业利益的事情协商。到达港口后,船主有权优先出售自己的货物;四天后,商客们才可以出售他们的货物;再过两天后,才轮到水手出售他们的货物。商客们不得标出比船主更加优惠的价格,在船长不知情的情况下也不可以购买奴隶(前揭书:44)。

根据马来和欧洲史料,至少可分为三种不同的贸易形式。最

① 多谢厦门大学的陈希育告诉我该词词源。该词也有欧洲来源,如《巴达维亚城日志》(*Dagh-Register* 1624—1629:130)载有"quewijs"一词(复数形式?)来表示一艘 450 吨的中国船上的 40 名商人。Kiwi 这一说法似乎已经从布吉斯人的海事法典中消失;根据布吉斯海事法典,"乘客类船员"(sawi manumpang)无权租用舱位,只能将其货物放在甲板上(Amanna Gappa 1676:49)。

常见的可能是皮雷斯(Pires 1515:283—284)所描述的那种情况,其中商人或其代理可随船旅行,出售其货物,并承担海难的全部风
51 险,按照其携带货物价值的百分比为其舱位交纳租金。“船主在帆船上装满了一切可能的必需品。如果你在船上需要一个或两个货仓,那么你得派两三个人照看和打理,将你带走的货物登记造册。当你返回马六甲时,你需要支付放置在马六甲帆船上货物价值的百分之二十”。《布吉斯海商法》根据距离的远近详细说明了此种服务所收费用的具体比率。例如,在印度尼西亚东部,最短航程的标准比率为货物价值的 2.5%,而从苏拉威西至亚齐或柬埔寨的最长航程,比率则为 7% (Amanna Gappa 1676:44—46)。

《马来海商法》列举了另一类委托贸易形式(commenda)。在这种形式中商人通常停留在家,而把货物或资本托付给船主。皮雷斯(Pires 1515:284)记述了马六甲委托贸易的情况:“假定我是马六甲的商人,而你是船主;我按马六甲市价托付给你价值 100 克鲁萨多的货物,所有风险都由我个人承担。[从爪哇]回来后你应付给我的总金额是 140 克鲁萨多;根据马六甲法令,款项必须在商船抵港 44 天后交讫。”在一个世纪后的万丹,人们还是喜欢这一类型的委托贸易:“那里的富商通常待在家里,而……把钱借给那些出海贸易的船主们进行投机……当然,他们这样做是需要承担风险的。如果航行迅速结束,那么贷方借出的钱即可依约如期偿还……如果商船不幸失事沉没,那么贷方也就血本无归。”(Lodewycksz 1598:120)船主从事这种委托贸易,再加上自己捎带的货物,通常可赚取一倍的利润。但马六甲至爪哇之间的一

趟往返,贷方可获取 40%的利润。勃固、暹罗甚至巽他[西爪哇]航线交易的主要商品为奴隶,风险大,但利润也高,为 50%。

有关二船主与船主之间的第一类和第三类合约,《海商法》里的规定虽然比较模糊,但很可能记述了第一类合约里租赁一个货舱,或者第三类合约里租赁最高达八个货仓的固定收费标准。

了解货舱体积与相应的货物重量将更有助于我们理解东南亚一般商人的贸易规模。船上一些横断的隔间无疑是固定的舱壁。中国北方的船只以及一些业已打捞出来的“混合型”沉船,大体建有 12 个密封防水的舱壁,然后用钉子固定在龙骨上(Needham 1971:420)。尽管东南亚的造船工匠通常不建造这种舱壁,然而他们似乎在建造帆船时也使用了同样的功能。那么,那些隔间就应 52
该是大小不一的固定防水货仓。1603 年,一艘驶往马六甲的望加锡贸易帆船上的货舱,其中七个为四位葡萄牙旅客租用,它们被描述成:“有几个手臂宽的私人隔间”(van Warwijck 1604:34)。据斯塔沃瑞纳斯(Stavorinus 1798 II:287)对停泊在望加锡的一艘中国帆船的记述,货舱的数目很可能依据随船航行的二船主的数目而进行调整。那么,尼那·彻图帆船向船员提供的一半或全部货舱的分配(《海商法》里对此也有暗示)所指的仅为相对的份额,而非绝对的空间占有权。

《海商法》(*Undang-undang Laut*:39,45)中大凡提到具体重量配额的地方,其数目之大,令人吃惊。一艘标准帆船上船员所享有的配额为 1 可央的重量,而在船长的货物里二船主则可以选择获取 2 至 3 可央的重量。鉴于 1 可央约为 3.5 立方米,相当于 2

吨多大米的重量，因此，每位船员所享有的这种配额意味着他们的贸易规模相当大，其自身的货物最高时占据了帆船全部重量的四分之一。[①] 然而，在 18 世纪中国的帆船上，大小船员所得到的份额则少得多，分别为 900 和 420 公斤（Blussé 1986:110）。因此，对马来商船上可央配额最好的解释应该是指船员活动的全部空间，既用以存贮贸易货品，也用以船员（也许包括妻子）的饮食起居。伊本·白图泰（Ibn Battuta1354:235—236）和恩波利（Empoli 1514:131）的印象即是如此。毫无疑问，二船主的确在他们的货舱里装满了大量的货物。1713 年，荷兰官员对一艘中国帆船进行仔细盘查时，发现随行 16 位商人总共装载了 220 吨胡椒，其中 8 位商人平均各占 3 吨，另外 8 位商人平均各占 24 吨，最大的商人竟约占整个货物的三分之一，达 66 吨之多（Blussé 1986:110）。

在范·勒尔所描绘的“小商贩式的小规模贸易”经典模式里，每位商人仅仅携带“几匹丝绸和几袋胡椒”，这总体上低估了亚洲贸易的复杂性与多样性，以及实际经营的主要生活日用品，如大米、蔬菜、棕榈酒、胡椒和蔗糖等的庞大数目。然而，另一方面，范·勒尔却正确地强调指出了亚洲商人队伍的庞大数目。这些商
53 人在季风之下的水道上经常穿梭往返，他们身边总是携带货物，日夜守候，他们或者自己贩卖，或者通过其女人在更远的集市上兜

① 梅林克-罗洛夫茨（Meilink-Roelofsz 1962:47）的结论刚好相反。杜劳瑞尔翻译的《海商法》（Dulaurier 1845:421）认为所有船员的全部配额仅为 1 可央，所以她认为船员的份额“非常少”。然而，如果参照尼那·彻图资料所提供的数据，即每位船员允许拥有半个货舱，那么该结论显然不太合理。

售,那里就像他们的第二个家。伴随着商品货物、思想信息流动的是人员的流动,这是贸易时代的主旋律。

内陆交通——河流与道路

> 他们似乎不无道理地断言道,他们能够从勃固和暹罗经陆路把胡椒和檀香木贩往中国,甚至远至中国内地,这是因为勃固人和暹罗人经常用兰查拉斯船(lancharas)和叭喇唬船与[上]缅甸沿江一带的王国通商贸易。
>
> ——Pires 1515:111

有关内陆贸易的资料记载比较稀少,但毫无疑问,在贸易时代,内陆贸易同样受到海上贸易繁荣的刺激。国际上需求的大部分东南亚产品必须先从边远的丛林和种植园运往大的贸易港口城市,然后再转运销往海外市场。为了交换这些产品,印度的棉布沿河道和陆路销往伊洛瓦底江和湄公河上游地区。中国商人(主要是云南回教徒)则携带金属器皿和丝绸产品,沿着同样的河流而下,贩运到东南亚的市场(Fitch 1591:307;Garnier 1870:277;Forbes 1988)。同样,东南亚本地食品贸易也需要把稻米、食盐、鱼类、蔗糖以及其他货物从低地运往高地,从内陆运往城市。

印度布匹早已深入到东南亚内陆地区,如下两位荷兰人的报告即为明证。1642 年,这两位荷兰人历尽艰辛,从沿海跋涉 600 公里的旅程,最后抵达老挝的首都万象。他们对万象市场上销售的印度布匹进行仔细分类统计,其种类竟达 20 种之多。在他们所遇见的商人中，其中有一位马来人经常徒步跋涉到万象北面的山区，一次单程旅行即需要花 6 天的时间。在该省会城市，荷兰人被告知，如果他们再次光临时带来“精致花布和纯棉白布”（Wusthoff 1642:198—201；Wusthoff 1669:50），那么他们即可将本地所有的黄金、安息香和虫胶囊括一空。

陆路运输要比海上运输困难得多。13 世纪欧洲的一个数据也许有参考价值，当时那里陆路运输的成本比海路运输贵 20 倍（T'ien 1982:38）。在东南亚内陆地区，即使伊洛瓦底江、湄公河
54 以及许多更小河流可以航行数百公里，然而由于各种政治干预，而无法提供茫茫大海上那种通行无阻的自由。水陆两路沿途关卡林立，劫匪的危险更甚，比海盗有过之而无不及；而战事或政治纷争则使天然的贸易通道全部陷于瘫痪。据说老挝国王苏里亚旺萨曾佯装愤怒地向一位到访的暹罗特使抱怨道：“如果不能给予商人们全世界所公认的贸易自由，那么这究竟是哪个国家的清规戒律呢？”不过，老挝国王深知，在他当政的早期，老挝的贸易却可以经阿瑜陀耶顺利出境，这是泰国各对立纷争王国间通行的贸易模式中的一个例外。只有在强大的王国境内，道路畅通、桥梁众多，贸易才能顺利进行。水路也同样如此；尽管开放广阔无际的通航水域与政治上的统一两者之间相辅相成、相得益彰，但贸易却仍经常被各种税卡边关哨所阻断。

湄南河可通航的河段从彭世洛延伸到入海处，一直是阿瑜陀耶南北交通的大动脉，而红河则是北部越南国家的大动脉。在上述两大河流中，首都无一例外地成为海运和河运的分界点，远洋货船航行到此为止，取而代之则是溯江而上的狭长独木舟。由洞里

萨河所形成的Y型航道与孔瀑布(Khone Falls)以下的560公里的大航线成为柬埔寨的天然动脉，该国首都在贸易时代始终位于金边或金边附近，众多河流在此交汇，远洋货船荟萃于此。苏门答腊东部的许多港口国家，如巨港、占碑、因陀罗基里和硕坡等，同样把首都建在海运与河运航线的交汇中心。在爪哇，在现代由于滥伐森林而导致航道淤塞不通，但直到18世纪布兰塔斯河与梭罗河都是贸易的大动脉。在河水高涨的季节(12月至1月)，装配8支桨、8面帆的浅长帆船把大米和棉布运到锦石、塞达尤和泗水下游港口城市，返程时则把食盐与其他贸易货品贩到梭罗河畔的梭罗地区以及布兰塔斯河畔的谏义里(Schrieke 1942：112—117；Nagtegaal 1988：44)。帆船的数量很多，例如，1709年马打兰仅一位王子便能够发出70艘帆船顺流直下，航行到锦石贸易(Knaap and Nagtegaal 1991：130)。

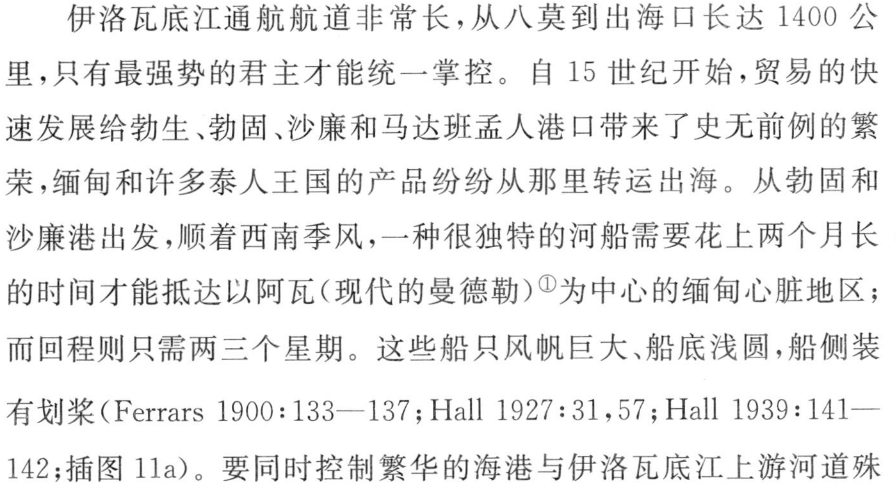

伊洛瓦底江通航航道非常长，从八莫到出海口长达1400公里，只有最强势的君主才能统一掌控。自15世纪开始，贸易的快速发展给勃生、勃固、沙廉和马达班孟人港口带来了史无前例的繁荣，缅甸和许多泰人王国的产品纷纷从那里转运出海。从勃固和沙廉港出发，顺着西南季风，一种很独特的河船需要花上两个月长 55
的时间才能抵达以阿瓦(现代的曼德勒)[①]为中心的缅甸心脏地区；而回程则只需两三个星期。这些船只风帆巨大、船底浅圆，船侧装有划桨(Ferrars 1900：133—137；Hall 1927：31，57；Hall 1939：141—142；插图11a)。要同时控制繁华的海港与伊洛瓦底江上游河道殊

① 阿瓦在曼德勒附近，并非一地。——译注

非易事,只有像勃印囊(1551—1581年在位)这样雄才大略的国王才能做到。17世纪中叶,缅甸国内贸易已经每况愈下,以至外国船只可以溯伊洛瓦底江北上,不过他们必须撤除枪炮,通关时需要出示通行证。

伊洛瓦底江航道尤其适合河船航行,而湄公河尽管河流更长、水流更大,然而,船只在金边河口交汇点以上的河段,很大程度上却无法通航。在湿季,当激流险滩危险最少时,那里的交通主要依靠前后用划桨驱动的狭长独木舟和20米长的竹筏把货物运到下游。孔瀑布是无法逾越的障碍,因而成为柬埔寨和老挝的自然边界。在此处,从事河运贸易的商人不得不"下船上岸,捣毁部分船只,然后乘牛车旅行3英里的路程;而水手们还需要乘坐剩余的船只,与急流险滩拼搏10天才能最终抵达目的地"(Marini 1663:446;插图11b)。溯流而上到达万象,整个航程需要3个月(da Cruz 1569:78)。

1642年,耶稣会士乔瓦尼-玛丽亚·莱里亚(Giovanni-Maria Leria)即沿着这一艰难崎岖的路线前往老挝首都,沿途饱尝千辛万苦。抵达万象后,他便向国王苏里亚旺萨建议修建一些堤坝以促进河上贸易。尽管非常渴望扩大其封闭内陆王国的贸易与外交联系,但苏里亚旺萨觉得国家安全更为重要。"他回答道,这将无异于把国门的钥匙奉送给敌人。一旦国门洞开,敌人便可以随意长驱直入;而现在老挝的悬崖峭壁却可以一直把他们拒之于国门之外"(Marini 1663:447)。

在孔瀑布之上,适于通航的最重要流域是位于现代的沙湾拿吉(Savannakhet)和万象之间500公里长的河段。这条航线成为老挝的交通命脉,促进了贸易时代老挝国家的兴起与民族的形成。

在地处内陆、远离海港的老挝，贸易繁荣的影响仍然屡屡可见。17
世纪 40 年代，每天几艘船顺河航行到下游卸货，船上通常总是载着
来自上缅甸或中国的商人，这些商人或乘牛车、或乘河船前来贸易
（Wusthoff 1642：203，218—219）。当暹罗遭受战争或封锁困扰时，
例如 16 世纪 50 年代以及 17 世纪 30 年代，大批老挝商人便溯湄公
河而下，经柬埔寨出海（da Cruz 1569：77）。不过，如果局势稳定，人
们还是倾向于取道近便的陆路前往阿瑜陀耶。17 世纪 40 年代，每 57
年仅 10 至 12 驾牛车从孔瀑布借道过境，而同时期途经暹罗陆路商
道的泰族、老族和穆斯林商人却输送 4 万匹印度布匹，回程时则捎
回更多数量的鹿皮、虫胶、安息香、麝香以及其他林产品。在湄公
河可通航河段域的南端，从当时属于老挝的城市拉孔（Lakon，即
今日的那空佛统，Nakhon Phanom）开始还有另一条陆路商道，翻山
越岭，10 天后就可到达越南的海岸城市奇英（Ky Anh）（Wusthoff
1642：35；Pallu 1668：34—35；Marini 1669：260—261，536）。正如许
多典型的海上贸易国家一样，贸易时代的商业需求为老挝国王苏里
亚旺萨的“黄金时代”（1637—1694 年）提供了契机。

陆路运输商品的方式基本上有三种：人力、牲畜和牛车。人力驮运最为快捷，并且在某些山区是唯一的运输手段。根据克劳福德（Crawfurd 1820：146）估计，1800 年左右，约有 5000 名职业“巡回挑夫”经常活跃在横穿爪哇的蜿蜒崎岖的商道上。一位吃苦耐劳、身强力壮的掸族挑夫每天可以挑运 36 公斤重的货物行走 24 公里。更为常见的长途陆路商道则使用公牛、小马或骡子来驮负较重的货物，虽然速度缓慢，但是价钱也更便宜。通常一匹骡子可以

驮 60 公斤左右，一条公牛则可以驮 60 至 100 公斤。在主要的陆路商道上，出于安全需要，商人们也使用由公牛或水牛拖拉的两轮车，载重 240 至 360 公斤。这种牛车速度最慢，但也最方便（Wusthoff 1642:196；Aymonier 1885:257；Ferrars 1900:146）。对旅客而言，这些牛车太过颠簸，一路上很不舒服，这是因为车子缺乏弹簧或轴箱，整个车身直接依托在木轴之上，而木轴则固定在车轮的轮盘之上。从丹那沙林横穿马来半岛，前往暹罗和印度支那，法国传教士通常乘坐的便是这种牛车。他们回忆这段旅行经历时仍然惊魂未定、心有余悸：

插图 11a　伊洛瓦底江上一艘河船（laung-zat）正扬帆前进。绘于 19 世纪晚期。

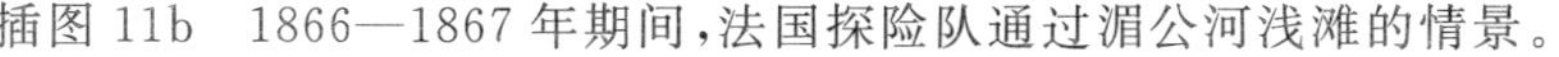
插图 11b　1866—1867 年期间，法国探险队通过湄公河浅滩的情景。

> 我们几乎不得不一直徒步行走。我们乘坐的那种牛车，其设计与其说是为了减轻旅行者的辛苦，倒不如说是为了折磨他们。这些牛车看起来更像是棺材，而不是交通工具，因为这些车子装置结构最宽处仅 3 英尺，最窄处稍短些，我们整个身子只有蜷缩起来才能勉强进去。车身则依托在一根横穿两个硕大车轮的车轴上，由于道路崎岖不平，因而车子不是靠车轮转动向前行驶，而是靠车轮边缘拖着向前走（Bourges 1666:134;cf. Missions Etrangères 1680 A:165）。

虽然两轮牛车一般由两条公牛或水牛在前面牵引，但是更大的牛车则需要 6 或 8 头牲畜才能拉动（de Haen 1623，引自 Schrieke

1942:118;Symes 1827 I:287)。

所有长距离的陆路商道都需要穿越森林地带,老虎成群出没,
58 经常捕食役畜,而土匪强盗更是出没无常,非常凶险。1606年,一位从丹那沙林横穿马来半岛的耶稣会教士眼睁睁地看着自己随行的一位同伴被老虎残忍地撕咬成碎片(du Jarric 1608—1614 III:888)。在马来半岛的更南方,另一位传教士认为,从养西岭(普吉)出发徒步走不到半里格[①]就会有土匪强盗杀人越货(Missions Etrangères 1674:71)。因此,为了安全起见,无论使用什么样的运输工具,商人们往往结伴而行。万象至阿瑜陀耶陆路商道上的商队平均为60至100驾牛车(Wusthoff 1642:196),而云南的马帮一般都不少于100头牲畜。

马帮一般早晨趁凉赶路,下午放牧,晚上则将牲畜集中圈在由牛车围成的圈子里,商人们则睡在车子上。

> 为了自卫防守,每晚我们都用牛车围成一个圆圈或三角形的堡垒,牲畜与行李货物则放在中间。在宿营地周围,通常我们需要放置一些带有荆棘的树枝作为保护屏障;野猪、犀牛、尤其是凶残的老虎成群出没,不停地吼叫……为了把它们赶走,我们在晚上不得不放射火枪,并点燃篝火;每个人都需要轮流值班守夜。尽管如此,蜷缩在简易流动的"坟墓"式牛车里,我们也能酣然入睡(Bourges 1666:135—136;参阅 Na-

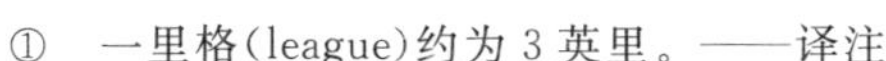

① 一里格(league)约为3英里。——译注

varrete 1676 II:383;Marini 1663:536—537)。

那些没有牛车的人则自己搭一个小棕榈叶帐篷防雨,但是“你仍可以感觉到雨水从脊背往下流淌”(Noguettes 1685:42)。

只有那些对强国具有巨大战略重要性的道路才会得到长期维护,在雨季瓢泼大雨之后得到维修,并在沿途架设桥梁、提供驿站与安全保护。有关连接爪哇首都马打兰与扎巴拉或三宝垄港口之间的通衢大道的记载最为全面,这是因为1622至1648年间荷兰使节经常在这条线路上穿梭旅行。这条路线全程为4天,非常接近于现代的三宝垄—梭罗—日惹的线路,沿途设有容易辨认的客栈,为王室贵客提供热情周到的服务。在那个非同寻常的半个世纪里,爪哇人的首都已经撤至内地,然而却继续依靠对沿海港口的控制获取巨额财富,而这条交通动脉具有重大的战略价值。为了保证其军队能够在这条干线上畅通无阻,苏丹阿贡在经费拨款上可谓毫不吝啬、不惜重金。苏丹沿途建造了许多壮观的柚木桥,例如,卡里·科坦吉河(Kali Ketanggi)上的柚木桥长度100米,用很厚实的柚木梁为支撑,上面铺上许多25至30厘米的正方形柚木板。这座桥梁的承载力非常大,“能够让一支拥有1000头大象与重炮的行军部队顺利通过”(van Goens 1656:207;参见 van Milaan 1942)。

在前伊斯兰教的爪哇,就有这样的道路直接通向首都(Pires 59
1515:191),在缅甸和柬埔寨历史上比较强盛的时期也都有这样的道路(Mouhot 1864:193—195;Garnier 1870:183)。虽然政府通

过改善交通大大推进了牛车贸易的发展，但这却绝不是他们的初衷。军事上的考量永远更为重要，道路设施的维护或忽视与否，完全取决于哪一支部队更有可能使用它们。1428年大越独立后，为了阻挡中国的又一次进攻，即把以前中国统治时修筑的石桥全部摧毁（Richard 1778 I:45）。鉴于同样的原因，国王们都故意忽视主要国际陆路通道的交通状况。在这些商道上，商人们通常依靠自己的能力来保护道路，政府只管设立边关哨卡。“开通一条陆路商道非常容易，仅需满足三个条件：其一，有初步的探路勘测（当森林过于茂密时就砍树伐林而已，而这种情况在暹罗东部和老挝相当罕见）；其二，沿途每12至20公里处都有水源；最后，也是最重要的一点，有安全保障”。（Aymonier 1885:74）

插图12　匪徒拦路劫持暹罗牛车夫的画面。源自19世纪吞武里一座寺庙的壁画。

对远程贸易而言，横跨马来半岛与泰国湾的道路十分关键。在大多数季节里，虽然这些陆上通道比海上航线更缓慢、更艰苦，但商人们为了避开那些控制马六甲海峡的政权都乐意选择陆路，他们主要是 1511 年葡萄牙人占领马六甲之后的印度穆斯林商人,同时也包括那些需要避开葡萄牙人和荷兰人的法国传教士。在贸易时代,这些商人最常走的道路是墨吉与丹那沙林之间受暹罗人控制的路段。然而,常见的旅行路线也包括董里府(Trang)至那空是贪玛叻,再往南则是从吉打至北大年,以及北部从缅甸港口马
达班、伊城和土瓦进入湄南河谷的路段。从云南,有许多条不同的 61
陆路商道越过崇山峻岭,分别抵达越南北部,琅勃拉邦、万象、南府、帕尧和清迈这些北部泰族中心城市,以及伊洛瓦底江北部各支流流域。从孟加拉和阿拉干北部地区,一条重要的陆路商道通到伊洛瓦底江边的新彪遵(Sinbyugyun)(Symes 1827 I:303)。老挝主要依赖于从万象至阿瑜陀耶之间的长途通道以及从湄公河谷到越南、沿途多为崇山峻岭的短程线路。

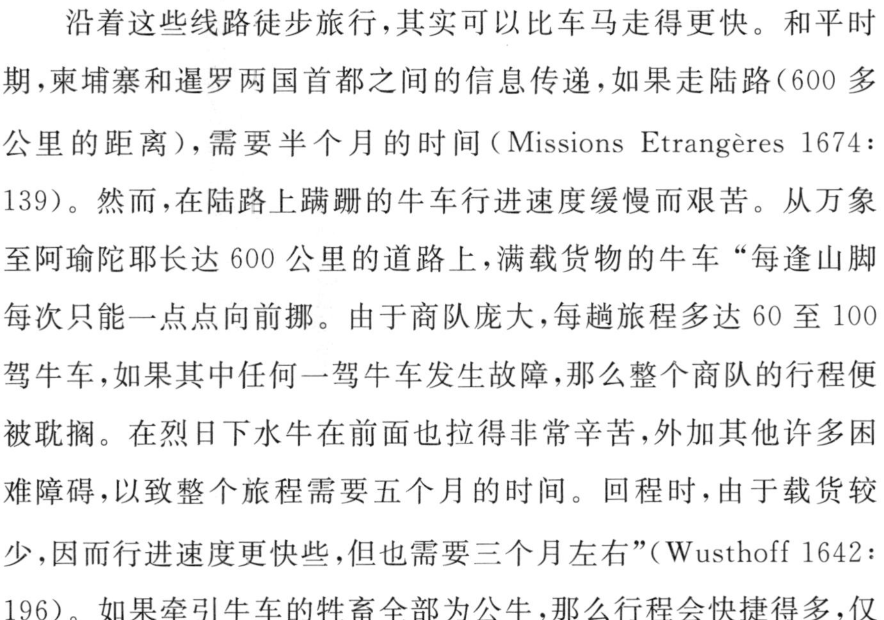

沿着这些线路徒步旅行,其实可以比车马走得更快。和平时期,柬埔寨和暹罗两国首都之间的信息传递,如果走陆路(600 多公里的距离),需要半个月的时间(Missions Etrangères 1674:139)。然而,在陆路上蹒跚的牛车行进速度缓慢而艰苦。从万象至阿瑜陀耶长达 600 公里的道路上,满载货物的牛车“每逢山脚每次只能一点点向前挪。由于商队庞大,每趟旅程多达 60 至 100 驾牛车,如果其中任何一驾牛车发生故障,那么整个商队的行程便被耽搁。在烈日下水牛在前面也拉得非常辛苦,外加其他许多困难障碍,以致整个旅程需要五个月的时间。回程时,由于载货较少,因而行进速度更快些,但也需要三个月左右”(Wusthoff 1642:196)。如果牵引牛车的牲畜全部为公牛,那么行程会快捷得多,仅

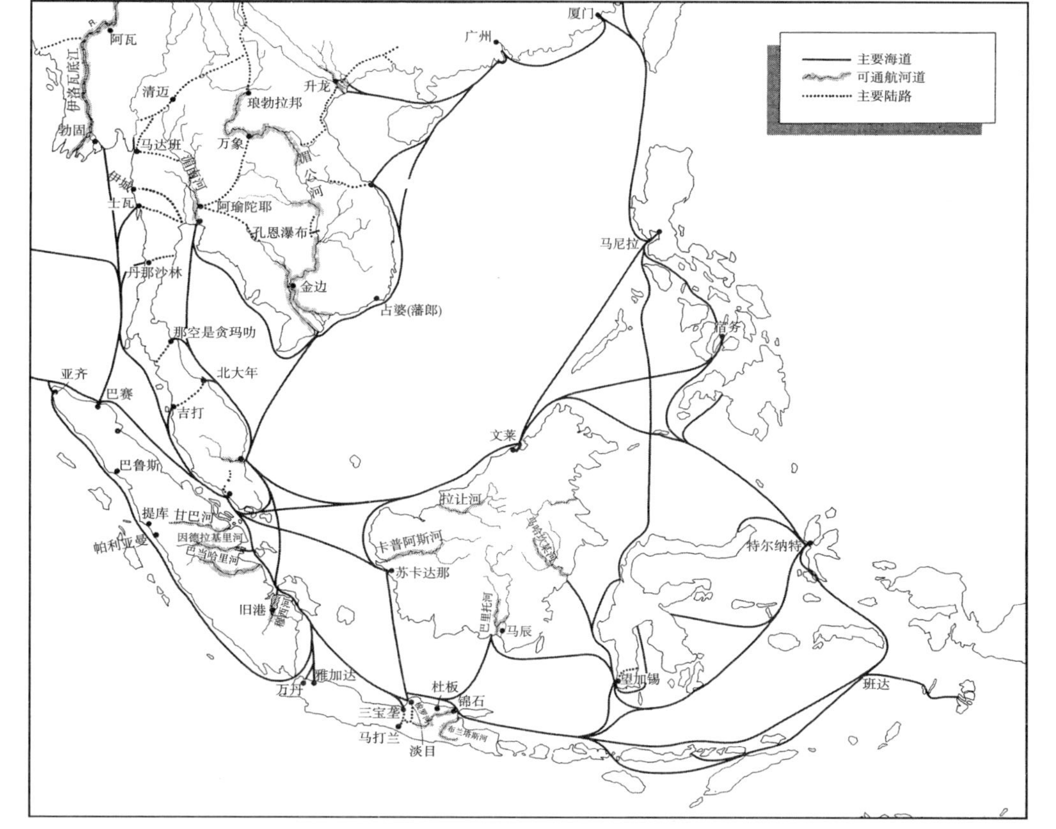

地图 4　东南亚主要海道、河道与陆路

需一个月时间；但是由于需要装载食物和牲畜饲料，结果实际上运载不了多少货物。[①] 汛期时，由于道路特别泥泞难行，所以即便是横跨马来半岛不足 100 公里的旅程，也需要两个星期至三个月不等的时间（Floris 1614：67；Methold 1619，引自 Anderson 1890：40；Bourges 1666：126—140；Navarrete 1676 II：383）。

这些陆路商队的规模清楚地表明，和海商一样，一些陆路商人经营货物的数额非常巨大。例如，一位穆斯林商人在万象从事贸易两年，收购了大批的安息香、虫胶以及其他产品。到离开时，该名商人必须雇佣 60 驾牛车把他收购的货物运往阿瑜陀耶，总计约 15 至 20 吨重的珍贵林产品（Wusthoff 1642：18）。如同帆船贸易的做法一样，一些富商大贾则只需呆在家里，把自己的货物托付给商队的首领，后者的作用类似于海上贸易中的船长。在万象—阿瑜陀耶之间跑一个来回，他们每车货物收取约等于 37 荷兰盾（相当于 15 个西班牙银币）的运费，“而且往往比这更高”（前揭书：196）。

鉴于陆路贸易如此千难万险，所以商队都尽量抄水路。如果说东南亚自然条件得天独厚，非常适合海上贸易，那么反过来说，其陆路贸易也就是先天不足、困难重重。密林、暴雨与激流都使得道路的维修极其困难。因此我们可以说，海上贸易造就了贸易时代，陆路贸易也因此而繁荣发达。

① 19 世纪时，这条线路在呵叻大市场处中断，其中从万象至呵叻的平坦路段可以行走牛车，行程需要 15 天；而从呵叻至湄南河谷的山林路段则必须用公牛驮运，行程同样为 15 天（Aymonier 1885：257，271）。

第二章　城市与贸易

62 处处家家，百样图卷难描画，

城城市市，万紫熙攘映千红。

……

国安似金瓯，

地盛赖凤城。

——Nguyen Gian Thanh 1508，《凤城春色赋》

贸易时代是一个城市持续发展的时期。在十五世纪，权力中心从那些以劳动力和农产品为基础的旧式都市决定性地转移到了以贸易为基础的新兴城市。凭借对湄南河的控制，阿瑜陀耶王朝得以在贸易和外交上大显身手，并于1432年摧毁吴哥古都；这样，这个万寺之城就遭到遗弃。柬埔寨的新都不是选在原来纵横交错的灌溉工程附近，而是建在了洞里萨湖和湄公河的交汇处，距离现在的金边不远。该地是中国和日本商人的主要贸易中心。

在20世纪前的许多世纪里，滨海港口只有在“漫长的16世纪”才在缅甸和爪哇的政治文化生活方面占过主导地位。在整个15世纪中，孟族港市勃固盛极一时，那里商贾如云、佛寺林立，但缅甸的内陆地区则争斗不休，国无宁日。1539年一个雄心勃勃、

四处扩张的缅族王朝从孟族人手里夺取了勃固，并以勃固的财富 63
为基础统一了整个伊洛瓦底江流域。从 1555 年到 1599 年，作为缅甸帝国首都的勃固繁荣富强，而该帝国则疆域辽阔，囊括了所有的缅族和孟族地区（还有许许多多的泰族地区）。在爪哇，北部沿海地区的伊斯兰城市和印度教王国满者伯夷之间的战争连绵不断，结果是满者伯夷的首都节节败退，逐渐向东迁移。贸易带来的巨额财富和先进军事技术使得包括淡目、扎巴拉、杜板、锦石和泗水在内的滨海城市在 16 世纪独占上风、连连取胜。

这种由贸易繁荣所造就的新型多元化商业城市的模式也有例外。15 世纪的越南繁荣昌盛，在黎朝的统治下民族独立、政治稳定，首都升龙（今河内）规模扩大，装饰一新。但其治国的理念却是轻视商业、强调农业为立国之本的儒家思想。黎朝最伟大的国王黎圣宗（1460—1497 年在位）大力提倡"劝课农桑，地有遗利则随方而兴作之，人有遗力则随事而劝相之"（引自 Nguyen 1987:87[①]），儒家"重农抑商"的思想广为流行。尽管越南的瓷器出口在 14 世纪末期曾盛极一时，但到了 15 世纪末叶就急剧衰落，这是因为越南面对日益高涨的国际贸易的大潮要么仇恨敌视，要么漠不关心。外国商人经常被扫地出门，其船上的货物总是受到严格检查，其中的上等好货则被贪婪的官员们以国王的名义据为己有。1672 年当英国商人对这种不公平待遇提出抗议，越南国王对他们说："汝

① 原文没有注明出处，译文引自陈荆和编校：《大越史记全书》（东京：东京大学东洋文化研究所，1985 年）中册，第 726 页，意思与原文相近。——译注

等来前，吾已为东京之君；汝等去后，吾仍为东京之王；外国物品，吾国一无所求。”（引自 Farrington 1992）

（北部）越南能做到这一点，是因为它本来就人口众多，基本上自给自足，和其他东南亚国家比起来更远离国际贸易的大道。但是，越南对以海洋贸易立国的占婆的一系列军事胜利，特别是 1471 年的军事征服，使其得以拥有漫长的海岸线，而该地区一千多年来已经在亚洲贸易中扮演了重要角色。在顺化和广南地区，新来的越南移民立足未稳，南北双方就已经兵戎相见，而到了 1600 年，南北分治已经是不可逆转。这其中有王室和个人的因素（见第四章），但南方对贸易截然不同的态度更是一个不可忽视的原因。根据记载，
64 1558 年，当后来南方新王国的开国鼻祖阮潢被委派前去镇守富庶繁荣的南方地区时，“为政宽和……外国商舶皆来贩卖，交易得中”（引自 Taylor 1993：49）。该城市就是会安（欧洲人称为海铺），日本人和中国人蜂拥而至，相互之间展开贸易，越南人也加入其中；欧洲人称这个阮氏王国的对外窗口为“交趾支那”。阮潢曾写信给一些日本商人，以儒家的口吻争辩说，其国家“乃诗书礼仪之国，而非市货汇集之地”（Fujiwara Seika：348），但他本人还是大力支持贸易。

港市和贸易

> 马六甲简直就是为贸易而生，是世界上最佳的贸易良港。两种季风在此汇聚，而其他事情则由此开始。马六甲地处枢纽

要冲，是四面八方、相距万里的国家进行贸易的必经之地。

——Pires 1515:286

“姆信”(musim)是马来语，意思是季节性，指那些每年都重复出现的现象，其中决定降雨的季风最为重要。欧洲人用“monsoon”一词来形容他们在热带亚洲所发现的这一极有规律的现象。从每年4月份到8月季风准时向北吹向亚洲大陆；从每年12月到来年3月又同样准时从亚洲大陆吹向印度洋和南中国海。正是季风的这种稳定性决定了亚洲海洋贸易的模式。为了尽量减少海上航行的危险性，船主们宁愿利用顺风多绕些远路，并争取在当年风向回转的时候顺风返航。正因为如此，商船都没有装备良好的抢风调向的设备。

中国、日本和琉球的商船总是利用1、2月份自北而南的季风驶向南洋，到了6、7月份或8月份再乘自南而北的季风返航。南印度的商船则利用印度洋4月份到8月份之间非常可靠的西南季风向东航行。它们可以稍事停留，乘着同一季风返航，但绝大多数商船都选择在风下之地进行贸易，至少等到12月份才返航，为的 65
是避免10月份经常发生的气旋，同时也利用东北季风返航(Arasaratnam 1986:34—37)。古吉拉特的商船到东南亚路途遥远，航行困难。利用西南季风航行到苏门答腊或马来亚最为理想，但商船要么必须在3月份出航(因为如果一旦季风转向便无法驶出港口)，要么必须等到8月份或9月份季风再次转向。古吉拉特人一般出航至少一年，为的是能够等到中国商船在1月份或2月份来到东南亚市场。

这种航行的季节性就需要东南亚有中转港,商人们可以在那里等候季风转向,或者等待贸易伙伴的到来。尽管商人们携带货物离家远航很可能达数年之久,需要在开罗和广州之间换乘商船,但贸易时代的亚洲商船并不进行这样远程的航行。船主迫切希望他们随下一轮季风返航回家。每当这些船员和乘客在东南亚港口停留时,港口就常常熙熙攘攘、摩肩接踵,市场气氛热闹非凡,庆祝活动丰富多彩。

风下之地的主要中转港都坐落在这些季风贸易区的交汇处,这些包括安达曼海的避风港、暹罗湾、爪哇海,特别是马六甲海峡。扶南(及其在湄公河三角洲的主要港口奥胶[Oc Eo])、占婆和室利佛逝在西历的第一千年里都扮演了这样的角色,而这方面有碑铭材料和中文记载。占婆和室利佛逝在语言上属于南岛语系,这样,它们也就为马来语成为贸易时代的主要商用语言铺平了道路。在 15 世纪,巴赛(苏门答腊北部)和马六甲成为主要中转港,它们为马六甲海峡提供的安全保障使得横穿马来半岛的艰难转运越来越不必要。葡萄牙人 1511 年对马六甲的征服以及此后葡萄牙竭力控制马六甲海峡都迫使商船改道而行;这样在北面,商队就被迫横穿马来半岛,而在南部,则是从苏门答腊西海岸航行到巽他海峡。这种变化造就了一批新的贸易中转站,刺激了一些古老的中转站,比如亚齐、丹那沙林、阿瑜陀耶、北大年、彭亨、柔佛和万丹。马尼拉、望加锡、柬埔寨、占婆以及 17 世纪阮氏的会安港口位置太靠东方,对印度商船来说有点遥远,但却成为中国、日本、东南亚和欧洲商船的中转站。在经过了一个半世纪的多元化时期,到了 1650 年前后,荷属巴达维亚就像 1500 年的马六甲那样,开始在亚洲各地区之间的贸易中独领风骚了。

这些港口的位置大多视外国商人的需要而定，但国内的航运也相应得到了迅速发展。马来史诗描述主人公杭杜亚从马六甲航 66
海到南印度和华南做生意，绝非凭空杜撰，子虚乌有；葡萄牙人也注意到，在马六甲，每年都有这样的长途航行："马六甲派船出去，其他国家则派船进来"（Pires 1515：285；参见同作者：93；Thomas 1986：13）。1540 年前后，卢多维科·迪·瓦尔泰马（Ludovico di Varthema 1510：151）在卡利卡特（南印度的马拉巴尔）遇到各种各样的商人，"其中有的来自勃固……还有很多来自苏门答腊（巴赛）"。16 世纪后半期，亚齐商人驾驶商船，满载胡椒，一直航行到红海；晚至 1620 年，亚齐苏丹还下令建造一艘大船，继续进行这方面的贸易（Coen 1621：607；Boxer 1969：418—424）。17 世纪 30 年代，亚齐"马来人"的印度式商船从南印度航行归来（Compostel 1636：f. 1198）。17 世纪中叶，亚齐、阿瑜陀耶、万丹和望加锡都派遣商船远航马尼拉、日本和南印度。

东南亚的船员们跟随派往中国的朝贡使团航行到广州，从中积累了经验。毫无疑问，这些使团里总有居住在东南亚本地的中国人，因为对中国语言和进贡细节的了解必不可少。一些使节干脆就搭乘返航的中国商船，但为了从这些航行中获得商业利益，大多数国家都派遣自己的商船运载本地货物到广东，船员既有当地人也有中国人。越来越多的东南亚使节不但来到广州，也前往北京，这一点可以从中国方面对东南亚语言的重视程度看出来；中国官方的翻译机构（四夷馆）设在首都，并在 1579 年设立了暹罗馆

(Ishii 1989:3)。

因此,在亚洲贸易的各段航道上,商船随季风航行;各地商船游弋穿梭、南来北往。据估计,在马六甲港口最繁忙的季节,100艘远洋帆船中至少有 30 艘属于马六甲的苏丹和商人,其他都来自印度、中国、勃固、爪哇和其他地区(Araujo 1510:22)。然而,所有东南亚的港口都积极参与国际贸易这一事实,并不等于说所有东南亚民族在这方面没有区别。正如下文所述,东南亚的主要贸易民族通常包括马来人、米南加保人、爪哇人、占婆人、吕宋人、勃固人和中国人。东南亚的贸易城市就是这些来自海洋亚洲各地不同民族的聚会点。

1596 年万丹的各族商人欢迎荷兰人的到来,荷兰人对此描述如下:

> 67 爪哇的波斯人被称为呼罗珊(Khorasans)人,他们以贩卖宝石和药材为生……阿拉伯人和勃固人大多从事海上贸易,他们把货物从一个城市贩运到另一个城市,购买大批的中国货,再换取来自周围岛屿的货物;他们也购买胡椒,等中国人回来时再卖给他们。马来人和羯陵伽人(Klings,南印度人)还放贷收息,投资海运和抵押船舶。古吉拉特人因为比较穷,所以一般都充当水手,但也抵押船舶,并从中获取一倍、两倍、甚至三倍的利润(Lodewycksz 1598:120—121)。

与中国、印度和马鲁古香料产地的远程贸易不仅把不同种族聚集到一起,而且通过为港口城市提供食品、建材和本地产品也促进了地区贸易。地区航运都由东南亚式小船来经营，它们为城市和经济作物产区运载稻米、蔬菜、干鱼、牲畜、棕榈酒、蔗糖和食盐，将本地生产的金属器皿、瓷器、布料运给消费者，收购出口产品，出售进口货物。在东南亚风平浪静的水域里，服务于这一庞大海贸网络的人员绝大多数都是本地居民。他们形成连接城市和内地水域的重要纽带；他们不仅转运货物，同时也传播思想、运送人员。

城市规模

1900 年前后所进行的第一次现代人口普查结果显示，在全世界范围内，城市化程度最低的是东南亚的殖民地国家。[①] 学者们往往认为，独立以后东南亚城市的迅速增长是“传统”农业地区的新现象。但是，越来越多的证据显示，殖民主义本身是导致 1940 年前一个世纪里东南亚城市人口稀疏的主要原因。彼得·布姆高(Peter Boomgaard，1989：111)指出，在爪哇这个殖民主义影响最深的地区，居住在 2 万人以上城镇里的人数在 19 世纪从 1815 年的 7%降到了 1890 年的 3%。

其中原因在于，欧洲殖民城市就像密封的孤岛那样控制着本 68
地区的贸易，不鼓励(有时候甚至不允许)亚洲人迁入，担心他们分享其财富。而那些仍在亚洲人控制之下的贸易中心却挤满了形形

① 即使继动荡不安的 20 世纪 40 年代人口大量涌向城市之后，东南亚的城市人口在 1960 年也不过仅仅 17.6%，而同期亚洲平均城市人口却是 21.5%，发达国家为 60%(U. N. Center for Human Settlements 1987：53)。

色色的人,包括王公贵族、宫廷侍从、外国商人、宗教人士、小商小贩和工匠劳工。受殖民统治时间越短的地区情况越是如此。曼谷的商业规模尽管有限,但根据 1909 年的人口普查,其人口为泰国总人口的 10%,而 19 世纪的情况也应该与此不相上下(引自 Skinner 1957:68—87)。据统计,缅甸首都(位于阿摩罗补罗,包括伊洛瓦底江对岸的实皆)的人口在 1783 年占全缅甸人口的 10%,1802 年为 13%。殖民城市剥夺了各亚洲中心的经济功能,规模也大大缩小。荷属巴达维亚人口直到 19 世纪才开始超过爪哇古都日惹和梭罗,而仰光在英国人牢牢控制缅甸的商业和政治多年之后,也才于 1891 年勉强超过缅甸的古都(那时为曼德勒)。曼德勒的人口当时为 17 万,但在英国人统治下的 1931 年却减少到 13.5 万人。

一直到 17 世纪以前,亚洲城市的规模一般都超过欧洲城市,在 1600 年,北京和江户(东京)的居民都达到 100 万。施坚雅(Skinner 1977:28—30)对中国的研究、斯密斯(Smith 1988:17—18)对日本的研究、哈比卜(Habib 1982:167—171)以及贝利(Bayly 1983:112—113)对印度的研究都表明,在这些国家中,主要人口中心在 17 和 19 世纪之间都急剧衰落。欧洲商业霸权对东南亚地区的控制更早一些,也更直接一些;这样,该地区城市的规模在 1600 年超过 1850 年也就毫不奇怪了。

在近代以前,除了欧洲人的聚居区外,我们缺乏东南亚城市人口的可靠统计数字。该地区的来访者经常作出一些估算,他们的根据要么是对户数的粗略调查,要么是根据地方政府提供的数字(这些数字以从城市和市郊征募的兵员为基础)。此外,我们还可以从这些城市兴盛时所占据的面积来找出一些蛛丝马迹，从而确保那些估算的可靠性。

表格6　16世纪东南亚城市人口的估算  69

		估算	相应人口[a]
阿瑜陀耶	16世纪40年代	40万户(Pinto 1578:420)	2600000
	1545	10050户被烧掉(*Luang Prasoet*:10)	>100000
勃固	16世纪40年代	40万户(Pinto 1578:420)	2600000
	1596	15万“人”[b](du Jarric 1608 I:624)	600000
马六甲	1510	1万户(Araujo 1510:21)	65000
		4000名战士(前揭书:21)	16000
		3万户(Castanheda)[c]	1950000
		巴赛的10倍(Pires 1515:144)	200000
		10万人(Albuquerque 1557:84)	100000
		2万名战士(前揭书:99)	80000
		曾多达20万人(Correia:284)[c]	<200000
		19万人(*Sejarah Melayu* 1612:181;1831:247)	90000
		仅城市就有9万人(*Sejarah Melayu* 1612:180)	190000
巴赛	1512	20000居民(Pires 1515:143)	20000
	1518	3000卫兵(Barros 1563,v:522—523)	>12000
文莱	1521	25000户(Pigafetta 1524:58)	162000
		20000户(Maximilian 1522:301)	130000
	1579	4000到5000名被俘者(de Sande 1579:126)	>18000

续表

		估算	相应人口[a]
	16 世纪 80 年代	8000 名进贡者(Dasmariñas 1590 B)	32000
淡目	1512	8000 到 10000 户(Pires 1515:184)	58500
		30000 名战士(前揭书:185)	120000
锦石	1512	6000 到 7000 "人"(前揭书:194)	>25000

注释:

a 表格 6 和表格 7 的最后一栏是通过将户数乘以 6.5,将战士乘以 4 而得来的。根据 1679 年荷属马六甲人口普查结果,有 4884 人住在"150 个砖房和 583 个棕榈房内",这样每户平均6.5口人;另外还有荷兰东印度公司的 219 名佣人,每户 4.6 口人(van Goens 1679:281)。在亚洲的城市里每"户"的人数应该多一些,这是因为达官贵族的大院和皇家城堡都有很多人。

b 这个非同一般的数字应该是在一场保卫战中保卫城市的人数,因此不能反映正常的人口数。

c 这些资料均来自托马斯(Thomaz)1993:71n。

100 70 在表格 6 有关 16 世纪人口的估算中,只有平托的数字令人完全难以置信,但我们应该把他的意思理解为阿瑜陀耶和勃固都是非常大的城市。在其他地方,平托(Pinto 1578:218)列举了亚洲 18 个大都市,北京最大。其中有八个在东南亚:爪哇的淡目和巴苏鲁安,缅甸的勃固、阿瓦和马达班,越南的广南国①,还有阿瑜陀耶和琅勃拉邦。人们怀疑麦哲伦航行中对文莱人口的估计,不过我们认为,它当时作为婆罗洲和菲律宾的贸易中心,在 1579 年被西班牙人攻陷以前要比此后三个世纪的规模大一些,但从其面积来看不应该超过 5 万人。相反,有关马六甲的人口有许多估算可

① 原文为 Uzangué,从对音上看与"广南国"最为接近。——译注

以相互印证，不能轻易否定，其贸易量、稻米进口和城市面积都证实了这些估算。根据马来方面的文献记载，从马六甲北部到麻坡河长达45公里的沿海地区都一直有人居住（*Sejarah Melayu* 1612:181;1831:247）。

尽管缺乏对越南16世纪首都升龙（河内）人口的估算，但有关传说及其实际面积都表明，该城市在15世纪晚期的黄金时代后开始逐渐衰落。但因为它在17世纪规模仍然相当宏大，它可能是16世纪东南亚的最大城市，居民远远超过10万。在1567年缅甸人攻陷之前，阿瑜陀耶和勃固应该属于拥有10万人口的城市，而马六甲作为东南亚的最重要贸易中转站，在1470—1511年这一较短的时期内人口也应该有这么多。淡目作为爪哇的主要港市在同一时期应该有6万到8万人，但文莱、锦石和巴赛的人口大概只有文莱的一半。要对这一时期像阿瓦、琅勃拉邦、万象和清迈这样的内陆城市的人口作出估算则相当困难。

1570—1630年的贸易高潮无疑大大促进了东南亚的城市化，导致原有城市发展壮大，新兴城市相继出现（表格7）。对17世纪城市人口的估算相差甚大，但同时期的描述和现代考古学推算出来的实际城市面积却为我们提供了一个很好的参照（见表格8）。在大多数情况下，皇城都清晰可见（其城墙在今天仍可以找到），周围是界限模糊的郊区（各国外商侨居区，同时还有从乡下涌入的人口），以及达官显贵的院落。在暹罗和缅甸，住在围墙里的城市人口大概占了整个城市的一半多，而在东南亚海岛地区，除了皇城周围外一般都没有围墙。在越南和老挝既有内城城堡，又有外城城墙，基本上覆盖了所有的居住区。

表格 7　17 世纪东南亚城市人口的估算

		估算	相应人口
升龙	1640	“多至百万人”(Rhodes 1651:26)	1000000
	1688	20000 座房屋(Dampier 1699:36)	130000
金龙	1674	150000 人(de Courtelin,引自 Nguyen 1970:120)	150000
顺化	1749	60000 人(Poivre 1750:97)	60000
金边	1606	20000 座房屋(Jaque,引自 Groslier 1958:152)	130000
西索①	1600	“超过 50000 人”(San Antonio 1604:95)	>50000
阿瑜陀耶	1617	“和伦敦一样大”(Anderson 1890:69)	200000
	1681	每年有 10000 名儿童死亡(Noguettes 1685:71)	>200000
	1686	200000 人(Tachard 1688:190)	200000
	1687	60000 名战士(Gervaise 1688:47)	240000
		16000 名外国人(La Loubère 1691:112)	>30000
阿瓦	1688	“和理姆斯一样大”(Goüye 1692:73)	30000
沙廉	1688	“和梅斯一样大”(前揭书:73)	25000
卑谬	1688	“和沙廉一样大”(前揭书:73)	25000
蒲甘	1688	“和第戎一样大”(前揭书:73)②	30000
北大年	1602	4000 到 5000 人参加游行(van Neck 1604:226)	20000
	1690	10000 到 20000 人(Tosen 1690,引自 Ishii 即出)	15000
彭亨	1618	11000 人被亚齐俘去(van den Broecke 1634 I:177)	>12000
73 柔佛	1604	4000 名战士(Mandelslo 1662:108)	16000
文莱	1608	水上有 2000 到 3000 户(van Noort 1601:202)	16200
亚齐	1602	700 到 800 座房屋被烧掉(Lancaster 1603:133)	>10000
	1621	4 万名战士(Beulieu 1666:106)	160000
	1688	7000 到 8000 座房屋(Dampier 1699:90)	>48700
帕加鲁雍	1684	仅宫内就有 8000 人(Dias 1684:355)	32000
万丹	1672	“超过 10 万人”(Missions Etrangères 1680:90)	>100000

① 西索(Sithor)在柬埔寨西南部的波萝勉省。——译注

② 理姆斯(Rheims)、梅斯(Metz)和第戎(Dijon)皆为法国东北部城市。——译注

续表

		估算	相应人口
	1673	55000 名战士(VOC,in Guillot 1989:150)	220000
	1674	20 万名战士(Cortemünde 1675:122)	800000
	1684	70 万人(Fryke 1692:80)	700000
	1696	"苏拉索宛(Surasowan)宫殿的 31848 人"(Pigeaud 1968:64)	125000
雅加达	1596	3000 座房屋(Lodewycksz 1598:163)	20000
	1606	4000 名战士(Matelief 1608:53)	16000
	1618	6000 到 7000 名战士(van den Broecke 1634 I:187)	26000
马打兰	1624	20 万名战士(de Haen 1623:35)	800000
三宝垄	1654	10 万人(van Goens 1656:205)	100000
扎巴拉	1654	10 万人(van Goens 1656:268)	100000
杜板	1600	32000 到 33500 名战士("Tweede Boeck"1601:184)	130000
泗水	1625	5 万到 6 万人(VOC,引自 Meilink-Roelofsz 1962:270)	>50000
望加锡	1614	1260 座房屋被烧掉(EIC,G/10/1:5)	>20000
	1615	16000 名战士(EIC,G/10/1:9)	64000
	1636	6 万人死于瘟疫(EIC,G/10/1:73)	>100000
	1660	16 万名战士(Gervaise 1701:60)	640000

因为居住区的情形不可能整齐划一,所以由此来推算人口数量很不可靠。靠近海滩、港区、集市和主要宗教建筑的地区往往人烟稠密,而其他地区的人口则分散在相互毗邻的村庄里,而不是居住在界限明确的城区内。人口拥挤的地区每平方公里大约有 3000 户人家(或大约 2 万人),但在真正的城区人口密度不会超过

稠密地区的一半。①

将这些大致的规模和当时的人口估算结合起来,我们就更加有理由认为,最大的城市为升龙、阿瑜陀耶和马打兰在 17 世纪中期的人口达到 15 万—20 万左右(勃固在 1599 年被毁前的规模也大致如此)。亚齐、望加锡、万丹和交趾支那的首都金龙为第二类城市,在 17 世纪中期高峰时期的人口可能接近 10 万。爪哇北部沿海地区其他城市的人口在 17 世纪极不稳定,但杜板和泗水可能一度曾达到 5 万人。妙乌(阿拉干的首都)、北大年、万象和金边的人口在 2 万到 5 万之间,很可能接近 5 万。1634 年缅甸迁都阿瓦,该城市便稳步增长,到 1700 年其人口可能达到 5 万。这些应该就是 13 个东南亚本地最大的城市。

欧洲人的聚居地贸易发达,房子都用坚石建造,但它们却远远不是最大的城市。巴达维亚城墙内外的人口在 1630 年达到 3 万,1670 年更达到高峰,跃至 13 万(Hageman 1859:364;Blussé 1986:84—
75 85)。马尼拉在 1630 年高度繁荣,人口大约有 4 万(Phelan 1959:178)。在 1641 年以前当马六甲仍为葡萄牙人的总部时,其居民大约有 12000 人(Mandelslo 1662:106),但归荷兰统治后,人口骤减,只有 5000 人。

要算出这些城市的人口总和比估算它们的面积大小更为困

① 茹尔丹(Jourdain 1617:293)在望加锡获得了一块"40 英寻见方"的海滩地,上面住着 20 户人家,这样每一户就占地 267 平方米,或者每平方公里有 3750 户人家。与此相反,根据现代的人口普查(其标准是行政类别,而不是居住区域),城市的人口密度则为每平方公里 5000 到 10000 人。根据 1930 年荷属东印度的人口普查结果,日惹和梭罗这两个"最典型的印度尼西亚"城市,其人口密度大约为每平方公里 6300 户。

难，因为它们的人口高峰期各不相同，而有时候甚至会出现这样的情况，就是一个城市人口的增加导致了另一城市人口的减少。但即使根据保守的估计，在17世纪中期，3万人口以上城市的人口总和也应该超过100万。这样，大约有5%的东南亚人口居住在大城市中，这个比例要高于同时期的北欧(de Vries 1976:154)，但低于莫卧尔印度或中国(Habib 1982:169;Skinner 1977:28)。

要对较小城市和那些地区中心的人口进行量化则更为困难。根据已有的估算和我们对那些无法估计的城市的经济和政治功能的了解，我们只能说下列城市的人口很可能超过了10000(参见地图5)：缅甸的卑谬、蒲甘、东吁、沙廉(靠近仰光)、土瓦和马达班；[①]暹罗的丹那沙林、清迈、华富里和那空是贪玛叻(洛坤)；老挝北部的琅勃拉邦；柬埔寨的首都洛韦；交趾支那的商港会安；马来半岛的柔佛和彭亨(直到1618年被亚齐攻陷为止)；苏门答腊的巨港、占碑和米南加保的首都帕加鲁雍(Pagarruyung)；婆罗洲的马辰和文莱；爪哇的扎巴拉、三宝垄和巴拉巴朗岸；巴厘的首都格尔格尔；马京达瑙的首都锡瑙埃(Sinoay;据说在1690年曾有36000人待命出征;Laarhoven 1989:112)。

如果说整个东南亚地区城市居民的比例已经算比较高的话，那么马六甲海峡周围高度商业化的地区也就更是如此。整个马来半岛的人口恐怕不会超过50万，因为它并没有超过19世纪早期

① 在17世纪的缅甸，村一级以上的城镇可分为四类，其中最小的一类在战时应该抽调100到1000人，控制方圆10公里的地区。本处所列举的城市都是各省省会，属于最大规模的城市，控制方圆100待(taing，约320公里)的地区(Than Tun 1983:72—73)。

表格 8　17 世纪东南亚城市的大致规模

	城堡或围墙区面积（平方公里）	城区大致面积（平方公里）	资料来源
升龙	0.4	5.6×4 = 22	*Hanoi* 1977:40—46 及图
万象	0.3	4×0.8 = 3.2	Lajonquière 1901:100—101
清迈	3.8	5	Wijeyewardene 1985:86; 1986:6
阿瑜陀耶	3.6×2 = 7.2	15	Sternstein 1965
勃固(16 世纪)	5.8[a]	15	Symes 1827 I:214; Frederici 1581:244—245
妙乌	0.4	7	Collis 1943:174—175
北大年	0.1	5×0.4 = 2[b]	Welch and McNeill 1989:38;Bougas 1988:15—16
亚齐	0.2	12	ENI 1893—1905 II:321
万丹	1	5	Scott 1606: 169; Guillot 1989
马打兰	0.4	7.5×5.5 = 41[c]	van Goens 1656:66,212—215;Nurhadi and Armeini 1978:17
望加锡	0.8+0.8+0.2[d]	10×0.6 = 6	Reid 1983:140—150;Bulbeck 1992:351—372

注释:a 这是我对勃印囊新建皇城的城堡所作的估算,它在 1566—1599 年期间曾是缅甸王室中心,而勃固(带有城墙的)旧城则主要用于商业,并包括广大的郊区。

b 韦尔奇(Welch)和麦克尼尔(McNeill)发现一片 90 公顷大小、布满陶瓷碎片的地方;同布加(Bougas)一样,他们对该地的描述都表明其实际面积更大,沿海岸线足有 5 公里长。我倾向于面积更大的估计,认为这一地区内的小面积区域曾有人烟稠密的人口长期居住过,而整个滩脊则在该市最繁荣的时候,也就是 1590 年之后的半个世纪中有人居住。《北大年史话》(*Hikayat Patani*:113)和范・内克(van Neck 1604:222)对此都有描述,前者记载说一只猫可以一直在房顶上连跑 2.5 公里而不用着地,而后者则认为该城市沿海岸线长达半个德(国)里。

c 范·根斯(Van Goens)的马打兰地图显示该城市的布局别具一格,其主线是由城堡顺着库塔哥德—科塔—普勒里得(Kuta Gede-Kerta-Plered)逐步展开。

d 望加锡是一个相当复杂的城市和国家,共有三个设防的王室中心:戈阿、塔洛和松包浦。

的人口(Reid 1987)。这意味着仅仅马六甲这一个没有农业腹地的贸易中心在1500年前后就拥有马来半岛20%的人口,而在1600年北大年、彭亨、柔佛和葡属马六甲的人口总和也占有相似的比例。吉打在18世纪初期发展成为一个重要的小型港口,大概有7000到 76
8000人,而当时全国的人口也只有2万人(Taillandier 1711:409)。而亚齐、万丹和文莱这些城市在其高峰期也至少拥有其所控制地区人口的五分之一。

该时期的高度城市化得力于东南亚地区优越的环境,原因有三:第一个因素为亚洲季风地区所共有,即在拥有同样简易技术的情况下,稻米生产要比小麦和肉类生产更容易创造出可以出售的剩余产品。第二,除了马打兰外,所有其他城区(如阿瓦和升龙这样地处盛产稻米地区的中心)水上交通都极为方便,在运送物资方面效率要远远超过用于陆地运输的牛车。第三,在该地区绝大多数地方的经济比重中,贸易所起的作用较大。这些港市绝不是以榨取那些不情不愿的腹地地区的剩余产品为生的寄生虫;它们的大部分财富来自于贸易,在市场上公平购买食物。

根据17世纪初的估计,北大年一半以上、万丹四分之三的稻米需求都要靠水路进口(Scott 1606:136;Terpstra 1938:163)。葡萄牙征服以前的马六甲则尤其如此。每年都有45艘来自缅甸、30艘来自暹罗、50到60艘来自爪哇、还有很多艘来自科罗曼德尔的

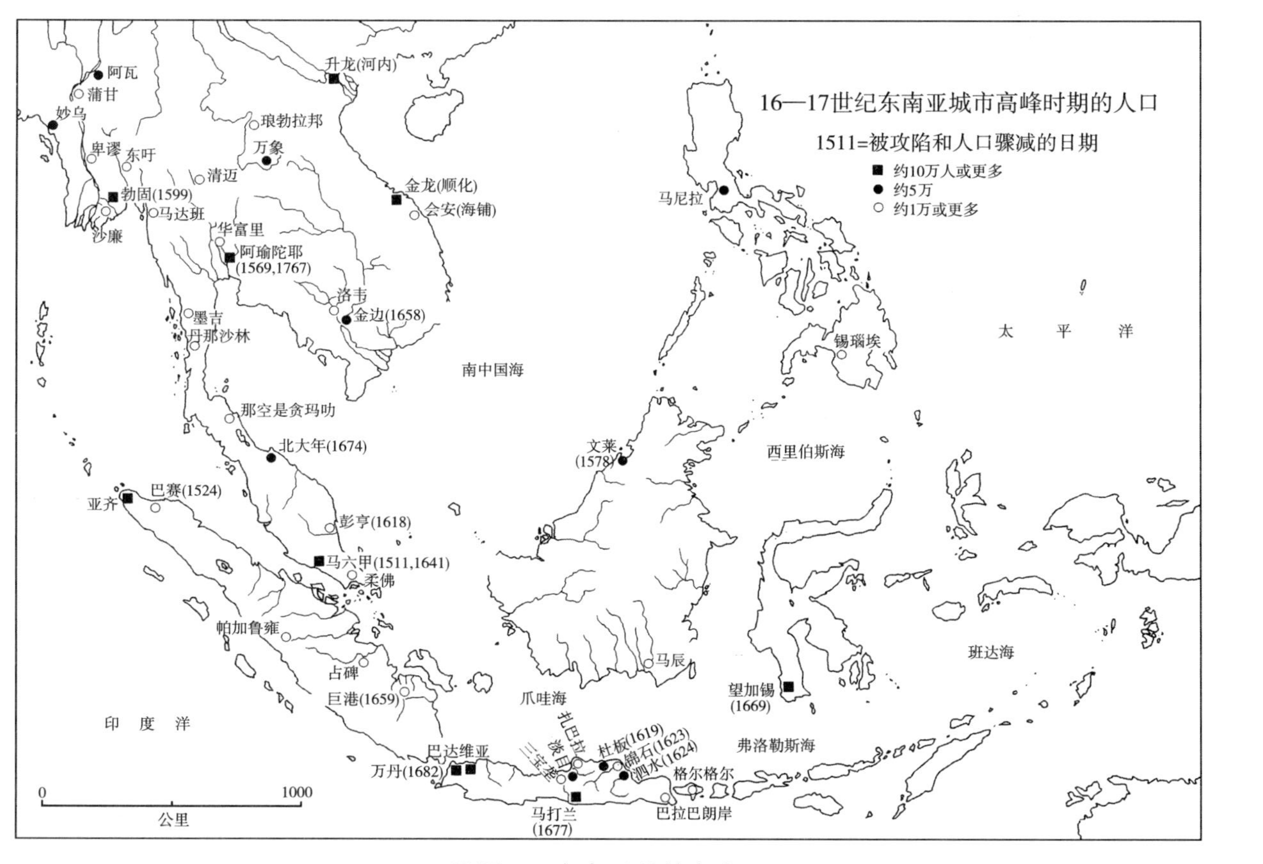

地图 5　东南亚的城市人口

商船为马六甲运送稻米(Araujo 1510:28;Empoli 1514:155;Pires 1515:98,107)。尽管商船吨位千差万别,但根据最低的估计,平均每艘应该有 50 吨,这样经由长途贩运而来的稻米每年大约就有 7000 吨,足够供应 50000 多名城市居民。17 世纪 80 年代亚齐已经是夕阳西下、风光不再,但其海港仍然有来自印度的 10 艘商船运载稻米,而市场上的零售商每天能赚 80 镑(相当于销售 3500 公斤的稻米;Dampier 1699:94)。

东南亚的城市结构

> *苏南·古农·查迪(Sunan Gunung Jati)指导其儿子在海岸边建造一座城市,并一一指出哪里该建皇宫、集市和中心广场。*
>
> 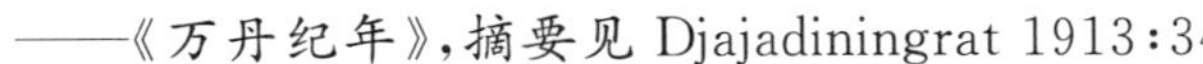
>
> ——《万丹纪年》,摘要见 Djajadiningrat 1913:34

作为贸易时代的产物,万丹反映了该时期的各种矛盾。万丹背海而建,尽收航运之利,很快发展成为一座多元化的大都市。万丹张开双臂,欢迎四方商人,然而其院落、沟渠、通道、集市却无人 78
管理,乱七八糟。但它又继承了印度传统,认为中心建筑的宏伟和布局才能真正反映一国之君的九五之尊。布罗代尔(Braudel 1967:384—395)曾经指出,东亚和南亚井井有条的城市布局与中世纪欧洲和"从直布罗陀海峡一直到巽他群岛"的伊斯兰城市的拥挤不堪和杂乱无章恰成鲜明对比。这种矛盾性遍及整个东南亚地区。然而,这并不意味着东南亚大陆地区的城市就比海岛地区的城市更加整齐，或者是地处内地的皇家首都就比繁忙的港口更为有序。所有城市在其市中心都表现出一定程度的宇宙秩序，但在这些城市的繁荣期蜂拥而来的杂乱无章的人流随时都有可能彻底破坏这种秩序。

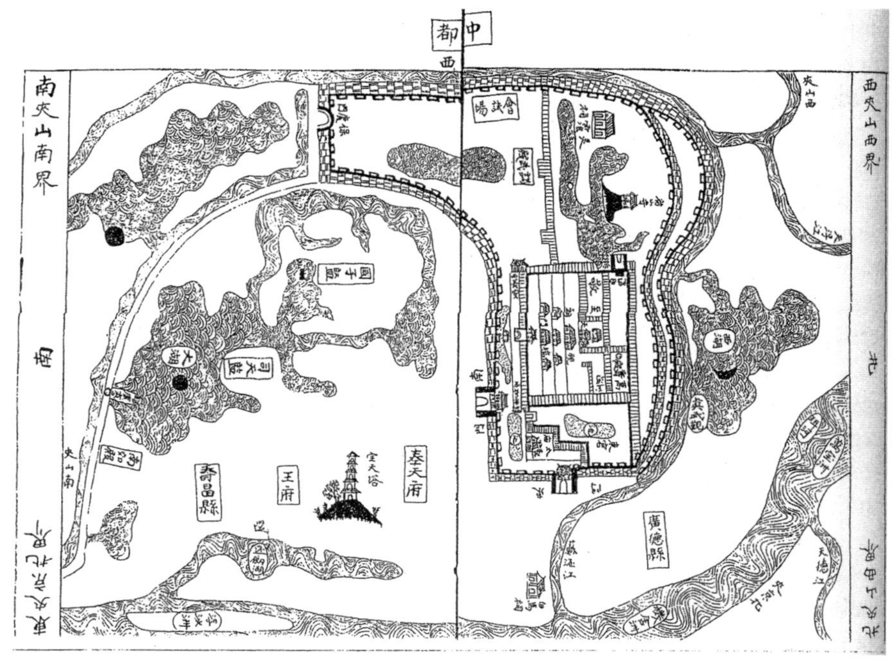

插图 13a　越南升龙（河内）的城市规划（学者们通常认为该图绘于 1490 年，但实际上要晚一些）。“北”位于图的右首，红河在图下方，皇家“紫禁城”位于城堡之内。主要的居住区由外围土城和护城河保护。

在佛教国家，城市作为一个独特的、用墙围起来的空间这种概念也有所发展，这个精心规划的中心地区有时会占据整个城区，方
79 圆达数公里。而在海岛地区，只有皇家城堡及邻近的公共建筑才真正得到规划，而外围的居民区则簇拥在集市、水道和权势人家的豪宅大院旁边，杂乱无章。越南的首都将近一千年来一直都在河

内，因为人口太多，所以无法保持最初有序的规划（插图 13a）：“该城规模巨大，四周没有城墙……到处都是人，尽管街道非常宽敞，但还是有几处水泄不通。”（Missions Etrangère 1674：176）

缅甸国王们喜欢通过根据天道（cosmic lines）建立新都来展 80
示其威严。缅甸国王勃印囊雄才大略、天下无敌，他建造的首都宏伟壮观、气宇轩昂。缅甸史书这样记载：“928（公元 1566）年即将结束前，城门和城墙上的塔楼修建完毕，总共有 20 道城门和 1009 座塔楼。他还修筑了 10 条主要街道和许多小街道，一条环绕全城的护城河宽 20 英寻、深 20 腕尺。[①] 他用城镇和村庄的名字来命名那 20 道城门。”（“*History of Syriam*” 1915：6）在已经提到的 10 条街道中，5 条街道从北城的 5 道门通到南城的 5 道门，而另外 5 条则从东城通到西城。这样，整个城市就被分成 6×6、总共 36 块的网格状，只是最中心的 4 个方块被皇宫占据，成为城市的核心，所有的街道都通向这里。很明显，皇宫外侧的 32 个方块代表被勃印囊划分的勃固的 32 个省份（前揭书：7）。所以，首都和国家的布局区划都反映了佛教的宇宙观中处于中心的梵天为其他 32 位神灵所簇拥环绕的观念（Guillon 1989：115）。

这一新建都市的辉煌壮观令欧洲人惊叹不已。切萨雷·弗里德里希（Cesare Frederici）在勃固建好后不久就来到这里，他的描述和缅甸史书的记载不谋而合：

> 新建的都市里有皇宫，国王的寝宫，还有各王公贵族和其他绅士名人的住所……这座城市规模宏伟，非常平坦，呈正方

① 1 腕尺（cubit）约等于 17 至 22 英寸。——译注

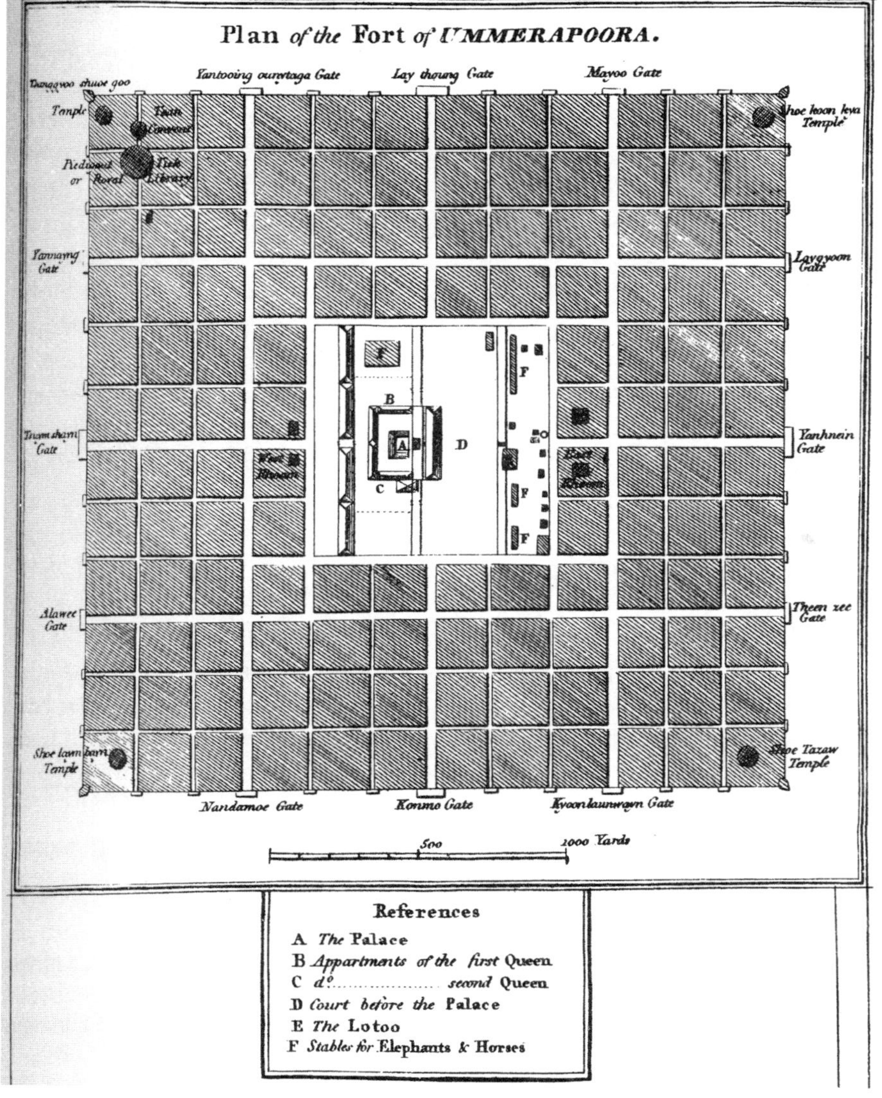

插图13b 1795年缅甸首都阿摩罗补罗的城堡。其设计类似勃印囊建造的勃固，只是布局为4×4，而不是6×6。

形，四周带有围墙，城墙外面又有护城河，里面养着许多鳄鱼。该城没有吊桥，但有20座城门，每一面城墙上都有5座城门。

城墙上有很多木制镀金的瞭望台。城里的街道是我所见到过的街道中最整齐的，它们从一座城门通到另一座城门，笔直笔直；站在一座城门你就能望见另外一座。这些城门都非常宽，可以容10个或12个人并肩通过……街道两旁每家门前都种着印度的坚果树，绿树成荫。这里的住房用木材建成，用杯状的瓦覆盖屋顶……皇宫位于城市中心，形状类似有围墙的城堡，周围有充满水的护城河。皇宫里的宫殿都用镀金的木料建成，富丽堂皇的尖顶造价昂贵，外面全部用金箔包裹(Frederici 1581:245)。

81

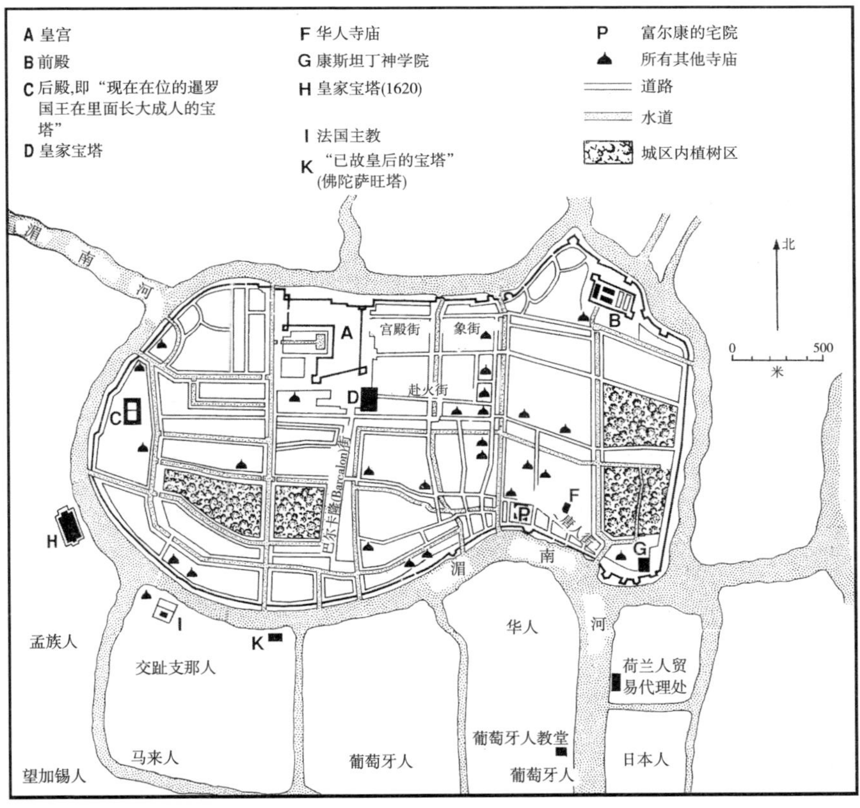

地图6　1687年的阿瑜陀耶

缅甸其他都城——阿瓦、阿摩罗补罗和曼德勒——都是经过这样精心规划，布局整齐：皇宫坐落在巨大的正方形城堡的中心，城堡由城墙和护城河环绕着，连接城门的笔直街道在这里交汇（O'Connor 1907；插图13a）。北部泰族城市和缅甸这种整齐的规划布局非常相似。据说清迈是经过多次占卜问卦后，在1292年为芒莱王（Mangrai）所建造，历时四月，其规划也是根据天道，正方形城堡由城墙和护城河环绕，长方形的街道纵横交错（Chronique de Xiengt Mai：56—61；Wijeyewardene 1986：8）。阿瑜陀耶的最初规划也大同小异，但是，这种规划很快就被打乱了。水道的走向
82 决定了暹罗首都的不规则形状（地图6），在湄南河上、由城墙围起来的大岛之中有几条"又大、又直、又整齐"的街道，但交通却大多通过"混乱不堪的狭窄小巷、沟渠和小河"来进行（Schouten 1636：124）。

如果说这些佛教国家的城堡包括了城区的大部分，那么越南和海岛地区的城堡则纯粹是国王、国王的三宫六院和宫内仆人生活的地方。在彭亨，只有"贵族"居住在城堡里的木栅栏里边，"而平民百姓则只能住在郊区"（Matelief 1608：122）。受二元论的影响，望加锡市中心建有三个主要城堡，其中最重要的松包浦只有王室及其仆人居住（地图7）。根据天道而规划的城墙、街道和建筑很难在这些地形复杂的海洋贸易中转港里付诸实施。只有在市中心的皇家禁地才呈现出一种明显的布局，这就是皇宫坐南朝北，面向空地，其西侧为大清真寺，东侧或北侧则是集市。万丹及此后爪
83 哇的大多数城市都是这样，皇家广场是王室举办节庆、游行和比赛的场所。亚齐和北大年的城市布局都是如此，但望加锡却与此不同（插图14）。

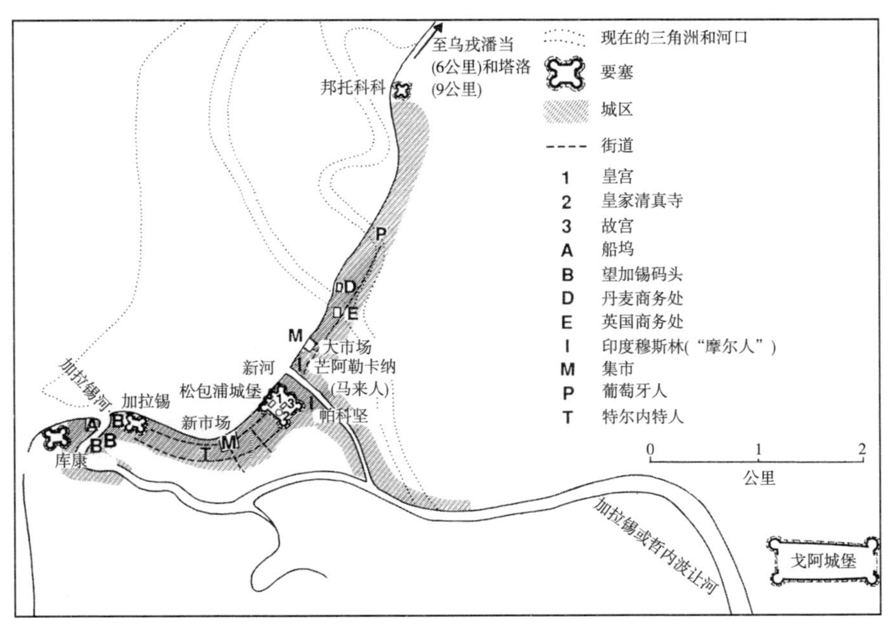

地图 7　1650 年前后的望加锡

绝大多数城堡都有很多庭院，循序渐进，层层引深，越往里越难进入，而最靠里边的庭院则是国王及其嫔妃的宫苑禁地。在亚齐，只有穿过七道门后才能到达城堡的最里边（Warwijck 1604:15），而所有的皇宫都不少于三道门。靠外一些的院落里有皇家象厩、侍卫室、火炮房和接待厅。亚齐皇宫的外殿大到可以举办斗象活动（Ito 1984:23）。内殿的皇家房间系木结构建筑，一般为一层，但都建在硕大的木桩之上。这些华丽的屋顶和皇宫城墙上精致的雕刻令欧洲人印象深刻，但在看到威风凛凛的石头外墙之后，再来看内殿的木结构建筑，却不免又令欧洲人有些失望（Warwijck 1604:15；Marini 1666:117；Baron 1685:3；Tavernier 1692 II:532）。

插图 14　荷兰画家于 1638 年前后所绘制的望加锡松包浦城堡。城堡左边的水道（北）为画家所添加，旁边有葡萄牙人（F）和古吉拉特人（G）聚居区。右边（南）为哲内波让河河口，皇家战舰（H）排列两岸。城堡里的 B 代表苏丹的皇宫，矗立在木桩之上，C 为故宫，D 为皇家仓库，E 则为皇家清真寺。

君王们通常在皇宫里有祷告礼拜的场所，但所有人都可以
85 进出紧邻皇宫的主要清真寺或寺庙。典型的伊斯兰城市只有一个大清真寺，面向广场，其多层寺顶往往是一个城市的最高标志。尽管有人说亚齐“到处都是清真寺”（Dampier 1699：90），但这些都规模平平，往往隶属于宗教学校和机构。与此相反，上座部国家的首都却到处金塔林立，角角落落都是舍利塔或寺庙。据说阿瑜陀耶有 300 到 500 个寺庙，万象有 62 个，而在清迈则发现了 85 个寺庙遗址（Schouten 1636：125；Gervaise 1688：47；Lunet de Jonquière 1901：102；Wijeyewardene 1985：91）。人们希望通过建造、修

复或装饰宗教建筑来修行积德，致使寺庙数量不断增加，但其中只有一两个能够成为举行公共宗教仪式和节庆的中心，并发挥重要作用。在穆斯林国家，只有圣徒和名人的墓地能够比肩各种各样的佛教圣地，吸引众多信徒前来朝圣。

所有主要城市要么濒海而建（如马六甲、万丹、雅加达-巴达维亚、锦石、望加锡、特尔纳特和马尼拉），要么紧邻可以通航的大河。有围墙的中心地带或有小河从中穿过，或者毗邻小河，这样既可汲水盥洗烹调，又便于小船驶入。横跨小河的桥梁地处陆上交通要道，并通向皇家中心地区，经常成为交通瓶颈，非常容易堵塞。在马六甲，小河两边店铺林立，既是交通要道，又是市场的延伸。而过了这一瓶颈地区，桥梁就既稀少又简陋。阿瑜陀耶运河众多，最需桥梁："宽大运河上的桥梁和桥墩都为石制，因为该地没有马车牛车，所以桥梁都很窄；桥梁中间弓起，有 80 步宽；但窄小运河上的桥梁……大都为木制。"（Kaempfer 1727：44；参见 Gervaise 1688:47）

最方便的交通方式是水路，所以陆路就不甚发达。在缅甸、泰国和越南的首都，铺设完好的街道寥寥无几。在升龙，交通大道的一部分没有路面铺设，目的是让牲畜往来通过（Richard 1778:29）。在海岛地区，不管在什么地方，如果是因为贸易而不是国王的命令兴起的城市，它的街道就全是泥沙路："该市[万丹]只有三条正规街道，全都通向皇宫前面的走廊。一条从走廊通到海边，第二条通到通向陆地的城门，而第三条则通到通向山地的城门。该市的道
路 没有路面铺设，全都是沙子……该市道路泥泞不堪，臭气熏天， 86

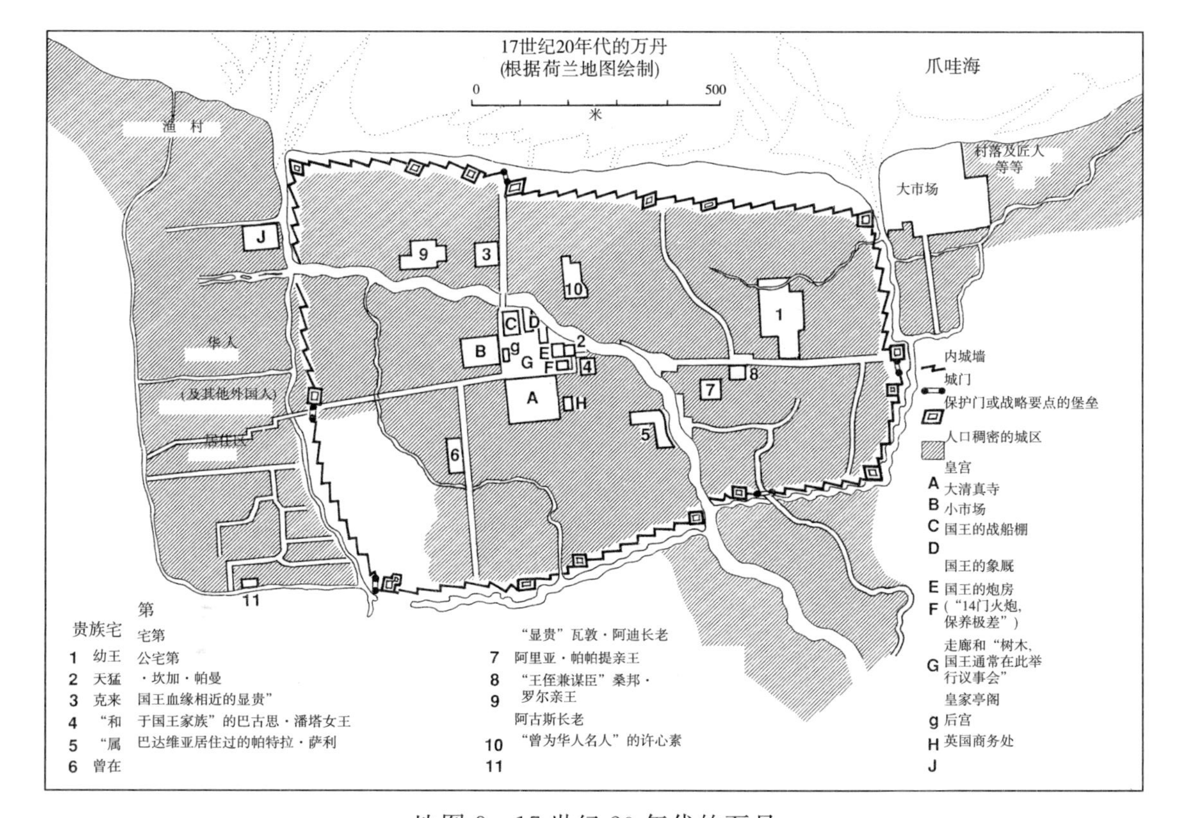

地图 8　17 世纪 20 年代的万丹

因为这里的居民，无论男女，在公共场合什么都洗，弄得尘土飞扬，污水遍地。”(Lodewycksz 1598:106)虽然未加铺设，有些街道也相当不错，纳瓦雷特(Navarrete)就曾经过一条通向望加锡城堡松包浦的道路(很可能是从北边；参见上文地图7)：“经过一排棕榈树，这可能是世界上最漂亮的棕榈树了。枝叶浓密，绿树成荫；这排树足有三英里长……真让人赞叹不已。”(Navarrete 1676 I:115；参见 Gervaise 1688:47，有关阿瑜陀耶的描述)

繁荣的城市既吸引了国内的王公诸侯，又招徕了外国的富商大贾。他们都在一定程度上成为该市上流社会的一部分并创建了一个多元社会，而这种多元性也为贸易创造了可能。如果这种多元性强大到压过皇家极权，它就会在城市的建筑风格上得到体现。贵族宅第分散在城市里不同的地区，分别管辖毗邻的区域。每位有权势的诸侯都住在防卫严密的院落里，其规划是皇宫的翻版，只不过是规模小一些而已。从荷兰人绘制的地图和记述可以清楚看出万丹的城市布局：

> 该市分为许多区，每一区都由一位贵族管理，目的在于备战、防火或预防其他意外情况；他们各有自己的辖区和地盘……
>
> 在晚上，每位贵族的家里都有10到12个人守卫。当进入他们家里时，首先映入眼帘的是一个小广场，他们叫做“走廊”(paseban)，他们在这里会客，卫兵也就站在这里……在这个小广场的一角他们有自己的清真寺，中午在那里做礼拜；清真寺旁边有水井，他们用来净身。再往前走，就进入一道门，过道非常狭窄，两边的店铺起到了加固过道的作用。他们的

> 奴隶们为了保护自己就住在这些店铺里,这样在晚上敌人就不会袭击他们;因为他们既不相信任何人,也不忠于任何人(Lodewycksz 1598:107—108)。

在这种戒备森严的城市院落里,贵族们和他们的妻妾、孩子、奴隶和依附人住在不同的房子里;这种情形在爪哇和巴厘的其他城市里(插图 15)、在望加锡和亚齐、在暹罗也都如出一辙(Pires

87

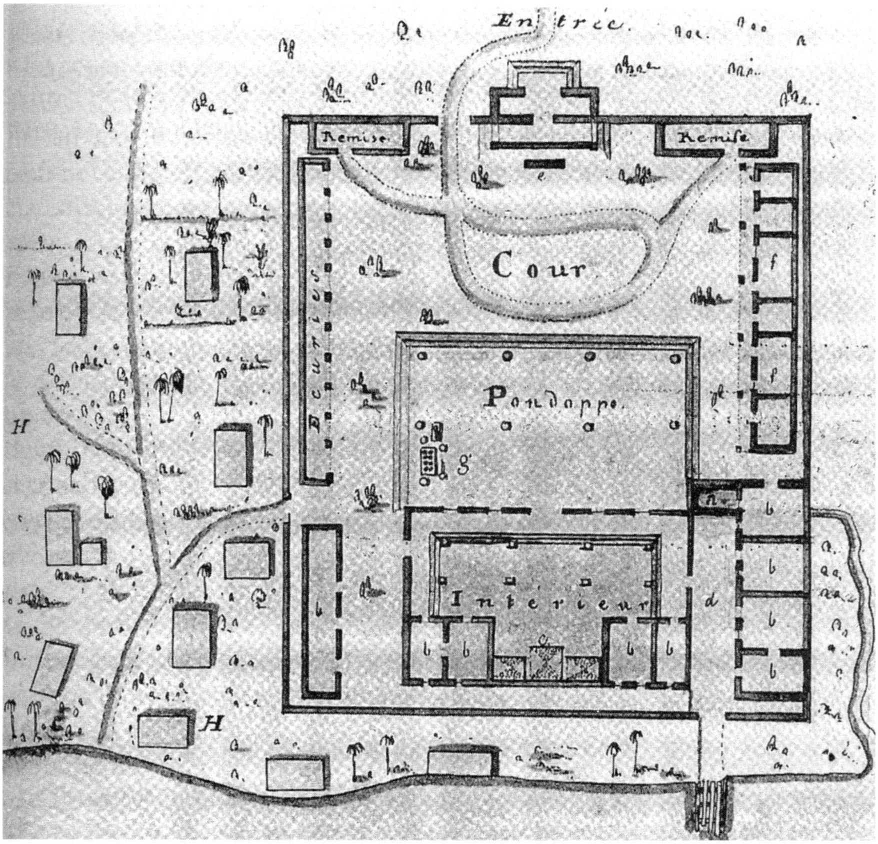

插图 15　梭罗爪哇贵族的大院。中央居住区和待客区的周围为仆人的房间——男在前、女在后。

1515:190;Lintgens 1597:98—99;van den Broecke 1634 I:185,206;La Loubère 1691:30)。“甘榜”(kampong)一词在现代马来语中指村庄或村落,在贸易时代则指城市富家大院。在马六甲,有许多关于出售、出租甘榜以及国王将甘榜赐给诸侯的详细法律条文(*Undang-undang Melaka*:106—109)。

东南亚“城市”的基本概念就是聚集在一起的贵族大院,每一个大院都被许多依附人的房子所环绕。那种建有防御城墙、在性质上有别于周围乡村的城市空间概念存在于缅甸和北部泰族的城市中,但在其他城市却没有。欧洲人认为,东南亚海岛地区的城市只不过是“一群村庄合在一起而已”(Crawfurd 1820 I:168),而在当地的语言中“城市”和“国家”并无二致,在马来语中都是 negeri(参见泰语 nakhon)。该词源于梵文,意为“城市”;但到了现代印度尼西亚和马来语里意思却变为“国家”。马欢(Ma Huan 1433:86—
87)访问爪哇的时候,所有的贸易城市都没有城墙(至少在中国人看 88
来是这样)。像马六甲、亚齐、柔佛和文莱这样的大型马来城市,除了用于临时防御的栅栏外,根本没有城墙。在阿拉伯和印度的访问者看来,无防御能力的城市简直是不可思议,亚齐的一位史家非常清楚这一点,所以就声称,“该城市之所以没有像其他城市那样建筑防御工事,那是因为有大量的战象”可以保护它(*Hikayat Aceh*:166)。

在 16 和 17 世纪,随着城市的迅速发展和抵御欧洲人海上进攻的需要,城墙建设也逐渐推广开来。阿瑜陀耶于 1550 年建筑城墙,而到 1600 年为止爪哇的万丹、扎巴拉、杜板、巴蒂和泗水也都

有了城墙。望加锡人于1634年建造了10公里长的城墙，以保护该市免受荷兰人的海上进攻（尽管该市完全没有陆上边界），而类似的海上城墙也是巴厘首都格尔格尔的主要防御工事（Reid 1983 A：142；Lingens 1597：101—102）。这些城墙也许能保护或部分保护城市中心地区的皇家利益，但城市的发展却主要是在市中心以外的地区。因为外国商人通常不被获准住在城墙内，但外来商人和新移民不断涌入，这样他们便在城外定居生活，俨然村落。

与欧洲或中国的城市比较起来，东南亚城市中即使由城墙围起来的地区也显得树木繁茂、人烟稀少。在彭亨围起来的城堡里"到处是椰子树和其他树木，看起来更像市郊和花园，而不像有人口聚居的城市"（Matelief 1608：122）。在阿瑜陀耶，只有毗邻港口的地区人口稠密，大约占整个城区的六分之一（La Loubère 1691：6；见地图6）。在皇家城堡或城墙以外，虽然建筑风格并无二致，那种闹市周围典型的拥挤和喧嚣却消散在邻近的村庄里。

来访者也都清楚知道，他们身处的这一类城市和风上之地的城市非常不同："亚齐这个巨大的城市（如果可以称其为城市的话）建在树林之中，所以我们只是到了跟前才看到城市里的房子。我们还没来得及各处走走，就已经看到房屋林立，人潮汹涌；所以，我认为这座城市会延伸到整个国家的角角落落。"（Davis 1602：147）对自西边而来的旅行者来讲，绿树成荫的亚齐总是让人惊奇不已：

> 请想象一下，到处长满了椰子、竹子、菠萝和香蕉，而在它们中间，一条美丽的小溪蜿蜒流淌，水上漂满了小船；在这片

> 森林中间用藤条、芦苇和树皮建造了许许多多的房屋，然后再
> 对它们进行规划，这边留下街道，那边又隔成不同的小区：在 89
> 小区与小区之间种上青草绿树。当人口增加后，把整个城市
> 的人口分散在这片森林中间。这样想想，你就会对亚齐有一
> 个确切的了解，你也会同意这种别具一格的城市会给过路的
> 陌生人增添无穷乐趣(Premare 1699:344—345)。

这当然并不意味着从乡下来的移民在城市里继续保持他们原来的生活方式。马六甲、雅加达和望加锡这些城市里的本地人几个世纪以来一直保留了他们的树林、鸡群和单层高脚屋。毫无疑问，气候的因素是一方面。在中国人和后来欧洲人的居住区，他们用砖瓦或石头建造房屋，这里没有绿树、拥挤不堪、闷热、不卫生，又容易遭到太阳暴晒和洪水侵袭。这些外来城市类型导致瘟疫流行，最后沦为贫民窟。椰子、果树、蒌叶和草药对家庭经济非常重要，这是它们得以保存下来的文化原因。树林(而不是房屋或土地)是法定的私有不动产(*Undang-undang Melaka*:106—109)。1613 年，当英国人在望加锡为他们的商务处征购土地时，望加锡苏丹只要求他们补偿原住户的椰子树，而原来的房屋则干脆被主人搬到了新址(Jourdain 1617:293)。

然而文化上的偏爱不能解释一切。如果那不勒斯或广州的居民有选择的话，他们可能也愿意生活在绿树成荫的环境中。那么，另外一个原因就是，即使东南亚的城墙也没有妨碍城市的发展。对东南亚人来说，最重要的战略就是不把城市作为一个实体来防御(如果的确有这样的实体的话)。国王既要在城堡里保护自己的

家属仆人,对付大权在握的王公大臣,又要反击外来势力或野蛮人的侵略。对一般的平民百姓和国王来说,每当强敌入侵,他们就都三十六计、走为上计,收拾搜罗全部细软,逃到附近的森林中去。敌人入侵的目的往往是为了掳掠人口,而不是为了财产或领土。如果每人都逃之夭夭,侵略者也就只能烧掉他们的房屋,砍倒他们的树林,抢掠皇家和贵族大院里不易携带的珍宝,如此而已。

西班牙人在菲律宾发现,当菲律宾人受到攻击的时候,他们"随时准备放弃他们的房屋和城市,逃到别的地方,或者迅速躲到深山老林中去"(Legazpi 1569:60)。即使在著名的城市马六甲,当无法继续抵抗葡萄牙人的进攻时,马六甲苏丹及其王室也是撤到内地,"以为阿方索·德·亚伯奎的目的不过是在抢掠马六甲后
90 带着战利品驶离该市而已"(Albuquerque 1557:129)。因为建筑材料轻便简陋,如果必要,整座城市都可以在更安全的地方进行重建,短短几天之内即可竣工。1634 年,一队英国人花了两天时间前去寻找曾一度繁荣的苏门答腊的因德拉吉里;最后才发现,为了躲避亚齐的侵略,该镇所有的人口都步行三天,迁移到河流上游去了(Reid 1980:244—245)。

尽管是绿树成荫、土地空旷,但随着新移民的涌入并在市场附近建房盖屋,结果是木结构房屋连成一片。在北大年,"一只猫可以一直从巴永胡戎(Payung Hujung)跑到基阿鲁(Kuala Aru)而不用着地"(*Hikayat Patani*:113)。这种建筑形式最容易发生火灾。据说,毁于火灾的房屋在 1602 年的亚齐有 800 栋、1614 年的望加锡有 1260 栋,而在 1545 年的阿瑜陀耶则达 10 万栋之多。1583 年,大半

个马尼拉被大火吞噬；在1613年，由于一场奴隶暴动，北大年也遭受了同样的命运。特别是在那些各民族杂居的城市里，大火有时候还会被故意用来作为对付敌手的武器，那些存有大量货物的商人也就因此而噩梦连连。看到万丹东区靠近大市场的地方三个月之内被烧掉五次，一位英国商务代理连连感叹：

> “火”这个字眼真是让人心惊胆颤！不管我睡得多熟，只要有人在我耳边说一个“火”字，无论是英语、马来语、爪哇语还是汉语，我都会“噌”地一下从床上跳下来。其实，当我们值班的人一个告诉另一个“着火了”时，我已经这样跳下来很多次了……我们就是这样生活在恐惧之中，但这不是没有原因的。很多次我值班到半夜12点，就这样天亮以前我还会因为火警而被叫醒三次。因此，我向上帝抱怨说，多少个夜晚我都不敢睡觉，只怕满载胡椒的商船从那边驶来。(Scott 1606:97—99)

从这一点来讲，假如斯科特当时是住在管制严格的缅甸首都，他的日子会好过一些；在这里，人们只能在规定的时间内并在一定深度的火炕里煮饭，消防官员每天五次检查房屋，看看是否有非法用火的情况(Than Tun 1983:84—85)。

市　　场

> “我再加一个小金币，外加一钹(kupang)。”
>
> “做梦，那我不就亏本了。”

“那我也不能再多给了。”

“这样吧，比斯米拉，到别处看看，看是不是还有更便宜的；走到天边你也别想找到更好的价了；我给你开的价你全城比一比看一看，一点也不比别人高，但我总得赚一点吧。我不能坐在
91 这摆摊赔钱，我得靠它生活呀。你知道东西有多贵，一个涨，另外一个也就跟着涨。如果你不出 5 个小金币，那就对不起了。小气鬼。”

——亚齐市场上马来人的部分对话（Houtman 1603:65—66）

在 1400 年到 1600 年之间，东南亚的商业活动迅猛发展，但贸易主要还是通过市场来进行。市场不断扩大，而且变得越来越复杂。虽然大宗贸易（特别是欧洲人的贸易）越来越多地通过市场之外商人之间的谈判进行，但通过激烈的讨价还价而直接交换货物和货币的方式仍然没有多大变化。

对于市场的管理有两种非常明确的方式。在海岛地区的大城市里，国际贸易都在一个超大市场里进行，而每个城市里和外国商人有关的市场不超过三个（当然，这是相对每个地方都有的水果蔬菜市场而言）。这些基本上都是自由市场，任何人只要向有关当局定期交税就能摆设摊位。在亚齐，根据《亚齐习惯法》的规定，一个摊位每月的费用是一个小金币（Lombard 1967:46；参见 Chou Ta-kuan 1297:27）。在泰族的早期城市（例如素可泰）中情况也是如此。

与此相反，在升龙和阿瑜陀耶，皇室对市场的控制要严格得

多。其具体形式是某些地区获准专卖某些商品。“在该市（升龙）不同的街道按规定只能出售特定的货物，而这些街道再把这种专卖权转给一两个或更多的村子，这些村子的村民只能经营这些特定商品”（Baron 1685:3）。这些街道通常以它们出售或制作的商品来命名，而其中一些街名在河内一直保留到今天。在阿瑜陀耶也有许许多多出售特定货物的市场，在18世纪达到90个之多。这些市场大都设在人流熙攘的寺院内或寺院附近。造成这两种不同管理方式的原因似乎是，越南王室竭力垄断那些被认为是国王贡赋重要来源的大宗商品和工艺品，然后再把每一种商品承包给某一位王室官员，而交易市场也就隶属这位官员管辖；暹罗王室也逐渐采用这一做法（O'Connor 1983:52—53；Le 1971:222—223）。

即使在海岛地区，也不是所有的贸易都局限于那种大型市场。
皮雷斯写道，在马六甲“每一条街上”都有妇女做买卖，为此她们向 92
管辖这一地区的贵族缴纳一些费用（Pires 1515:274）。马丁（Martin 1640:53）注意到，亚齐每天清晨都有许多水果蔬菜市场，而丹皮尔（Dampier 1699:92）则指出，在亚齐，不论是在市场上还是在街道的角角落落，你都能看到以兑换钱币为业的妇女。除了这些本地妇女外，还有一群非常特殊的人，他们拥有市场以外的经商权。一些富商大贾，尤其是中国人、西亚人和欧洲人，住在城市中心以外的外国人居住区，获准在他们的住所出售货物。在很多城市，每当中国商船驶入港口时，唐人街就变成了市场，城里的人纷纷涌向那里，购买工具和小件商品，顺便大吃大喝一通（Guillot

1989：142—143；Lodewycksz 1598：113；Borri 1633：I；Dampier 1699：94—95）。当然，这种在市场以外经商的权利需要花钱购买，但这些外国大商人总是能以最优惠的价格取得这些权利。

不过，货物的价格还是通过讨价还价的形式在大型市场上敲定。价格随着商船的到来和离去而上下浮动，这样为商品和相关服务进行讨价还价也就在所难免。弗雷德里克·德·豪特曼（Frederick de Houtman 1603：44—48，60—71，86—94）对此进行了生动有趣的描述。劳伦斯·里阿厄尔（Laurens Reael 1618：89）在解释马鲁古人为何在荷兰人到来后停止种植丁香时指出，除了其他原因外，还包括荷兰人拒绝讨价还价，“他们说，这里的商人本来习惯于讨价还价，但我们卖给他们布匹时定价却是死的，没有商量，而且还带着半威胁性质”。东南亚人听到（有些人甚至很可能读过）下面这个典型的波斯故事时一定会产生共鸣，它讲的是一位店主欠一位商人的钱，他们吵了整整一天，商人才要回了那笔钱，但他把那笔钱全部给了那位店主的徒弟。商人解释说：“我是生意人，而按照做生意的规矩，在买卖谈判中谁哪怕是仅仅被骗了一个小金币，那么谁就是被骗走了半条命。可话又说回来，该大方的时候，如果你还是小里小气，那么就等于说你的出身不好。”（Qabus Nama 1082：159）但在欧洲的贸易公司看来，这样的讨价还价费心劳神，多此一举。

在这方面，有关万丹大市场的描述最为详细。万丹市场位于东城外，靠近海滨（见上文地图 6）。1600 年前后该市场功能齐全，批发零售都有，国外国内兼营，男女商贩全来，日常食品和长途货

物齐全。“每天早上，你都会看到各国商人，如葡萄牙人、阿拉伯人、 93
土耳其人、中国人、羯陵伽人、勃固人、马来人、孟加拉人、古吉拉特人、马拉巴尔人、阿比西尼亚人[①]，以及从印度各地来的商人在忙着做买卖”(Lodewycksz 1598:110)。当地妇女将胡椒和食品卖给外国买主，而外国商人则在自己的摊位上出售货物。这里什么都卖：既卖日常食物，如稻米、蔬菜、水果、蔗糖、鱼类和肉类，又卖家畜、布匹、胡椒、丁香、肉豆蔻、武器、工具和其他金属制品(插图 16)。这个市场由港主来管理，他定期开庭审理贸易纠纷事件(Lodewycksz 1598:110—113；Coen 1623:774；Missions Etrangère 1680:93)。

东南亚本地的乡村贸易基本上全部掌握在妇女手中。当地的男性也到市场上闲逛、调情、聊天、社交；但除了最大宗的交易外，他们一般不参与买卖。当然也有例外：那些由男性制造并和男性密切相关的几种产品是由男性经营，其中荦荦大者有金属武器和工具(Reid 1988:162—165)。不过，在城市的市场上，总是有很多的外国男性商人参与买卖。“这里[亚齐]有很多摊位属于那些穿着看来像土耳其人的商人，他们来自小亚细亚、纳加帕蒂南、古吉拉特、克默林角、卡利卡特、锡兰岛、暹罗、孟加拉和其他各地，一般呆上六个月左右，出售他们的货物，其中包括非常精细的棉布……丝绸……棉线、各种瓷器，此外还有很多的药材、香料和宝石”(Martin 1604:54)。这些来自风上之地和东亚的男性商人在买卖

① 阿比西尼亚人(Abbyssinian)，指埃塞俄比亚人。——译注

插图 16　以同时期描述为素材的有关万丹大市场的荷兰版画。很明显，该画家没有亲眼见过东南亚市场，但他非常系统地描绘了大部分的商品，其中包括（从右至左）：A. 瓜类，黄瓜和椰子；B. 蔗糖和蜂蜜；C. 豆类；D. 竹子；E. 短剑、长剑、长矛和小炮；F. 男布商；G. 女布商；H. 香料和药材；（版画后半部）I. 出售铁制品和器具的孟加拉人和古吉拉特人；K. 华人摊位；L. 肉类；M. 鱼类；N. 水果；O. 蔬菜；P. 胡椒；Q. 洋葱；R. 大米；T. 珠宝商；X. 家禽。

上都是驾轻就熟、游刃有余。此外，东南亚的水手和经营小本生意的商人远道而来，除非他们呆上比较长的时间，娶上一位临时妻子替他们卖货，否则的话，他们一到万丹，就不得不把他们手头的那一点货抛出去。所以，在万丹有截然分开的布匹市场，在一些市场上的商人是男性（贩卖印度或中国布匹的外国人），但在另外一些市场上为女性（贩卖布匹的本地人）。

货币铸造和商业化——白银的胜利

若不大量供应货币，世界市场上的商品就不可能增加。虽然有些交易还是重要商品的物物交换，例如用布匹换取胡椒或丁香，但是，那些成千上万、大大小小为商品流通做出贡献的生产者和中 95
间商不可能全部用实物来支付他们的劳动。贸易时代需要大量货币。除了印度布匹以外，白银、铜和铅作为货币流入东南亚，成为最重要的商品。尽管它们大量流入，但还是经常供不应求；这既反映了东南亚生活的迅速商业化，又说明该地区本身不能提供足够的货币以满足市场需要。

15 世纪以前，东南亚大陆似乎没有以铸造货币来促进商业的发展。5—10 世纪之间该地区曾经铸造银币，但都完全是地方性的，很可能只是用来缴纳罚款和税收（Wicks 1983:67—68）。蒲甘和吴哥这样的古典王国完全没有铸造货币。东南亚地区在 15 世纪铸造贸易货币是一项革新，既是基于商业和君王们征税的需要，同时也是模仿伊斯兰国家的做法。在 1430 年之后不久，阿拉干就引进铸造了一种孟加拉伊斯兰式银币。不久,暹罗也开始着手促使银币标准化,而勃固和丹那沙林也从 16 世纪 30 年代开始制造银币和铅币(前揭书:68—69,116—120)。

海岛地区接触外商和外币的时间更长一些,而本地的货币,特别是金币,铸造范围也特别广。瓦尔泰马(Varthema 1510:239)声称,他在皮迪尔(Pidië,苏门答腊北部)曾见到过 500 个左右的钱币兑换商,这是因为各地商人经常光临该地。爪哇、苏门答腊和吕宋的一些王国在 9—13 世纪曾铸造货币,但后来被进口的中国铜钱所取代(Wickes 1983:244—256)。在贸易时代以前,金银(黄金主要用于海岛地区,而白银则主要用于大陆地区)主要是称重定值。黄金是价值尺度,但同样也是储蓄手段,还是国王和佛陀用来体现自己身份的标志。我们对早期的低值货币了解不多,但可以肯定,贝币和布匹应该包括其中。迟至 18 世纪,暹罗还在使用贝币,而印度尼西亚东部地区和棉兰老也在使用布匹作为货币。

1400 年以后,中国铜钱及其在本地的仿铸钱是东南亚地区日益商业化的最基本的润滑剂。"Cash"一词源于梵文[①],但葡萄牙
96 人将其拼写成 caixa,用来特指进口的中国铜钱,而后来的欧洲人也就跟着这样称呼。爪哇海周围一带的人则用爪哇语的"皮西斯"(picis)一词来称呼它。这些又小又圆的铜钱中间带有方孔,以便将 1000 个穿成一串(当然,也有 600 或其他数目一串的)。这些铜

① 该字很可能和亚齐语中"keu'eh"一词有关,而在亚齐地区 keu'eh 至今仍被用来指货币(Kreemer 1922 II:53—54)。

钱在唐朝时被用于中国统治下的越南，而在马六甲海峡地区也曾发掘出10世纪以后的铜钱(Crawfurd 1856:286)。

大约在1300年以后，爪哇的碑铭便不再提到爪哇衡制或硬币，而只是谈到皮西斯，专指中国铜钱(Wicks 1983:246—252)。大约刻写于1350年的谏义里铜板碑铭引述一段有争议地块主人的证词，读起来非常有趣："这块土地是本人高祖父遗留下来的财产，是用来为一个半银子作保的，那时候爪哇这个地方还没有把皮西斯当钱来用。"(Pigeaud 1960—1963 III:154)这说明，1293年蒙古调动两万多中国军队对东爪哇的入侵不但为爪哇带来了其他方面的诸多变化，也为这种新式铜钱的使用提供了契机(Wicks 1986:59—63;Reid 1992:181—184)。中国铜钱大约也就是在同一时期传到菲律宾的，但它们作为东南亚的主要低值货币的历史从15世纪以后才有明确记载。

越南的黎朝在摆脱明朝短期占领后，从1430年前后开始铸造铜钱，此后一直没有间断。越南铜钱和中国铜钱非常相似。北部山区的铸钱规模越来越大，到了15世纪中叶，官员们的薪水除了用土地支付外还有铜钱。但越南本国的铜钱铸造从来都是供不应求。到了17世纪有两种铜钱在市面上流通，一种是从中国或日本进口的稍大一点的铜钱，另外一种则是稍小一点的越南铜钱，主要在越南首都附近流通(Whitmore 1983:365—369;Le 1971:223;Rhodes 1651:59)。南方阮朝的统治者也和北方一样需要大量的铜钱供应，但没有自己的铸币。所以，从中国、日本或越南北方进口铜和铜钱也就成了其当务之急。

非常有可能的是,郑和率领的庞大舰队使海岛地区像马六甲和巴赛这样的港口在 15 世纪初认识了中国的铜钱。但由于在马六甲海峡地区锡要远比铜容易获得,所以这一带的国家就开始用锡铸钱。根据葡萄牙人的记载,1414 年,苏丹枚加特·伊斯坎达
97 尔·沙访问中国首都,请求中国皇帝批准其继承王位,他同时也获准自己铸造一种"小白镴币,他称其为 cash"(Albuquerque 1557:77;参见 Pires 1515:243;Wang 1968:104—105)。流传下来的马六甲锡币铸有苏丹王号,最早的可以追溯到穆扎法尔·沙(1446—1459 年在位)。与此同时,苏门答腊北部的一些国家发行了大量小型但却厚实的锡币,上面都铸有苏丹的王号(Wicks 1983:273;Ma Huan 1433:120;Dakers 1939;Pires 1515:144;Varthema 1510:231)。

有关文莱、松巴哇、马鲁古、占婆和爪哇的欧洲方面的早期记载说明,所有这些地方的基本货币都是中国铜钱(Pires 1515:114,170,181,203,206—207;Pigfetta 1524:59—60;Galvão 1544:138—139)。但并非所有的铜钱都来自中国。因为 1500 年前后,该地区同中国的直接联系不如永乐时期频繁,所以,爪哇和其他地方很有可能经常在本地仿造"中国"铜钱以满足需求。皮加费塔(Pigfetta 1524:60)就曾经说,他在文莱见到的中国铜钱为"当地穆斯林所铸造"。无论如何,直到 1500 年为止,中国铜钱或者东南亚本地的铜锡仿铸钱已经成为本地区的主要低值货币。当 1537 年葡萄牙人劝说他们在马鲁古的盟友接受一种比中国铜钱纯度还高的铜钱时,马鲁古人告诉他们说可以,但要求葡萄牙人也在铜钱

上穿孔打洞，以便把钱穿成串(Galvão 1544:270—273)。

直到1500年为止，只有在暹罗、阿拉干、缅甸港口马达班以及吉打等地，仍然在小额交易中使用贝币。尽管暹罗和中国良好的朝贡关系使得进口铜钱更为容易，但暹罗却从马尔代夫、婆罗洲、马鲁古和菲律宾进口贝币(Pires 1515:100;Gervaise 1701:120)。在缅甸大部分地区和阿拉干，甘撒(gansa)流通很广。这是一种贱金属合金，一般是铜和锡混合，但也经常使用铅，靠称重定值。“这不是国王的铸币，每个人都可以按照自己的喜好盖戳打印，因为这是他亲手切割、公平定价的”(Frederici 1581:254;Pires 1515:99,96—97)。

1567年中国政府解除南洋海禁，这似乎造成了大量中国铜钱流入东南亚。1596年，首航爪哇的荷兰舰队了解到，这一时期这些铜钱“大量涌入海岛地区”，使得中国官员感到恐慌不安，因为他们认为外流的铜钱是珍贵的资源，不能任其流失。结果，1590年前后，广东和福建开始主要为南洋地区铸造一种新式而廉价的铅 98
合金币(Blussé 1986:36—38;Lodewycksz 1598:122—123)。欧洲人对这种钱怨声载道：“铸造这种钱币所用金属的质量简直是糟糕透顶，三四年时间它们自己就磨损得一干二净。”(van Neck 1599:87;Lodewycksz 1598:122)到1596年时，这些劣质铅币(picis)已经流入爪哇腹地。中国的中间商携带铅币，前赴万丹的山区向种植者购买胡椒，价钱只是万丹市场的四分之一(Blussé 1986:40)。

在此后的30年中，人们常常提到万丹市场上的钱荒。科恩声称，在1613年到1618年之间，铅币短缺导致其对白银的比价几乎增长了四倍(从一个雷亚尔兑换3万铅币跌至8000个铅币)。而在占碑,铅币持续升值,到 1636 年一个雷亚尔仅能兑换 6900 个铅币(Blussé 1986:41—42;Andaya 1993:105)。[①] 即使铅币供应稳定,为了购买胡椒而涌入这些港口的大量白银也足以导致这样的结果。

这些铅合金质量非常低劣,以致用它铸造的钱币极易仿制。在东南亚本地铸币的主要障碍在于铅原料供应不足,但当英国人和荷兰人发现铅和其他几种欧洲货物有销路时,这种短缺的问题也就迎刃而解了。万丹的英国人不断增加铅的订单,从 1608 年的 20 吨到 1615 年的 50—60 吨,再到 1636 年的 100—150 吨。一些铅在战时被用于制造子弹,但绝大部分被铸成铅币后供应万丹、马辰和巨港(*LREIC* I:21—22;III:277—278;Willoughby 1636:153)。荷兰人在出售铅方面比较谨慎,因为他们到处树敌,担心被敌人用于军事目的。直到 1633 年,当他们开始把铅出售给巴达维亚的中国人时,他们才发现爪哇(具体的地点为万丹、井里汶和扎巴拉)"中国钱"的铸造工业规模已经相当可观。他们乘机以垄断的形式向荷兰居住区的中国人提供铅料。到了 1640 年他们放弃了这项生意,因为英国人在向万丹、扎巴拉、占碑、望加锡和婆罗洲的马塔补拉的铸钱者提供更廉价的铅,这样,荷兰人的垄断就被打破了。于是,荷兰东印度公司改变策略,试图从铜钱入手打入东南亚经济。不过,正像包乐史所阐明的那样,巴达维亚之所以能够成为一个备受印度尼西亚船商欢迎的港口,是因为他们渴望从该港

① 包乐史(Blussé 1986:40—42)争辩说,这样的问题纯粹是季节性的,以铅币为压舱物的中国帆船到来以前钱荒就频频发生。但是,有充分的证据显示,铅币价值上扬至少有一部分呈现出长期的趋势。

获得货币和中国商品，而荷兰人推动货币铸造的那段时期在这一过程中至为关键。

虽然东南亚国家一直在铸造铅币或铅锡合金币，但由于这些 99
铸币极易磨损，在现代的收藏中本来就凤毛麟角，而剩下来的又很难辨认识别。在勃固发现了用纯铅铸造、带有鸭形天鹅装饰的钱币，包括在 1560 年建造的城墙里发现的数百枚。尽管同时期的来访者没有提到这一点，但这说明勃固在 16 世纪的高度繁荣时期很可能出现了货币规范化的需要（Robinson 1986:25—27；Wicks 1983:94—95）。丹那沙林或土瓦在 17 世纪铸造了型号更大的锡币和铅币，其流通范围远至吉打和霹雳（Robinson 1986:67—70；Gervaise 1701:120）。现存的铅锡铸币（在万丹还加有黄铜）表明，至少在亚齐、万丹、井里汶、文莱，很可能还有柔佛，都曾于 16 和 17 世纪铸造刻有苏丹名字或王号的低值货币（Beaulieu 1666:58；Dampier 1699:92；Davidson 1977:48；Netscher and van der Chijs 1864:149—153；Wicks 1983:273—276，319—323，408—428）。据西班牙史料记载（Dasmariñas 1590:13），文莱发现其所铸银币极受外国商人欢迎，并被他们携带归国；于是，16 世纪后半叶，文莱苏丹就决定铸造一种“有半个雷亚尔那么大、锡质或铅质、他们称之为‘皮提斯’（pitis）的货币”。

荷兰东印度公司企图垄断贸易的那段时间为我们提供了一些有关铅币需求量的信息。该公司分别在 1637 年和 1638 年为其铅币铸造商提供了 133 吨和 153 吨铅料（Blussé 1986:47）。鉴于英国人提供了相似的数目、中国人还一直在出口铜钱，再加上东印度公司本身曾希望将其在市场上的贸易占有额扩大到240吨,我们也就可以估计印度尼西亚群岛在该时期每年需要大约350吨的铅。如果1枚铅锡合金的钱币平均重量为2克左右(现存实物轻重不一,差别很大,有许多不到1克,但也有重达5克的——Wicks 1983:275—276,279,410—413;Museum Nasional 1980:267;1984—1985:507—508),那么每年铸造的硬币就大约有1.7亿枚。因为他们的磨损期限为5年,我们就可以大致计算出,很可能有8亿多枚这样的硬币在印度尼西亚群岛流通。对一个拥有1000万人口的地区来说,虽然这些硬币从价值上来说微不足道,但它们却足够多到使得人们熟悉货币交易。

荷兰东印度公司的记载也显示出同一时期阮朝统治下交趾支
100 那货币供应的规模。在1633—1637年的五年间,荷兰东印度公司运进105834串(每串包括960枚)日本铜钱作为交趾支那的低值货币(van Aelst 1987)。仅此一项就表明,其每年的货币进口量为2000万枚硬币。中国和日本商人的进口数额也相当可观。1635年,当日本实行海禁后,主要的日本供应商将其200吨准备发往交趾支那的硬币存货转交给了荷兰人(Klein 1986:161)。因此,交趾支那每年的总进口量不应低于4000万枚。铜钱的使用寿命要比劣质铅币长一些,但也很容易被熔化掉制造器具。尽管如此,在交趾支那流通的硬币总数不应少于两亿枚,这对一个只有200万人口的地区来讲,货币化程度要稍稍高于印度尼西亚群岛。

要铸造更高价值的硬币,黄金自然是首选,这是因为黄金不仅仅可以用于贸易,同时也是财富、地位、稳定和美丽的标志。尽管古爪哇曾有金币或金牌,但以君王的名义铸造面值一致的金币则是在伊斯兰教传到东南亚之后的事。最古老的金币是在巴赛(风下之地第一个重要的穆斯林国家)铸造的,在已知的巴赛苏丹中,其中八位(从苏丹穆罕默德[1297—1326 年在位]到阿卜杜拉·马立克·查希尔[Abdallah Malik az-Zahir,1501—1513 年在位])所铸造的金币仍然存世(Alflian 1979:15—27;Wicks 1983:263—268)。伊斯兰教对这种面值一致的铸币的影响不仅表现在这种硬币上刻有阿拉伯文的苏丹王号,还表现在巴赛当地人以阿拉伯语的"迪拉姆"(dirham,亚齐语为 deureuham)来称呼这种硬币。望加锡语中的对应词为第纳拉(dinara),源于阿拉伯语的"第纳尔"(dinar)。而马来语的"马斯"(mas,该词还通常用来指黄金)则是国际上通用的词汇,用来指所有本地铸造的金币。这种小金币直径 10—14 毫米,含金纯度高度均匀,为 17K 金,重量为 0.6 克(插图 17a);北苏门答腊的苏丹们继续铸造这种金币,起码长达四个世纪之久。

在 17 世纪,亚齐的马斯是稳定的货币兑换关系中的一个组成部分。在这种兑换关系中,1 两(tahil,白银重量)等于 16 马斯,1 马斯等于 4 钹(kupang),而 4 钹等于 1600 个铜钱(Lombard 1967:106—107;*LREIC* III:314)。因为铜钱、黄金和白银的相对价值变化不定,特别是当新的白银涌入之时,所以这种兑换关系无法维持恒定。万丹和亚齐似乎都出现了铜钱供应不足的情况,因为在 1602 年,2100 枚铜钱兑换 1 个马斯(Martin 1604:55—56;Lancaster 1603:136),而在 17 世纪 30 年代,600 到 1000 个铜钱就能兑换 1 个马斯

101 (Mundy,引自 Lombard 1967:107n),此后一些比价也就恢复了原状。亚齐金币马斯对白银的比价也有升高的趋势,因为在 1602 年 1 个马斯能兑换六分之一雷亚尔,1613 年则为五分之一,17 世纪初期为 9 个英国便士,而到 1688 年丹皮尔用 15 个便士才能兑换 1 个马斯(Lancaster 1603:136;*LREIC* III:314n)。

插图 17a 塔韦尼耶(Tavenier)所绘制的 17 世纪亚齐、望加锡和柬埔寨的硬币。自上至下:1 和 2 为亚齐金币;3 和 4 为亚齐锡币;5 和 6 为望加锡金币;7 和 8 为柬埔寨银币;9 和 10 为柬埔寨使用的中国铜钱。

插图 17b 塔韦尼耶所绘制的暹罗硬币。自上至下:1 和 2 为标准重量的黄金;3、4、5、6 为银铢(tikal);7 和 8 为暹罗使用的中国铜钱。

尽管亚齐的钹似乎只是一个计算单位，但别的国家铸造了金马斯和金钹两种金币，前者为后者价值的四倍。柔佛和吉打在17世纪晚期都铸造了这样的金币，形状为八角形。柔佛的马斯比吉打的重四倍，但经常被掺进其他金属（Hamilton 1727 II:172；Wicks 102
1983:307—318；Taillandier 1711:411）。亚齐那种圆形的金币在北大年也有发现，一面为公牛，另一面为“马立克・阿迪尔”（malik al-adil），但铸造人和铸造地都不得而知（Wicks 1983:360—368）。

对望加锡的金币，我们知道得稍多一些。望加锡制造金币是为了急于成为海岛地区东部重要的贸易中心。正如史书所说，塔洛的卡稜・马托亚（Karaeng Matoaya）是“铸造金币第纳拉和锡币的第一人”；他是望加锡辉煌成就的总设计师，1593—1637年间任宰相（*Sejarah Kerajaan Tallo'*:18）。望加锡的金币外观类似亚齐的硬币，但重量是后者的四倍，达2.4克。四分之一大的金钹铸造时间不晚于1657年（Macassar Factory 1658；Bassett 1958:26—27；Netscher and van der Chijs 1864:185）。

马来地区的其他苏丹很可能也铸造了金币，但已无从查考。金币肯定是从马六甲时期开始成为价值标准，并深深地植入了马来人的思维之中。马来法典中对犯罪的罚款以金币来计算，但在不同的国家，相对于当时使用的银币来讲它可以指不同的东西。即使在暹罗和交趾支那，外国人也把十六分之一两的计算单位当作一个马斯（泰语称为salung，越南语叫做“陌”）（Smith 1974:317；Chen 1974:24）。

柬埔寨皇家史书认为，一位出身平民（有可能是商人）名叫坎（Kan）的人篡位为王，于1516年在斯拉拉普（Sralap）建立新都，吸引了大量的高棉人和外国人。“为了推动贸易,该国王下令铸币,所铸的金银币(slin)装饰有蛇形图案”(*Chroniques Cambodge* 1988:21)。尽管 10 年后这位国王惨遭杀身之祸,并被枭首示众,但我们知道 1600 年前后,柬埔寨正在铸造自己饰有“公鸡、蛇或心形”(很可能是天鹅、蛇和莲花)的金银币(San Antonio 1604:9)。最大的钱币价值相当于一个雷亚尔,名叫“马兹”(maiz),反映出马来穆斯林的影响,或者干脆是西班牙人通过马来语了解到柬埔寨的情况的。17 世纪 30 年代,一位居住在柬埔寨的中国商人曾根据合同铸币,为此他还向荷兰人购买白银(Gaelen 1636:74,112)。

1570 年后,白银史无前例地涌入东南亚地区,我们也就必须
103 把这些通过铸造金币进行货币改革的努力放到这个背景下考察。如前所述(表格 3),新的水银提炼技术同时在西属美洲和日本被用于白银开采,导致流入东部亚洲的白银至少增加了四倍。即使中国和印度最终消费掉大量白银,但大部分也仍然流经东南亚,有不少也就留在了当地。无论如何,东京[①]都不是贸易中转站,但荷兰东印度公司在 1640—1654 年间每年平均输入 2.5 吨的日本白银,这个东南亚商业最不发达的国家每年进口的白银总额高达 10 吨左右(Klein 1988:166—169;Baron 1685:7)。

有学者计算出,印度在 1591—1639 年间的白银卢比供应量增加了三倍(Habib 1982 A:363—365)。东南亚白银流通的增加额也不会少于此数,因为商人们在该地竞相购买亚洲产品。毫无疑问,

① 这里指越南北部。——译注

在该地区，白银占城市货币供应的绝大部分。比较充足的供应导致了白银对铜钱和黄金的比价下跌。正像莫卧尔印度和欧洲许多国家那样，东南亚国家有可能抓住这一大好时机，建立自己的银币系统，以便更好地控制国内经济。

尽管万丹国王在1618年请求荷兰人帮助他们铸造小号银币，而吉打人利用金币铸模也铸造了少量的银币（Netscher and van der Chijs 1864：149—151；Wicks 1983：387），但真正大手笔铸造银币的只有那些佛教国家。这些国家长期把白银作为价值标准，对黄金不甚热衷。据我们所知，风下之地第一个以国王名义铸造银币的是阿拉干。阿拉干的佛教国王在15世纪和16世纪仿造孟加拉式银币，上面印的全是阿拉伯文王号。只有自16世纪30年代后，这些银币才开始印有阿拉干文字，到了这个时候，这些银币的铸造地肯定是在阿拉干本地——而非孟加拉。直到17世纪为止，阿拉干当地的铸币厂将进口的白银和外国银币重新铸成自己的银币，使得阿拉干在抵制强大的雷亚尔方面独树一帜，鹤立鸡群（Wicks 1983：74—91）。不过，泰国人使用大小一致的银锭的历史比较悠久。

泰语语族的人民主要使用两种银锭。一种为阿瑜陀耶型，为肾形银块，或者叫做子弹币（bullet coin）（插图17a），而另外一种为马掌形银条，或者叫手镯币（bracelet coin），用于清迈和北部地区（插图18）。流行的说法是素可太国王拉玛甘亨（1275—1317年
在位）除了众多的发明之外，还发明了子弹币，而他同时期的清迈 104
国王孟莱（1259—1317年在位）则发明了手镯币。但是，因为从这些银锭的图案上无法断定是哪一位国王发明的，所以，无从得知其真正历史。勒·迈（Le May 1932：19—22，44—45）推测说手镯型

比较古老,是北部泰族从月牙形的骠国硬币(中国唐朝史料对此曾有记载)改进而来。手镯型硬币用绳子穿起来在陆路上携带方便,但或者是因为水路旅行块状比较合适,或者是因为故意模仿已有贝币的形状,子弹型银币就逐渐在素可太王朝或早期阿瑜陀耶王朝流行开来。

我们不清楚这些银锭是否演变成标准的货币,但一种可能性是,根据一部早期史书的记载,猜罗阇(Chairaja,1534—1536年在位)在位期间,“整顿度量衡制度,取缔那些缺斤少两、以假充真的骗人做法”(van Vliet 1640:71)。[①] 至少我们可以这样有把握地说,在16世纪的某个时期,暹罗子弹型银锭的重量和形状得到了统一。直到1614年为止,这种银提卡(tikal,泰铢)在英国人看来“代表了暹罗国王的货币”(Best 1614:53)。在17世纪的整整100年中,这种银币重量一直是14.6克左右(Wicks 1983:169—170),并稳定地保持了它在国际上的比价:相当于一个雷亚尔的五分之三左右,或者等于30个便士。该银币的肾形铸法如下:把它放进一个椭圆形的锭模里,然后切掉平边,这样两头就都可以弯曲了。然后再在各边印上动物、贝壳、莲花或车轮的图案(Le May 1932:63—65)。

尽管缅甸北部有银矿,但勃固在16世纪除了笨重的甘撒铜锭外,并没有其他货币。皮雷斯(Pires 1515:100)为我们提供了非常

① 勒·迈(Le May 1932)推测说拉玛蒂菩提国王(1491—1529年在位)有可能最早发行这种标准的货币。勒·迈在现存的标准提卡银块上发现了15种图案,并推断说它们是由阿瑜陀耶王朝的最后15位国王铸造的。但是,没有证据显示这些印记代表各个国王,其只不过是代表那些负责保证重量的官方经纪人或银匠罢了。

有趣的材料，指出勃固的市场上也使用白银，“圆圆的形状，上面有暹罗的印记，似乎是从暹罗那边传过来的”。直到 17 世纪初为止，

105

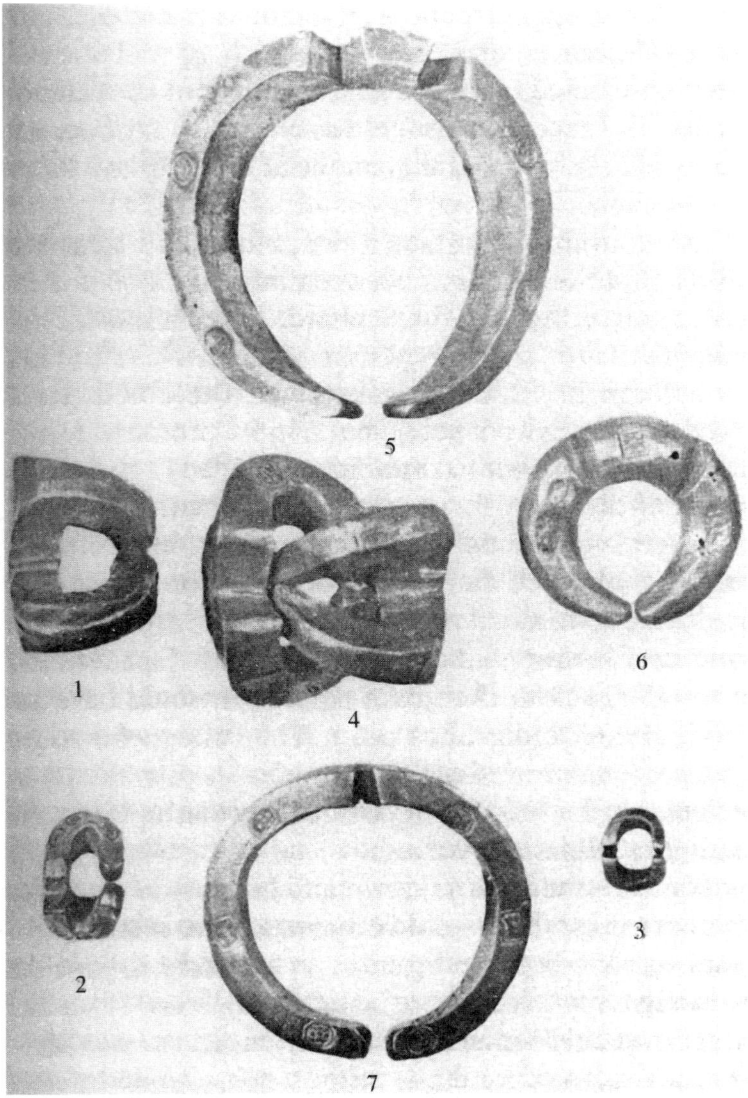

插图 18　北部泰族“手镯”型银锭。在现代，人们认为应该成双成对地使用，分别代表男女。

缅甸有效地采用了暹罗的银锭制度,并授权经纪人来保证银锭的质量。在暹罗和缅甸,外国人都用“提卡”一词来指银锭的标准重量,而在两国的语言里则分别为“泰铢”和“缅元”。直到今天,这两个词仍然是泰国和缅甸的货币单位。在缅甸,一缅钱是一缅斤(viss)的百分之一,约等于 24 克。[①]

这种银锭的铸造并没有排除其他货币(比如势头强劲的雷亚尔),但它也是白银革命的一种反映。问题是,为什么别的国家没有采用银本位呢?一种答案是,海岛地区拥有比亚洲其他国家更为丰富的黄金资源,对银的比价也比印度、中国或日本便宜。1620 年以前,东南亚地区的金银比价为 1 比 7,在印度则为 1 比 10,而到了 17 世纪的后半期分别攀升到 1 比 12 和 1 比 15(*SP 16252—29*:
106 371;*LREIC* III:156;La Loubère 1691:72;Habib 1982 A:367)。据说在 17 世纪 20 年代,把日本的白银运到勃固交换黄金,可以获得几乎百分之百的利润(Robinson and Shaw 1980:23—24)。而苏门答腊和菲律宾在整个 17 世纪继续出口黄金。此外,传统上将黄金视为权力和地位的象征也使它更适合镌刻国王的名字。

更为重要的是,东南亚的政治结构比起印度或中国来更为松散,国际和国内市场的关系非常不同。瑟法底犹太商人[②]弗朗瑟斯科·德尔·博基耶(Francesco del Bocchier 1518:198)解释说,马六甲没有金币或银币是因为“那里的商人对货物很了解,只用金锭

---

① “缅元”和“缅钱”在缅甸文中都为 kyat,分别是货币和重量单位。——译注

② 瑟法底(Sephardic)犹太人指 1492 年离开西班牙的犹太人,“Sephardim”在希伯来语中意为西班牙。——译注

就足够了”。但更深层的原因是，国际商人的利益在这些城市中已经凌驾于国家利益之上。直到 17 世纪，任何本地的货币都无法和作为国家货币的雷亚尔竞争。雷亚尔很快就成了主导各大城市市场的国际贸易货币和计算单位。中国和印度商人需要大量日本和美洲白银，竞相把白银运回自己的国家，这肯定对东南亚当地的货币铸造造成了巨大影响。这里的统治者铸造货币，竭力要在他们所掌控的经济主权之下建立一个内部区域，以区别于他们赖以生存的国际市场。这已经被证明是一场非输不可的战争。

望加锡和柔佛所铸造的金币重量为亚齐金币马斯的四倍，应当是模仿亚齐金币而铸造，但看起来是用黄金来模仿铸造外国商人带进来的雷亚尔。在 17 世纪 30 和 40 年代，望加锡的金币在市场上价值非常稳定，约相当于一个雷亚尔的五分之四；我们怀疑望加锡国内的税收也是以同样价格征收的。苏丹哈桑丁开始面临经济上的困难，所以他于 1655 年企图强行把一种新的廉价金币和旧币值人为地等同起来，但是，市场的力量胜利了：人们喜欢使用雷亚尔或没有经过铸造的黄金，三年后不受欢迎的新币不得不黯然淡出(Macasar Factory 1658:148;Bassett 1958:27)。

伊斯坎达尔·穆达苏丹(1607—1636 年在位)是亚齐权势最大的国王，并亲身经历了白银涌入的高峰期。他对黄金情有独钟，嗜金成癖。他的书信清楚地表明他对其所拥有的金饰、金器、金伞以及提前建好的金墓都无比自豪。穆斯林商人要用黄金向他缴纳10%的进口税(Beaulieu 1660:110)。法国船长奥古斯丁·德·博
利厄(Augustin de Beaulieu)抵达亚齐，携带的只有雷亚尔，结果 107
被亚齐国王百般刁难。穆达不但自己不要银子，而且还能有效地

劝阻其臣民也不要接受银子。“他对我说……银子……贱如泥土,对他来说毫无用处;如果我带来的是黄金,他早就把他的胡椒按城里的市价卖给我了”(引自 Lombard 1967:107)。但是,伊斯坎达尔·穆达国王抵制白银流入、维持金本位的决心也给他带来不少麻烦。1620年前后,他仿照望加锡的做法发行新款金币,面值为旧币的四倍,目的可能在于抵制并进而取代雷亚尔。但是,这种新币杂质太多,质量低劣,按照面值(相当于4个旧金币)在市场上都无人问津,更不要说顶一个雷亚尔了。“尽管谁拒绝接受新币,国王就砍手剁脚,但商人们还是要首先看看人们给他们的是什么钱”(Beaulieu 1666:65;Lombard 1967:108—109)。伊斯坎达尔·穆达控制市场的企图彻底失败了。在其继承者继任期间,他的大金币消失得无影无踪,而他的小一点的旧币也仅仅主要用于仪式和法律罚款,市场上通用的则只是雷亚尔和称重论价的黄金了。

到了1630年前后,白银通过多种途径——无论是以雷亚尔的形式(比如在大部分海岛地区)、还是以称重论价的形式——成为东南亚地区不可阻挡的有效国际货币。尽管王室金币还享有崇高地位,但连国王们自己都习惯接受用白银来缴纳税收和罚金了。白银的胜利毫无疑问把东南亚进一步纳入了世界经济的大潮。就像欧洲人所指出的那样(van Neck 1599:87;Baron 1685:7),用白银来兑换贬值的铜钱或铅币,越南人和爪哇人从中可能获益不多。更重要的问题是外国人控制着货币的供应,进而可以向种植者直接购买经济作物。包乐史(Blussé 1986)将外国货币称之为东南亚国家的“特洛伊木马”。在17世纪,它确确实实成了为争夺该地区经济控制权而进行的严峻斗争中的法宝利器。

信贷制度

该港口[亚齐]的贸易方式和其他地方大相径庭，如果不是亲眼见到，谁都不会相信。除了四个商人外，购买大宗货物的人都是海关工作人员。这四个人只有在国王手下的人拒绝购买后，才敢大胆杀价、购买大量货物。这里从不付现钱，谁要想得到钱就必须把货卖给店主，而店主一次只买区区一个或半个寇支 108
(corge，1寇支=20匹布)，以便在市场上当天脱手……这些商人除了像锡、硫黄等等这些可以埋到地下、不受损失的货物外，其他货物一概不愿意囤积……如果你是卖主，那你一定要让买主写清楚几个月后交货，届时没有人不交钱或不交利息的；这是因为，要是谁迟迟不交钱而拖延了商船归期的话，他就会受到女王和贵族显要们无情的惩罚。

——Clark，Letter from Aceh 17 December 1643，IOLE/3/18：f. 282—283

在欧洲人和中国人——无论是13世纪的周达观(Chou Ta-kuan 1297[①]：160)还是20世纪初期的殖民官员和企业家——眼里，东南亚总是资金奇缺。那种货源充足、资金雄厚的大商人实在是凤毛麟角。“这些人购买印度布匹，总是小打小闹，卖完后再来买，没有一个商人肯一下子放100两银子的”(Letter from Aceh 12 February 1619，IOC E/3/6：f. 213)。商人们发现，不论是对胡椒这样的经

① 原文误为1250。——译注

济作物还是越南的陶制品,他们所能支付的资金总是少得可怜。

尽管如此,像信贷、利息和债款这样的概念在整个东南亚地区都还是根深蒂固的。尽管贸易时代的许多经济方面的词汇源自泰米尔语、阿拉伯语、汉语或荷兰语,但所有用来表示“利息”的词语都有很深的本地渊源,并且都用植物或树的花朵(马来语为 bunga,泰语为 dòk[①])来形容。现代泰语中的“dòk-bia”一词本义为“海贝开花”,被用来表示利息;这一用法可以追溯到 14 世纪的素可泰,而 ku 这个字表示借钱还息,也同样历史悠久。此外,外国商人预支资金给制造商或本地转运商时,并不像在他们本国那样担心人们拖欠。“他们在债务方面的法律非常严格,债主可以把债务人及其妻子、孩子和奴隶,以及他所有的一切东西都卖掉偿债”(Scott 1606:173)。东南亚社会组织最基本的一个方面就是债务意味着责任,特别是服劳役的责任。无论是在城市还是在山区,无论是在强大的国家还是部落社会,债务人都要依附于债主,为他服务,直到还清本金为止(Reid 1988:129—136;1983:8—12)。在这种制度下,债主的主要目的是通过获得依附人来提高地位、增加权力,而不是通过获取利息来增加资本。

在贸易时代,贸易机会和货币流通的增加自然给这种模式带
109 来了巨大冲击,但却没有彻底摧毁它。尽管有白银和铜钱的涌入,
人们抱怨的主要还是资金奇缺。很明显,真正缺少的不是货币,而
是能够把货币用于投资的制度。在马鲁古,据说出售丁香而得来

① 交趾支那的越南语为“花利”。—— 译注

的钱居然被埋到地下："他们把这些[铜钱]珍藏起来，还有珠宝、黄金制品、爪哇锣、精美的丝绸和棉布……他们把这些东西放在瓦罐里、藏到大山里、埋到地下，这样除了两三个在晚上负责搬运的奴隶以外，别人谁也不知道。"(Galvão 1544:140—141)一位英国商务代表后来请求发送印度棉布而不是雷亚尔到这些岛屿，因为银币对印度尼西亚人没有用，"除了留下一些来制造装饰品外，大部分都被埋到地下，一代一代都是这样"(SP 1625—1629:371)。①

对一个升斗小民来说，除非他能够拥有众多的依附人来保护其财富，或者可以说明其财富的正当来源，否则在东南亚的政治环境下显财露富是非常危险的。因此，资金首先是通过购买奴隶、借给急需用钱的人、缔结婚姻和军事同盟，以及举办节日活动来获得人手。那些有能力像职业放债者或银行家一样为了利息而不是为了庇护下属而放贷的人，既有国王和其他有权有势者，也有外国人。

卡洛·奇波拉(Carlo Cipolla)争辩说，利率的巨幅下降是近世欧洲"真正的经济革命"(引自 Jones 1981:41)。17 世纪阿姆斯特丹之所以能够建立全球霸权，在于它能以世界上最低的利率(每年在 2.5%和 5%之间)提供大量资金(Israel 1989:78)。但是，绝大多数的欧洲城市在这方面比不上管理得井井有条的亚洲城市。例如，在 17 世纪的上半叶，北印度城市的利率在 6%和 12%之间

① 在 19 世纪的印度尼西亚，当经济作物(例如西部亚齐的胡椒和爪哇最东部的蔗糖)卖价特别好的时候，也有人注意到类似的货币"消失"现象。埃尔森(Elson 1984:166)谈到，在经济繁荣的 19 世纪 50 年代，在帕苏鲁安的一个村子里 43 座房子被烧掉后，人们发现了 4000 荷兰盾的铜钱，而所有这些房子和家具加起来也不过才值 1047 盾。

(Habib 1963:401—404)。按照这个标准来衡量资本主义发展的程度,东南亚的城市远落人后。除了伊斯坎达尔·穆达所统治的亚齐是一个特殊例子外,一般利率顶多是每月 2%,也有可能是它的三倍。这同南印度和一个世纪前的欧洲大部分地区不相上下,但和主要的金融中心比起来相差甚远。

上面提到的最低利率不能反映事情的全貌。即使在苏拉特,
110 虽然伊尔凡·哈比卜(Irfan Habib)的研究显示这里的利率相当低,但英国人在一开始仍抱怨说,他们找不到低于月息 3%的贷款。只有当获得了信任后他们才得到了最低利率。在近世,世界上的大部分地区,就像现在第三世界乡村地区的情形一样,贷款具有高度风险,法律制度极不健全,贷款能否偿还也无法确知。最低的利率通常都是由政府贷给那些信得过的顾客。在 17 世纪的东南亚,这些人包括欧洲人的公司、显赫富裕的统治者、富商大贾和同一种姓或家族的人。在这个特权圈子之外,利率会高得吓人。最早的一部他加禄-西班牙语词典有三个关于贷款利率的词汇,其区别在于利率的不同,月息 20%,年息 100%,或者年息 150%(Scott 1982:534)。一位英国商务代理在 1643 年急需资金在亚齐购买货物,不得不付出 400%的年息(IOL O. C. E/3/18:285)。而 16 年前,同样是在亚齐,据说英国的首席商务代理欺骗公司,曾以 6%的月息把资金贷给中国人(SP 1625—1629:414)。

在这种背景下,在东南亚的主要城市中正在形成一个为特定顾客提供优惠贷款条件、更加稳定的货币市场——这一点非常重要。在暹罗、万丹、占碑和北大年,2%的月息司空见惯,说明 17 世

纪中叶有一套制度在运作(Coolhaas III:322,399;Smith 1974:266—267;Schrieke 1942:386—387)。在 1617 年,北大年的王后以月息2%利率放贷给一些大商人,但却通过一套复杂的办法来计算长期贷款的差别利率,结果得出的年息为 20%(LREIC II:80—81,87)。

伊斯兰教对商业行为产生了非常重大的影响。马来法典中有关商业的条文大部分来自伊斯兰教法规,马来语中表示某些概念的词汇(例如,“破产”为 muflis)即从阿拉伯语转借过来。马来法典对利息没有明确的规定,因为伊斯兰教不许放高利贷(阿拉伯语称为 riba)。为此,它制定了一个利润均分(laba)[①]的条文:“提供资金的人对其代理人说,‘把这个金币或银币拿去做生意吧,但我们要事先商量好如何分配赚来的钱’。如果本钱全部或是部分亏掉,只要不是代理人的疏忽大意,那么[他]就不用为生意或损失的本钱作出赔偿”(*Undang-undang Melaka*:146)。我们在上面已经看到,葡萄牙人的记载证实,海上贸易的资本就是这样预支的, 111
利润高达 50%。这种做法和个人借钱的不同之处在于出资人承担一切损失,而代理人却没有被奴役的风险(而个人借钱如果损失的话,借款人是一定要被奴役的)。

在莫卧尔王朝的印度,伊斯兰教不许放高利贷的规定对货币市场影响甚微(Habib 1963:413—419),在东南亚也同样如此,起码商人们没有为此而叫苦连天。东南亚的统治者曾两次试图将这

---

① 非常重要的是,虽然 16 世纪的布恩纳文图拉(Buenaventura)-他加禄语词典将“laba”一词译为“利息”,但它并不是源自阿拉伯语,而是源自一个古南岛语词汇。

一规定制订为法律。1631 年，望加锡苏丹禁止“放高利贷”(*Lontara' Bilang Gowa*：91)，但欧洲人并没有提到人们从此便洗手不干了。博利厄(Beaulieu 1660：100—101)坚称，亚齐苏丹伊斯坎达尔·穆达在位期间，“禁止放高利贷”。博利厄还声称，在亚齐月息不超过 1%，而在亚齐的对手万丹，人们必须付 5%的月息。博利厄与亚齐苏丹的关系非常亲密，他的有关禁止放高利贷的说法出现在伊斯兰婚姻法的条文之后，所以他的消息并非来自商人社区，而很可能是来源于亚齐苏丹或某位哈的(kadi，伊斯兰教法官)。伊斯坎达尔·穆达与众不同，他以高压手段控制国内经济；他禁止放高利贷，目的很可能是为了方便自己借钱。这就解释了为什么在亚齐的自由市场上通行的利率格外高。对这一点，英国人在上面已经提到。

由此可以明显看出，17 世纪欧洲城市里的银行和股票交易非常发达，而东南亚却远远落在后面，没有产生这样的机构。不过，在一两个世纪前的欧洲，提供贷款的主要是犹太职业贷款人以及诸如意大利慈善钱庄(monti di pietà)这样的宗教机构；而在风下之地也有类似情形。在印度洋的所有港口中，印度的商业阶层(古吉拉特的沙拉夫[sharaf]和南印度的哲地)在那些组织严密、以贷款为生的少数外国人群体中起着举足轻重的作用。当 16 世纪初葡萄牙人到来的时候，他们出现在马六甲、巴赛和勃固，随后其踪迹遍布其他港口。

哲地所创造的类似于银行的重要机构就是寺庙基金，由强有力的宗教机构作后盾，每个人都必须出资，但也都可以借贷(Evers 1988：204)。从严格的意义上来讲，东南亚本地的大多数人不可能模仿这种原始银行，但重要的是他们知道其存在，这从最受欢迎的马来史诗中的一个重要段落可以清楚看出。故事讲到马来主人公访问南印度的一座寺庙：“每当船主或商人手头缺少资金时，他就 112
求助于寺庙的住持，向神像借贷黄金；看护神像的住持甚至会贷给他一两个巴哈尔。如果那位商人赖账，他无论走到哪里，都会遭到灭顶之灾。如果他忠于神像，无论他走到哪里，他的货物都会安然无恙。如果他借了20斤的黄金，其中一斤必须用来供奉神像。”(*Hikayat Hang Tuah*:362)[①]

这些印度的商业阶层首先是货币兑换商，但他们也充当银行家和掮客为商人服务。他们发明了一种可以买卖的信用文书(hundi)，这种文书可以在一个城市签发，在另外一个城市兑现；这种制度不仅流行于印度，而且也发展到风下之地印度人经常光顾的港口，包括马六甲、勃固、万丹或亚齐(Habib 1963:401;Tavenier 1692 II:18,25)。奈纳·素拉德瓦纳(Naina Suradewana)和奈纳·查图(Naina Chatu)是葡萄牙人征服马六甲时该市最富有的两位商人，他们都是南印度的印度教信徒，原来很可能就是专门从事贷款的哲地。谈到马六甲的商人，巴尔博扎特别提及“科罗曼德尔的哲地长得肥头大耳、大腹便便，还光着脊梁”(Barbosa 1518 II:177)。卡斯塔涅塔(Castanheda 1552 II:458)非常正确地指出，他们来自普利卡特——当时为科罗曼德尔的主要港口和维查耶纳伽尔(Vijayanagar)王国的出海口，并且认为他们是世界上最富有、分布最广的商人。他们派

① 感谢德尼·隆巴尔(Denys Lombard 1988:18)告知我这段记载。

遣商船前往马鲁古、爪哇、苏门答腊、勃固和中国，通常雇用马来、爪哇和孟族[勃固]船员（Thomaz 1988：37）。《马来纪年》将素拉德瓦纳描写为“马六甲市所有商人的首领”，动辄用一个巴哈尔的黄金贿赂宰相（盘陀诃罗，Bendahara），以影响他和敌手的商业纷争。[①] 他联合锦石的爪哇族苏丹控制马六甲与爪哇和马鲁古的贸易，每年派出8艘商船。同勃固和巴赛的其他哲地富商一样，奈纳·梯利宛加（Naina Tirivanga）和奈纳·库纳潘（Naina Kunapan）分别是反穆斯林葡萄牙人的早期盟友，并为葡萄牙人在孟加拉湾的首次商业航行提供资金和技术（Bouchon 1979：141；Alves 1989）。

但是，比较起来，古吉拉特的穆斯林充当商业掮客的人则为数更多。毫无疑问，在亚齐和万丹这样伊斯兰教气氛日益浓厚的港口里，他们工作起来更是得心应手。第一位到达马六甲的佛罗伦萨商人承认，那里的古吉拉特人都是“精明能干的商人，和我们佛
113 罗伦萨人一样擅长做生意；他们在账簿上把进出的货物记录得清清楚楚，明明白白”（Florentine Letter 1513：375—377）。另一位和印度的葡萄牙人一起工作的佛罗伦萨商人指出，“这里的人在各个方面都超过我们。而且摩尔商人的资产高达40万到50万金币（ducat）。还有，他们的心算比我们的笔算都快”（引自 Subrahmanyam 1990：7）。这很可能是指古吉拉特人。尽管欧洲商人是古吉拉特人的劲敌，但他们却不得不雇用古吉拉特人在他们不熟

① 我与托马斯（Thomaz）有同感，认为《马来纪年》里的奈纳·素拉德瓦纳即葡萄牙人记载中的尼纳·楚尔雅·德瓦（Nina Curya Deva）。

悉的穆斯林港口为他们工作，目的是防止上当受骗。亚齐人特别讲究钱币的质量，外国人使用劣质破损钱币的情况司空见惯。“但是如果掮客收进了劣币，那就算他倒霉。这一类的掮客通常都是古吉拉特人。商人，特别是外国商人，为了避免收进劣币或分量不足的钱币，所以就非常有必要雇用古吉拉特人”(Dampier 1699：94—95；参见 LREICI：270—271；IV：94)。马来语中“资本”(modal)和“外商”(baniaga)二词都源于印度语言也就不奇怪了。

尽管东南亚本地的一些掮客也具有印度血统，但并非所有和钱打交道的掮客都是印度人。缅甸有一种半官方的掮客，凡是在市场上从事交易的外商都必须雇用他们。他们为人所知的名字“塔利加”(tarega，源自泰卢固语的 taraga，见 Yule and Burnell 1903：901)表明他们来源于印度，但在 16 世纪当我们听说他们的时候他们似乎是孟族人：“在勃固有 8 位掮客，人们称他们为塔利格(tareghe)。他们的任务是根据实际价格出售你的货物，而你则付给他们 2％的劳动报酬。他们保证你不会亏本，因为你是根据他们的建议来出售货物的。如果那位掮客没有按时把钱交给你，你可以把他带回家，让他留在家里为你服役。”(Fitch 1591：304)这种独特的制度应该是缅甸国王强制实行的，目的在于保证王室对各种出口货物的垄断。尽管如此，很多外商还是十分肯定塔利加的作用(外国公司对这种作用却不是那么肯定)，因为他们都面临一个人们所熟知的问题，那就是和他们不熟悉的货币(在这里是指那种笨重的甘撒)打交道(Hall 1928：91)。

此外，我们非常清楚，至少在 17 世纪，爪哇人、马来人和孟族人

开始模仿印度人认真记录贸易合同的习惯。洛德韦克兹（Lodewycksz 1598:120）描述了万丹的商人如何将资金委托给出海贸易的商人，并如何将爪哇文的合同写在棕榈叶或中国纸上的情景。16 世
114 纪末，锦石的葡萄牙商人就像 16 世纪初叶马六甲的葡萄牙人一样，基本上都是依靠已有的亚洲合同制度来保证他们的投资。当一个来访的荷兰人询问葡萄牙人“他们怎么懂得马来文书写的合同”时，他们的回答是他们不懂，但有几位爪哇人帮助他们阅读，以确保合同的准确性（Heemskerck 1600:451）。

东南亚人当然属于那种积累了大量资本并投资海上贸易的城市商人。他们的人数和他们乐意为这样的贸易进行投资的金额在贸易时代都迅速增长，但出口所得却不像所预期的那样增长得那么快。其原因并不在于缺乏贸易技巧或货币。来自风上之地的外商（比如葡萄牙的私商）即使在两者都十分缺乏的情况下[①]，也能从贸易中获得丰厚利润。所以，应该从别处寻找限制东南亚本地商人阶层发展的原因。

奥朗卡亚（orangkaya）——商界精英

我引吭高歌，
歌颂一位富商及其财富，

① 皮雷斯将他那些归心似箭的同胞和东南亚人的态度进行了比较：“我们做生意就像那些不熟悉生意的葡萄牙人那样……这样，我们就成功得非常快。”（Pires 1515:220）

他的货物和金银财宝数不胜数，
他拥有真正的快乐幸福。
在因陀罗补罗他有无与伦比的财富，
他拥有 1000 名奴隶，有老有少，
他们来自爪哇和别处。
他的职位高比彭加瓦(Punggawa)[①]。
他正房偏房，妻妾无数。

——Sya'ir Bidasari:7

东南亚语言里和商人有关的词汇通常都是外来语：马来语的 Saudagar 源自波斯语，baniaga 源自梵文（该词早在 11 世纪已经见于爪哇的碑铭，见 Hall 1985:18）；马来语的 ceti、缅语的 setthi 和泰语的 sethi，来自巴利文和南印度语言，但词源都是梵文；越南语的“商卖”(thuong mai)源自汉语。其他词语，比如马来语的“奥朗达冈”(orang dagang)及其南岛语言中的同义词，意为“商人”或“外国人”，而外来者一般都是前来经商的人。有一个词看起来是地地道道的本地词，这就是“奥朗卡亚”。在现代马来语和印度尼西亚语里，该词意为“富豪”（就像现代泰语和缅语中的“sethi”一 115
词那样）。在海岛地区的许多国家，该词本来是一个贵族头衔，而在文莱直到今天仍然如此。不过“卡亚”(kaya)却是一个非常古老的南岛语词汇，它在爪哇语、他加禄语和马来语中的古老含义更多的是指权力，而非财富。

① 彭加瓦(Punggawa)意为地方行政长官。——译注

最根本的一点是,在东南亚语言里,权力和财富并非那么泾渭分明。财富只能通过权力来获得,而这种权力是指内在的力量以及与神灵世界的密切关系(Acciaioli 1989;Milner 1982)。但是,因为财富主要是通过依附人的多少来衡量的,一位富豪也必须拥有权势,这样就对君主构成了潜在威胁。对外国人和妇女来说,财富和权力的关系就不那么密不可分,生性多疑的君主往往给予这两类人更多的自由去积累财富。即便如此,问题还是难免。

“奥朗卡亚”一词正好表达了马来地区的这种含糊不清、模棱两可的情形。作为一类人,该词可译作“富裕贵族”或“商界精英”。作为一种头衔,它适用于宫廷内的高级官员,但如果君主们希望外商为他们服务并通过宫廷内的礼节来控制这些外商,也可将这种头衔授予他们。亚齐的伊斯坎达尔·穆达苏丹授予英国人托马斯·贝斯特(Thomas Best)“奥朗卡亚普提”(orangkaya putih,意为“白色或头脑清醒的贵族”)的头衔,并把捕获的葡萄牙帆船赏给他(Best 1614:56;1613:256)。“奥朗卡亚”一词还显示出各地(包括占碑、班达和安汶)的许多统治家族的商业背景。但是,凡是有强大君主的国家,奥朗卡亚作为一个群体都被视为实际或潜在的对手。他们是经商致富的首都贵族阶层(插图 19a)。

为了便于分析,我们将奥朗卡亚划分为三类,尽管他们之间的界限并非经常楚河汉界、泾渭分明。第一类是那些外商,他们被港口的商机吸引前来经商,但可以随时离去;第二类是外国人或外国人的后代,是在一定程度上被同化了的商人兼官员,在宫廷与外商之间斡旋;第三类为本地的贵族,依仗其地位或财富经营

贸易。

第一类人员构成随时间的变化而变化，具体地说，在17世纪独立的商人和投资者逐渐让位给外国在当地的代理人。1500年前后，马六甲的富商大贾们为信奉印度教的泰米尔人（包括我们上面谈到的富可敌国的哲地）、古吉拉特人、爪哇人和他加禄穆斯林
（“吕宋人”）。我们对具体的古吉拉特人所知甚少，他们绝大多数 116
在葡萄牙人征服马六甲时愤然离去。

他加禄人的商人首领是库利德罗阇（Curederaja）或库利亚蒂罗阇（Kuriadiraja），他每年向中国派遣一艘商船；还有亚利戈姆特罗阇（Aregemute Raja）被葡萄牙人任命为继续留驻马六甲的穆斯林首领，于1513年向中国、暹罗、婆罗洲、巽他和巨港派遣商船（Thomaz 1979:114—116）。爪哇商人控制了来自爪哇的稻米贸易，并以拥有大量的人力著称。马六甲的绝大多数工匠和劳动力都是爪哇人，数千名“奴隶”都被置于他们最有影响力的同胞乌提姆提罗阇（Utimutiraja）（乌塔马帝罗阇[Utamadiraja]?）的保护之下。

在16世纪，中国人、“土耳其人”、葡萄牙私商和西班牙商人都加入了这个国家商业精英集团，印度和他加禄商人则不是被同化就是变得无足轻重。国家代理人也开始变得重要起来：这不仅仅包括葡属印度的雇员，而且还包括像火者·泽伊那尔（Khoja Zeinal）这样的人。根据平托的记载（Pinto 1578:61），泽伊那尔是一位“富豪”，他于16世纪40年代作为文莱苏丹的代表在彭亨住了三四年；后来彭亨苏丹和泽伊那尔的妻子有染，泽伊那尔就将彭亨苏丹杀掉了。德雷克（Drake 1580:70）访问特尔纳特的时候，该

国作为一个反葡萄牙人的伊斯兰教势力正如日中天。他在那里发现有 4 名穿戴像土耳其人的“罗马人”（也称“鲁迷人”，Rumi）、2 名土耳其人、1 名意大利人；他们都是为了购买丁香而被派驻该地的常驻代表。1600 年前后，亚齐的商人来自“中国、孟加拉、勃固、科罗曼德尔、古吉拉特、阿拉伯和罗马[土耳其]”（Davis 1600：151），而万丹的商人除了所有这些商人外，还包括葡萄牙人、西班牙人和马来人。

在万丹较大的一些商人中，其中有一位曾和荷兰和英国早期的航海家打过交道、名叫切蒂·马鲁古（Cheti Maluku），或叫桑乔（Sancho）。他有可能出生在马鲁古，父亲是西班牙人；他在万丹有一座豪宅，曾派遣商船到锦石和马鲁古，并能够一次向荷兰人提供 200 吨的胡椒（Lodewycksz 1598：104—105；*True Report* 1599：
162 33；Meilink-Roelofsz 1962：241）。另一位是“土耳其”商人（有可能来自开罗），名叫火者·拉永（Khoja Rayoan），他到过威尼斯，会说意大利语。他曾先后在万丹和班达帮助过荷兰人，据说他在这些地方很受尊敬（“Tweede Boeck” 1601：68，77；van Leur 1934：162；插图 19b）。中国商人人数更多，但特别富有的却寥若晨星。英国人最喜欢的一位中国商人，他们称他为“邱伟”（Kewee），是“该市信誉最好的人”；他在 1615 年向英国人借贷 2000 个雷亚尔和 390 吨胡椒，由此足见他何等重要（*LREIC* III：274—275）。荷兰人最喜欢的中国商人名叫许心素（Sim Suan），他同样向荷兰人贷了许
118 多款项，但他在万丹有自己的商船和豪宅，足够储存荷兰人的一部分货物（Meilink-Roelofsz 1962：250—251）。

插图 19a　亚齐的奥朗卡亚，1640 年前后根据真人绘制。

到了 17 世纪中叶，荷兰人垄断的压力使得独立的亚洲商人举步维艰。他们中实力最强的是北印度的穆斯林，他们常常因为同印度主要君王们的联系而受到保护。莫卧尔王朝对古吉拉特的征服使得苏拉特成为莫卧尔帝国的主要港口，苏拉特的商人们以前被称为古吉拉特人，但现在则被视为莫卧尔的臣民或“摩尔人”。1642 年，亚齐最大的私商之一受雇于沙贾汉[①]皇帝的儿子，这位私

① 沙贾汉(Shah Jahan)为莫卧儿王朝第五代皇帝，于 1628—1658 年在位。——译注

商名叫马尔萨利(Marsaly)，是一位船主，在班达亚齐的住宅“带有一座美丽的花园”。可是，因为他有一次在市场酗酒滋事，打伤数人；如果不是受到强有力的保护，根据亚齐的严刑峻法，他的一只手早就被剁掉了(Sourij 1642：f 582v—583v)。在万丹，有一些富可敌国、

插图 19b　1600 年前后荷兰人对班达社会阶层的印象：A. 土耳其商人，手持称秤盘；B. 班达的奥朗卡亚，其武器由奴隶拿着；C. 班达的阔妇，奴隶紧随其后。

受人尊敬的“摩尔人”，其中一位的儿子的腿严重骨折，一位德国医生帮他接好，结果这位摩尔人就奖给德国医生相当于 300 雷亚尔的赏金(Fryke 1692：132—133；见插图 20)。科尔康达的总督派遣代表们(经常是波斯人)和商船前往亚齐、缅甸、万丹和望加锡。在暹罗，印度和波斯穆斯林的影响在 17 世纪 70 年代达到了顶峰。他们其中一位的房子豪华壮观，给法国大使留下深刻的印象；在这些穆斯

林失宠后，这位法国大使于 1685 年分到了这栋房子（Aubin 1980：124）。

有关 17 世纪中叶望加锡两位私人巨商的贸易情况，我们掌握了更多的细节。一位是葡萄牙人佛朗西斯科・比埃拉・德・菲格雷多（Francisco Vieira de Figueredo，1624—1667 年），另一位是印度穆斯林，名叫豪斯尼那・霍贾（Howsenena Khoja），又叫马普莱（Mapule），英国人称其为“莫普利”（Mopley），死于 1675 年。比埃拉巧妙地将外交和贸易结合在一起，充分反映了那个时代的特色。他在不同的时期充任下列人员的大使：葡萄牙和西班牙的总督，望加锡和柬埔寨的国王，以及科尔康达的总督米尔・朱姆拉（Mir Jumla）。在他跌宕起伏的一生中，发过几笔大财，但也损失不少财富；每做一宗生意，他都是把他自己对海运贸易的投资与望加锡或另外一个国家统治阶层的投资合在一起。这就成了他的保护伞，荷兰人或其他敌人便无法没收其货物（Boxer 1967）。

莫普利最早很可能是作为米尔・朱姆拉的代理人来到望加锡，但到了 17 世纪 50 年代后期，他就成了该地英国人的主要贸易伙伴：他从他们那里得到印度布匹，为他们提供丁香和玳瑁（IOL G/10/1：141，146—148，177—178）。他还拥有一艘帆船，每年往返
于望加锡和马尼拉之间，利润丰厚。他的帆船以望加锡国王的名 119
义注册，为的是符合西班牙人的规定。荷兰人估计该船货物的价值高达 10 万雷亚尔（合 2.5 吨白银），主要为印度布匹。荷兰人还说，“马来人把货物放到该船上需要付费，望加锡全市的人对此都或多或少地感兴趣，因为得到的利润实在太诱人了。其中利润最近超过 50％—60％，有时还会更高”（Speelman 1670 A：107）。17 世

纪 60 年代中叶,随着荷兰人在望加锡的绳索越套越紧,莫普利就倒向荷兰人一边。如果他不是死于 1675 年的话,他会代表荷兰人航行到马尼拉(Coolhaas 1968:755;Gaastra 1982:307)。

所有这些商人和君主们关系密切,在政治上都小心翼翼,否则
120 的话他们就不可能在生意圈呆下去。其中有些商人和奥朗卡亚的第二类——也就是那些在宫廷与市场之间斡旋的商人、官员——没有什么不同。这一类人的传统角色就是港主(Syahbandar,源自波斯语“港口的主人”),这一职位通常由马来苏丹指定外商首领担任,目的在于保证由海路而来的外商遵循礼仪、交纳港税。马六甲在鼎盛时期有 4 位港主,一位代表古吉拉特商人,另一位代表所有来自西方(印度,还有勃固和巴赛)的其他商人,第三位代表来自东部地区(包括爪哇、马鲁古、南苏门答腊、婆罗洲和菲律宾)、讲马来话的商人,而第四位则代表东亚人(中国和琉球)。

马六甲模式在其他地方也颇有影响。尽管绝大多数港口只需要一两个港主,但 17 世纪早期的柬埔寨却有 5 位:2 位代表中国人,另外 3 位分别代表葡萄牙人、日本人和讲马来语的人(Gaelen 1636:63)。1512 年前后,巴赛的港主是一位信奉印度教的哲地(Barros 1563 III,i:272);一个世纪后,万丹的港主是一位南印度人,在占卑、扎巴拉和扎拉坦由皈依伊斯兰教的中国人担任港主,而在安汶岛希杜港的港主则是一位古吉拉特人(Jourdain 1617:253;Scott 1606:174;Meilink-Roelofsz 1962:240,283,286,289)。

港主这一职务异常重要,职务的便利使他得以和君主们以及需要官方支持的外商们都建立起一种利润丰厚的合作关系。马来

插图 20　丹麦商人科尔特芒迪(Cortemunde)1673 年所描绘的万丹社会名流。从左起:“摩尔”或印度穆斯林商人、爪哇贵族、中国商人。

史书对一位名叫罗阇·门德里阿尔(Raja Mendaliar)的南印度港主的财富大书特书,说他“极其富有,当时在整个马六甲无人匹敌”(*Sejarah Melayu* 1612:183)。荷兰人说万丹的印度港主刚来到港市时“一贫如洗,靠干一些低贱的活谋生”,但最终大富大贵(Lodewycksz 1598:75)。

一些高官要职,包括管理那些首都以外港口的职位,也经常落到那些勇于进取的商人手里。在 17 世纪初叶，一位古吉拉特人替马打兰统治扎巴拉，而印度的穆斯林、甚至一位英国人也曾替暹罗统治丹那沙林。在巴萨通和纳莱在位期间，暹罗国内两个负责外贸的部门——卡拉霍姆（Kalahom）和摩诃泰（Mahathai）——最初由外国穆斯林、后来由欧洲人掌控（Wyatt 1982：108—109）。在北大年，一位名叫大督·悉利纳拉（Datu Sirinara）、带有中国血统的马来人对苏丹的贸易政策影响最大（Warwijck 1604：43）。东南亚地区城市空前迅速的发展为那些殷实富裕、勇于进取的外商提供了无限的机会；这些外商和统治阶层同呼吸、共命运，并成功地融
121 合到他们当中。许多君王的近几代的祖先都可以追溯到外商那里，特别是那些在 15 世纪初期建设了旧港、淡目和锦石等港口国家的中国人那里。葡萄牙冒险家菲利普·德·布里托（Felipe de Brito）在 1600—1614 年间在缅甸沙廉建立的短命王国为我们提供了又一个实例，说明在这一异常开放的时期，一位大胆的外来者可以靠商业的繁荣来攫取权力。

即使在那些建立已久的国家里，外国出生的商人也能够飞黄腾达。例如，马六甲最伟大的苏丹曼苏尔·沙（1459—1477 年在位）继承祖先遗志，与中国和爪哇保持密切关系。这种政策成效显著，结果王室成员与两国联姻结亲，中国和爪哇的显要争相涌入马六甲（*Sejarah Melayu* 1612：104—110，117—119）。他还任命一位“信奉异教的羯陵伽人”（很可能又是一位哲地金融家）替他管理财政。根据葡萄牙人的记载，在皈依伊斯兰教后，这位印度人就成了赫赫有名的宰相家族（盘陀诃罗）的鼻祖，从此马六甲的宰相都

出自该家族(Pires 1515:249)。该家族身居高位,但原有的商业精神继续得到弘扬。这位印度人的孙子就是《马来纪年》的主人公盘陀诃罗·悉利·摩诃罗阇。他不仅是一位出色的官员,为马六甲带来了富裕繁荣,"极其公正和人道,非常善于和外商打交道",而且还非常富有,黄金多到恒河沙数,孩子们随便拿着玩耍:"盘陀诃罗·悉利·摩诃罗阇总是靠做买卖赚钱,而且从没有赔过。"(*Sejarah Melayu* 1612:159—160,184)

此外,苏丹曼苏尔·沙还热心提携他的奴隶(一位来自旧港的非穆斯林),以致这位奴隶权势熏天、炙手可热。马六甲的另一大家族,即海军司令(Laksamana)家族,也就应运而生了(Pires 1515:249)。马六甲这样的马来国家可谓是种族荟萃、人才济济的典型代表,外来者能够迅速升迁、飞黄腾达。这样的现象在所有以贸易为基础的国家都有发生。大卫·怀亚特(David Wyatt 1986)指出,从1610年前后到阿瑜陀耶王朝的灭亡,4个最有权势的官宦世家都源于精明能干的外国人,他们都是在17世纪开始为政府的商业部门服务,分别来自波斯人、婆罗门、中国人和孟族人家庭。

东南亚本地贵族那种高傲华贵的气势会使人觉得该阶层竭力维护自己的地位,不容外人涉足。在亚齐和柔佛,为了显示自己有别于平民百姓,贵族们习惯将他们拇指和小指甲留得特别长,"表明他们从不动手干活"(Martin 1604:40;参见 Nieuhoff 1682:181);
而望加锡的贵族们却不厌其烦地将他们的指甲剪短,"因为他们认 122
为指甲长长后魔鬼就会藏在里面"(Gervaise 1701:155),说明伊斯兰教新的道德观正在猛力挑战这一说法。泰国、马来、爪哇和望加锡社会上层的做派，包括侍从成群、清高自傲和拒绝体力劳动等，都让西方人惊叹不已。“对他们来说，铺张豪华、浮夸虚荣和高谈阔论比什么都重要”(du Jarric 1608:630)。“望加锡的贵族们矜持傲慢，举世无双”(Gervaise 1701:87；参见 Barros 1563 II,ii:24；Scott 1606:170—171)。

但令人不解的是，一方面是对社会地位的极端强调，但另一方面，跨越社会地位界限的现象屡屡发生。正因为不存在硬性的种姓界限以及许多贵族都有经商的背景，所以社会地位也就必须被不厌其烦地表现出来。对望加锡和亚齐社会等级的实际运作情形的各种描述表明，就连处于社会底层的人都要千方百计购买奴隶，以期获得贵族地位，无须再低三下四地从事体力劳动(Gervaise 1701:71—72；Reid 1983:166—167)。外国人(而且特别是外国人)也跨越社会地位的界限。万丹的中国人只要能赚钱什么活都干，但是当他们皈依伊斯兰教、剪掉头发、换掉唐装，“变成爪哇人”时，他们就“跟爪哇人一样高傲，不减半分”(Scott 1606:174)。

尽管东南亚的皇家史书煞费心机去着力描述那些伟大帝王将相们的高贵身世，但这只是反映了他们的愿望而不是社会现实，且这种愿望也不是当时当世的愿望，而是形成于史书的撰写时代。葡萄牙人关于爪哇统治家族身世的撰写时代更接近当事人生活的年代，而根据这些记载，许多君主是以出身卑贱或商业家庭闻名的。爪哇社会上层并不试图去掩盖他们的祖先是中国人这一事实(Barros 1563 II,ix:352；Reid 1992:196—197)。尽管托梅·皮雷斯证实爪哇人傲慢无比，但他还是为我们提供了当时爪哇和马六甲出身低贱者平步青云的例子。其中一个就是扎巴拉的苏丹帕蒂·玉努斯：

> 他就是爪哇人所谈到的那位武士，他们说他是爪哇伟大的勇士，深谋远虑……他的祖父来自拉韦岛（位于西婆罗洲），从事体力劳动。他初到马六甲时，默默无闻，穷困潦倒。他在马六甲结婚生子（这个儿子后来又生了儿子，名叫帕塔·欧纳兹[Pate Onuz]）。在马六甲他想法赚钱，到爪哇做生意。大约 40 或 45 年前他用计杀掉扎巴拉那位软弱无能的大臣……此后，他施展各种计谋，向扎巴拉移民……他勇猛果断，将邦加岛、丹戎浮拉岛、拉韦岛以及其他岛屿都置于自己的管辖之下（Pires 1515：187）。

以众多的依附人来展示自己高贵的身份已经成为贸易时代东南亚地区的特色，但那时它只是用来表明自己虽然出身卑微但已
经贵为王侯，或者用来掩盖自己贫贱的出身。在殖民主义时代到 123
来之前，东南亚的贵族阶层还没有变成一个封闭排外的种姓集团，只有到了殖民主义时代他们才不得不这样做，因为在这个时期，他们除了打出身高贵这张牌外，已经没有什么可以炫耀的了。

将被动保守的本土贵族和积极经商、开放包容的奥朗卡亚进行区分也相当困难。的确，有很多政府只把贸易当作一个收受礼物和税收的渠道，此外对它便漠不关心；而且随着 17 世纪向前推移，这样的政府越来越多。越南北部的统治者受儒家思想的影响，给人的印象就是这样；阿瓦的缅甸国王也是如此。所以，这些王室的新生商业力量对他们也无法产生影响。与此相反,一些继承了战争和农业传统的贵族统治集团却因为这一时期的机缘和压力而被纳入了贸易的大潮。在 17 世纪前半叶,望加锡和万丹的贵族们朝着这个方向发展,在商业投资、商船建造、甚至贸易航行等方面都非常积极踊跃。荷兰方面明确记载,在名城杜板于 1619 年被苏丹阿贡摧毁之前,该市的本地贵族们派遣商船赴邦加、特尔纳特和菲律宾贸易。而正是他们这批人每周都要举行竞赛(色那南赛会),每次出门都是随从成群、前呼后拥(“Tweede Boeck” 1601:36—37)。北大年这个贸易中心鼎鼎大名的商人之一就是罗阇·吉兰丹(Raja Kelantan),他是紧临北大年的一个附属国家的国王,其商船曾被荷兰人在马六甲附近扣押(Warwijck 1604:82;Jansz 1616:217)。

要准确评价奥朗卡亚的作用,我们必须记住这一时期强劲的动力是什么。外国商人经常和本地贵族联手;本地的地方政权或是被港口兼首都的繁荣所吸引、或是被妒忌狐疑的国王所强迫,从而被卷入贸易的大潮;财富和权力经常联姻结盟。在 17 世纪后半叶,贸易失去了其以往的魅力,那些出身于商人的奥朗卡亚经常摇身一变,成为拥有土地和人力的贵族(见第五章)。在这些变化中,君主与作为一个群体的奥朗卡亚之间的平衡总是至关重要。贸易急剧发展的时期也经常是具有部分外国血统的奥朗卡亚进行寡头统治的时期,但这样的群体是大权独揽的君主的眼中钉(当然,他也可以在恶劣的形势下保护他们)。该时期的形势造成了各种力量相互冲突,而解决这种冲突的圆满方案尚未找到。我们在第四章将详细讨论这个问题。

商业少数族群和民族性

正如梅林克·鲁洛夫茨(Meilink-Roelofsz 1962:9)和其他学 124
者所主张的那样,外国商人在东南亚港口的重要性并不意味着该地区缺少“一个土生土长、独立从事贸易的中产阶级”。如上所述,东南亚的大宗贸易是由东南亚资本投资并由东南亚商船运输的。相当一部分人都以贸易为生,包括托运人、船员、经济作物经营者和外国布匹贩卖者。我们可以将奥朗卡亚视为一个拥有雄厚贸易基础、但与国王利益相冲突的强大集团。如果他们构不成一个独立于统治集团之外的“真正的资产阶级”,那么同时期许多欧洲国家的商业领袖也不配这个头衔(印度和日本的商业群体则具有更多的独立性)。我们首先需要做的是分析哪些群体在从事高层次的商业活动以及他们在社会中的地位是什么。

特别是涉及国际贸易的时候,“外国性”在贸易活动中是一项绝对优势。外国人不但不用从事农业劳动和应付行政上的摊派,而且统治者还视他们为可资利用而不是威胁。当然,在政治上多元的地区(欧洲或南印度比德里和北京的帝国更具备这种多元性),外国性的程度参差不齐。一些外商皈依所在国的宗教、掌握当地语言,这样他们就可以很快跨越种族界限而融合到当地贵族中去;而所有其他人只要愿意接受当地主流宗教和语言,也都可以在一代人的时间里融入当地社会。在改变社会身份方面,东南亚地区不同于印度和日本,因为在这两个社会里由于种姓制度或阶级障碍,一个商人要想晋身统治阶层基本上没有可能。在东南亚,正因为商业上的成功可以转化为权力，所以要区分出一个强大的中产或“资产”阶级十分困难。

不过，东南亚却有着这样一些群体，他们全身心投入贸易，拥有自己的资金，并富有统治阶层身上所缺乏的那种商业精神。第一个群体由妇女组成。她们不仅控制了市场，很多人还成为从事大宗贸易的商人和投资者（Reid 1988:163—166）。要找出有关女性经商思想的论述非常困难；但毫无疑问，男性更多地考虑自己的地位和权力，从而影响了他们商业精神的发展，而这些因素在妇女身上完全不存在。

第二个值得注意的群体就是二船主（kiwi）以及他们的首领即船主。他们的职位在港主之下，从某种程度上来讲，不论走到什么
125 地方他们都是外国人，即使在他们自认为是家乡的港口，他们也住在外国人侨居地，在这里他们同官方的联系主要是通过港主。这一类商人是由他们的职能和民族而不是按欧洲人所理解的阶级来确定的。一个成功的船主可以比较容易地成为港主甚至国王，就像皮雷斯笔下的帕蒂·玉努斯那样。但是，作为海商他们都具有一种特殊的精神。

现存的《马来海商法》比较确切地反映了这类商人的权利和职能。该法典赋予船主很高的地位，在船上享有生杀予夺大权；此外他在所有的商业事务中享有优先权，包括商船抵达港口后，在所有其他随行商人削价以前，可以首先出售货物。船主享有这样大的权力毫不奇怪，因为有证据显示，该法典本身就是在1501—1510年之间由马六甲的5位船主起草的。从他们的名字来看，有3位来自爪哇。那时这5位船主同其他所有船主就该法典进行了讨

论；统一意见之后，他们就呈交给宰相，而宰相又和这 5 位船主一同去见苏丹穆罕默德。苏丹公布这项法典时说道：“卿等所定海法专为海事，陆法则专为陆事，皆因卿等船主即为船上之王。”(*Undang-undang Laut*：45—46)这一时期的马来文学中经常表现船主这一人物。第一部马来自传体作品系一位船主撰写，当然这是 18 世纪的事情，而且是在欧洲人的敦促下撰写的(La-uddin 1788)。船主们一般都是能说会道，消息灵通，每到一地，人人欢迎，因为他们不仅运来货物，也带来有关本地区的消息。正是因为这个原因，那些地位显赫的船主们还能够出入皇宫，受到国王垂青(Houtman 1603：14—32)。荷兰人有关东南亚珍贵详细的记载在很大程度上都来自这些船主们的报告。

这种精神因族而异。缅族、泰族、高棉族、越族或巴厘人远离家乡、出海贸易的记载就极为少见。罗德(Rhodes 1651：56)指出妨碍北部越南人出海贸易的三大原因：缺乏航行技术、缺乏海船以及国王的禁令(因为他怕失去未来的纳税人)。尽管阿瑜陀耶是暹罗湾的主要贸易基地，但直到巴萨通(1629—1656 年在位)即位以前它还没有自己的海船(插图 21)。当 1634 年阿瑜陀耶进攻北大年的时候，这个问题仍然没有得到解决，所以北大年的史家就以轻蔑的口吻说：“暹罗人还不懂得如何在海上航行，因此不管路程多
远，他们都是走陆路。”(*Hikayat Patani*：182)后来发展起来的皇 126
家舰队主要是由中国人、穆斯林和欧洲人来操作，“暹罗人只擅长在内河航行”(Choisy 1687：244)。

如果东南亚大陆国家或高山地区的人从事海外贸易，他们就

很可能融入擅长贸易的民族中去，特别是马来人和中国人，在 1600 年前后还包括占婆人、（勃固的）孟族人、（马尼拉和文莱的）“吕宋人”、爪哇人和班达人。后一组中的许多民族仍然积极从事贸易，但当他们的家乡为对其贸易毫无同情心的力量征服后——越南人征服占婆、缅族人征服勃固、西班牙人征服马尼拉、马打兰征服爪哇海岸——他们就很可能融合到马来人中去了。到了 17 世纪，望加锡人和布吉斯人开始兴盛起来，形成一个独具特色的海商集团。葡萄牙人东来后构成另外一个商业少数族群，从事贸易的亚洲基督徒一般会融合到“葡萄牙人”这个标签中去。所有这些群体都讲马来语，有的是作为第一语言，有的则是第二语言。在港口，如果他们强大到能建造自己群体的市内侨居地，他们就在此居留；否则他们就和他们所认同的群体住在一起。这样，民族性对于富有创业精神的少数族群的社会地位来讲，很可能既是因又是果。

多元化是 16 世纪的显著特征，但到了 17 世纪这一特征急剧衰落，其中原因我们将在第四和第五章中详细论述。欧洲人垄断贸易和其他方面的压力迫使君主们将贸易越来越多地控制在自己手中，这就使得那些仍然独立的贸易国家更加极权化。本地的商业少数族群逐渐地融合到马来人和中国人中去，而中国人到了 17 世纪变得越来越非本土化，越来越不情愿被同化。

漂泊散居的（diaspora）马来人值得我们特别注意，这是因为他们作为主要商业少数族群在东南亚都被各地统治者以契约的形式赋予一定的独立性。在马六甲繁荣发展的高峰期，讲马来语的“本地”上层人物背景复杂多样，以爪哇人或中（国）-爪（哇）混血儿所占的比例为最大(Barbosa 1518 II:176)。马来人的飘散始于葡萄牙人对马六甲的征服，居住在那里的绝大多数穆斯林商人被驱逐出去。从此，不论他们源于哪个民族，凡从马六甲向别处飘散的人都被视为典型的马来亚人或地地道道的马来人。对马六甲和马鲁古讲马来语的人来说，“马来风格”就是马六甲风格(Pigafetta 1524:88)。这些商人最早以彭亨、北大年、柔佛和亚齐为基地，后来又以新兴的贸易港口万丹、望加锡、阿瑜陀耶和柬埔寨为基地。万丹的马来人在 1596 年被认为是最富裕的族群之一，他们像南印 128
度人那样“不仅放贷盈利，而且还为海运和船舶贷款”(Lodewycksz 1598:121)。柬埔寨的马来人在 17 世纪 40 年代实力强大，连柬埔寨国王都倒向他们一边并改信了伊斯兰教(见下)。

在印度尼西亚东部，中国人寥若晨星，马来人作为唯一重要的商业少数族群享有特殊地位。望加锡皇家史书记载说，国王突尼帕朗加(Tunipalangga，1548—1566 年在位)签发了一个社会契约，同意望加锡人无权进入马来人居住区，这样就等于给予马来人内部自治的权利。他们当时的代表是船主波囊(Bonang)，但望加锡王室任命了他们的一位要员为港主，管理马来和其他商人。此外，还增添了新的文书职位——一个是马来语翻译，另外一个是贸易收支方面的书记(Sejarah Goa:26—28;Cense 1978:422)。

根据比马(松巴哇)史书的记载，比马的第一位国王为了奖励马来人在传播伊斯兰教方面的功绩，也和他们签订了类似条约。他为他们提供了稻田，但他们拒绝了，说自己是“船员和商人，不是农民”，转而要求免除他们的进出口税。他们在首都的居住权也得到了保证(Syamsuddin 1982:296—297)。

插图 21　泰国 1776 年手稿所表现的海上外国商人，描绘《摩诃衍那-本生经》里的一个场面：菩萨摩诃阇那迦(Mahachanaka)王子海上遇险，但他紧抱桅杆，奇迹获救。画上显示船上各有一位中国人和欧洲人，而另外一位印度穆斯林则乘小船逃跑。

像所有其他的商业少数族群一样,马来人的优势主要在于他们的国际联系和流动性。东南亚的每一个商业中心都有讲马来语的穆斯林社区,但有关他们的记载在望加锡最为详细。最初在16世纪获得各种优惠条件的那些马来人据说来自柔佛、北大年、彭亨、米南加保和占婆(*Sejarah Goa*:28;参见 Paiva 1544:295)。大约从1620年开始,为了避开荷兰人对丁香和肉豆蔻的垄断,人们争相来到望加锡;这样,那里马来人的人数和财富都迅速增加。17世纪20年代,该市有数千名马来商人,据说在1624年有600名加入船队前往马鲁古购买香料(*Dagh-Register* 1624—1629:78,125)。大约此时,北大年皇室的一些持不同政见者来到望加锡,提高了马来人的声望;其中一位就是北大年王后的舅父(叔父?)大督·摩诃罗阇勒拉(Datu Maharajalela),后来被望加锡王室确认为马来人族群的首领。虽然绝大多数望加锡人使用他们自己的语言进行写作,但因为马来人这个商业少数族群的活动,望加锡却成了一个重要的 129
马来文学中心。

为了保卫望加锡、抗击荷兰人,马来人浴血奋战;1669年该市陷落,马来人四处逃散。一位英国商务代理指出,“该项贸易的两大支柱”,即葡萄牙人和马来人,很可能离开望加锡前往暹罗了(引自 Bassett 1958:30)。一少部分马来人最终返回望加锡并接受荷兰人的保护,成为该殖民城市主要从事商业的族群。大商人“莫普利”领导的印度穆斯林最终融合到这一族群中去(Cense 1978:424—426)。在荷属巴达维亚也有一批重要的马来少数族群,他们的第一位首领也是北大年人,名叫恩特基·阿马特(Entji Amat);

他“因为造船暴富”,并且为荷兰东印度公司服务,曾历任书记、翻译、外交官和礼仪官(de Haan 1922 I:483)。

城市生活和资本主义

要评估贸易时代东南亚地区经济秩序的变化,我们不妨从东南亚和其他全球贸易增长的带头羊所共有的特色谈起。在1400—1630 年这一整个时期,东南亚的经济迅速货币化和商业化,其中以 1570—1630 年这一阶段发展最快。不管以当时世界上的什么标准来衡量,我们都可以说,大量的人口被卷入了为世界经济而进行的生产和销售,并越来越依赖远程贸易所进口的日常生活用品,包括布匹、瓷器、器具和货币。我们再次以国际标准来衡量,贸易在东南亚的国民收入中占有较高比例,并很可能使城市化达到了 20 世纪以前最高的水平。这些城市中的族群全身心投入贸易,诸如船舶抵押、利润分成和借贷生息这样的制度已经完善。

但是,就商业发展来讲,在几个重要的方面,中国、印度和日本都领先于东南亚,而许多东南亚城市居民也了解这些技术和方法。这些包括原始银行,而在东南亚其职能仍然靠金匠和放债人利用个人关系来进行。现在,我们有更多的信心反对范·勒尔的观点,而支持梅林克·鲁洛夫茨的说法,那就是欧洲的主要城市建立了
130 不受个人关系影响的制度来分享和保护资金,而这在东南亚是完全没有的。阿姆斯特丹、安特卫普、伦敦和巴黎的股票交易、银行和特许公司调动了储蓄,并将其用来创造经济价值;这些储蓄不仅

来自国王和少数的商业界人士，也来自各阶层的城市居民和农村上层。

在这个资本主义技术问题的背后隐藏着一个更为深刻的政治问题：就像梅林克·鲁洛夫茨所指出的那样，“面对君主们的独断专行、我行我素”(Meilink-Roelofsz 1962:8)，如何来保证人身和财产的安全。这个问题非常难以衡量，但却是该时期东南亚和欧洲最重要的区别。最让早期访问欧洲的东南亚人吃惊不已的就是欧洲的人身和财产权利。第一个被带往荷兰的万丹奴隶的祖先为中国人，他向万丹王室报告说，“那里的每一个人都是自己的主人，在整个国家连一个奴隶或俘虏都没有”(True Report 1599:36—37)。由贵族组成的万丹使团于1682年访问伦敦，他们“非常不理解我们的法律怎么能够保护我们的私有财产；所以他们都认为我们人人都是国王，因为他们怎么也不明白，如果不是君王赐予的话，臣民们怎么能够拥有财产”(Evelyn 1955:286)。实际上，在欧洲，分权的方式和途径各种各样，法律和意识形态的限制微乎其微。

这又让我们回过头来讨论城市这个问题。私有财产权之所以能够在中世纪晚期的欧洲发展起来，是因为欧洲的封建主义为城市的自治创造了空间。在某种程度上，在儒家文化圈的东亚也产生了自主独立的城市，它们都带有城墙，既享有为政府所承认的权利，但也负有一定的责任；而在德川幕府统治下的日本，这些对资本积累和商业生活都至关重要。与此相反，在东南亚，城市和国家在实际上被视为一体。每一个城市都有一位市长，而这些官员之间等级森严,和各城市之间森严的等级别无二致。妇女和一些少数民族也许能够建立一套有利于商业发展的独立价值体系,但要求整个城市都这样做那就难上加难了。

但是,城市里面既有市场又有王室,它们的价值观各不相同。当商业急剧发展的时候,我们就可以看到市场在同王室的较量中获利甚多。16 世纪的《聪明的鹦鹉》(*Hikayat Bayan Budiman*)讲了这样一个故事:一位商人出外做生意,留了一只鹦鹉在家保护其
131 妻子的贞操。约翰斯解释说,这是马六甲新兴的个人主义和商业精神的产物,但这一说法并没有一锤定音(Johns 1979:212;参见 Day 1983:148—149)。最近,隆巴尔(Lombard 1990 II:155—162)认为在哈姆扎·凡苏里和柔佛的布哈里(Bukhari)1600 年前后的作品表现了一种个人责任感,这种说法更有说服力。哈姆扎在他的作品里多次将读者比喻为商人,为了寻求知识而航海远行,并奉劝读者"了解你自己"(*Poems*:72,80,112,116;*Sharabu'l Ashiqin*:305,308—309)。同一时期的许多其他作品也都反映了四处奔波的商人非常清楚其自我价值、社会角色和道德责任。马六甲法典、《马来海商法》、恩特基·阿明有关望加锡战争的诗歌以及爪哇的《穆斯林道德守则》都是人们所熟悉的例子。最后的这部著作强调刻苦工作、苦行精神和救济穷人,大概是因为他觉得人们发现穆斯林信徒比异教徒更加吝啬(Drews 1978:28—37)。民族偏见随着时间的推移也会很快发生变化,在此只举一个例子说明:竟然会有荷兰东印度公司的一位官员抱怨说,"爪哇人为了一点小生意就能把自己的父亲卖掉"(Heemskerck 1600:451)。

除了市场的力量以外还有城市暴民的势力，市民的暴动在大城市中定期发生。1613 年，北大年爪哇人组织的“奴隶暴动”几乎将整个城市夷为平地，城市上层都被迫远走他乡（Floris 1615：94—95）。在 17 世纪，亚齐的市民好几次拥向街头，在每次王位继承的斗争中都发挥了作用。不得人心的正统派乌里玛拉尼利如果不是在 1643 年底逃离亚齐的话，早就被人杀掉了（Ito 1978）。民族和宗教冲突经常在大街上发生。这些新的因素当然是城市化的结果。这些力量足以挑战独断专行的国王们，但很难将它们自己的权力制度化。我们在第四章将详细讨论专制主义和多元社会的冲突。

第三章　宗教革命

132 诸位商旅听我言，
清规戒律抛一边……
手中铜钱天天数，
怕丢你就穿成串。
东奔西跑似小鹿，
慈爱真主花了眼：
放弃人间俗世界，
真实自我最关键。

——Hamzah Fansuri，Poems：94—96

在某种意义上，半数以上的东南亚人在贸易时代改信了伊斯兰教或基督教。该时期的其他变化很可能都是昙花一现，但正式接受这两个“经文宗教”①则意义重大、影响深远。个人与国家对伊斯兰教或基督教理想模式的遵循当然不可等量齐观。确实，随着贸易时代的结束，朝这一方向的迅速发展要么减缓放慢、要么发

① 此处原文为“religion of the book”，此后也称为“scriptural religion”，指有经典文献的宗教，相对于没有经典文献的宗教(如精灵崇拜或泛神论)而言。——译注

生逆转；但是，这些宗教的经文传统确保了后来的信徒们一代一代不断面临挑战，更加严格地遵循教规。

自从第一个千年以来，所有的宗教信仰，包括伊斯兰教（逊尼
派和什叶派）、基督教（天主教和聂斯脱里派）、儒教、犹太教以及印
度教和佛教的不同教派都被商人和旅行家传播到东南亚。印度教
和佛教思想轻而易举地被宫廷采纳，因为它们既不狭隘排外，也不 133
唯我独尊。在较早时期，穆斯林和基督徒如同犹太教和儒教教徒
那样，可以说正处于“隔离”阶段（正如非洲的情况那样），被视为商
业少数族群而得到宽容，而东南亚的当地居民谁都没有期望他们
主动或被动改信当地宗教（Fisher 1973：31）。在 13 世纪末期和
14 世纪，在北苏门答腊、东爪哇、占婆和马来亚东岸港口的商业阶
层中，伊斯兰教信徒急剧增多。隔离的比喻用到风下之地的第一
个伊斯兰国家，即北苏门答腊 1297 年以后的巴赛身上是再恰当不
过了，因为据说那里的居民都懂阿拉伯语（*Sejarah Melayu* 1612：
76）。

伊斯兰教在风下之地的重要传播阶段是在 1400 和 1650 年之间（地图 9）。在 15 世纪，马六甲改信伊斯兰教，同时也成为该地区最重要的港口，这就促进了伊斯兰教在马来半岛和东苏门答腊沿海地区的传播。在通向北爪哇和马鲁古的香料之路以及通向文莱和马尼拉的商道上，新的伊斯兰港市国家陆续崛起。当葡萄牙人于 1509 年刚刚抵达东南亚的时候，伊斯兰教的影响仅限于沿海地区的穆斯林贸易中心，信徒也屈指可数。托梅·皮雷斯（Tomé Pires 1515：213）在描述马鲁古北部的情况时说，“四个人中有三个半都是异教徒”；而一个世纪后，一位荷兰居民坚信，在安汶信仰伊

斯兰教的人不超过300个(Gijsels 1621:26)。葡萄牙人对马六甲和穆斯林商船的袭击不但没有迫使这些穆斯林改信基督教,反而加强了那些能够并且愿意抵御新威胁的穆斯林王国的政治力量。亚齐和万丹作为反葡萄牙的穆斯林中心在16世纪20年代崛起,而到了1527年前后尚在苟延残喘、信奉印度教的爪哇大国满者伯夷也在穆斯林的攻击下气数全尽了。

伊斯兰化和基督教化的迅猛发展都与贸易时代的高峰,即1570至1630年间的白银输入的高峰期不谋而合。继1571年西班牙人占领伊斯兰教的马尼拉之后,吕宋岛上所有的平原人口到1620年为止、而米沙鄢人到1659年为止都改信了基督教——这种快速传播在基督教传教史上被认为是史无前例(Schumacher 1984:252)。反宗教改革和耶稣教会的传教激情不仅仅把伊比利亚半岛的枪炮、而且也把基督教的福音传到了东印度尼西亚和越南。

对东南亚的伊斯兰教来说,这是同麦加和奥斯曼哈里发直接进行商业、宗教和军事交往的时期,而同以葡萄牙人为典型代表的异教徒的冲突也大大加深了。基督教和伊斯兰教之间的争斗使得这些国家都加入国际阵营,而同任何一方进行贸易的商人都被该方要求同他们立场一致,因此也面临着越来越大的压力。马打兰(中爪哇)、南苏拉威西(1603—1612年)、布通、龙目、松巴哇、马京达瑙和南婆罗洲的君主们都改信了伊斯兰教。立足已稳的伊斯兰教国家,特别是亚齐、柔佛、北大年、万丹和特尔纳特也开始向内地乡村地区扩大其影响,要求皈依者在最低程度上遵循伊斯兰教教义。有关穆斯林学者用马来文写作的最早的确凿证据晚至16世

134

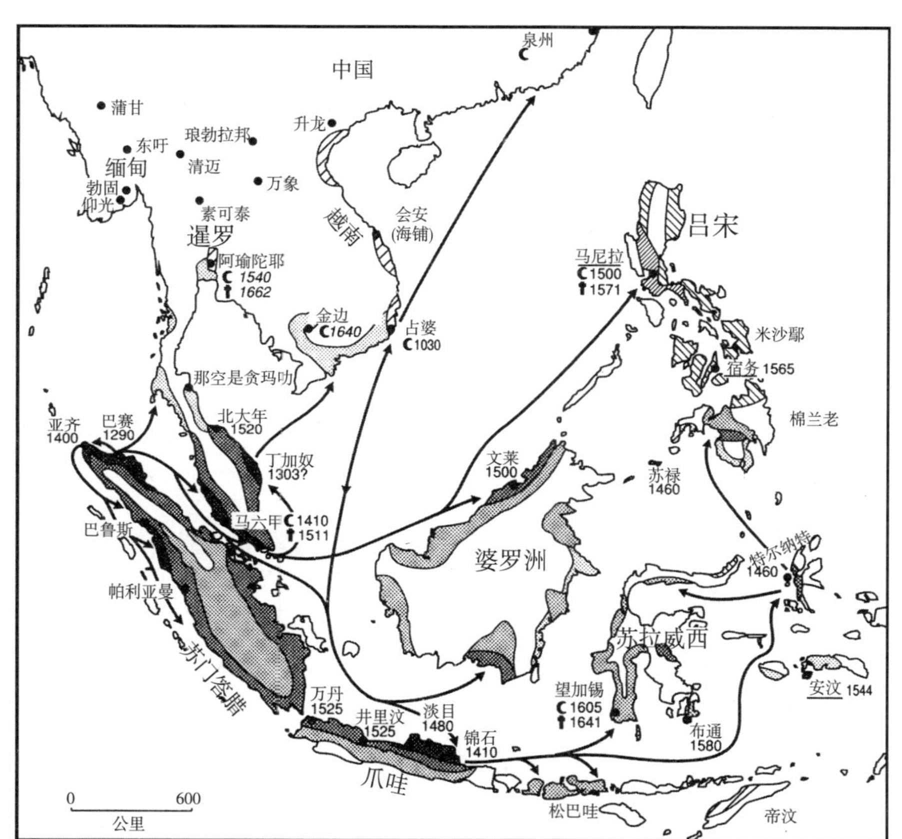

1600年为止基督教传播地区
1700年为止基督教传播地区
基督教传播的边缘地区

1500年为止伊斯兰教传播地区
1600年为止伊斯兰教传播地区
1700年为止伊斯兰教传播地区
伊斯兰教传播的边缘地区

伊斯兰教中心地区：巴赛 1290
基督教中心地区：马尼拉 1571
上座部佛教中心：勃固
表明开始有重大影响的年代
伊斯兰教 (☾)　　基督教 (✝)

地图 9　伊斯兰教和基督教在东南亚的传播

纪 90 年代才出现，但这种伊斯兰文学却很快因为哈姆扎·凡苏里 135
(Hamzah Fansuri)、沙姆苏丁·萨马特拉尼(Syamsud-din as-Samatrani)、努尔丁·拉尼里(Nuru'd-din ar-Raniri) 和阿卜杜·劳夫·星吉利 (Abdurr'auf as -Singkili)的著作而达到巅峰。这种文学的繁

荣时期和马来语（16 世纪 40 年代始于沙勿略[Xavier]）、他加禄语（始于 16 世纪 80 年代）和越南语（1627 年始于罗德）基督教祷告文学出现的时期惊人一致。

第三个以经典为基础的宗教是上座部佛教，它在 1400 年以前已经为大陆地区的主要国家所接受，所以变化也就不那么剧烈。不过，在 1400 年和 1650 年之间，佛教僧侣的僧伽（僧侣的组织）也被改革成为宫廷控制之下的统一组织，转化为一个在神力方面远远超过任何地方的精灵崇拜并广受欢迎的强大力量（Tambiah 1970：375；Keyes 1974；O'Connor 1985，1989）。

黎圣宗（1460—1498 年在位）将儒教定为国教、并通过考试制度来选拔各级官员，这使得 15 世纪的越南发生了重大变化（Whitmore 1970：152—165）。这种变化虽然深刻，但儒教在越南并没有像在中国那样根深蒂固，16 世纪的内战很可能吞噬了已经取得的部分成果。耶稣会士所发现的越南精灵崇拜比中国强、而儒教却比中国弱这一事实就证明了这一点。亚历山大·德·罗德和他在中国的同道不同，他轻而易举地就让越南人放弃原来信仰而改信天主教。罗德所描述的越南信仰体系非常类似我所称之为的“东南亚宗教”。

儒家正统学说直到 17 和 18 世纪才被越南的阮氏政权逐渐传到南方。交趾支那到了 1697 年才建立了第一座文庙，但佛教的寺庙神龛却随处可见（Li 1992：150）。南北双方的越南人都对耶稣会或其他传教士的传教活动表现出极大热情；尽管有宫廷的反对，1590—1645 年之间估计仍有 19 万人受洗入教。

对宗教信仰方面诸多重大变化的总体研究尚付阙如。对菲律

宾的基督教化和东南亚地区南半端的伊斯兰教化都有研究成果出
版,但因为材料上的困难,对本时期佛教的研究还基本上没有展
开。但是,所有这些新宗教都为正统经文宗教,都要靠东南亚社会
以外的权威来诠释,都强调个人道德修养,都认为自己的教义放之
四海而皆准。尽管改信伊斯兰教所带来的变化可能最为广泛深
刻,但基督教化方面的材料却最丰富详尽。特别值得注意的是,这 136
两种宗教在东南亚同时传播的事实启发我们从更广阔的角度来解
释这一现象。

东南亚宗教

> 所有东方人[暹罗人及其邻居]不仅仅相信他们可以帮助死人……他们还认为死人也能折磨活人;为此他们精心准备,为死者举行隆重的葬礼;死者也只有在此时才显得重要。所以,他们也向死者祷告,求死者保佑。
>
> ——La Loubère 1691:121

对没有文字的宗教信仰和祭祀制度来讲,多样性自然不可避免。这不仅仅是因为每一地区、社区或村庄各有自己的祭司和价值观,而且人们在解释和应对宗教的力量时也都非常务实并勤于探索。就像他们生活在现代的后人那样,他们"对灵魂附体、精神崩溃、触犯禁忌或他们所发明的魔法都只是三心二意,他们随时都会放弃一种,转向另一种"(Geertz 1966:101;参见 Miles 1966:5)。当荷兰人在 1684 年试图搞清楚马鲁古群岛中部塞兰地区的宗教

时，他们得出结论说，“受访者的说法千差万别，根本无法描述这一信仰体系；此外，他们也太迷信了，要把每个村子的详细情况都记载下来的话，那就得写本书了”（引自 Knaap 1987：71）。当代的民族学家也面临同样的困难。据调查，吕宋的伊夫高人能说出各地区 1500 个精灵的名字，而苏拉威西的托拉贾人则认为“可能有几千个之多”（Volkman 195：34；Fox 1987：524）。民族学家指出，在缅甸、婆罗洲和东南亚大陆的高山地区，即使是在人数不多的民族中间，也很难找出系统完备的信仰体系或祭祀仪式（Evens 1953：6；Spiro 1967：46—47）。但这并没有妨碍学者们去寻求其内在规律。早期的文献似乎已经提到那些最重要的方面，现胪列如下。

和其他近代以前的文化传统一样，在东南亚也没有宗教和世俗之分。物质世界充满精灵的力量，一个人要想活下来并且活得好，他就必须懂得如何去驾驭这些力量。从某种意义上来
137 说，正是现代宗教，尤其是基督教、犹太教和现代伊斯兰教创造了“原始宗教”这一说法；而其具体做法就是抛弃原始宗教对日常生活的“解释、预测和控制功能”，转而修炼一种个人对来世的虔诚态度，但又与对自然界的科学理解并行不悖（Horton 1971：104）。与此相反，东南亚宗教则与日常生活中每一重要事件都息息相关、密不可分（关于现代学者的解释，见 Volkman 1985：33 和 Hoskins 1987：139）。

因此，一般来讲，祭祀和巫术都急功近利。特别是在生命危急的重大关头，人们必须通过驾驭精灵来治疗疾病、保证生育、增加权力、保护生者，并保证能够协助死者通过千难万险、在阴间过上

满意的生活。通过盛排筵宴、杀牲祭祀来保证精灵对“人间的任何事情，不管是病人康复、航海顺利、庄稼丰收，还是战争胜利、生育成功、婚姻幸福”都大发慈悲、多多保佑(Plasencia 1589:191)。例如，每当菲律宾人采摘水果、插秧收稻、蹚水过河或经过任何主要的路标时，他们都会征得保护神的允许并献上合适的贡品(Chirino 1604:298—299;Ortiz 1731，引自 Rafael 1988:112)。在越南，平民大众都相信，“生活、健康、家庭平安和家业兴旺都有赖于他们死去的亲人”(Rhodes 1651:85)。在整个东南亚地区，欧洲人既观察到人们为了治疗疾病而祭拜死者的魂灵，也看到人们把疾病和早逝归咎于祭祀不当或某些敌人对精灵世界的恶意操纵；对此，欧洲人都感到非常吃惊(有关老挝，见 Fitch 1591:307 和 Marini 1663:473;有关越南北部，见 Rhodes 1651:80—86 和 Missions Etrangères 1674:256;有关柬埔寨，见 Miche 1852:614;有关马辰，见 Beeckman 1717:118—122; 有关马六甲，见 Hamilton 1727 II:45—48;有关萨马，见 Alcina 1668 I,iii:15)。

能够赋予人们权力、健康和财富的精灵虽然超乎道德之上，但却并非对人类的个体行为漠不关心。在物质世界获得成功的人也必然在利用祭祀来控制精灵方面非常成功。有一种福克斯(Fox 1987:526)称之为“对在神灵世界不同地位的赞美”的说法，这和人类相互平等的理念完全不同。很多社会甚至还有各种传世神话来解释国王、自由人和奴隶是怎么来到这个世界的。这样的结果并不是宿命论，而是对地位和成功的激烈竞争；而在这种竞争中，精神和物质的手段至少同样重要。望加锡的高山民族把他们伊斯兰

138 教到来以前的宗教叫做“帕屯通”(patuntung),其词根的意思为“争斗”,因为它主要着眼于如何通过激烈竞争来驾驭精灵的力量,从而提高自己在阳世和阴间的地位(来自笔者同 Martin 和 Brigit Rössler 的谈话)。阿恰约利(Acciaioli 1989:256)认为,布吉斯祭祀的主要目的在于“寻求好运”。有学者也用同样的观点来解释婆罗洲恩丢达雅克(Ngadiu Dayak)人的宗教:“如果一个人比另外一个人富有,人们就会说,那肯定是因为他在最佳时机进行祭祀,而且在选择精灵上也非常小心谨慎……一个人越是懂得如何祭祀,他也就越能为自己和家人带来福祉。”(Miles 1966:5)

这些对东南亚本地宗教的现代观察可以帮助我们理解 17 世纪观察者的反应。例如,西班牙传教士在试图劝说异教徒入教的时候,从来没有为异教徒的消极被动抱怨过。他们所抱怨的反而是这些人“只认钱,此外对其他任何事情都不感兴趣或懵懂无知”(Aduarte 1640:238)。17 世纪 40 年代,当一位耶稣会士向老挝的佛教僧侣们解释基督教时,他们基于世俗的原因对其进行了驳斥,因为“人们从它那里既得不到黄金、白银,也得不到娱乐、妻妾;而……与此相反,这种宗教看起来只会败坏糟蹋信仰……它奉贫穷为宝,视死亡为利”(Marini 1663:471)。

神灵使整个物质世界充满生气,但神灵也需要滋养和安抚。现代的理论家们解释说,各种各样的神灵构成了宇宙整体的一部分,是一个单一独立的活化原则,而这种原则分别被学者们赋予各种各样的名称,斯基特(Skeat)(1900)及其他学者称其为“灵气”或“灵性”(anima or animism);克鲁伊特(Kruyt)先称之为“生命液”

(life fluid),后又改为“灵物”(soul stuff),最后称其为“魔力”(magic power);阿尔克马(Alkema)和贝泽梅尔(Bezemer)(1927)称之为“活力”(dynamism),凯斯(Keyes)(1981:711)称之为“生命要素”(vital essence);福克斯(Fox 1987)称之为“生命原气”(immanence of life)。村民们并没有创造出这些高度概括性的理论,或是因为早期的传教士并没有记述这些说法,但它们是那些重要首都和宫廷抽象思想的一个特色。特别是在爪哇,那种“非二元论”或万物存在的根本一体理论在伊斯兰化以前的宫廷和宗教领域非常盛行,而且一直延续到爪哇最早的穆斯林神秘主义学者的神学作品当中(Drewes 1954,1969;Johns 1965)。同样,在苏门答腊,在最早的穆斯林著作中,激进的一神论思想非常明显,特别是体现在哈姆扎·凡苏里和沙姆苏丁·萨马特拉尼的著作之中。在受到印度宗教思想影响时,东南亚的宗教传统就很有可能为多神论或一神论的神秘推论提供了温床。

基于非洲的情况,霍顿(Horton 1971:101)描述了一种包括两
个层次的宇宙观:“小神”掌管地方局部琐事,而“大神”则俯视遥控 139
整个宇宙。当非洲人因为经商、公务或被卖身为奴而背井离乡时,大神就变得至关重要;但对于安土重迁、专门从事农业生产的人来说,大神就显得无关紧要了。绝大多数的东南亚人也相信神灵存在于冥冥之中的模糊概念,名字一般都和梵文有关,例如“巴塔拉古鲁”(Batara Guru)(他加禄语为 Betala 或 dewata),但都源于具体的地方神话。基督教和伊斯兰教传教士都自然而然地对这种万能造物主的模糊概念特别感兴趣,但拒绝借用它们来翻译他们自己的神圣概念。阿拉伯语中的“安拉”和西班牙语中的 Dios 分别

成为马来语和他加禄语中的“上帝”。罗德则为越南语创造了一个非常响亮的新词“天地之主”,但只不过是对他在中国的耶稣会同道所采用的“天主”一词稍加改动罢了。

在整个东南亚地区,凡是看见过的人都对该地区葬礼的隆重、细致和华丽惊叹不已。东印度尼西亚和菲律宾实行二次葬,非常复杂;在居丧期间忌讳重重,但在下葬后,则是“盛排筵宴、大吃大喝”。随葬的东西有贵重的衣服、陶器和珠宝,目的在于让死者也能过上高贵舒适的生活(Morga 1609:280;另见 Paiva 1545:299—300;Chirino 1604:327—330)。在暹罗、缅甸和老挝,社会上层很早就已经按照佛教教义实行火化,死者被装在华丽的灵柩里走遍全城大街小巷;然后是大摆宴席,唱歌跳舞,持续多日。这些葬礼都“异常华丽隆重,简直无法用文字形容”(Kaempfer 1727:21—22;另见 van der Hagen 1607:30—31;du Jarric 1614:890;Marini 1663:455)。在伊斯兰教到来之前的爪哇和巴厘,君主的妻妾们都要入火自焚,为丈夫履行萨蒂式的殉葬(Fei Hsin 1436:248;Galvão 1544:93;*Dagh-Register* 1631—1634:179;Fryke 1692:109—110),而在菲律宾、苏拉威西、婆罗洲、尼尔斯、柬埔寨和缅甸,富裕人家也常常用奴隶们来殉葬。有学者认为,透过一层薄薄的印度教面纱,10至 15 世纪爪哇的许多寺庙的真正目的都是祖先崇拜(Wisseman 1983:25—29)。

当代学者对东南亚的葬礼进行过广泛研究,揭示出无论是其表面仪式还是深层宇宙观都千差万别(Schärer 1946;Uchibori 1978;Huntingdon and Metcalf 1979;Metcalf 1982;Forth 1981;

Koubi 1982;Gerdin 1981;Volkman 1985)。对那些还没有受到世界经文宗教影响的东南亚社会来说,葬礼直到现在都一直是举行盛大筵席的最隆重场合,其原因在于东南亚人坚信:死者只有借助生者所举行的仪式才能安全到达另一世界;而生者需要死者的合作才能保证他们现世的福祉。 140

改宗还是依从[①]

印度的宗教思想传播到风下之地已有一千多年;但即使是在原则上它们都不狭隘排外。它们并不要求信徒只信一教,也不要求他们放弃旧教。印度宗教的影响非常明显地体现在东南亚古典王国的建筑和碑铭上,但我们尚不清楚,在属于社会最上层的王宫里它们到底在多大程度上排除了原有的宗教信仰。我们有理由推测,对绝大多数的乡村人来说,这些印度宗教至多只能说是丰富了他们的祭祀内容,增加了他们的神灵数目,从而可以被他们用于这样那样的目的。

有些学者认为,伊斯兰化的轨迹与此相似。特别是在爪哇,最初不过是增加了清真言(shahada)以及其他祷文和仪式而已,但仍然服务于原来的宗教目的(van Leur 1940:168—169)。16 世纪以前,这很可能是非常普遍的情形。但是,伊斯兰教和基督教都是预

① 原文为"conversion or adhesion",前者指完全脱离原有宗教、虔诚改信新宗教,而后者指被动依从、并非虔诚皈依。中文中并没有两个对应的词来表示这两种情况,所以暂将前者译为"改宗",后者译为"依从"。——译注

言式宗教,只提供一条获救之路;它们都的确要求新信徒在行为习惯上有所改变。原则上它们都要求他们告别过去,和异教一刀两断,这是改宗不同于被动依从的主要标志。实际上,即使大多数“改宗者”追随他们的君主而只在名义上信奉新教,这也要求他们放弃过去的一些习惯。

伊斯兰教和基督教在传教策略上的最大不同在于,基督教依赖一批独身不婚、纪律性较强的神甫通过洗礼来建立新的教区,而最理想的情况则是在洗礼前背诵教义问答。为俗人洗礼不但可能,也的确发生过;16 世纪葡萄牙商人和贵族(fidalgo)为索洛群岛(小巽他群岛)、西昂和西邓戎(南苏拉威西)的国王们洗礼;但因为该时期天主教堂除了欧洲传教士外没有一套制度来巩固其传教成果,这些教区最后都丧失殆尽。因为 1700 年以前西班牙和葡萄牙神甫不能和当地人通婚,也很少启用亚洲同道和教义辅导教师,基督教也就自然而然基本上按照伊比利亚的模式来发展。

141 与此相反,伊斯兰教传教者一律同本地人通婚,而且很多就是本地人。因此,从文化上来讲,他们比伊比利亚神甫更容易接受原有的宗教传统。从这方面来讲,对新改宗的穆斯林的基本行为要求就要多于基督教的新信徒。特别是在东南亚,人们对猪肉的喜爱是改信伊斯兰教的巨大障碍。猪是重要的肉类来源和宴席上的佳肴(Reid 1988:35)。将所有饲养的猪通通杀光(往往是在改宗前最后一次的宴会上),这本身就意味着“改宗”,因为这从某种程度上来讲就是将过去宰食猪肉视为邪恶。割包皮是另外一个重要步骤,刚一改宗就要求如此:“在[棉兰老-特尔纳特的]麓涛(Lutao),所有人都割过包皮,所有人都不吃猪肉——而正是这样他们才成为穆斯林……因为他们不知道《可兰经》是什么。”(Diaz 1718:321;参见 Legazpi 1569:60—61)在更晚近的时期,改信伊斯兰教信徒的外在变化(诸如饮食、服饰和发型)巨大,所以伊斯兰化经常被认为是民族身份的变化(Barlett 1952:634—636;Geertz 1964:181—182;Miles 1976:93;Rodgers-Siregar 1981:63)。

这种告别罪恶过去的做法是否也从外在行为的改变延伸到了内在的信仰?在接受伊斯兰教或基督教后,新信徒要表明和过去的禁忌决裂并捣毁圣物,这样就会使原来的宗教名誉扫地或彻底失信。检验上述问题的最好标准就是新信徒和过去决裂的程度。在这方面,天主教传教士立场比较强硬。麦哲伦坚持要求同意改信基督教的宿务统治阶层烧掉他们带有四颗大牙的木制雕像,但宿务人非常不情愿(Pigafetta 1524:41—42)。马鲁古的耶稣会士的政策非常明确,那就是寻找并摧毁所有“邪教”场所(Mascarenhas 1570:595,610)。这种政策风险很大,如果瘟疫蔓延或庄稼失收,人们就会惊慌失措,也会招致报复;但它也会很快带来奇效。因为有政府的保护,在菲律宾的西班牙传教士 1570 年以后就变得更加胆大。在那里,印度式信仰的“寺庙”并不存在,所以传教士们就捣毁法物和精灵小庙(Chirino 1604:294,299—305;Phelan 1959:54)。在班诗兰,有一些大多是装在瓷器里、非常珍贵的宴会用酒。多明我会教派的传教士就秘密用金钱收买信徒,告诉他们去找到这些酒坛并捣毁它们(Aduarte 1640:186,243—244)。通 142
过使神职人员名誉扫地和破坏祭祀活动来摧毁旧体系所赖以存在的基础、从而来促进“改宗”的策略十分奏效,但也有困难。西班牙

史料也间接承认,东南亚宗教信仰的核心并不存在于某个具体地方或东西里面,因此不可能使其一下子名誉扫地。

令人吃惊的是,在伊斯兰教的改宗故事中,有关破坏神像方面的证据非常少。在马来亚和苏门答腊,印度教-佛教寺庙虽然都被捣毁或被覆盖住(但在爪哇情况并非如此,即使男女生殖器崇拜的建筑也被穆斯林保存了下来),但很少有证据表明这些是改宗初期的破坏活动。这种文化上的保守行为很可能是受到了神秘主义观点的鼓励;哈姆扎·凡苏里(Hamzah Fansuri, *Al-Muntahi*:336)用马来语对这种观点阐述得十分精彩:虔信者发现,就像上帝存在于万事万物之中那样,上帝也存在于偶像之中。只有在吉打的改宗故事中,刚刚改宗的国王造出“金像、银像、瓷像、木像、泥像和人像”让伊斯兰长老捣毁(*Hikayat Marong Mahawangsa*①,引自 Jones 1979:140)。该国王很可能是还没有勇气亲手来捣毁它们。如果这确实是一种普遍行为,那就需要要求和过去的异教真正一刀两断,起码是在宫廷里面;在这里,这样的偶像(可能是印度教神像)在祭祀中起一定作用。

① 因为马来史书中改宗故事的历史真实性非常小,所以有必要对这一类文献的使用稍作解释。存留下来的有关北苏门答腊、马六甲、爪哇和特尔纳特改信伊斯兰教的当地记载在时间上距离它们所描述的事件非常远,所以不能视为信史,而是应该被视为 16—18 世纪的作者们根据自己的猜测或想象对这些事件所进行的描述。所有这些记载都包括一些格式化的内容,比如当地国王和外国圣徒接触,以及随之而来的梦幻和神迹(Jones 1979:152—158;Brakel 1978:11—13)。总体来看,它们是对那些早期重要事件的记忆,而其他史料对这一方面的记载则寥寥无几。例如,缺乏捣毁寺庙这一类故事的意义本身就非常重大。当然,我们应该用历史的眼光加倍关注 1500 年以后伊斯兰化的具体情况,有关这方面的资料应该相当丰富,尚待发掘。

很可能在晚些时候(如果我们相信北大年史书的话,那么就是16世纪早期),北大年的国王改信伊斯兰教。史书记载说,“他放弃偶像(波尔哈拉,berhala)崇拜,也不再吃猪肉;但除了这些以外,他的那些异教习惯丝毫未变”(*Hikayat Patani*:75)。尽管这位史家颇有微词,但如果他真正是指那位国王放弃了其祖先的宗教,那就意味着迈出了一大步。但是,“波尔哈拉”一词意味着印度教—佛教神像,东南亚的基层信徒对它并不熟悉,所以北大年的国王放弃的很可能只是宫廷里所崇拜的婆罗门神像。史书记载说,这位国王的继承人修建了第一座清真寺;在他在位期间,北大年人放弃了猪肉和偶像,但继续供奉树木、石头和精灵(前揭书:79)。 143

1500年以前记载零碎、证据不足,要完整地描述伊斯兰化的过程或程度,我们确实感到力不从心。到1500年为止,在沿主要商道的沿海港市里,操马来语或爪哇语的穆斯林人数众多,苏门答腊、马来半岛、北爪哇和马鲁古最重要港口的君王们都来自他们中间。在16世纪晚期以前,有关用马来文或爪哇文撰写的伊斯兰教著作的确凿证据尚付阙如,这表明那时虔诚和有知识的穆斯林还仍然处于被“隔离”状态。

一些阿拉伯人对东南亚早期信奉伊斯兰教的城市里穆斯林的虔诚程度肯定不以为然。著名的阿拉伯水手伊本·马吉德(Ibn Majid 1462:206)对马六甲人颇有微词:“他们一点文化也没有。异教徒娶穆斯林妇女做妻子,穆斯林则娶异教徒做老婆。不知道他们还是不是穆斯林。他们都是盗贼,因为他们中间偷盗成风,但他们对此听之任之。穆斯林居然也吃狗肉,因为这里没有食品法。他们在市场到处喝酒,而且把离婚当儿戏,哪还有一点儿神圣的味道。”尽管这可能有点尖酸刻薄、吹毛求疵，但就连马六甲史书本身也把马六甲的马来人描写成行为有失检点的那一类人，嘲笑一位一本正经的阿拉伯学者在比嘴斗智中输给了一位酩酊大醉的马来贵族（*Sejarah Melayu* 1612：177—78）。就连爱喝酒的葡萄牙人也认为马六甲的马来人“在宴会和娱乐场合……都山吃海喝”（Pires 1515：268）。

1540—1600 年：两极对立和宗教界线

过了一会儿冲突开始了，我们就开始和他们［葡萄牙人］打起来了。我们互相攻击，互有胜负，好像圣战永无完结……

如果一个穆斯林在圣战中死去，那他就会通行无阻，直接升入天堂。

——Rijali 1657：169—170

到了 16 世纪，丰富翔实的材料告诉我们，大量城乡两地的人口非常明确地“改信”伊斯兰教，抛弃旧的生活方式，放弃猪肉，接受伊斯兰教的服饰、礼节和仪式，并且认为他们自己属于国际伊斯
144 兰群体的一分子。这种明确的认同主要有两个原因：东南亚和红海地区直接而频繁的贸易联系，以及伊斯兰世界与其敌人日益加深的对立。

如上所述，1500 年以前，马鲁古群岛的绝大多数香料和印度尼西亚几乎所有的胡椒都出口到中国。欧洲市场的诱惑改变了这些出口品的数量和方向；到 1600 年为止，东南亚的胡椒产量激增，而一大半都出口到中东和欧洲。到 16 世纪 30 年代，以亚齐为基

地的穆斯林商人派遣他们自己的商船赴红海贸易，而到16世纪50年代为止他们横穿印度洋，直航阿拉伯半岛(Boxer 1969：416—419)。在此后的60年里，印度尼西亚的穆斯林就可以和伊斯兰教的圣地进行直接、频繁的联系了。这种联系只有到了这一世纪才成为现实。

当1600年前后第一批荷兰、英国和法国商船抵达海岛地区的时候，他们发现他们称之为土耳其人或“鲁迷人”(Rume)(马来语称为Rumi)的商人已在亚齐、万丹、班达和特尔纳特站稳脚跟。弗雷德里克·德·豪特曼曾经描述了1600年前后外国商人是如何在亚齐受到接待的，而他的典型例子就是麦加的船主来到亚齐，代表麦加向亚齐苏丹提供军事援助(de Houtman 1603：27—28)。这种频繁的贸易关系促进了东南亚和麦加之间朝圣者和学者的往来。天主教方面16世纪50年代的材料开始抱怨来自中东的巡回教师(casizes，即乌里玛)装扮成商人，到海岛地区的偏远地区传播伊斯兰教(Dias 1556：245；Osorio 1563：245；Argensola 1708：103)。

人们普遍认为，圣徒和学者在伊斯兰教的传播中起了很大作用，其中很多是阿拉伯人，而其余的都是在麦加居住过的东南亚人，包括皈依伊斯兰教的万丹的建立者苏南·古农·查迪(Sunan Gunung Jati)，苏菲派长老哈姆扎·凡苏里、阿卜杜·劳夫·星吉利和谢赫·优素福(Sheikh Yusuf)。阿拉伯学者来到亚齐，临时安家落户，在那里传教、著述(主要用阿拉伯语)、展开辩论。其中一些人，例如16世纪70年代麦加的穆罕默德·爱资哈里(Muhammad Azhari)、16世纪80年代麦加的阿布—海尔(Abu'lkheir)和也门的穆罕默德,影响都非常大,直到半个世纪以后拉尼里(Raniri 1644:33—34)对他们还记忆犹新。亚齐赢得了“麦加走廊”的称号:它既是港口,又是来自风下之地的朝圣者和学者汇聚的中心,等待满载胡椒的商船把他们载往伊斯兰教圣地。

145 伊比利亚人在欧洲本土多年来一直不断征讨穆斯林,如果有利可图他们也同他们和平贸易。征讨异教徒的指导思想十分适合葡萄牙人在印度洋的首要目标,那就是从穆斯林手中把运往亚历山大利亚和贝鲁特、然后销往威尼斯的亚洲香料贸易夺过来。在最初的 20 年中,葡萄牙人锁定那些穆斯林富商和支持他们的君主们,并不失时机地对他们进行袭击和抢劫。但共同的商业利益最终使葡萄牙人与穆斯林和印度教徒签订了务实的贸易协定,所以葡萄牙的商船就用来运载亚洲货物;而反过来也一样,亚洲商船也运载葡萄牙人的商品。到 16 世纪 30 年代,葡萄牙人好像在亚洲贸易中找到了自己合适的位置。

但是,到了该世纪的中叶,葡萄牙战略的改变使得他们废除了在亚洲的国家贸易。取而代之的是一些葡萄牙主要代理商被授予某些航路——特别是科罗曼德尔和葡属马六甲之间——的垄断权。这实际上就等于使葡萄牙人的官方政权再次成为孟加拉湾中穆斯林贸易的公开竞争对手,类似印度以西地区多年以来的情形(Subrahmanyam 1990:108—113)。这种变化和日益增加的宗教对立相暗合,但两者是否有因果关联尚不清楚。

积极传播基督教的行动只有当反对宗教改革、而且是第一位耶稣会士圣徒的方济各·沙勿略于 1542 年抵达亚洲之后才开始。只有到了那个时候,葡萄牙堡垒之外才有大量的人改信基督教,特别是在东印度尼西亚。这种传教活动在一定程度上和葡萄牙人在穆斯林聚居区寻找商机的愿望发生碰撞，最终导致不可调和的利益冲突，特别是在马鲁古群岛。尽管传教士们不像早期葡萄牙的贵族那样行凶掠夺，但他们也使得海岛地区日益对立的两种社会制度之间的鸿沟越来越深。

与躲在葡萄牙的保护伞下艰苦传教的少数神甫相反，在1571年占领马尼拉后，财大气粗的西班牙王室向菲律宾派遣了大量传教士。菲律宾群岛在1576年有13名传教士，1586年有94名，1594年则有267名(Phelan 1959:56)。到了1650年，吕宋岛的低地人口和米沙鄢人基本上都改宗完毕。1580—1660年间，为了和伊斯兰教进行军事上和文化上的竞争，西班牙人处心积虑，把传教活动向南扩展到棉兰老、北苏拉威西和马鲁古群岛。耶稣会士在东南亚大陆的上座部佛教国家处处失利之后，1615年在交趾支那、1626年在越南 146
北部都开始取得巨大胜利。

面对葡萄牙人的第一轮进攻，东南亚的穆斯林商人，特别是那些香料商人以穆斯林聚居中心为基地重新积聚力量，准备向葡萄牙人发起反攻。被赶出马六甲、四处逃散的穆斯林商人在柔佛、彭亨、北大年、尤其是亚齐重新站稳脚跟，使得这些城市成为自觉反对异教侵略者的穆斯林阵地。葡萄牙人对巴赛和比迪尔的粗暴干涉更是将那些信奉伊斯兰教、从事贸易或只是热诚爱教的人赶向北苏门答腊，支持亚齐苏丹把目前为止政治上四分五裂的沿海地区团结成为明确反葡苏丹国的宏伟蓝图。在一百多年的时间里，亚齐一直是葡属马六甲的劲敌。正像伊比利亚人那样，亚齐把宗教信仰和商业行为结合起来，成为穆斯林香料贸易的新中心。乘着这次胜利的东风,穆斯林阵营迅速行动。大约在 1525 年,一位被爪哇人称为苏南·古农·查迪的苏门答腊人从麦加学成归国;他和正蒸蒸日上的港市国家淡目联手,在西爪哇将万丹建成一个伊斯兰教中心。鉴于葡萄牙人一直力图对沿海岸一带(帕亚查兰王朝,其港口在巽他·咖留巴,后来改称雅加达)的原来受印度教影响的居民施加影响,穆斯林势力的这一举动很可能是受到亚齐的影响。

奥斯曼帝国于 1516—1517 年向埃及、叙利亚和汉志[①]扩张,又于 1534—1538 年向伊拉克和波斯湾地区扩张;这样,印度洋地区就出现了一个强大的军事力量来保护穆斯林的香料商道。苏丹苏莱曼和塞利姆二世[②]对以西班牙为首的基督教势力实施攻击、影响重大,甚至也可能波及东南亚。土耳其舰队对印度洋葡萄牙人的首次进攻由埃及总督于 1537—1538 年发动。尽管惨遭失败,但其中一些海军船员很可能流落到了东南亚,因为葡萄牙人经常提及那里的军队由土耳其人和"阿比西尼亚人"率领。平托(Pinto 1578:21,28,46—47,55)坚持说,阿拉丁·里阿亚特·沙·卡哈尔(Alau'ddin Ri'ayat Syah al-Kahar,系热衷圣战的亚齐国王)于 1538—1539 年派遣四艘满载胡椒的商船前往红海地区,返航时载有数百名土耳其士兵;这是为了履行"开罗总督代表奥斯曼苏丹和亚齐国王签订的条约;作为交换,开罗总督则对巴赛的[亚齐]港口的

① 汉志(Hejaz)地处今天沙特阿拉伯的西部地区,包括麦加和麦地那两座圣城。——译注

② 苏莱曼(Sulaiman,1520—1566 年在位)和塞利姆二世(Selim II,1566—1574 年在位)分别为奥斯曼帝国的两位苏丹。——译注

商站享有绝对权利”。由于这些及其他外国穆斯林军队的援助，亚齐得以击败他们的非穆斯林邻居巴塔克人，并把他们赶离海岸地区。

有关16世纪60年代土耳其和亚齐商业和外交关系的材料比 147
较丰富，从中我们更加确信东南亚存在一个反葡萄牙人讨伐的泛伊斯兰阵线。亚齐自1563年起向伊斯坦布尔派出了一系列使团；他们向土耳其苏丹呈交礼物并请求他提供援助，打击葡萄牙人。“[亚齐]苏丹说他面对异教徒，孤军奋战。他们强占了一些岛屿，并抓获了一些穆斯林俘虏。一天晚上，从这些岛屿驶往麦加的商船和朝觐船[被葡萄牙人]俘获，而那些没有被俘获的船只也因炮火袭击而沉入海底，许多穆斯林因此葬身鱼腹”(Letter of Sultan Selim II，1568，载于Saffet 1912:606—608)。面对这样的再三请求，土耳其很可能于1564年、但肯定于1568年向亚齐派出了炮匠和炮手。这就促进了从事香料贸易的伊斯兰王国之间前所未有的合作，也大大强化了圣战心理。不仅仅是亚齐于1568年和1570年向巴塔克人和葡属马六甲开战，在印度比贾布尔(Bijapur)也联合科尔康达和德干高原的其他伊斯兰国家于1565年攻破印度教首都毗奢耶那伽罗，并于1570年袭击葡属果阿(Reid 1969;Eaton 1978:83—85)。毗奢耶那伽罗的主要出海口普利卡特迅速衰落，由当时印度东南部的主要势力、信奉伊斯兰教的科尔康达的主要港口马苏利帕南(Masulipatnam)代之而起。科尔康达和亚齐结成反葡联盟，为其进攻马六甲提供武器和人员(Subrahmanyam 1990:151—153)。

在16世纪中期，伊斯兰教和基督教在东印度尼西亚的地位尚

未十分稳固。葡萄牙人和特尔纳特苏丹国之间就丁香贸易达成的协议使得基督教和穆斯林传教士在基本上仍然崇拜精灵的马鲁古人中取得了一些进展。在16世纪60年代,海伦(Hairun)苏丹巧妙利用葡萄牙人来加强自己的权力和传播伊斯兰教,这使得葡萄牙人越来越恼火。1570年,他们设计将他杀死。海伦的儿子巴布拉(Baabullah)利用人们的愤慨把葡萄牙人赶出特尔纳特,并强迫他们在整个马鲁古群岛大多数的基督教支持者改信伊斯兰教,以示忠诚。在其父亲在世时,海伦已经大张旗鼓、卓有成效地宣传伊斯兰教(Vieira 1558:239),而现在他更是将伊斯兰教传播到安汶的大部分地区、布通、塞拉亚、苏拉威西东部和北部的一些海滨王国以及棉兰老南部。葡萄牙人和西班牙人认为,这位热衷圣战的苏丹搞了“一大群阿拉伯和波斯的假先知”到马鲁古来,并向文莱、棉兰老、爪哇和亚齐派遣使节和传教士煽动圣战(Salazar 1588:68—
148 69;Argensola 1708:93—94,103)。在巴布拉在位期间(1570—1583年),而且一直到1600年荷兰人到来之前,改信伊斯兰教是向特尔纳特苏丹表示效忠的最基本条件;这一时期的这种观念比此前和此后都强烈得多。荷兰人的到来使宗教和效忠问题变得更加扑朔迷离、纷繁复杂。

马来史料,例如《马来纪年》和《希杜史话》(*Hikayat Tanah Hitu*)在描述葡萄牙人刚刚抵达东南亚时都持中间立场、不偏不倚,甚至对他们赞誉有加。但是到了16世纪后半期,伊比利亚人则已经常常被称为敌人和异教徒(kafir),而且在有关圣战的论述中也常常提到他们(Raniri 1644:31—32;Rijali 1637:169—172)。

葡萄牙和西班牙同一时期的史料本来就对伊斯兰教充满敌意，这样对穆斯林的敌对态度也就以牙还牙了。门德斯·平托在他绘声绘色的描述中借亚齐和淡目国王之口来说出反对异端的豪言壮语，声称彭亨人坚决不允许把葡萄牙人埋到他们的土地上去，因为"那样会坏了他们的风水，而且……会寸草不生的，因为这些尸体塞满了猪肉，臭气熏天"(Pinto 1578:59;另见 30,48)。平托也提供了有关火者·阿瑟姆(Khoja Asem)的重要材料。火者·阿瑟姆是来自古吉拉特的船主，他家里的三口人都惨死于葡萄牙人对红海商船的一次袭击中，所以他发誓要报仇雪恨。他组成了一支小型穆斯林舰队在南中国海上袭击葡萄牙船只。当葡萄牙人最后于 1540 年将他击毙时，据说他手下有 1500 名来自印度和"吕宋、婆罗洲、爪哇、占婆"的穆斯林。根据平托的记载，他经常满嘴圣战言论，曾对手下人说，"谁用这些野蛮异教徒的鲜血来洗澡"，谁就能升入天堂(前揭书:106—112)。

西班牙使团报道说，1578 年马尼拉致函文莱苏丹，语气蛮横；文莱苏丹回信说，"汝等如此修书，羞煞本王；卡斯蒂利亚人皆为异教徒……彼等没心没肺，死时即会为大火吞噬，皆因彼等宰食猪肉也"(Blair and Robertson 1903—1909 IV:150,160—161)。当两名多明我会传教士于 16 世纪 60 年代抵达持中间立场的贸易港口阿瑜陀耶时，也遭到一群穆斯林暴民的猛烈袭击，一名神甫被打死，另外一名受重伤。其中的几名穆斯林由于无法无天而受到审判，结果是被暹罗皇家大象活活踩死(Sancta Maria 1569)。

当然，我们也不能过分夸大这种冲突。除了亚齐以外，在其他大多数地方，穆斯林和基督教徒都继续保持着广泛的商业和个人

联系。但自 1540 年以后,东南亚平时宽容轻松的气氛曾一度遭到
149 我们称之为“大国冲突”(以西班牙为首的基督教阵营和以土耳其为首的伊斯兰教阵营)的破坏。来自印度洋周围地区的各种各样的穆斯林都卷入到这些战争中来:不仅仅是古吉拉特人和土耳其人在东南亚作战,印度尼西亚人也作为雇佣军在印度打仗(Voorhoeve 1955:5)。在这一时期,战争经常以传播伊斯兰教(和基督教)的名义进行,所以穆斯林和非穆斯林的界线变得泾渭分明,并且多有交恶。巴塔克人、托拉贾人、巴厘人以及其他人在这场斗争中第一次团结起来,抗击穆斯林的圣战,开始意识到他们的共同之处就是他们都不是穆斯林。

即使是在被认为是不知不觉地伊斯兰化了的爪哇,伊斯兰和非伊斯兰势力之间的战争也贯穿了 15 和 16 两个世纪,而直到 1600 年,爪哇内地的大部分地区还一直在抵抗伊斯兰教的渗透(见下文)。伊斯兰和非伊斯兰势力楚河汉界,泾渭分明。该时期一位鼓动家撰写爪哇文著作,将可以接受的穆斯林行为和爪哇传统截然分开。他公开谴责下列活动为异端邪说:“崇拜偶像或参加异教徒的礼拜”,“公开像异教徒那样宣誓祷告,或像爪哇隐士那样祷告”,或赋予偶像力量,以及其他许许多多偏离道德的行为(“Javanese Code”:32—37)。这一 16 世纪的文献能保留下来,实在弥足珍贵;和 18 世纪大量的著作比较起来,它将新旧宗教的界线分得十分清楚。

在这一充满宗教和政治冲突的时期,那种伊斯兰教只需要在港口和都市站稳脚跟的旧观点已经不合时宜了。根据北大年史书,只是到了穆扎法尔苏丹(1564 年去世)在位期间,伊斯兰教才

传播到乡村地区，远至马里盖城堡（Kota Maligai）；即使如此，该地离海岸也只有 14 公里（*Hikayat Patani*：78—79）。在 16 世纪末叶，伊斯兰和非伊斯兰世界的界线变得越来越分明。

与其大多数前辈比较起来，在该时期跨越这条宗教界线的人是更为名副其实的“改宗者”。史料对 1605 年望加锡国王们的改宗一事有明确的记载，包括塔洛和戈阿（望加锡王室的两个世系）的国王们念诵清真言、成为穆斯林的情形以及他们如何虔诚奉教等等。塔洛史书描述了王室第一个改宗者卡棱·马托亚（Karaeng Matoaya），说他“精通伊斯兰教典籍；从改信第一天起直到去世，他从来没有忘记每天祈祷［五次］；只有一次例外，那是他
因为一只脚肿大，英国人为他治疗，让他喝酒，他才停了八天，没做 150
祷告”（*Sejarah Kerajaan Tallo'*：19）。在正式接受伊斯兰教的那一代人之内，旧教的那些异性打扮的祭司（bissu）被赶出望加锡，伊斯兰教的规范彻底改变了该地的服饰、饮食、信仰、文学和性行为（Navarrete 1676：110n；Reid 1981：13—19）。望加锡反对异教，来势凶猛，所以附近的布吉斯国家瓦佐、索彭和波尼都被迫念诵清真言、禁食猪肉（Noorduyn 1956：94—98）。

到了 17 世纪中期，穆斯林和非穆斯林之间原来的明显界线已经模糊。主要的冲突已经不是在鼓动圣战的天主教和伊斯兰教之间，而是在宗教态度中立的荷兰东印度公司及其盟友与那些寻求自由贸易制度的势力之间进行。东南亚穆斯林同中东地区的商业联系已经中断，而在菲律宾和其他地区第一代天主教传教士的宗教热忱也被更为保守的思想所取代。对穆斯林和基督教徒双方来

说，以宗教为分野的圣战时代至此宣告结束。

这种转变的内在结果就是使人们更加相信，现在的社会已经是伊斯兰（或基督教）社会了，而且人们也不再那么担心原来从事精灵崇拜的那些人现在或将来背叛新的宗教。将18世纪说成是预言式宗教本土化的新阶段（也即费伦[Phelan]的“天主教的菲律宾化”）是错误的，因为这个过程在新的宗教概念刚被翻译成东南亚语言时就已经开始。但是，从刻意改变个人和社会的生活方式来讲，最剧烈的改宗阶段已经结束。

改宗动机

如果没有求变的愿望，如果没有意识到现有信仰已经不适应正在变化的世界，贸易时代海岛地区许多东南亚人的精神世界也许不会发生那么深刻的变化。在16和17世纪，就像在未来的20世纪那样，人们意识到今非昔比，必须寻求新的信仰才行。布吉斯和望加锡的国王们已经深深涉足于国际贸易，据说他们都认识到他们必须接受一种新宗教，问题在于选择哪一种（Rhodes：207；
151 Gervaise 1701：124—129）。在考虑那些吸引东南亚人改信伊斯兰教和基督教的因素时，我们可以推测外部世界已经发生了某些变化。很多人不仅仅是需要更加坚定他们原有的世界观，而且也需要发现新的世界观。

可携带性

就像霍顿（Horton）、奥康纳（O’Connor）和霍斯金斯（Hoskins）

分别就非洲、北部泰族人和现代松巴所指出的那样，精灵崇拜的信仰体系不易携带。一旦信仰者离开他们所熟悉的地域，他们就只能听任完全陌生的精灵摆布，而且这些精灵又控制在他们的敌人手中。他们不得不经常返乡祭祖。那些为了贸易、战争、经营经济作物以及服侍新主人而远离村庄的人需要一种普世灵验的信仰。当相当多的东南亚人卷入国际贸易时，贸易时代就为大规模改宗提供了必要的条件。尽管东南亚的情况并不像霍顿就非洲所说的那样整齐划一，该地区最早、改信伊斯兰教最坚决的一般都是各个港口的商人群体。因为港市也是该时期重要的政治和文化中心，这个问题已经得到了部分解释。

和财富的关系

穆斯林和基督教徒最初作为商人和士兵出现在东南亚。他们显得既富裕阔绰又武力强大，所以人们相信他们拥有掌控精灵世界的重要秘诀。一名西班牙人在观察了马尼拉地区早期伊斯兰化的情况后写道："一些人是摩尔人[穆斯林]，他们获取了大量黄金，并把它当作真主来崇拜……他们相信，谁改信文莱摩尔人的宗教，谁就能升入天堂、获得成功；他们非常相信这些说法……这些人都非常富裕，因为他们都是商人，还有奴隶为他们种地。"(de Sande 1576:67—68；参见 Lavezaris 1574:267)很明显，即使没有人来传教，一些见过穆斯林商人的菲律宾人也会模仿他们，禁食猪肉，很可能是因为他们相信这是穆斯林成功的秘诀(Legazpi 1569:60—61；"Relation" 1572:165)。在当代，人们也在巴塔克人和托拉贾人中观察到这一现象(Adatrechtbundels IX:239—240;Hirosue 1988:85—87)。

军事胜利

152 在战争方面,穆斯林和基督教徒都同样被视为强大、重要的同盟,即使是上座部佛教国家也利用他们作雇佣军。火器通过印度人、土耳其人和中国穆斯林传播到东南亚,但欧洲人更擅长使用火器。除了船坚炮利外,这些外国商人打起仗来更是残酷无情、志在必胜,部分原因是他们经常寡不敌众、无处可退,所以只好破釜沉舟、背水一战;此外他们也不认为刚开战时的损兵折将就是不祥之兆。因此,在穆斯林和基督教徒为争夺东印度尼西亚的冲突中,当地人都竞相投向胜利的一方,这不仅仅是因为他们想保护自己,而且也是因为他们想掌握这些士兵的宗教信仰和军事技术。

当麦哲伦于 1521 年抵达宿务的时候,他大肆炫耀他的高级盔甲和枪炮。不过,他强调是上帝的力量帮助他赢得了胜利,而上帝也同样会帮助宿务的改宗者。当地上层社会迅速做出反应,要求洗礼。但麦哲伦却在马坦岛战败,一命归西,充分证明基督徒并非刀枪不入。这些“改宗者”自然也就马上脱离基督教(Pigafetta 1524:27,38—46)。

1544 年时,安东尼奥·德·帕伊瓦(Antonio de Paiva)想从苏琶(Suppa,位于现在苏拉威西的巴里巴里附近)的布吉斯国王那里购买奴隶和檀香木,该国王问他为什么基督教徒总是和穆斯林兵戎相见。后来他特别问起圣地亚哥(Santiago,即圣徒詹姆斯,伊比利亚人的保护神,尤其是保护他们进行圣战)的情况,因为穆斯林商人告诉他，葡萄牙人在作战时总是高喊他的名字。帕伊瓦回答说，詹姆斯是“他们的使徒，耶稣基督的骑士”；在作战时葡萄牙人一喊他的名字，他们就会“非常清楚地看到他满身盔甲，骑一匹喷火战马前来助战；而且摩尔人也说他们在战败时亲眼看到过他”。布吉斯国王听得如痴如醉，说如果他变成基督徒的话他想把帕伊瓦给他看过、带有圣徒詹姆斯像的神龛要来做礼物（Paiva 1544:286；另见 Schurhammer 1963:523—524）。他接受了帕伊瓦的洗礼，但结果大概并非所愿。不久，布吉斯人就不再信仰基督教了。

伊斯兰教被视为强大的宗教和军事力量，这在东南亚的文学作品里反映得更清楚。爪哇传统的说法，包括那些对伊斯兰教并不热衷的观点，都理所当然地认为穆斯林在16世纪的战争中拥有强大的军事力量。满者伯夷被说成是被魔力无限的穆斯林将领征 153
服的，而即使是保卫印度教王国满者伯夷的部队也被认为是由忠于旧政权的穆斯林小分队所领导的（Raffles 1817 II:125—126）。来自伊斯兰文学、最受欢迎的英雄人物有世界征服者伊斯坎达尔·左勒盖尔奈英（Iskandar Dzulkarnain，即亚历山大大帝）和勇士阿米尔·哈姆扎（Amir Hamzah）。苏门答腊和马来半岛（包括马六甲、米南加保、巨港、亚齐、日里、柔佛和彭亨）的宫廷史书和书信都宣称他们的王朝源自亚历山大大帝（*Sejarah Melayu* 1612:43—48；Marsden 1783:338—342；Schrieke 1942:253）。有些史书干脆说，圣徒的神力光彩照人，根本没有必要打仗，因为拉登·拉赫马特（Raden Rahmat）的光辉就足以使东爪哇吉庞（Jipang）的国王改宗信教（*Hikayat*

Banjar:420),库太(在东婆罗洲)国王也在一场魔力比赛中被大督·里·班当(Datu ri Bandang)击败(Jones 1979:148)。还有像马辰国王这样的君主,他们就像君士坦丁大帝那样,许愿说如果新宗教能够显示威力、帮他赢得内战,他就改宗信教(*Hikayat Banjar*:427—430)。

毫无疑问,原有的宗教信仰使东南亚人相信,战争中的胜利者都有神力相助。在原则上,不论是穆斯林还是伊比利亚传教士对此都没有异议。两者都相信是上帝命令他们为信仰而战,如果他们虔诚信教,上帝就会赋予他们胜利。但有一点不同。他们有关上帝旨意的看法都必须是长远的,因为他们的宗教群体有着多次失败的集体记忆。这既使得他们更加关注战争的技术部分,又鼓励他们发展殉教献身这一概念、从而将失败神圣化,而这些都是精灵崇拜者永远做不到的。这些因素都使得穆斯林和基督教战士更加英勇善战,帮助他们在东南亚海岛地区通过军事胜利来传播其信仰。

文　字

预言式宗教将文字介绍到了有限的几个地区,主要是马鲁古群岛、菲律宾南部、龙目东边的一些岛屿和婆罗洲的部分地区。源于印度的字母在其他地区已经广泛传播。在那些新传来的阿拉伯和拉丁字母代替旧字母或与旧字母共存的地区,例如在吕宋和米沙鄢群岛、苏门答腊海岸地区和南苏拉威西,使用旧字母的人一定比使用新字母的人多,特别是妇女(Barlett 1952:630—631;Reid

1988:215—225)。只有在越南,由于中国文字已经使文化局限于 154
受过教育的上层男性,这样天主教传教士介绍进来的简单易学的音标字母就为下层的穷人提供了新的识字机会。

真正带有分量的还是经书的神圣权威。柬埔寨的传说承认泰国人在知识上超过他们,但那是因为泰国人偷了他们的神书(Chandler 1983:84)。在海岛地区(爪哇除外)书写大都是为了一时的目的,例如写在竹片或贝叶上的情诗和短信。伊斯兰教和基督教都声称它们的权威源于经书,而用外语写的经书就更加神圣深奥。苏禄的使徒刚开始和满腹狐疑的精灵崇拜者会面时装扮成会通过在纸上写字而进行交流的阿拉伯人(Majul 1973:58)。马斯登(Marsden 1783:289)记载说,苏门答腊一个精灵崇拜者向他的穆斯林同胞提出挑战说,你如何才能说明你的真主比我的精灵更真实。非常明显、而且具有说服力的答案就是伊斯兰教的真理都是"写在书上的"。现代民族学家也在婆罗洲和印度尼西亚东部的精灵崇拜者中发现了类似的说法:一些要求平等的达雅克部落坚持说他们的经书在迁徙过程中遗失了,但他们把里边的内容记了下来(Coomans 1980:39,55;Hoskins 1987:146)。反宗教改革的传教士们通常很少直接使用圣经,但在升龙(河内)和佛教学者举行的公开辩论中,亚历山大·德·罗德特意朗诵了他装订精致的拉丁文版圣经,使前来聆听的越南听众印象深刻(Rhodes 1651:147)。

熟记经文

伊斯兰和基督教传教士的权威都来自他们阅读和诠释神圣经

典的能力。此外，在宗教发生巨变的时期（1550—1650 年），他们又用东南亚语撰写了新的经典，目的在于使新宗教的真谛善记易懂。但这些经典是为那些专职人员撰写的。新教义都口头传授给新教徒，经文只是用来帮助传教。教徒们一般以诗歌或乐曲的形式、通过集体背诵来学习祷告词和经典条文。

圣徒方济各·沙勿略是用马来文撰写便于记忆的基督教经文的第一位基督教福音传教士：

> 155 我用儿童和当地人容易理解的语言对经文的每一条进行“解释”，尽量使……该国家新改宗的信徒理解经文。在马六甲和马鲁古，我通过这种解释而不是祷告的方式为他们笃信耶稣基督打下基础，并不再崇拜那些虚无缥缈的偶像。这种解释一年可以学会；如果一天教一点，也就是 20 个字左右，他们很容易记住（Xavier 1548：389）。[①]

西班牙人也撰写了类似的阐述基督教要义的著作《基督教理》（*Doctrina Christiana*）。它最初编撰于墨西哥，1593 年被译成他加禄文并在马尼拉出版。后来的一些版本将耶稣会主教贝尔拉尔米内（Bellarmine）于 1597 年撰写的《基督教理》改写为他加禄文出版。这样，为了使新基督徒熟记这部经典的内容，在弥撒会后再专

① 沙勿略的马来著作似乎都没有流传下来（见 Schurhammer and Wicki 1945 II：590—594；Jacobs 1974：14，35）。但是，这里提到的、在特尔纳特用葡萄牙文写成的押韵教义问答得以保留下来（Schurhammer and Wicki 1945 I：355—367）。它很可能有葡萄牙语和马来语两种文本。

门抽出时间进行问答，正确的答案再由全体教徒来吟唱（Phelan 1959：57—58；Schumacher 1984：253；Rafael 1988：39—54）。

穆斯林也利用口诵的形式来熟记最基本的阿拉伯语祷告词（撒拉特，salat）和《可兰经》。最早的穆斯林学者创造了新的诗歌形式，马来语称为沙依尔（sya'ir），爪哇语为苏鲁克（suluk），目的在于使信徒和初学者吟唱重要教义和晤见真主的神秘路径（Pigeaud 1967：85—87，94—95；Drewes and Brakel 1986：34—35）。沙姆苏丁·萨马特拉尼于 1601 年用马来文撰写了一篇名为《信徒指南》（*Mir'at al-Mu'minin*）的伊斯兰教义，书中采用问答的形式。毫无疑问，这是为了师生之间进行背诵，便于记忆。被译成马来和爪哇文的一部最著名的波斯文著作《一千个问题》（*Kitab Seribu Masalah*），就是以一位知识渊博的犹太人向先知提问题的形式阐述了宗教要旨和伊斯兰的宇宙观。这些问题和答案都以便于记忆的形式来编写（Pijper 1924：72—81；Winstedt 1961：148—152）。

治　病

因为疾病总是和精灵密切相关，所以，新宗教也就必须对疾病进行解释，否则它们就无法蓬勃发展。不论新宗教在治疗疾病方 156
面有什么新招，它们都不可能提高痊愈的比例。而且传教士在刚开始并不会治病；只是到了 17 世纪中叶基督教传教士才开始利用这一方法。在宗教的气氛下，人们总是期望强大的神力会直接影响健康和疾病，所以人们就观察新的神职人员在这方面的功力如何。基督教传教士经常提到，尽管他们无法制止死亡，但流行病的高发期是人们改宗的最佳时机(Chirino 1604:323;Aduarte 1640:309—310;Velarde 1749:48—49)。在爪哇,也有把伊斯兰教的传播和严重流行病联系起来的说法。在其他时间和地方,人们也注意到疾病的发生和大量改宗的关系。正如韦伯所言,而格尔茨(Geertz 1964:173)最近也指出,大幅度"社会秩序基石的动摇"就会危及原本非常稳固的宗教体系的可行性。

在 16 世纪,尽管无法传授教义,或者有些人本来已经不省人事,天主教传教士还是尽可能多地为濒临死亡的人洗礼,目的在于从地狱拯救灵魂,特别是那些无辜的儿童。在菲律宾和其他地方,在基督教传播的早期阶段,这是神甫们的主要活动。所以,毫不奇怪,东南亚认为洗礼基本上就是治病的仪式,每次有病人康复,宗教的力量也就会显示出来。对传教士来说,那些不可思议的痊愈都是神迹,而对菲律宾人来说,那是祭司们应该做的。有一次,在班诗兰的治疗仪式"使得印度人把洗礼当作治病,所以每当他们生病时,他们就希望受洗以便得到治疗;但神甫们纠正了他们的错误认识。他们对十字架的图案和十字架本身也都有同样错误的理解"(Aduarte 1640:186—187;见 Phelan 1959;有关越南,参见 Missions Etrangères 1674:199)。

他们对圣水也有类似看法。耶稣会士佩德罗·奇里诺(Pedro Chirino 1604:333—334)谈到,当流行病袭击保和时,"我们的基督徒们出于纯真的信仰把圣水当药喝,这样他们就得救了,无一人死亡……所以,他们就经常用圣水来治疗所有的疾病,这种做法风靡全岛"。亚历山大·德·罗德(Rhodes 1651:183—184)描述说,由于用圣水治病使许多人奇迹康复，所以越南的新基督徒“为此就对圣水万般崇敬，他们不光把圣水放在屋子里，即使出海远行也把圣水当作贵重的香膏放在包裹中，等他们自己或别人需要时就拿出来使用”。

东南亚大陆地区的社会在这方面也并没有什么不同，他们也 157
深信健康和疾病是由精灵来控制的，也期望佛教僧侣积极为人治病。在暹罗，在人们请求天主教传教士治病时，他们也就不能袖手旁观；用拉·卢贝尔的话说（La Loubère 1691:158），“正是因为这个原因他们［暹罗人］才允许他们传教，而且很喜欢他们”。

有关改信伊斯兰教的传说也强调疾病和治疗在改宗中的作用。根据北大年的历史记载，北大年王国因为来自巴赛（苏门答腊）长老的高超医术才改信伊斯兰教。有三次该国王都身患重病，皮肤层层脱落，传统的巫医都治不好。三次他都许愿成为穆斯林，长老就为他治好了病。但前两次他都背弃诺言，第三次才最后信守诺言，改信伊斯兰教（*Hikayat Patani*:71—75）。

伊斯兰化的东南亚人相信疾病是由危险和邪恶的精灵引起的，在伊斯兰教的世界观里，这些精灵很容易就被转化为魔鬼（shaitan）和幽灵（Djinn）。所有人都承认这种新宗教及其经典的威力，即使传统的巫医也自然对它们大加利用。阿拉伯语的词汇很快就被用于所有的符咒中（Skeat 1900:581—672），到1600年阿拉伯语中用来祝愿或乞灵的“杜阿”（du'a）一词就成为马来语中表示“祈祷”（doa）的标准词汇（Houtman 1603:107—165）。有一则关于亚齐最有名的圣徒阿卜杜·劳夫·星吉利于1693年前后去世的故事，它说明伊斯兰教如何为治病或其他目的慷慨贡献其秘招绝技。在故事中，一位阿拉伯乌里玛布道传教，猛烈攻击斗鸡及其他违法的赌博活动；而一位亚齐的圣徒却把他的符咒给了一位兴致勃勃的斗鸡者，结果他的公鸡屡战屡胜。这就是穆斯林作信仰表白时所用的清真言。最后，所有其他的斗鸡者都发现了这一秘密并模仿这道符咒，同样大获全胜。因此，最早的那位获得符咒的人又来索要新的符咒，这次他得到了撒拉特——伊斯兰教的拜功，每天祈祷五次。这位圣徒慷慨地将神力注入符咒中，每个人都可用它来控制精灵世界，从而增加自己的福祉。通过这种方式，这位圣徒就传播了伊斯兰教(Snouck Hurgronje 1893 II:311—312)。

可以预测的道德世界

学者们指出，罗马帝国的基督教化有助于人们对付生活中的两种威胁：滥用权力和魔鬼们神出鬼没的袭击(Hillgarth 1986:12)。
158 这后一方面也适用于东南亚。即使意志坚强的耶稣会士也能感觉到巫术中鬼神附体的力量，而这对他们来说是一个非常严峻的挑战。奇里诺(Chirino 1604:300)记述了很多同传统巫医的较量，虽然承认有一些是冒牌货，“但也有一些真正和魔鬼联手，魔鬼为他们提供特殊帮助，而万能的上帝基于他神秘的推断也允许他们这样做”。对伊比利亚的神甫来说，这些陌生的超自然力量只能理解为和魔鬼联手。尽管这些现象往往使他们惊慌失措，教士们认为他们必须利用十字架和圣礼同这些黑暗的势力进行斗争。有时候他们可能失败了，但在他们虔诚的记录中有许多战胜魔鬼的辉煌胜利：

“在一个魔鬼肆虐的海岛上，魔鬼们不停地鬼哭狼嚎，使岛民们惊恐万状。我们将这个巨大的十字架置放在该岛上，海岛就变得万籁俱寂，其他[临近]岛屿也摆脱了魔鬼们的猖狂肆虐。魔鬼们长得像巨蟒那样，从一岛窜到另一岛，在海里也窜来窜去……但是，这一切都停止了：一看见十字架，魔鬼就逃跑了。”（Velarde 1749：71）

在越南北部的最初几个星期里，罗德（Rhodes 1651：131）也自视为勇斗巫师的猛士：“一位有名的巫师在他的房子里建造了25个祭鬼的祭坛，他为此受尽了残酷的折磨。”后来，在笛卡儿和牛顿时代，一位虔诚的史学家深知法国读者会很难理解“海外传教团”的神甫们在越南驱除妖魔鬼怪、治疗入魔病体和使儿童起死回生这一系列神迹奇事，所以他觉得有必要指出来：“上帝并没有袖手旁观，他今天可以在新建的教堂里确认信仰，就像在公元初的几个世纪里为了同样目的所做的神圣事情那样；而且……在那些魔鬼靠偶像崇拜统治、以灵魂附体肆虐的国家里，耶稣基督一定会指挥他的主教和神甫们推翻那个魔鬼的帝国……”（Missions Etrangères 1680：9）

将东南亚的精灵转化为伊斯兰教的精灵（不论是好是坏）困难都不大。即使知识渊博的乌里玛也不否认精灵的存在，只是他们不像其他人那样那么害怕它们。像基督教那样，伊斯兰教以其不同的宇宙观为躲避贪得无厌的精灵的控制提供了避风港。这是一个可以预测的道德世界，在这个世界里，虔诚的人都受到上帝保
护，免受精灵的任何加害，并且死后会最终得到升入天堂的奖励。159
那些孤苦无助的人，如果一生行善，也会得到奖励。正如一首他加

禄祷告诗所说,“无论贵贱,不管贫富,结果皆一”(Herrera 1645,引自 Rafael 1988:176)。

毫无疑问,这种新视野“极大地拉大了人和神的距离……”(Geertz 1964:174),这就向韦伯所说的宗教的合理化迈进了一大步(Weber 1951:226)。对那些在贸易时代远离国家从事国际贸易的人、从事大规模国内贸易的人和通过文学和辩论来交换思想的人,这种新的世界观就为他们提供了必要的基础。

这个道德世界以简单而一贯的终极奖励和终极惩罚的观念为基础。旧观点认为,来世充满各种各样可能的危险,对此任何人在任何时候都无法把握。与此相反,伊斯兰教和基督教则向人们展现了一个永远安全舒服的天国,正像 17 世纪的奥古斯丁会会士在用他加禄文所写的最早的一首教义问答诗里所描述的那样,在那里“没有死亡,只有快乐、幸福和生命……那里应有尽有,心想事成……没有悲伤和遗憾,没有痛苦和苦难,一切都是光辉灿烂”(引自 Rafael 1988:172—173)。

在伊斯兰教方面,拉尼里于 1636 年撰写了一本 200 多页、名为《世界末日预言》(*Achbaru'l-Achirat*)的马来语小册子,论述的内容包括死亡、审判、天堂、地狱和末日,广受欢迎(Juynboll 1899:274—276)。其他人还谈到,谁吟诵穆斯林的信仰告白,谁就会得到升入天堂的奖励(*Hamzah Asraru'l-Arifin*:238;Syamsud-din 1601:370;Jones 1979:148)。

地狱的可怕景象更容易使人改信新宗教。奇里诺(Chirino 1604:297)写道,菲律宾人怕鬼怕到了这样的地步,“只要好好画一张地狱的图画,成千上万的人就会改宗”。基督教和伊斯兰教的学者和传教士都大谈特谈地狱里的折磨拷打在专门等待那些傻瓜们(他们为了尘世的快乐而丢掉了永久的福祉)和那些摒弃真理、改信邪教的人(见 Xavier 1546:365 所载例子;Rafael 1988:179—184;Hamzah *Poems*:76,92,132;表 22)。

但是,一些优秀的马来语和爪哇语诗歌则更关注那种令人如痴如醉、与真主合一的更高状态,在这里天堂和地狱都是无形的。一本 16 世纪的爪哇穆斯林文献重申古老伊斯兰教的教诲说,很多人都通过对天堂的期盼、或者是“因为时时刻刻都惧怕地狱,甚至不吃不睡”而服侍真主,但真正受到奖励的则是那些为真主而爱真主的人(*Javanese Primbon*:22—23)。

160

插图 22　1777 年一部泰文手稿所表现的佛教地狱。

虽然天堂和地狱的概念对东南亚人来说并不陌生,但他们还是第一次听说传教士们对它们如此反复强调。为了找出能引起共鸣的词语来描述伊斯兰教和基督教对天堂的理解,传教士采用了已经地方化的词汇。在整个海岛地区,人们用梵语“swarga”(意为湿婆的天庭)一词来指天堂，用那洛迦(naraka)指地狱(马来语中分别为 syorga 和 neraka)。西班牙人使用他加禄语“langit”(天)或其他表示心灵安宁和满足的词汇来描述天堂的快乐。但当谈到地狱时，那陌生的“地狱”(infierno)一词自然让人不寒而栗(Rafael 1988:170—181)。

在道德世界里，人们总希望神职人员以身作则。基督教的辩护士指出，尽管早期传教士看起来滑稽可笑、徒劳无功，但他们忘我的热情(特别是在救死扶伤方面)使得他们能够最终赢得菲律宾人(Aduarte 1640:185,223;Blair and Robertson 1903—1909 X:107;XVIII:179)。但是，西班牙人不能恪守他们所宣扬的道德准则，这又常常让人困惑不解或深恶痛绝。一位卡加延人对基督教的说法深表怀疑，并驳斥说：“卡斯蒂利亚人一点都不比我们强，因为他们自己就我行我素，不守法律；还用再废什么话?”(Blair and Robertson 1903—1909 X:107;另见 Chirino 1604:248;La Loubère 1691:143)

伊斯兰教苏菲派的禁欲主义对风下之地那些接触过印度宗教的人来说并不陌生。不过它更主张自我克制，而不是大公无私；宣
161 扬一旦荣获真主的挚爱，外界的现实则一概无关紧要：“了解真主，万物可弃；穿衣裸体，于他如一；贫穷富裕，于他如一；耻辱荣誉，于他如一。”(*Hamzah Asraru'l-Arifin*:280)人们普遍认为，苏菲圣徒接近真主是因为其超自然力量和满身耀眼的光辉(马来语为 cahaya，是阿拉伯语“nur”一词的人格化)。东南亚文献的作者们当然认为这些不言而喻的力量足以使许多人改信皈依(*Sejarah Melayu* 1612:129;Hikayat Banjat:420)；其他史料也证实，至少那些杰出的苏菲大师，像亚齐的哈姆扎·凡苏里、沙姆苏丁·萨马特拉尼和阿

卜杜·劳夫·星吉利，以及望加锡和万丹的谢赫·优素福，在世时已广受崇敬。

道德榜样的力量在大陆地区的上座部国家得到了最明确的体现。柬埔寨和暹罗的基督教传教士都承认，他们的传教活动徒劳无功的原因是人们对佛教僧侣的高度崇敬：“他们生活极度贫穷清苦，从外表上看一点也不亚于最虔诚的天主教徒。他们全靠化缘为生，一无所有，也从不经商赚钱。他们从不吃肉，在晚上也不烧火做饭，只是吃一些野果而已。”（Missions Etrangères 1674：145；参见 Kaempfer 1727 I：68）

精灵的力量仍然非常强大，而且等贸易时代城市的多元文化消退以后它们也许会变得更加强大。经文宗教提供了新的方法来驯服这些精灵：一方面是通过更强大的宗教力量，另一方面则是靠个人的道德修养。

艰难转折

性道德

如果上述因素在一定程度上解释了改宗的动机，那么要想使价值观念迥然不同的宗教体系适应东南亚社会也是困难重重。两性关系就是最大的难题之一。

东南亚宗教具有很强的二元性，要想赋予力量、显示成效，男女
双方缺一不可。掌管阴间、尘世、庄稼（特别是稻谷）和月亮的女神 162
们，与掌管阳间、上天、铁器（可以用来犁地、割稻）和太阳的男神们

平衡互补、相得益彰（Schärer 1946：14—15；Stöhr and Zoetmulder 1968：31—32，61—66，115—120；Hoskins 1986：139—140；Hamonic 1987：29—49）。男祭司可以呼风唤雨，女祭司也同样能翻江倒海。特别要指出的是，妇女不仅仅作为巫婆和巫医、在祭祀精灵方面作用显著，而且在通灵等各方面也都至关重要。

与此相反，经文宗教所主张的是由清一色的男性神职人员来主持对男神的祭祀。在旧宗教中担任重要职位的男性神职人员可以改头换面，在新宗教中担任类似职务，并依仗外来新神的权威来达到原来的目的。妇女却无法这样做。特别是伊斯兰化的结果导致了知识和责任在男性之间传承（父子、师生、征服者和藩属）。安汶的男性穆斯林对吉赛尔（Gijsels 1621：29）说，他们的女人没有必要上清真寺，"他们可以替她们祷告"。班查尔（Banjarese）男人据说更为粗鲁，"他们说他们的女人没有灵魂……真主创造女人就是为了满足男人的欲望；因此，女人从来没有拜神的权利"（Beeckman 1717：122）。但从旧宗教的角度来看，妇女们也很有可能觉得拜神完全是男人的事，和她们毫无关系。①

这样，旧宗教对新宗教的抵抗经常由妇女来领导，也就毫不奇怪了。在这方面菲律宾最典型，这不仅仅是因为这里史料比较丰富，还因为西班牙传教士们对巫婆们大加讨伐，毫不留情（而穆斯

① 在现代社会里，供神仍然主要是妇女的事，但学者们的解释却非常不同。缅甸人向斯皮罗（Spiro 1967：59）列举了两个原因。佛教的答案是，因为在存在的 31 种状态中男人的地位要高于精灵（nat），而女人的地位很低，所以男人不用像女人那样敬畏精灵。更符合实际的答案是，确保家人健康是母亲的责任，而掌管此事的却是精灵，所以她就必须安抚它们。

林传教士对她们却不管不问)。例如,在班乃,胡安·德·阿尔瓦斯神甫(Fray Juan de Alvas)“同魔鬼进行了坚持不懈的斗争,而魔鬼则依仗它们称之为‘巴贝拉纳斯’(babaylanas)的巫婆顽强抵抗、殊死斗争”。虽然基督教在城市里广为流传,但这些巫婆们为了躲避西班牙政权都躲藏在深山里,城里人有病时就偷偷进山找她们 163
治病(San Agustin 1698:72—73)。基督教在马尼拉东部的泰泰地区初步获胜后,巫婆们在一位出身高贵的巫婆领导下掀起“一场偶像崇拜热潮”,来势突然而凶猛。耶稣会士们费了九牛二虎之力才找到并摧毁了这些人的“偶像”(Chirino 1604:302—305)。

有关妇女的作用,伊斯兰教的改宗故事为我们提供了有限但却宝贵的例子。《龙目史话》(*Babad Lombok*:17—19)说,当龙目所有的男性向强大的爪哇军队缴械投降、并愿意行割礼时,女性却拒绝接受伊斯兰教。男性首领害怕激怒爪哇人,所以他们就将首都从海边迁回印度教故都,但他们却继续信奉伊斯兰教。在南苏拉威西,为数不多的贵族妇女在抵抗伊斯兰教的过程中引人注目。但是,普通妇女受到的冲击就非常小,所以她们继续家里的祭祀活动,甚至用巫术来治病。这方面的重要证据很少见于书面记载,但在东南亚的宗教中,一直到本世纪,这方面的祭祀治疗活动却非常完善地保留了下来。

让基督教的传教士倍感头疼的问题是东南亚妇女的淫荡不羁和男性首领的一夫多妻。一位耶稣会士写道,老挝人有很多美德,但“让人可悲的是,他们却纵容包庇通奸”(Marini 1663:454;关于爪哇,参见 Scott 1606:173)。在菲律宾基督教化很多年之后,传教士仍然抱怨说淫荡是该国的“万恶之首……这种罪恶极为普遍……它使这些地区到处燃起地狱之火，无法扑灭”（Velarde 1749：93—94）。

菲律宾的宗教裁判不同于拉丁美洲和欧洲的宗教裁判，原因是这里对神甫们最常见的指控不是神学上的过失，而是性行为方面的问题，特别是利用忏悔室与妇女私通（Angeles 1980：270）。奇里诺（Chirino 1604：313）举例说，莱特岛的一位出身高贵的妇女拒绝接受基督教，原因就是该教坚持婚姻不能解除。“她说，如果一个人不喜欢她的丈夫而又不能离开他，那就太难做到了；不喜欢就离婚是他们的风俗习惯。”

当然，妇女在传播天主教方面仍然起到了一定作用。尽管伊比利亚的天主教是以男性的形式传到菲律宾各岛的，但菲律宾妇女还是以巨大的热情克服种种困难，在圣母会和贞女会[①]这样的宗教团体之中开辟了自己的宗教空间（Schumacher 1979：86—87，165—168）。在越南，政府正在推行比伊比利亚宗教更强调男尊女卑的儒家思想，在早期改信基督教的信徒中妇女特别引人注目，正是由于她们的鼎力相助，传教士们才能接近越南宫廷（Rhodes 1653：51—52，60，113，152—153）。

164 伊斯兰教在东南亚竭力推行一套迥然不同的性道德，其过程既漫长又曲折：在伊斯兰正统教义备受强调的时期，变化就非常迅速；但在其他正统教义不被重视的时期，伊斯兰性道德又只好与根深蒂固的东南亚妇女独立自主的传统相妥协。在 17 世纪的贸易

① “贞女会”（Beatarios）由带有中国血统的混血儿于 1684 年在马尼拉创立，为菲律宾当地妇女的宗教组织。——译注

城市中，上流阶层如果发生通奸就要被处死，而妇女有时候(比如在望加锡)“必须从头到脚裹得严严实实，甚至连脸也看不见”(Rhodes 1653:207)。伊斯兰教和基督教引起的最早变化之一就是公共场所女性的衣着。社会和职业分工方面也发生了变化，但比较缓慢。新的经文思想逐渐被看成“宗教”(agama)，而旧宗教则变成了“习惯法”(adat)——伊斯兰教是允许这样划分的。“宗教”越来越占上风，而“习惯法”逐渐丧失其优势，而为此发生的争论一定是经常发生。一部苏门答腊的长篇小说为我们提供了一个现代的例子。小说描写的是1900年前后南部巴塔克人在接受伊斯兰教后发生冲突的情景。穆斯林代言人在会上争辩说，青年女子应该被“关在家里，免得发生伤风败俗的丑事”；此外，除了吟诵《可兰经》外，女子不应该受到其他方面的教育。一位年轻女子的母亲对此进行猛烈反击，说农活必须由男女双方来承担，男人自己是绝对无法完成的。还有，“给女孩自由、让她们自由恋爱已经成了这里的风俗习惯……只有在恋爱的过程中人们才能真正了解年轻人的行为、作风和习惯……也正是通过恋爱，人们才能知道一个人对另一个人的爱有多深”(Rodgers Siregar 1981:71—73)。

死亡和精灵

即使经文宗教使得精灵们不再那么张牙舞爪、横行霸道，但人们仍然面临疾病、不幸和死亡。亡灵的愤怒比经文宗教的“邪恶”概念能够更直接地解释这些灾难的发生，在大多数情况下它们仍然影响重大(Hoskins 1987:150—151)。万丹普通的爪哇族穆斯林对斯科特(Scott 1606:172—173) 说，真主仁慈博爱，不会伤害他们，但魔鬼(他们指邪恶的精灵)[①]却会不停地伤害他们，所以他
165 们就全心全意祭祀它。早期他加禄语的教义问答严厉斥责改信基督教的信徒不去崇拜上帝及其圣徒，反而去供奉那些丑陋邪恶的精灵(anito)："基督徒们，你们已经接受洗礼，但为什么还要蔑视上帝？在生病或受难时为什么还求救于精灵？……精灵会解救你们吗？你能指望没有生命的给予生命吗？你在稻田里干活的时候为什么还要供奉精灵呢？"(Oliver 1586:32—35)

葬礼外在形式上的变化非常迅速。在菲律宾和东印度尼西亚，10 至 16 世纪的墓地里出土了珍贵的瓷器和金器，这些都是陪葬品，为的是让死者顺利抵达阴间。但随着伊斯兰教和基督教的传播，这些随葬品突然消失了。斩杀奴隶、为首领殉葬的做法停止了，爪哇焚妇(萨蒂)的风气也不见了。铺张豪华的盛宴原来为的是让死者安全度过充满凶险的生死之门、不再回来折磨生者，这时也被死后两三天的简易葬礼取而代之。当然也有一些例外。在改宗一个多世纪之后，班查尔人仍然用樟脑和其他贵重物品陪葬，"但现在他们是穆斯林了，他们说这样做只是出于对死者的尊敬而已"(Beeckman 1718:42)。马六甲、亚齐、马打兰和望加锡苏丹们的葬礼和墓地仍然豪华壮丽，但黄金和瓷器不再是随葬品，而是摆放在墓穴上(Albuquerque 1557:136；Davis 1600:321—322；Ger-

① 斯科特概念含混不清，情有可原。早在 1521 年(Pigafetta 1524:84)，东南亚穆斯林使用"撒旦"(setan)(阿拉伯语为"沙旦"[shaitan])一词指邪恶的精灵或魔鬼。伊斯兰教的魔鬼一般称为"伊卜里斯"(Iblis)。

vaise 1701:140—147;Djajadiningrat 1929)。但对绝大多数穆斯林和基督徒来说,速葬和薄葬都成为普遍的形式。

与此相反,信仰与供奉亡灵却是根深蒂固,无法根除。它们必须被纳入新的宗教信仰中。在菲律宾,西班牙人力图使用武力来压制这些做法:

> 印度人通常相信死者的灵魂会在三天之后返回家中看望家人、共同进餐,为此他们举行名叫“提保”(tibao)的仪式;他们把头蒙住、躲藏起来,跟别人说他们在死者家里聚会,为亡灵祈祷;如果你告诉他们在教堂里祈祷,他们就不愿意,因为这不符合他们的习惯。为此,牧师们应该阻止他们在葬礼后在死者家中聚会,不允许他们找借口回家,特别是在葬礼后第三天(Thomas Ortzi 1731,译文见 Rafael 1988:187—188)。

牧师们严禁与精灵沟通为新基督徒带来了困难。越南(北部) 166
国王的妹妹请求罗德(Rhodes 1651:140—141)想办法帮助她新近去世的丈夫升入天堂,罗德毫不犹豫地表示说爱莫能助,她只好悻悻离去。在婆罗洲,据说恩丢达雅克人杀死了一名天主教传教士,“因为他没有信守诺言,让他们看见所有去世的朋友”;对此他们是从一种直接、巫术的角度来理解的(Beeckman 1717:124—125)。[①]一些菲律宾人拒绝受洗,因为他们不愿意和西班牙士兵共享天堂;

---

① 贝克曼(Beeckman)很可能是指意大利的蒂埃蒂会士(Theatine)安东尼奥·文蒂米利亚神甫(Fra Antonio Ventimiglia),他于 1693 年在马辰被杀(Coomans 1980:89—90)。

另外一些人则告诉传教士,即使他们的祖先去的地方是地狱,他们也宁愿到那里去(Mendoza 1586:148—149;Vaez 1601,引自 Schumacher 1979:70)。

尽管伊比利亚人对死者严酷的态度为人们改信基督教增添了障碍,但东南亚的基督徒们还是尽量使天主教的仪式适应自己的需要。每年庆祝诸灵圣节时,他们不光在墓地盛排筵宴,大吃大喝;而且,他们还为死者(anima)编写祷告词,每天晚上伴随着教堂的钟声进行祷告(Schumacher 1984:255)。

尽管从其根源上来讲,伊斯兰教对偶像崇拜严厉谴责、毫不妥协,但民间信仰也同亡灵的潜在力量进行了妥协;所以,当传到东南亚的时候,伊斯兰教已经吸收了其中一些有益的成分。在巴格达陷落的第二年,苏菲派教团(tariqa)成为传播伊斯兰教的主要工具。尽管苏菲派的创始人和圣徒都是知识渊博的理想主义者,都寻求与真主合一的直接路径,但到了15世纪,在民间信仰里苏菲主义成为连接个人与圣人、使徒、国王以及其他杰出人物的神力(阿拉伯语为 barakah,马来语为 berkat)的纽带。他们借助已逝圣徒的力量、通过追溯神谱(该神谱将每一位苏菲教师与其教派的备受崇敬的创始人联系起来)和拜谒(ziyara)经常受到祭祀的圣人墓地来帮助生者。“神秘主义者前去拜谒,目的在于同圣徒进行精神交流(muraqaba),并在物质表征中找到帮助冥想的工具。但民间信仰却认为,当圣徒在地球上或在他显现的地方出现的时候,其灵魂就在其坟墓以及和他关系密切的地方游荡。在这些地方,人们就可以祈求他代为祷告了”(Trimingham 1971:26)。

同南印度一样，东南亚也喜欢崇拜圣徒，因为人们认为已逝圣徒的神力可以像精灵那样帮助生者。将伊斯兰教传播到各地的传 167
教士，例如爪哇的九位圣徒（wali）[①]和望加锡的大督·里·班当、雄才大略的国王（例如亚齐的伊斯坎达尔·穆达）以及苏菲教义的传播者的坟墓都受到人们频繁的“祭祀和祈祷”（Dasmariñas 1590:10）。在最后一类的人物中，包括17世纪后半叶印度尼西亚两位杰出的学者，他们都曾前往阿拉伯半岛求学。阿卜杜·劳夫·星吉利被亚齐人尊崇为谢赫·库阿拉（Sheikh Kuala），曾将沙塔利亚教团（Shattariya tariqa）介绍到印度尼西亚，而谢赫·优素福则是哈尔瓦提（Khalwatiya）教派的著名教师，生前即受到望加锡人的“无比爱戴崇敬，可谓是第二个穆罕默德”（Hartsingh 1689，引自 Andaya 1981:277）。这种圣徒崇拜早在16世纪即已开始，我们可以从爪哇一本极其正统的伊斯兰教手册对它的抗议中窥见其流行的程度：“那种认为伟大的伊玛姆超越先知，或者将圣徒（wali）置于先知、甚至我们的真主穆罕默德之上的做法统统都是邪教行为。”（“Javanese Code”:38—39）

东南亚人虽然很快接受了伊斯兰式葬礼，但他们还是担心如果死者对祭奠不满意，还是会找生者麻烦。1599年，在班达，人们根据伊斯兰教的教义将尸体用白布包裹起来，迅速埋葬；但当荷兰人询问班达人为什么还要在墓地祈祷数天时，他们说这是为了防止“惊尸”，否则这肯定会发生，并给所有人带来不幸（“Tweede Boeck” 1601:90）。东南亚穆斯林热情地采纳了伊斯兰教的流行做法，在重

① 又称为“九贤”。——译注

要的忌日（葬后 3 天、7 天、40 天、100 天）来到墓地，盛排筵宴、大吃大喝（Martin 1604：49；Gervaise 1701：140—174；Raffles 1817 I：327；Ali Haji 1866：76；Brooke 1848 I：87—88）。“根据官方或学者的看法，这样做是对死者生前所有善行的回报；而根据民间的说法，这是为了让他们品尝美味佳肴，大饱口福”（Snouck Hurgronje 1893 I：221）。热尔韦斯（Gervaise 1701：133）在谈到他在暹罗见到的望加锡人时说，“他们没完没了地举行仪式，而这些仪式在土耳其人和印度的穆斯林中都没见过，但他们却认为麦加有”。其实，这些仪式绝大多数是在生命的各个危急关头（特别是死亡）祖先祭祀活动的伊斯兰化。

168 追思亡者一直是东南亚穆斯林的一件大事。在阿拉伯世界，回历七月被认为是进行这样纪念的最佳时机，但在印度尼西亚却是在斋月前后；而斋月正是祭奠祖先的时机，这是因为也必须让精灵们做好准备，履行意义重大的斋戒。在斋戒开始一周前人们都在墓地会餐（直到今天，许多人还这样做）（Koentjaraningrat 1985：365）。爪哇人称这段时间为“尼阿德兰”（nyadran），皮谷德（Pigeaud，1960—1963 IV：424）将该词追溯到曾在 14 世纪盛行一时的密教祭奠仪式“施拉达”（shraddha）。伊斯兰教斋月前的回历八月（Sha’ban）在爪哇叫做“鲁瓦”（ruwah），为精灵月。在斋月过后的一周内人们再次拜谒墓地。回历十月（Shawwal）第一天盛大的开斋节（idulfitri）就是从这一周开始，人们应该请求长者（包括在世和去世的）宽恕罪过。这些活动在 17 世纪肯定已经存在，但其渊源尚不清楚。在最初它们很可能也是新瓶装旧酒，为达到祭祀亡灵的目的而将伊斯兰节日改头换面(Crawfurd 1820 I:97;II:261)。

一些东南亚宗教的词汇被用来表现伊斯兰教的新概念,并为其注入新的活力。“涅吉”(ngaji)(以及有关的 kaji 和 mengaji)为南岛语词汇,直到今天,弗洛勒斯岛的精灵崇拜者仍然用它来指献给祖先的祷词(Novena 1982:13—24)。它成了为悼念亡灵或其他目的而吟诵《可兰经》的常用词汇。同样,东南亚伊斯兰教常用的“祷词”一词(包括星期五集体聚礼日所用的祷词)并不是阿拉伯语,而是来自当地古老的词汇 sembahyang,其字面意思为“崇敬主人或精灵”。但更为普遍的情形则是用阿拉伯语词汇和祷词来形容原来与精灵世界有关的活动。一些阿拉伯语词汇被用来指那些充满神力的坟墓,这样它们的效力就可用伊斯兰词汇来体现,例如 kramat(神圣的[坟墓]),berkat(神力)和 ziarah(朝圣)(Houtman 1603:250)。

最为重要的是,南岛语中基本的概念 semangat(灵魂或精灵)能够把生命赋予个人和宇宙,并把两者连接起来(Endicott 1970:28—51);但它可以被重新解释为苏菲 ruh(复数为 arwah)这一概念,指赋予宇宙活力的真主的灵魂(al-Attas 1970:86—90)。尽管法理学家所代表的都是伊斯兰教严厉的一神论及其严格的教法,与充满精灵的世界针锋相对、水火不容,但民间神秘主义却可以将它们仅仅看作是“外在的”教条表述,而不是“内在的”神秘真理。

权力和王位

在东南亚古老的信仰中,所有的权力都是精神的力量。威风 169

凛凛的首领或国王能够拥有牢牢掌控宇宙的力量，而他的权威也全部由此而来。东南亚地区大国也以同样的方式借鉴印度思想，用来支撑神圣王权、宇宙之王这些更为宏大华丽的概念；这样，国王们不仅可以沟通神灵，而且还是其在人间的代表。在缅甸、暹罗、柬埔寨、爪哇和巴厘的王宫里都有婆罗门供职，目的在于确保国王们以正确的仪式来表现其神性。

在这样的背景下，新经文宗教所宣扬的所有信徒人人平等的思想就显得与此大相径庭、格格不入了。特别是由商人传播、充满商业精神的伊斯兰教经常被视为一股“资产阶级”力量，将权力的重心转移到沿海贸易中心，并永远削弱历代等级国家赖以存在的思想基础（van Leur 1934：113—115；Lombard 1990：150—155）。这种宗教权威不受国王的最终控制，其国际性的正统说教则由地方上有影响、受过教育的社会上层来左右。这的确会对王权形成长期的挑战。那么，为什么国王们还要接受这些新宗教呢？

实际上，在很多情况下，这些国王们并不甘心情愿接受这些新宗教。爪哇、龙目、松巴哇和布吉斯的主要王宫基本上是在战争中而不是在辩论中被打败（早期的情况虽然无案可稽，但也应该如此）。另外一种压力源于东南亚大部分地区的政治多元性。假如一个北部泰族小国皈依了佛教，或者苏门答腊的一个国家改信了伊斯兰教，这样就对其他大国构成了威胁，因为如果它们不仿而效之，先是贸易、最终是权力都会落到其对手手中。小国八儿剌先于巴赛、丁加奴先于北大年、卢伍先于望加锡改信伊斯兰教。在经常导致东南亚国家四分五裂的王位争斗中，新宗教依仗民众支持或商业实力可以成为王位争夺者的有力武器。

不过，伊斯兰教和上座部佛教最终却成为加强王权的强大武器，而这是贸易时代的一大特色。因为经文宗教宣称的都是普世思想，它们可以被用来削弱国内敌人的势力。精灵和精灵崇拜的传统权威具有非常强的地方性，外人不敢进行干涉，但以普世宗教的名义则可以使其变得服服帖帖。经文宗教也为军事征服提供了 170
冠冕堂皇的理由，那就是使这种信仰传播更加广泛。在南苏拉威西，精灵世界的强大权威保证了契约联盟和分权制度的高度稳定，只有在 1605 年接受了伊斯兰教后，望加锡才能以更高权威的名义征服其邻国。

佛教和伊斯兰国家的国王们拥有强有力的手段来驯服这些国际宗教。首先，只有他们有权力来决定高级教职的人选。上座部国家的僧王（Sangharaja）、大僧王（Mahasangharaja）以及伊斯兰国家的法官（kadi）都是由国王来任命的，而这些人往往是国王的近亲。在特尔纳特，据说法官必须和国王有血缘关系，“因为在节日时国王就亲吻他的手”（Galvão 1544:87）。国王们排解宗教纷争，审查宗教内容，并颁布宗教法律。他们通过建塔修寺、布施捐助和赞助学者对宗教进行支持庇护，为此大大提高了他们的权威。

不管神学家怎么说，东南亚的统治者们继续强调其神圣地位。皇家敕令、书信和史书都仍然认为，国王是世上超自然力量的最终源泉。根据暹罗国王的称号（译文当然不太标准），除了其他许许多多的称号外，他还是“不朽灵魂至圣之主，眼观六路至圣之主”（Glanius 1682:151）。尽管在亚齐的所有苏丹中，伊斯坎达尔·达尼（1637—1641 年在位）最为正统，但他还是宣称自己是“世界之王，如真主俯瞰大地，如日中天，如月高悬，且为真主所选”（*Dagh-Register*

1640—1641:6)。马来苏丹们不仅声称他们是真主在人间的影子,还说他们是哈里发(穆罕默德的继承人,所有信徒的领袖)和真主的代表(Milner 1983:34—39;Drakard 1993:211—216)。

王权不但没有和伊斯兰教发生意识形态上的冲突,而且找到了新的办法,使用伊斯兰的词汇来表现其超自然的特质。阿拉伯语中的"dawla"一词已成为表示"国家"的标准词汇(由"变换"一词演变而来,转指改朝换代),而马来语赋予该词更深刻、更神秘的意义,表示王权的精髓。马来人用"daulat Tuanku!"一词向国王敬礼,并重复多遍,以确认国王的神圣权威。"Daulat"一词被赋予魔力,它可以击倒敌人和叛徒,而国王则不费吹灰之力。爪哇语中使
171 用"wahyu"一词来表示这种统治者所特有的魔力,而该词也是来自伊斯兰教。但阿拉伯语中的原词(wahy)并非用于国王,而主要是用于先知的神谕。

国王们可以这样利用伊斯兰教和佛教的思想来鼓吹、加强其超自然力量,但伊比利亚的天主教却对他们毫无帮助。这就说明了为什么重要的基督教国家在风下之地都无法生存下来。尽管有成千上万的人接受洗礼,众多的国王们表示愿意改信天主教并和伊比利亚人联合,却没有哪一个基督教王朝的寿命超过了一代人的时间。伊斯兰教和佛教可以被用来帮助统治者,但伊比利亚的天主教却削弱了他们的权威。反宗教改革运动要求宗教大权由神甫团来掌握,而西班牙和葡萄牙人反对任何其他人插手他们在亚洲的传教活动(padroado①),这就使得神甫团由清一色的欧洲人

① 西班牙加里西亚方言中的词语,意思是"赞助,慈善机构"。——译注

组成。那些在东印度尼西亚和阿拉干改信基督教的国王卷入葡萄牙人的权力斗争，因而丧失了对自己人民的统治权。海军勇士希尼米劳（Hinimilau）有一部分中国血统，为葡萄牙人的宿敌之一；平托（Pinto 1578：94）借他之口说明了这样的情况。在马六甲做了一段生意后，希尼米劳于1540年前后改信基督教，可是：

> 在成为基督徒后，葡萄牙人总是瞧不起他；但在他从前还是异教徒时，所有葡萄牙人和他说话时都摘掉帽子，尊敬地称呼他 Kiai Nachoda，意思相当于“船长先生”……后来他来到宾唐，改宗成为穆斯林，谆塔纳（Juntana）［柔佛］国王总是对他待如上宾，所有官员都称呼他“兄弟”。

东南亚那些仍然坚信天主教的人群，如西班牙统治下的菲律宾人和儒教国王统治下的越南人，都没有自己本教国王的支持。

为了表示服从全能上帝这样的概念，伊斯兰教和基督教都使用奴仆这一比喻：“主人和奴仆（aliping）的关系就像是上帝和众人的关系。我们都是上帝的奴仆，是他首先让我们来到这个世界上的。如果我们行善敬主，时机一到，他就会带我们到天国，把我们当作他的孩子，保佑我们。”（Oliver 1586：39；参见同书31）西班牙传教士采用他加禄语（而不是西班牙语）中有关奴仆的词汇来描绘
一个全部臣服上帝的场面，希望比诸如“上帝为王”这样的表达方式 172
更具说服力。在17世纪初期的专制主义出现以前，国王在东南亚人中还不算是被效忠的对象。尽管经书上这么说，但16史记欧洲人撰写的文献中很少使用“奴仆”一词来形容他们对上帝的臣服。

伊斯兰文献使用奴仆(abd)和王权两种形象来表示人对真主的臣服,这很自然地被像拉尼利(Al-Attas 1986:90,96)这样外国出生的学者用马来文撰写论文时采用。而像哈姆扎·凡苏里(*Poems*:96,102;*Asraru'l-Arifin*:295)这样本地出生的神秘主义者则更喜欢使用模棱两可的马来词 hamba[①],而不是阿拉伯语的 abd;他们更强调上帝的内在性而不是超然的外在性:

他是伟大至上之王……
他总是隐藏在奴仆身上……
他作为父母大人高高在上……
他忽而为商人远游经商,
他忽而为教友在田里奔忙。
他财富无限、金银如山,
他航行总是触到礁上。

(Hamzah,*Poems*:98)

尽管背景不同,但经文宗教一般都反对私人蓄奴,这样就加强了国家的权威。在一些西班牙传教士看来,把菲律宾人从奴隶制中解放出来就是"还给他们自然、神圣的权利和公道"(Salazar's Council 1581:330)。废除奴隶制也就意味着所有菲律宾人都接受西班牙国王统治并缴纳赋税。

① hamba 意为奴仆,是对君王说话时的自称。——译注

伊斯兰法律对蓄奴有明确的规定,其中大部分内容被纳入到了东南亚的法典中去。但是,自由人和奴隶的区别一般都被穆斯林和异教徒的区别所代替,尤其是这种区别正好符合正在巩固自己权力的国王们的利益。如果望加锡史书的记载属实,望加锡先掠夺比马的人口为奴,然后又逐渐释放他们,使他们重获自由;这样做是根据沙菲(Shafi)法律的规定,即为了星期五的祷告需要 40 个自由人(Noorduyn 1987:317—322)。一部布吉斯史书记载说,南苏拉威西的传教士宣布说,布吉斯的穆斯林必须杜绝他们在改信伊斯兰教前的一些恶习,例如吃猪肉、喝棕榈酒、通奸和放高利贷;此外,如果奴隶们跟随他们的主人信仰伊斯兰教,那么"上帝就奖励那些释放奴隶的人"。有一些强大的穆斯林国王认为,他们手下的穆斯林臣民不允许被别人奴役,而那些被征服、但改信伊斯兰教的人应该融合到主体人口中去。就像西班牙人那样,他们这样做 173
也就增加了受他们直接统治的臣民人数(Reid 1983:169—173)。

爪哇的特例

> 爪哇与沿海地区及商业群体的伊斯兰教有天渊之别……在所有的穆斯林中,爪哇人的教义和信奉都是最松弛不堪的,这种独特的现象要归咎于在过去的 200 年中他们很少和外国穆斯林接触,而这是因为荷兰人在贸易上的嫉妒心阻碍了阿拉伯人的到来。
>
> ——Crawfurd 1820 II:261

“克查文”(kejawen)(意思为“爪哇信仰”)的强大生命力使得说爪哇语的东爪哇和中爪哇地区的伊斯兰文化与众不同。在现代爪哇社会里,有许多名义上信仰伊斯兰教的爪哇贵族认为伊斯兰化对该岛实际上是一场文化浩劫,冥想和禁欲比伊斯兰宗教法(沙里亚,shari'a)更能使人臻于化境;有这样思想的人在 20 世纪 50 年代比 80 年代要多。格尔茨(Geertz 1960)对具有爪哇信仰的贵族们和教义派穆斯林之间的文化鸿沟曾做过精辟论述,而最近的研究(Ricklefs 1979;Kumar 1980:12—16;Kumar 1985:6—7)表明,这种鸿沟主要归咎于 19 世纪荷兰人的文化偏好和改革派伊斯兰教新道德观所造成的分裂。17 世纪的爪哇远远没有像它在 20 世纪的情况那么特殊,但在两个方面它确实与众不同:在所有接受伊斯兰教的国家中,爪哇印度化的宫廷文化发展得最完美;而在 17 世纪它从国际伊斯兰网络中的撤退也比其他国家更为彻底。

第一个原因使得爪哇人的主要国家不会主动接受伊斯兰教。根据墓碑资料,我们知道从 14 世纪开始,就已经有颇具声望的穆斯林在满者伯夷的首都生活;但在海岛地区,爪哇的统治阶层是最后才屈服于伊斯兰教这个新兴力量的。有关 15 和 16 世纪的爪哇文献对此都语焉不详,而它们习惯于将穆斯林军队推翻满者伯夷的年代放在 1478—1479 年(爪哇历为 1400 年,人们认为这一年应该改朝换代了)肯定是错误的。不管这一年发生了什么事情,但我们可
174 以肯定伊斯兰教尚未取得最后胜利(Noorduyn 1978:254—255)。最早、最可靠的史书就以人们公认的满者伯夷的灭亡为开始,但在一个世纪后才提到穆斯林,这是指在 1577—1578 年“伊斯兰教的殉道士们”击败谏义里那件事(*Babading Snagkala* 1738:18—25)。

皮雷斯(Pires 1515:174—175)指出,在达哈(即谏义里)还有一个“信奉异教”的爪哇国王;而80年后荷兰人报告说,爪哇的穆斯林只限于北海岸地区,而在“内地还全部是异教徒”(Lodewycksz 1598:114)。爪哇伊斯兰革命的关键时期是在16世纪和17世纪早期。

但是,爪哇北海岸地区的穆斯林聚居区出现就要早得多。15世纪早期,马欢(Ma Huan 1433:93)已将北海岸贸易城市的居民分为三类:来自众多国家的穆斯林、中国人(他们当中许多人也是穆斯林)和信奉异教的“原始”爪哇人。满者伯夷的舰队游弋出没于从杜板到泗水的众多港口中,征服了海岛地区其他主要港口,包括建国多年的巴赛;而在14世纪60年代,许多有才华的穆斯林被从巴赛带回爪哇,这样就为爪哇的少数穆斯林增添了马来因素(*Hikayat Raja-raja Pasai*:159)。在这些城市中,锦石似乎是第一个拥有穆斯林国王的,而他可能就是马欢(Ma Huan 1433:90)所提到的中国人中的一位。锦石、邻近的吉里“圣山”,以及泗水附近的雅佩尔(Ngampel)地区很可能构成了第一个伊斯兰教中心;在这里,伊斯兰教被赋予了爪哇的特征,而满者伯夷文化也开始带有伊斯兰特色。在15世纪的最后25年中,一位爪哇传说中称之为拉登·帕塔(Raden Patah)的人从该中心移居淡目,并出任那里繁荣兴盛的穆斯林商业社区的领袖(de Graaf and Pigeaud 1974:37—39)。他的出身很可能和旧港的中国社区有关。《爪哇史话》(*Babad Tanah Jawi*:22—23,31)记载说,淡目拥有对满者伯夷王位的合法继承权,其根据就是拉登·帕塔是满者伯夷最后一位国王和中国公主的儿子,这位公主是在旧港生下他的。

在 16 世纪的前 10 年内，爪哇北海岸地区的权力中心转移到了中爪哇，更加远离原来的印度教国家。淡目的清真寺成为以学识渊博的谢赫·博囊(Sheikh Bonang)为首的著名穆斯林聚谈地；据说谢赫·博囊的父亲是拉登·拉赫马特(Raden Rahmat)，他是泗水—锦石地区的著名圣徒，出生于占婆的穆斯林贸易区(*Babad Tanah Jawi*：20—21；de Graaf and Pigeaud 1974：19—24，47—50)。喜欢穷兵黩武的特棱加纳苏丹在 1504—1546 年左右统治淡目，邻
175 近的港市国家扎巴拉则是爪哇海域最强的海军力量。特棱加纳曾率领一个伊斯兰联盟，很可能摧毁了最后定都于吉里的这个主要印度教—佛教国家(*Babading Sangkala*：21；de Graaf and Pigeaud 1974:53—56；Noorduyn 1978:255)。但他远远没有达到占领这个建立已久的爪哇国家(很可能正处于严重瓦解的状态)的目的，所以他就挥师撤退到淡目这个伊斯兰教的大本营，从那里继续攻击众多的印度教敌人。根据传说，在 1524 年前后，圣徒苏南·古农·查迪从麦加带来加冕令，这样特棱加纳就成了苏丹。这种称号表明他想把淡目建成爪哇的新型伊斯兰王国(de Graaf and Pigeaud 1974:50—51)。根据门德斯·平托(Pinto 1578：382—393)的描述，特棱加纳在 16 世纪 40 年代是爪哇及其周围诸岛的"皇帝"，但仍然不得不征讨爪哇东部的"异教"王国。在同一时期访问过爪哇的另外一位葡萄牙人曾警告说，"他的目的就是把周围所有的民族都伊斯兰化，这样他就可以成为土耳其的另一位苏丹，而他旁边[葡萄牙人的]马六甲就会变得无足轻重，不值一提"(Pinto 1548：423)。

在16世纪,爪哇的沿海城市财富汇聚、思想交融、人才荟萃,经历了一场非同寻常的文化变革。清真寺和圣墓的建设融合了各种建筑风格,包括砖结构、满者伯夷的装饰和适合伊斯兰教礼拜的爪哇潘朵坡(pendopo)[①]式大型木柱(插图23a、23b)。特定的皮影戏人物造型代替了真人的造型,目的在于尽可能不触犯虔诚的穆斯林们。这一潮流很可能改造或创造了爪哇的表演艺术。尽管具体的发展过程已无从得知,但出人意料的是,爪哇传说都将傩戏的创作归功于爪哇最著名、半传说性质的圣徒苏南·卡里·查加(Sunan Kali Jaga),尽管这些傩戏表现的都是伊斯兰教传来以前的事情(Pigeaud 1938:39—52;de Graaf and Pigeaud 1974:65—71)。

伊斯兰教并不是16世纪海滨城市的唯一规范。我们不难联想出这样一幅画面:其中心是环绕在港市的清真寺、周围是有国际联系的虔诚穆斯林,此外是不断从内地涌来的非穆斯林爪哇人,再就是竭力利用伊斯兰教和爪哇信仰来增加其合法性的爪哇宫廷。现存最早的爪哇文献是来自这些城市的穆斯林著作,它们表明各宫廷对伊斯兰教与上帝神秘合为一体的学术传统有浓厚的兴趣,但同时也决心在多元的形势下虔信真教("Javanese Code";*Javanese Primbon*;Drews 1969)。

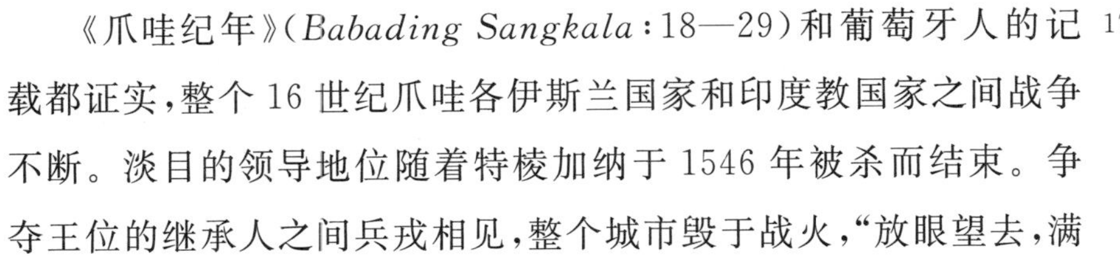

《爪哇纪年》(*Babading Sangkala*:18—29)和葡萄牙人的记 176
载都证实,整个16世纪爪哇各伊斯兰国家和印度教国家之间战争不断。淡目的领导地位随着特棱加纳于1546年被杀而结束。争夺王位的继承人之间兵戎相见,整个城市毁于战火,"放眼望去,满

① 潘朵坡意为前厅或院子里的大厅。——译注

目疮痍"(Pinto 1578:394)。

插图 23a　淡目的马斯吉德·阿贡(Masjid Agung)清真寺,据说建于15世纪晚期,代表传统议事厅的风格(潘朵坡)。

在此后的战争中,泗水代替了淡目的位置(并唤起了人们对满者伯夷的记忆),作为最强大的伊斯兰港市国家逐渐崛起,而中爪哇的权力中心则向内地转移,先是到了巴章(Pajang),然后又到了马打兰(日惹附近)。马打兰的伟大缔造者是勇士塞纳巴迪(Senapati),他去世半个世纪之后范·根斯(van Goens 1656:186)对他的一生进行了总结:

> [在14位独立的国王中,塞纳巴迪]是第三位接受穆罕默德教的,时间大约是公元1576年;第一位是万丹的国王,而第

> 二位是井里汶的国王。在他看来，他的同时代人冥顽不化，拒
> 绝同他一起接受这一宗教，所以他就积极备战，在其地盘内备
> 置好所有武器装备。他首先进攻实力最强、人口最多、最富裕
> 发达、名叫马打兰的省份，在短时间内即征服该地，并立即除
> 掉了所有的王室人员，还有他们的巨仆。他残忍至极，连他们 177
> 的妻妾和孩子都不放过。他随即传播他刚刚皈依的宗教，在
> 马打兰建立新王宫……征服该省后，他一直征战到死，在死前
> 还征服了普尔巴雅(Purbaya)、勿里达、萨拉隆(Salaron)和帕
> 马朗(Pamalang)。

尽管这段记载完全忽视了淡目所推行的伊斯兰化，但它表明
塞纳巴迪的孙子阿贡于1613年所继承的国家的中心地区只是在
非常晚近的时期才伊斯兰化的，而且程度非常肤浅。作为征服者， 178
塞纳巴迪看到了联合爪哇北海岸地区经济富裕、军事强大的伊斯兰势力的必要性。在苏丹阿贡的多年统治期间，爪哇北部的海滨城市消失了，马打兰王室掌控了爪哇的局势，一个以国王为杰出代表的新的宗教合成体诞生了。苏丹阿贡及其宫廷的成就在于建立了一套伊斯兰和爪哇特色兼备的礼拜模式——至少在他们看来是如此。

恪守沙里亚的国际商业群体在马打兰基本上没有影响，但在爪哇北海岸却势力强大。苏丹阿贡的宫廷内有乌里玛任职(de Graaf 1958:103,117)，但他们的影响都来自国王本人——他们自己还没有形成一股势力支持全面实施伊斯兰法典。因此，苏丹阿贡并不是

插图 23b　16 世纪森当杜沃(Sendang Duwur)清真寺的带翼拱门,位于爪哇东北滨海地区杜板附近,显示出印度教—佛教国家满者伯夷的建筑风格正在转变之中。

那么苛求其臣民恪守伊斯兰教教义。但是,一些关键的内容得到了实施。头面人物必须正式皈依伊斯兰教并切割包皮,而欧洲和其他地方的俘虏如果想免于一死也必须这样做(前揭书:102—103)。阿贡有时也为星期五的祈祷举行公开庆祝活动,并要求官员们随同前去，但紧接其后的继位者都没有这样做。[①] 和风下之地的其他国王们一样，苏丹阿贡隆重庆祝斋月之后的开斋节（Idulfitri）可能使其成了一年之中最热闹的节日。曾参加 1622 年庆祝活动的荷兰使节观察到，国王先赴“寺庙”做祷告，然后在广场上接受各地诸侯的朝拜（de Haen 1622:303—304）。

虽然没有一个虔诚信教、拘泥教义的国际群体对阿贡施加压力，但在爪哇各地还有许许多多奉行苦行生活、具有重大影响的圣人。他们被称为“塔帕”（tapa）（意为苦行僧，女性被称为“塔琵”[tapi]），聚集在爪哇的印度教和佛教圣地，学习“禁欲清修，发誓许愿，沉思打坐，运用全部本领造福全世界”，并在爪哇各地的森林、山顶和圣地修炼提高，靠托钵化缘为生（Nagara-kertagama 1365:94；参见同书：36—37，64，113—114）。这些为人崇敬的圣人正处于向伊斯兰教过渡的阶段，托梅·皮雷斯（Tomé Pires 1515:177）对他们有非常生动的描述：

> “塔帕”意为遵守，就像贝古因（Beguin）[②]那样。这样的
> 人在爪哇有五万，分三四个教派。他们当中有些人不吃米饭 179
> 或不喝酒；他们全都是童男，从来没有碰过女人。他们戴的帽子有一码那么长……帽边镶有五颗白星……摩尔人也崇拜他

① 对此唯一的史料就是荷兰使节德·哈恩的记载（de Haen 1622:312）。其他史料，包括荷兰或爪哇史料，都没有提及马打兰的清真寺，说明其建筑不是那么起眼。它有可能是用砖墙围起来的、高顶爪哇式潘朵坡，所以来访者都看不出来它是一个清真寺（de Graaf 1958:113—115）。

② 贝古因是出现于 12—13 世纪荷兰的天主教守贞女团体。——译注

> 们这些人,并且绝对相信他们。摩尔人给他们饭吃,如果他们来到摩尔人家里,摩尔人就非常高兴。按照他们的规矩,他们都是两人一起活动,从不单独行动……在爪哇,我有时候看到10 个、12 个。

这是有关爪哇印度教-佛教与伊斯兰教禁欲主义前后传承的有力证据。在下一世纪,当伊斯兰教作为爪哇宗教的地位已经稳固之后,一位德国外科医生还提到这批“隐士”:他们头戴相似的长头巾,住在山洞里,禁欲清修,守护圣地,被视为穆斯林圣徒(Fryke 1692:147—148)。大致来讲,“塔帕”似乎并没有反对伊斯兰教,这至少从内地的情况看来是如此。相反,他们采纳了伊斯兰教神秘主义的一些东西,把自己和穆斯林圣徒的墓地联系起来;所以爪哇的穆斯林就把他们当作苏菲主义者,而其特征就是超越伊斯兰教外在的要求而转向内心的修炼。即使是像对爪哇北海岸的伊斯兰教规定非常严格的《爪哇法典》(“Javanese Code”:15,18,22),也采用了“塔帕”一词,来指伊斯兰式的清苦和自我牺牲,但同时也警告说这些都明显属于印度教的做法(前揭书:34)。

在爪哇传统中,著名圣徒的教诲以及人们围绕其墓地对他们的崇拜,都似乎使得这种禁欲主义传统越来越接近伊斯兰教的神秘主义,至少在当时绝大多数爪哇人眼里是这样。塔帕到 18 世纪或更早就成为“桑特里”(santri),即虔诚派,他们信奉宗教,寻求灵知,来往于爪哇各圣地之间,靠崇敬他们的人施舍为生。

这些苦行者与等级森严的国家总是矛盾重重。他们可以加强但也可以严重损害对国王的崇拜。[1] 1630 年，一群这样的苦行者在滕巴亚附近（马打兰地区最神圣的穆斯林墓地）起事，威胁了苏丹阿贡的统治（de Graaf 1958:198；*Babading Sankala*:37）。阿贡国王残酷地镇压了这场运动，但也盘问了那些幸存者的宗教信仰。这一事件丝毫没有动摇阿贡对滕巴亚圣地的崇拜，他在 1633 年公
开朝拜该地，并下令重修一个壮观的石砌通道。实际上，他好像是 180
在努力将自己的个人魅力和人们对他直接控制下的最神圣的穆斯林圣地的崇拜结合起来。

从滕巴亚回来之后，阿贡颁布宫廷新历，将伊斯兰教阴历及其节日融入以公元 78 年为起点的爪哇[印度]历；这充分反映了阿贡决心把爪哇传统、伊斯兰教和国王崇拜有效地结合起来。很可能是出于这一想法，他决定征服泗水地区最神圣但也是最顽固的宗教中心吉里，并于 1625 年派军队将其击败。阿贡优待被打败的泗水王室成员，是为了把权力的合法性从东爪哇最后转移到中爪哇，从沿海转移到内地。泗水王朝颇有教养的王子帕基克（Pekik）被带回马打兰，并和阿贡的妹妹结婚，而帕基克和前妻生的女儿则嫁给了阿贡的儿子（同时也是王位继承人）。然后帕基克被派去征服吉里（此举的宗教意义大于军事意义），目的是要将其神圣的大僧王带回来臣服阿贡。帕基克于 1636 年大功告成，凯旋班师。

到了 1624 年，阿贡征服的爪哇领土已超过了满者伯夷以后任

① 李克莱弗斯（Ricklefs 1974:315—333）讨论了 18 世纪的一个例子，桑特里将魔力授予爪哇国王，鼓动他统治全爪哇，这样就引发了荷兰和爪哇关系的危机。

何一个国王的疆域，他宣称自己是“苏南”（Sunan）（或苏苏胡南，Susuhunan），并授予自己同伊斯兰教圣徒级别相等的宗教地位。在 1641 年他从麦加得到了“苏丹”称号。在 1645 年，在他去世前不久，他为自己在义莫吉里（Imogiri）修建陵墓，风格类似于穆斯林圣徒的坟墓，但规模要大得多。此后的爪哇史书都称他为“普拉布—潘迪塔”（Prabu-pandita）（意为国王兼祭司），这样等于授予他又一个圣徒的称号。这些史书还宣称，阿贡神力广大，每星期五都奇迹般地赴麦加祷告（*Babad Tanah Jawi*：122）。阿贡成功地完成了印度阿克巴苏丹所没有完成的宗教合成，使他的臣民们既可以自称穆斯林，又崇拜阿贡自己。在阿贡去世数年后，一位眼光敏锐的荷兰人观察到，爪哇人“在外表上为他们的国王感到无比自豪，他们像尊敬真主那样尊敬他；有如此坚定的信仰，再加上他们的穆罕默德信仰，这样他们就坚信自己一定会得到拯救；他们诅咒所有的其他人，嘲笑他们都是异教徒”。很明显，他没有看到其中的矛盾之处（van Goens 1656：263）。

这样的宗教合成不可能持续太久。只要人们了解爪哇以外伊斯兰教世界的形势及其各种各样的教义和神秘主义，那么就会有
181 改革的尝试。但是，国际伊斯兰教的压力必须经过爪哇北海岸这个中间地带，所以随着阿贡去世以及对海岸地区控制的丧失，他的后继者就开始有意排斥国际贸易并割断与伊斯兰世界的联系。内地的爪哇人仍然是穆斯林，但荡涤冲击其他地区的伊斯兰教改革大潮到达爪哇内地时已成强弩之末。其他民族，特别是布吉斯人和望加锡人，在其精明强干的国王领导下皈依伊斯兰教，在抵制伊

斯兰法律和习惯的全面影响方面也与爪哇有雷同之处。但由于一个额外的因素，也就是同北海岸地区的商贸联系的中断，使得爪哇的宗教合成变得格外持久长命。

伊斯兰教经文影响的高峰

拥护捍卫沙里亚，
沙里亚中知识深；
缆绳脱开沙里亚，
灵知港湾驶不进。

——Hamzah Fansuri，*Poems*：92

在 17 世纪上半叶，伊斯兰教的教义要求对东南亚人公共行为的影响达到了顶峰。有学者指出，在同一时期印度也有类似的现象。这种情况发生在贸易时代的最后阶段，而与此同时，国家专制主义（详见第四章）也正处于巅峰期。这绝不是偶然的巧合。在这一时期，城市的穆斯林商人的势力也比较强大，他们的国际联系仍然相当广泛。正在竭力巩固其权力的国王们（不管他们的个人信仰如何）发现，将这个商人阶层形式上和实质上的信仰纳入到他们正在建立的新国家机构中不但有用，而且必要。在接管了这些商人的大部分贸易后，国王们发现他们也需要吸收商人们的思想。尽管要衡量一般民众对伊斯兰教的信仰程度比较困难，但有证据显示，在这些年份里这种信仰程度相当高。

首先，国王们及其近亲赴麦加朝圣，蔚然成风。这有可能开始于万丹的阿利亚·曼贾拉（1608—1624年在位）的摄政时期，但在17世纪30年代达到顶峰。在这一时期，万丹、马打兰和望加锡的国王们纷纷组织规模庞大的麦加朝圣团，目的之一就是希望再次获得一个苏丹称号（Schrieke 1942：242—250）。

182 在国内，这些国王们在各种场合展现其九五之尊，这同时也象征了他们在履行对伊斯兰教的职责。在亚齐和特尔纳特，每周都举行游行活动来庆祝国王参加星期五的祷告活动（每人都必须参加）。马来和欧洲史料记载得非常清楚，在苏丹伊斯坎达尔·穆达在位初期，每星期五数千人和数十头大象聚集在一起，陪同这位亚齐苏丹前去清真寺。1613年，200头大象和4000多人参加了游行，随后是祷告、动物格斗比赛和其他娱乐活动（Croft 1614：168—169，171—172；Reid 1989：33—35）。每年盛大的伊斯兰教节日更是场面壮观，规模宏大，包括斋月前夕、斋月第27天的真主启示夜、斋月结束（开斋节）和朝圣月（Dhual-hijja）第10天的宰牲节（古尔邦节）。宰牲节的场面尤其壮观，根据彼得·芒迪（Peter Mundy）1637年的记载，500头水牛被宰杀，数千骑兵、士兵和大象行走在游行队伍中，浩浩荡荡（Adat Aceh：25—46；Ito 1984：217—227；Reid 1988：175—177；Reid 1989：31—32）。在17世纪，亚齐的前四位国王在位期间都举行这样的公开庆祝活动，但到了第一位女王泰姬·阿拉姆（Taj al-Alam，1641—1675年在位）时代，这些活动就戛然而止了。

在这一时期，东南亚国家也都倾向于把伊斯兰的正统教义当作政治上是否效忠的最基本的试金石。所有的东南亚国家都是多

元化的，在其首都，非穆斯林都得到一定的宽容。但是，当非穆斯林们触犯刑律，或是在争论中站在错误的一方时，他们经常以改信伊斯兰教而免于一死。这种现象在以前并不存在，例如 1511 年前的马六甲就没有这种事情，但至少自 1565 年后的亚齐、苏丹巴卜拉（Baabullah，1570—1584 年在位）时期的特尔纳特、17 世纪中叶的万丹、马打兰、望加锡和吉打情况都是这样（Taillandier 1711；Schrieke 1942：241；de Graaf 1958：102）。发生在亚齐非常著名的两个例子，那就是分别在 1601 年和 1637 年，乌里玛们以威胁利诱和学术争论等方式企图使德·豪特曼（de Houtman）和一批葡萄牙使节改信伊斯兰教，说明东南亚国王们一直在坚持不懈、逼迫人们改宗皈依（Reid 1993：173—174）。

尽管伊斯兰教法典有叛教（murtad）即处以死刑的规定，但在东南亚，这一条文很少用于穆斯林中的异己分子。唯一有详细记载的一件事发生在亚齐国王伊斯坎达尔·达尼在位期间（1637—1641 年）。就是这位虔诚的国王在 1637 年处死了很多拒绝皈依伊斯兰教的葡萄牙人，但却赦免了亚齐的中国商人，因为他们“不吃猪肉不行”（vander Meulen 1639：1200）；此外他还废除了古老 183
的神判制度，按照沙里亚的规定启用证人。这位正统学说的坚决支持者刚一继位，古吉拉特学者努尔丁·拉尼里就火速赶回亚齐。他公开攻击沙姆苏丁和哈姆扎·凡苏里的学说，在亚齐的大清真寺前将他们的著作付之一炬，并成功地要求苏丹处死那些继续支持他认为的异端邪说（即把人等同于真主）的人。当拉尼里的后盾伊斯坎达尔·达尼在 1641 年刚一去世，人们就开始对拉尼里的过

激行为进行猛烈反击。复仇的民众群情激奋,拉尼里死里逃生(Nieuwenhuijze 1945:200;Ito 1978;Reid 1993:174)。17 世纪下半叶最有影响的乌里玛,包括星科尔(Singkel)的苏菲派长老阿卜杜劳夫(Abdurra'uf)[①]和望加锡的优素福,是印度尼西亚人中的温和派,不像拉尼里那样在信仰问题上敌我分明、势不两立。

我们知道,专制君主们不愿意接受任何外来的宗教权威,然而大量证据却又表明真主之法沙里亚得到广泛实施,这确实有些出人意料。不仅仅是史家记载说,一些虔诚的君主在某些方面实施伊斯兰教法典(Raniri 1644:36),而且外国人也证实,相应的处罚得到了执行。沙菲仪(shafi'i)[②]法典规定,凡是盗窃价值四分之一第纳尔(约等于 1 克黄金)的财物,对第一、第二、第三和第四次罪行分别处以砍掉右手、左腿、左手和右腿的刑罚。这种处罚随处可见,连漫不经心的来访者都有记载。所以我们知道,亚齐在整个 17 世纪、文莱在 16 世纪 80 年代、万丹在苏丹阿卜杜勒法塔赫·阿庚(1651—1682 年)在位期间都实施了沙里亚刑罚。亚齐经常处罚那些公开酗酒的穆斯林(当然亚齐的一些国王开了个坏头),而万丹也根据伊斯兰教法典对那些抽吸鸦片或烟草的人绳之以法。1644 年,望加锡的一位马来富人的欧亚混血仆人因在皈依伊斯兰教后又改信基督教而被用短剑处死;他们解释说,这不是国王的命令,而是因触犯伊斯兰教法律受到的应有惩罚(Santo Ignacio

① 即上文的阿卜杜·劳夫·星吉利。——译注

② 沙菲仪是逊尼穆斯林四学派中的一派,由沙菲仪在 9 世纪创立,在埃塞俄比亚、苏丹、索马里和东南亚占统治地位。——译注

1644:59)。即使是在治国方面(这明显是国王的职责范围),乌里玛也有发言权。在17世纪中叶,万丹根据沙里亚的规定,拒绝同异教徒荷兰人和解,时间长达10年之久(Schrieke 1942:241—42)。

在同一时期,在上述城市和北大年,几项性犯罪行为都根据伊斯兰教法律而受到严厉处治,这和东南亚古老的传统大相径庭(Reid 1988:143,157)。但是,现存法典的结构表明沙里亚的条文只是对原来的法律进行了补充,并没有完全取而代之。例如,《马 184
六甲法典》(*Undang-udang Melaka*:83—85)对强奸罪的处罚非常轻微(即和被强奸的妇女结婚或缴纳罚款),并且补充说,“但是根据真主之法,如果他是穆散(muhsan,成年穆斯林),就应该用乱石击死”。毫无疑问,多元的城市有多元的法律制度,而带头严格遵守伊斯兰教法、具有国际性的商业少数群体就可以在他们中间实施伊斯兰教法了。撰写于16世纪爪哇的一个海滨城市的穆斯林著作证实了这种多元性。在这个名义上信仰伊斯兰教的政体里,这部著作坚持说,“凡诉讼者被建议根据伊斯兰教法解决纠纷,但拒绝这样做并坚持诉诸异教法官者,皆为背离真教之徒”(“Javanese Code”:37)。

但是,17世纪东南亚的主要苏丹国也的确设立了官方的、遵循伊斯兰教法程序的沙里亚法庭,并要求他们的穆斯林臣民前来诉讼控告。在这方面,亚齐的史料同样最为丰富;在17世纪前半叶的整整50年里,那里起码有一个伊斯兰法庭。实际上,根据博利厄(Beaulieu 1666:100—102)的记载,有两个这样的法庭:一个受理违反祷告、斋戒和正统教义这一类的案件,而另一个则经办其他案件，诸如欠债、结婚、离婚和继承遗产等等。1636 年，一位荷兰人特别注意到“那位大主教”（即继承沙姆苏丁职位的法官）在亚齐每周开庭审理有关盗窃、酗酒和违反宫廷礼仪的案件（Ito 1984：155—160）。其他史料也谈到早在 16 世纪 80 年代法官在亚齐事务中的重要性。伊藤指出，伊斯坎达尔·穆达（1607—1636 年在位）有可能设立了其中的一些制度，但他的两位继承者却是第一次使其得到实施，没有受到王室不断和随意的干涉。

在万丹、北大年、特尔纳特和其他地方，讲阿拉伯语的法官（欧洲人称为“主教”）在法庭上也起着十分重要的作用（van Neck 1604：218；插图 24）。但在亚齐以外，有关沙里亚法庭运作的唯一确凿证据就是在苏丹阿庚统治下的万丹。居住在那里的法国传教士记载说，“他们有两位主要的法官，一位是大港主，他对贸易事宜了如指掌；另一位名叫‘迭里亚’（沙里亚），负责处理所有的民事和刑事案件，严厉处罚盗窃、通奸等犯罪行为”（Missions Etrangères 1680 A：93）。

民间对伊斯兰教的信仰程度是个非常棘手的问题，我们只能依赖外国人的观察进行了解。在 17 世纪 40 年代，荷兰人抱怨说，占碑的宗教热情高涨，那里的人“在眼下信教都信疯了，连普通的
185 人都跟教皇［荷兰人通常使用的贬义词，指乌里玛］差不多了，而贵族们简直就是教皇了”（引自 Andaya and Ishii 1992：541）。在望加锡，在哈桑丁苏丹在位期间（1654—1669 年），人们注意到阿拉伯的女式服装开始流行，势力强大的葡萄牙天主教少数群体的行为受到了限制。

插图 24　荷兰雕刻家所表现的 1596 年万丹总督和法官开会议事。

东南亚人的虔诚并不单单表现在去清真寺做礼拜。许多奥朗卡亚确实支持赞助清真寺，或者建立自己的清真寺，但“那些平民百姓一点也不虔诚：我没有看到他们中间的任何人做祷告或去清真寺”(Dampier 1697:231；参见 Scott 1606:172)。对外人来说，穆斯林在斋月斋戒最能表现他们的虔诚，可能因为这印证了那些古老的说法：“为了宗教，甘受苦难。”(Koentjaraningrat 1985:370)1579 年马鲁古的贵族们来到弗朗西斯·德雷克船上守斋，他们无论白天晚上都滴水不喝，虔诚程度让德雷克印象深刻(Drake 1580:72；参见 Gijsels 1621:28)。在棉兰老，在斋月的时候，“他们整天守斋并……祷告近一个小时”(Dampier 1697:234)。根据拉尼里(Raniti 1644:33,36)的记载，在亚齐，虔诚的阿拉丁·佩拉克苏丹(Ala'ud-din Perak,

186 1577—1585 年在位)要求人们一天祷告五次,严格守斋;而伊斯坎达尔·穆达苏丹也有同样的规定。在这两位苏丹之间,范·瓦维克(van Warwijck 1604:12)和德·豪特曼(de Houtman 1601:86)分别访问亚齐,前者认为在斋月期间 12 岁以上的人都不让吃饭,而后者则观察到斋戒只有在宫廷里隆重庆祝,但“普通人则不那么认真遵守”。

穆斯林对大陆东南亚的挑战

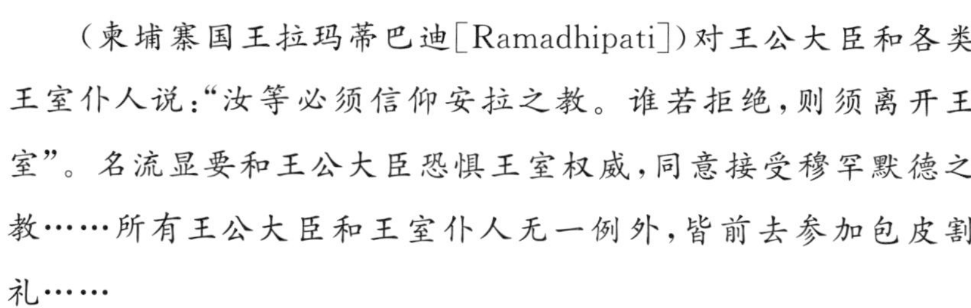

(柬埔寨国王拉玛蒂巴迪[Ramadhipati])对王公大臣和各类王室仆人说:“汝等必须信仰安拉之教。谁若拒绝,则须离开王室”。名流显要和王公大臣恐惧王室权威,同意接受穆罕默德之教……所有王公大臣和王室仆人无一例外,皆前去参加包皮割礼……

国王回至威严矗立的王宫,下令道:“国王及皇亲皆须穿戴长衣,并时时内佩短剑。”

——*Chroniques Cambodge* 1981:190

伊斯兰教和基督教之所以能够在海岛地区长驱直入,是因为经济和社会的变化为其传播铺平了道路。有鉴于此,我们必须面对这样一个问题:同样的因素是否也存在于大陆地区?在一定程度上,上座部佛教为了应付同样的挑战,越来越趋向于国家专制主义和强调个人道德修养(见下文)。在每一国家都存在外来宗教对其主流信仰的挑战。在 17 世纪上半叶,天主教在越南有长足的发展，而伊斯兰教在占婆、柬埔寨和暹罗的影响也达到高峰。所有这些发展都集中在港口附近的商业区。

尽管德·布里托(de Brito)式的军事天主教在港口地区的孟族人中肯定有拥护者，但我们对缅甸的情况了解不多。天主教传教士在18世纪的缅甸观察到一个“宙迪斯”(Zodis)(有可能源自巴利文joti，意为“光”)，这更加揭示出缅甸也需要有利于贸易发展的宗教，这不由得让人浮想联翩。当国王波道帕耶在1782年登基即位时就开始残酷镇压这一教派。曼泰加扎(Mantegazza 1784：145；参见Sangermano 1818：111—112)认为，这基本上是上座部佛教传来以前缅族和掸族的宗教，但至少在数代之前又被一位掸族和尚作为缅甸的一个少数教派重新介绍进来。其信奉者与国家没有任何关联，他们蔑视佛寺及其投胎转世的教义，而更相信人们今生今世的所作所为决定了人死时受到永久奖励还是永久惩罚。曼 187
泰加扎认为该教派与缅甸主流佛教的宿命论大相径庭：“他们大多是商人并且互相帮助；他们极富传教精神。”①

这些新宗教来势汹汹、争强好斗，但北部越南国王和儒教士大夫、上座部国家国王和佛教僧侣(僧伽)的联盟都足以遏制并最终击退它们的进攻。这种遏制过程的一部分，就像在日本那样，就是

① 门德尔松(Mendelson 1975：73—77)和其他评论家一样，只看到了圣杰尔马诺(Sangermano)的第二手记载，而没有看到曼泰加扎的第一手材料，所以他们都把宙迪斯等同于19世纪瑞优(Shway Yoe 1882：147—148)所描述的帕拉玛(Paramat)，从而使得该问题变得混淆不清。宙迪斯教派肯定是成立于波道帕耶之前，而在他当政初期即开始进行镇压，而帕拉玛却应该是在此后成立，而且他也受到帕拉玛的大力支持。

遏制国际贸易,而大陆地区的国家在 17 世纪就开始退出这种国际贸易了。

17 世纪伊斯兰教的兴衰起伏波澜壮阔、引人入胜,应引起我们特别注意。伊斯兰教在大陆地区所占据的优势及其反对势力都对我们理解海岛地区伊斯兰化的早期过程有极大帮助,而这方面的材料也非常缺乏。

最早受到伊斯兰教影响的主要地区是占婆。占婆地处通向中国的商业要道,而通过南岛语言、民族和外交关系又和东南亚海岛地区的各民族紧密相连。穆斯林商人至少从 11 世纪即旅居该地,而当 1471 年越族人占领佛逝(归仁)、占婆首都南移至藩郎(该地向来是穆斯林的集中地)之后,穆斯林的影响就增加了。在 16 世纪后期,伊斯兰教影响加剧,“人们纷纷改信该教”(San Antonio 1604:124)。占婆国王至少到 1607 年还信奉印度教,但他和柔佛的穆斯林国王密切联手,对抗葡萄牙人和荷兰人,并支持兴建清真寺,鼓励上层贵族改信伊斯兰教。1611 年,占婆所存留的领土又受到越族的进一步蚕食,而我们对交趾支那占婆“省”的宗教信仰情况所知极少。但是,穆斯林的影响肯定是继续扩大,因为自从 1670 年以后占婆的多数国民,包括占婆国王,都成了穆斯林(Matelief 1608:120;Manguin 1979:269—271)。

188 占婆邻国柬埔寨也通过贸易和马来地区连在一起,并卷入占婆地区穆斯林、信奉印度教的占婆人、高棉和越族人之间错综复杂的纷争。在 16 世纪末期,马来和占婆穆斯林,包括占婆难民,以及中国人、日本人和葡萄牙人一样都是柬埔寨最重要的商业少数族

群。在此后半个世纪的纷争中，柬埔寨国无宁日，而他们都在这些纷争中扮演了举足轻重的角色。1594年，在位国王为躲避暹罗的征服而逃到老挝，酿成祸端。在随后的六年中，外国势力在柬埔寨首都激烈争斗，导致四位国王连续暴死。流亡国王敦促其首都的葡萄牙人和西班牙人向马尼拉求援，最后一批伊比利亚的冒险家们应邀抵达柬埔寨首都。这些人无疑是火上浇油，他们和华商及其他商人争斗不休，杀死了暹罗人扶植的国王，到处抢掠，然后撤离；结果，引用一部西班牙史书的话说，柬埔寨首都变成了“燃烧的罗马，毁灭的特洛伊，或摧毁的迦太基”(San Antonio 1604:120)。西班牙远征的两位灵魂人物，布拉斯·鲁伊斯(Blaz Ruiz)和迭戈·贝洛索(Diego Veloso)航行到交趾支那；从那里他们又来到万象，寻找流亡该地的柬埔寨国王。然而国王已经不在人世，所以他们就把他的儿子召巴纳·坦(Cau Bana Tan)沿湄公河带到了柬埔寨的首都(San Antonio 1604:132—33；Morga 1606:72—87，120—135；*Chroniques Cambodge* 1981:71—73)。

该国王基本上全靠外国人的支持来维持他岌岌可危的王位。那两位主要的欧洲人被任命为省长。除他们外，他最重要的同盟就是柔佛的一位马来贵族；后者被授予马来称号“罗什曼那”(Laksamana，海军司令)，并被授权管理湄公河河口一带柬埔寨的海岸地区。他声称他在该国拥有4000名穆斯林战士(很多都是从占婆纷争中逃来的难民)和“最强大的炮兵和船队”(Morga 1606:128)。在这个多灾多难的国家里，穆斯林和基督徒的冲突异常激烈；而当少数的西班牙人得到更多的来自马尼拉和长崎的欧洲和日本亡命之徒的援助时，他们变得更加狂妄自大，更加贪得无厌地索要土地和官职。他们频频对穆斯林阵营发起进攻，但最终激怒了罗什曼那；他于1598年发动大屠杀，将基督教的冒险家们统统斩尽杀绝。

这样，罗什曼那在柬埔寨便大权独揽；不久，新国王企图除掉他，他就将国王杀掉。作为一个马来人，他没有资格成为高棉国
189 王，但他却在柬埔寨东部调兵遣将、独霸一方。在一年之内，其他高棉王公大臣招集军队，杀死罗什曼那极其重要占婆盟友波·拉特(Po Rat)。然后，这些官员们和暹罗握手言和，邀请被扣在阿瑜陀耶为人质的王子回国即位。在暹罗的支持下，这个佛教国家才得以苟延残喘(San Antonio 1604:141—142;Morga 1606:126—150,210—211;*Chroniques Cambodge* 1981:75—80,110—111)。

从这次危机中崛起的少数穆斯林以军事实力著称，此外，有些人还宣称他们是为柬埔寨的独立而战。这种说法也并非空穴来风，因为在此后，荷兰人要求垄断柬埔寨和湄公河一带货物的出口权，这些穆斯林就奋起抵抗。马来船商将印度棉布运至柬埔寨，换取该地的安息香、鹿皮和虫胶；在这方面，他们是荷兰东印度公司的劲敌。同时，高棉上层的权力纷争依然此起彼伏，即使是成功的篡位者也很难赢得国内人的真正支持。帕都玛罗阇国王(Padumaraja，即昂占[Ang Chan])于1640年左右夺取政权，但他特别凶暴残忍，大肆屠杀高棉和穆斯林的首要人物。这样，反对派蓄积力量，在1642年发动政变，将帕都玛罗阇的侄子召巴纳·坎德(Cau Bana Cand)扶上王位，王号为拉玛蒂巴迪。但他同样三番五

次大肆杀戮，结果尽失民心，众叛亲离，到最后支持他的人就只剩下那些帮助他登基的穆斯林了（*Dagh—Register* 1641—1642：133；*Chroniques Cambodge* 1981：179—187）。

1643 年，贸易冲突导致大约 40 名荷兰人在柬埔寨被杀。第二年，因担心荷兰人会卷土重来、血腥报复，柬埔寨国王急于寻求盟友，于是就更加靠近穆斯林。他改信伊斯兰教，为了某种目的还采用了易卜拉辛苏丹的王号，并在湄公河上仿造马来王宫。就像在其他穆斯林国家那样，为了不让荷兰人接近，柬埔寨首都的葡萄牙（和日本基督徒）商人和雇佣兵也发挥了重要作用（*Dagh-Register* 1643—1644：17—18，22—24，42—43；*Dagh-Register* 1656—1657：36—37，118—119，146—150；Winkel 1882：492—500；Buch 1937：195—225）。

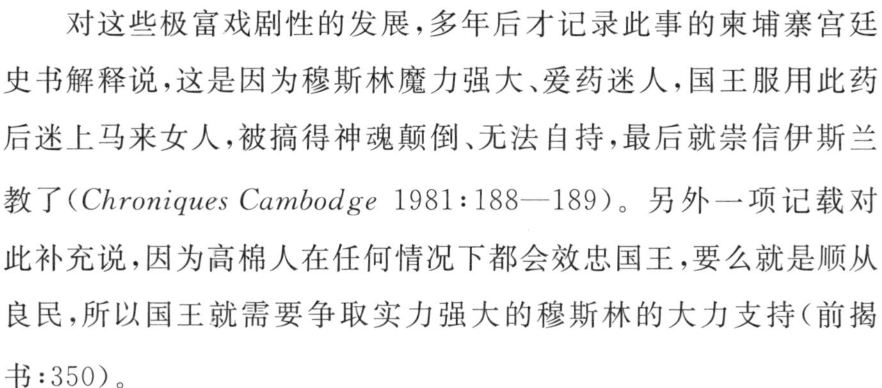

对这些极富戏剧性的发展，多年后才记录此事的柬埔寨宫廷史书解释说，这是因为穆斯林魔力强大、爱药迷人，国王服用此药后迷上马来女人，被搞得神魂颠倒、无法自持，最后就崇信伊斯兰教了（*Chroniques Cambodge* 1981：188—189）。另外一项记载对此补充说，因为高棉人在任何情况下都会效忠国王，要么就是顺从良民，所以国王就需要争取实力强大的穆斯林的大力支持（前揭书：350）。

功夫不负有心人。尽管在即位初期柬埔寨充满极度动荡和混 190
乱，但易卜拉辛苏丹仍然能够稳坐王位长达 15 年之久，这比上一世纪以来的所有佛教国王在位时间都长。宫廷史书对他评价如下："因为国王不重视他们，国内的僧侣们十分恼怒……国王偏离正道，改信伊斯兰教，放弃佛教信仰；这样的国王遭到名流显要、王公大臣以及平民百姓的唾弃。”（前揭书：191）反对国王的王子们最终取得了胜利，但同样是得力于外国势力的干涉，这一次是交趾支那的越南国王。越南人于1658—1659年发起对柬埔寨的毁灭性侵略，易卜拉辛苏丹成为阶下囚，一位有一半越南血统的柬埔寨王子被扶上王位。这场伊斯兰插曲总算落下帷幕，但柬埔寨变成了越南人和暹罗人相互争夺的战场，战争连绵，史所未见（Maetsuyker 1659：257—258；*Chroniques Cambodge* 1981：57，191—200；Phoen and Dharma 1984）。

在这一关键时期，穆斯林在暹罗的影响也达到顶峰。早在16世纪40年代，阿瑜陀耶的波斯、印度和马来穆斯林已经人数众多，而他们在丹那沙林的影响尤为明显；他们抵制葡萄牙人的贸易要求，声誉卓著（Pinto 1578：306—309）。马来地区最伟大的神秘主义诗人哈姆扎·凡苏里的神秘主义有可能就是学自暹罗首都的穆斯林（大多是什叶派）（Drewesand Brakel 1986：4—7）。在篡位者巴萨通在位期间（1629—1656年），什叶派穆斯林控制了暹罗的贸易职位。根据一位波斯学者的记载，巴萨通的儿子纳莱在小时候“就经常到伊朗人那里去，他非常喜欢他们的社交礼仪和食物”。1657年纳莱决定争夺王位，波斯人为此提供援助；他们以一年一度的哈桑-侯赛因节（Hasan-Husein）作掩护，接近在位的国王，向他开枪（Ibrahim 1688：77，95—97）。此后，波斯什叶派就成了纳莱最亲密的顾问，尤其是在贸易上他们可以制衡更危险的欧洲公司。他们中的主要人物就是一位修养良好的商人，名叫阿加·穆罕默德·阿斯塔拉巴迪(Aqa Muhammad Astarabadi)，其泰文称号奥普拉·新瑙瓦拉特(Okphra Sinnaowarat)更为著名。他先于1668年派遣一个暹罗使团访问波斯，随后以高规格接待来访的波斯和亚齐大使；据说这后两个使团都希望暹罗国王皈依伊斯兰教(Ibrahim 1688:98—100；Missions Etrangères 1674:11—12)。纳莱王鼓励阿斯塔拉巴迪从波斯和印度什叶派穆斯林中招兵买马， 191
充实该国的正规军。主要港口的各种职位都控制在穆斯林手中；到17世纪70年代的晚期，丹那沙林和墨吉被波斯人控制，普吉及其附近的邦克里(Bangkhli)被印度人控制，曼谷则被一位土耳其人控制(Pombejra 1990:134)。为了奖励他们对国家的贡献，纳莱免除了穆斯林的徭役；很明显，这就鼓励了贸易港口的商人改信伊斯兰教。1686年，在穆斯林影响的高潮过后，根据穆斯林所缴纳的一项特别税所透露的信息，仅仅在丹那沙林一地就有1万名这样的改宗者(Aubin 1980:110)。同一时期，在暹罗首都，据说有2000名什叶派穆斯林参加了一年一度庆祝卡比拉(Karbyla)战役的哈桑—侯赛因节日游行；纳莱王为了感谢穆斯林帮助他登基，就承担了其所有费用；此外，"许许多多暹罗的男男女女"都闻风改信伊斯兰教(Tachard 1686:214—215；La Loubère 1691:112)。

和上述什叶派穆斯林非常不同的是风下之地的逊尼派穆斯林，包括从该地区穆斯林贸易大国逃难而来的马来和爪哇商人及贵族。17世纪60年代荷兰人攻陷望加锡，自豪高傲的望加锡人为此蒙羞，许多社会上层也被赶到阿瑜陀耶，但更多的则被赶到穆

斯林国家万丹,而万丹也于 1682 年被荷兰东印度公司征服。因为阿瑜陀耶和这些大贸易城市有着广泛的贸易和外交往来,在 17 世纪 80 年代它就成了穆斯林的主要避难地。因为越族人的进攻和内部冲突,占婆穆斯林也到该地避难。占婆国王这时已成为穆斯林,其国家被敌人重重包围;他的三个兄弟也逃到阿瑜陀耶,其中一位据说在纳莱的王宫中担任要职(Manguin 1979:272—273)。

阿斯塔拉巴迪死于 1679 年,他的儿子们相互争斗不休,生活骄奢淫逸,已不可能再继续对纳莱王发挥原来那样大的影响了。在 17 世纪 80 年代,因为法国人的影响,纳莱王对波斯文化的浓厚兴趣已消失殆尽,转而对欧洲文化兴趣盎然。希腊冒险家康斯坦斯·富尔康(Constance Phaulkon)开始崛起并主导阿瑜陀耶的外交和贸易,部分原因是他显示出他能够更好组织管理外交使团,能为国王带来比波斯人更多的商业利益。但是,在 1686 年,穆斯林的事业受到了最后一击。这一年,望加锡和占婆的贵族以及一些乌里玛感到暹罗政府的新政策损害了他们的信仰,所以他们就领导暹罗首都的东南亚
192 穆斯林揭竿起事。尽管只有数百人,但这些亡命之徒还险些占领了王宫。许多目击者都认为,如果不是欧洲人的军队在场帮助镇压,他们就很有可能大功告成。但在这场危机之后,他们很快就失去了暹罗最有影响的少数族群的地位(Turpin 1771:53—64;Anderson 1890:286—296)。

总而言之,就像在海岛地区那样,穆斯林在大陆地区的巨大影响得力于贸易、军事实力以及他们随时准备抵制蛮横无理的欧洲人的贸易要求。大量当地人改信了伊斯兰教。这场运动失败的一

个原因在于外国势力的制衡对他们不利，另外一个原因就是佛教国王和僧侣的联盟已经造就了一个强大、广泛的佛教认同。

佛教与国家

> 吾之挚友、法国之王全神贯注于上帝之事，而上帝本人对此则毫无兴趣，全部交予吾辈处置。岂不怪哉。君不见真正之上帝创造天地万物、并赋予其千千万万不同之秉性……倘非如此，上帝何不使芸芸众生具有同样之性情、选择同样之宗教、何不使所有民族遵循同一法则生生死死？真正之上帝既为孕育生灵万物而倍感荣耀、亦因包容各种信仰而万分欣喜，信乎……
>
> ——纳莱国王对路易十四邀请他改信天主教的回复，Tachard 1688:223—224

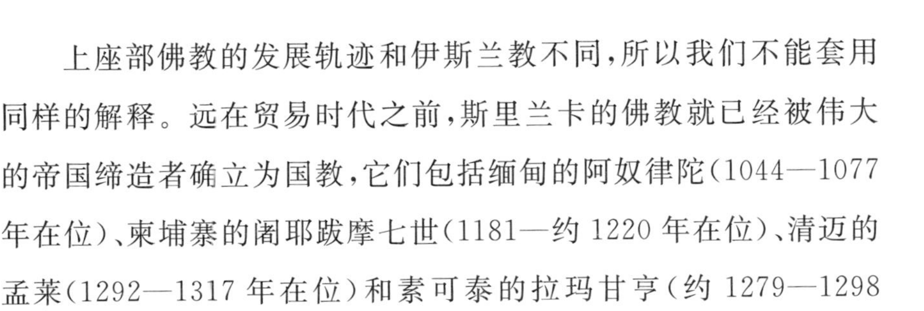

上座部佛教的发展轨迹和伊斯兰教不同，所以我们不能套用同样的解释。远在贸易时代之前，斯里兰卡的佛教就已经被伟大的帝国缔造者确立为国教，它们包括缅甸的阿奴律陀（1044—1077年在位）、柬埔寨的阇耶跋摩七世（1181—约1220年在位）、清迈的孟莱（1292—1317年在位）和素可泰的拉玛甘亨（约1279—1298年在位）。中国的来访者注意到，该教的主要传承者为独身、剃发、身着黄色袈裟的僧侣；他们的人数在13世纪晚期的吴哥和15世纪的阿瑜陀耶都已经相当可观（Chou Ta-kuan 1297；Ma Huan 1433：103）。寺庙（尤其是宗教圣地）同时也是集市，这样在老挝"寺庙似 193

乎都成了店铺和集市”(Marini 1663:483)。南部缅甸的孟族人曾经是大陆地区最活跃的商人,也是上座部佛教改革的急先锋。他们的港口,包括直通、马达班和勃固,再加上泰国人南部的港口那空是贪玛叻,都是向外传播新教义的重要中心。不过,上座部佛教的传播和发展没有像伊斯兰教那样得力于国际商人。缅甸人、泰国人和高棉人本身都不是重要的海商,也没有强烈感觉到普世灵验信仰的重要性。相反,他们似乎是“宽容奇迹”(根据费尔南·布罗代尔的研究,这种现象在所有重要的贸易港口都随处可见)的典型代表,认为不同的人拥有不同的信仰是再自然不过的事情。

不过,大陆地区在这一时期也的确呈现出明显的特色,那就是地方政权逐渐消失,代之而起的则是日益强大的少数大国;其中原因在东南亚整个地区都存在。15世纪至17世纪所有雄才大略的帝国缔造者都支持“以经文为基础、由外部地区(经常是通过斯里兰卡)认证的宗教权威,并排斥地方传统”(Lieberman 1993:242),而其中原因就像海岛地区的君主们拥护伊斯兰教那样。他们庇护那些具有特殊神性和法力的遗迹和佛像,赞助僧侣,组织宗教改革,清除其他宗教传统;他们还把宗教节日当作王权的仪式大规模庆祝,而他们自己则成为庆祝活动的主角。因此,当他们获得更多权力后,盛行于15世纪的各色各样、异彩纷呈的精灵崇拜、祭祀和苦行生活都逐渐让位于更加一律的佛教正统学说。

因为1500年以前有关佛教的史料都是虔诚的佛教徒撰写的寺院记录和碑铭,我们对这种多元化的程度只能管中窥豹。正像奥康纳(O'Connor 1989:11)所指出的那样,即使是佛书里的英雄也经常是“具有强大魔力的隐士(rusi)和其他富有魅力的宗教领袖”。掸族在被勃印囊征服以前曾统治上缅甸的大部分地区，缅甸史书认为他们信奉邪教(但他们自己很可能并不以为然)，只是由于缅族人的征服他们才“改邪归正”。缅甸史书谴责一位掸族国王于1540年在阿瓦屠杀360位僧侣并劫掠该市的寺庙僧院。在这一时期，即使是上缅甸缅族的僧侣们也杀牲祭祀、饮酒作乐；这些做法更类似东南亚宗教，而与17和18世纪经过改革的上座部佛教大相径庭(Than Tun 1985:xiii;Lieberman 1991:38)。

门德斯·平托记述了他(或另外一个人)于16世纪40年代随 194
缅甸使节对湄公河上老挝王国的访问。[①] 这条史料虽然有点渲染夸大，但毕竟使我们得以窥见大陆地区宗教的多样性，因而弥足珍贵。平托的记载如下：一年一度的宗教节日正在一个著名的朝拜

① 平托就像他以前的马可波罗那样，都是因为最初的记载失实而受到批评；1614年发表的平托遗作大肆渲染夸大，因此而受到责难。长期以来葡萄牙人视其《游记》为一部古典文学作品，而在英语读者中他的名声有点像一个爱说谎(但又可爱)的坏家伙，正像康格里夫所说：“门德斯·平托就像你我一样，只不过是一个一级说谎大师罢了。”部分原因在于科根(Cogan)1663年的劣质翻译；该译本此后曾多次重印，但丽贝卡·卡茨(Rebecca Catz)的现代全译本最终纠正了这一情况。平托对待数字(例如，城市人口和军队的数目)不够严谨，这一点也损坏了他的名声。最后，他利用亲临其境的文学手法，好像他亲耳听到了那些亚洲重要人物的谈话并将其记录下来；对此我们必须照直理解，将其看作是对人性弱点和人间压迫的生动描述和常常带有讽刺意味的评论。严肃的学术研究已经多次肯定了平托对亚洲社会的记载。已经没有人怀疑平托在1539年之后曾在马六甲呆过数年，通过在海岛地区的游历他对马来人有了深刻的理解。在16世纪40年代，他似乎也在勃固呆过若干年，这样在他的记述中就使用了许多早已废弃的孟语词汇。平托要么是亲自参加了德彬瑞体国王派往老挝的使团(南掌的史书对此也有记载)，要么是他认真地听取了使团人员的讲述。他笔下的卡兰敏汉(Calaminham)帝国(意为“大地之主”)基本上应该是那个若隐若现、模糊朦胧、当时定都于琅勃拉邦的南掌王国(de Campos 1940:229—230;Catz 1989:564n;Vickery 1991)。

圣地举行；忏悔者奔到车轮之下，车上载着类似印度教的黑天神像；附近是住在山洞里的形形色色的隐士，“过着极端贫苦的生活”；在一个可能就是琅勃拉邦的王国里，据说有“24个不同的教派，其中旁门左道数不胜数，邪恶教义比比皆是，最主要的就是他们还杀牲祭祀，听起来让人毛骨悚然、不寒而栗”（Pinto 1578：338—347，362）。

有关镇压这些旁门左道斗争的记载也很不完整。琅勃拉邦的史书提到1527年的一条诏令，“禁止各类精灵崇拜，捣毁琅勃拉邦前、南通（Nam Ton）河口之大城隍神庙，且在该处修建……佛塔一座”（引自 Pinith 1987：206—207）。缅甸碑铭和史书都记载国王勃印囊（1551—1581年在位）不仅仅在被他征服的上缅甸修塔建寺，并且取缔各地的杀人祭祀和杀牲祭祀，并统一教历（Lieberman 1991：40）。勃印囊对待精灵就像对他的臣民一样残酷无情，下令说，如果它们不帮助他赢得战争他就会烧掉它们的庙宇（Than Tun 1985：7—8）。有史料描述虔诚的暹罗国王松塔（Songtham，1611—1628年
195 在位）向偶像崇拜开战（van Vliet 1640：89）。然而，杀牲祭祀精灵以及灵魂附体继续被广泛用来治病，即使在首都也不例外（van Vliet 1636：81—82；Gervaise 1688：230）。

自13世纪以来，孟族和泰国僧侣为了寻求真经，不断访问斯里兰卡的各个寺院。其中的一个朝拜中心就是大寺（Mahavihara），而暹罗最南部的贸易中心那空是贪玛叻对该寺给予特别资助（Wyatt 1982：51）。但是，只有到了15世纪，大寺教派才在大陆东南亚成为加强僧伽组织和巩固国家政权的重要工具。

根据北部泰族史书的记载，来自清迈、华富里和缅甸孟族地区的39位僧侣于1423年前赴斯里兰卡，重新接受剃度，加入大寺教派。他们先回到正在蓬勃发展的港市国家阿瑜陀耶，说服国王支持他们新的剃度制度。根据大寺派虔诚的史学家的记载，大寺派教义于1430年传到清迈，但当时的国王反应冷淡，因为他“特别尊敬那些敬鬼拜神的人”(引自Swearer and Premchit 1975:28)。但他的儿子提罗卡罗阇(Tilokaraja)于1442年将其推翻，并与大寺派的改革者结成紧密联盟。新教派的寺庙拔地而起，现有的僧侣也都重新剃度。大寺派的影响随清迈的领土扩张而扩大，“在泰国北部，凡是提罗卡罗阇的势力所及地区，都有大寺派的足迹”(Swearer and Premchit 1975:29)。在该国王及其继任者芒赳(Muang Kaew，1495—1528年在位)的统治下，清迈以新教派的名义统一了北部泰族地区，并创造了一个巴利文学术的黄金时代。提罗卡罗阇的同时代人、阿瑜陀耶的岱罗迦(Trailok，1448—1488年在位)也同样意识到改革教派潜在的政治力量，并于1465年从斯里兰卡邀请僧侣为他剃度(Kasetsiri 1976:138—139)。

与此同时，大寺派也在勃固改革僧侣组织。在女王信绍布(1453—1472年在位)与和尚达摩悉提(1472—1492年在位)统治期间(前者先选后者为副王，然后为继承人)，受益于蓬勃发展的印度洋贸易，勃固一跃而为独立的孟族王国的中心。这两位都是杰出的佛教君王，他们修塔建寺，发布敕令(其内容充分展现了他们的智慧)。根据1476年一篇长篇幅的碑铭，达摩悉提召集僧侣，讨论一项重要的佛教改革。先后有两批僧侣被派往斯里兰卡学习，并重新剃度，加入大寺派。等他们返回勃固，达摩悉提国王在勃固附近为他们新建卡利亚尼(Kalyani)寺院，其后发展成为改革教派
196 的中心。达摩悉提宣布说，所有僧侣都必须重新剃度，否则就必须离开佛门；而且，所有以前的级别等级统统作废。他的碑铭还要求僧侣们放弃他们已拥有的“金银财宝、粮食象马、黄牛水牛、男女奴隶”，否则，就要被逐出佛门。据说，900 名僧侣重新剃度，14000 多名沙弥剃度入教。该碑名最后说：“就这样，在整个下缅甸，达摩悉提纯洁了宗教，建立了一支统一的僧侣队伍。”(Mendelson 1975：51—52；Than Tun 1983：26—27；Than Tun 1985：x—xii；“History of Kings”：55—57)

该时期的绝大多数国王都广建寺庙。“[暹罗]的每一位国王即位……都要建一座寺庙，有的则建两三个，并慷慨捐赠”(Barros 1563 III，i：165)。他们为他们庇护的教派建造寺院，或为神圣的舍利兴建浮屠，也就等于延伸了对王权的崇拜。此外，从 15 世纪起，雄心勃勃的国王们开始在他们的皇城内兴建最重要的寺庙。岱罗迦国王在阿瑜陀耶的皇城内修建蒲泰沙旺(Puthaisawan)寺，后来的国王们继续扩建，使其成为暹罗王国的宗教中心(Kasetsiri 1976：136—137；参见 O’Connor 1985：6—9)。1566 年，勃印囊为其新都勃固兴建了一所王室寺庙，它紧邻王宫，规模宏大，富丽堂皇，令人惊叹不已(Fredirici 1581：249；Fitch 1591：305)。

一些佛像因具有特殊的神力而闻名遐迩。例如，在 16 世纪 80 年代，柬埔寨败在泰国人之手，该国史书就说，这是因为原来保护该国的一尊佛像被破坏了(*Chroniques Cambodge* 1988：191—

194)。在16和17世纪的征战过程中,国王们从被征服的领土上将佛像带回其首都,这些佛像被越来越多地和国王们的权力联系起来。那尊赫赫有名的玉佛据说是蒲甘的阿奴律陀国王在11世纪从斯里兰卡带回缅甸的,而到了16世纪就成为清迈兰那国王们的保护神。塞塔提腊(Setthattirat)国王是伟大的南掌或老挝王国的缔造者,还曾经一度统治清迈。大约在1548年,他把玉佛带到其新都万象,从此老挝就福星高照,直到1778年玉佛被暹罗人掳走为止(Tambiah 1976:92;Thao 1976:11)。玉佛每移动一次,其保护主人成功的神力好像就增加一次。

毫无疑问,僧伽声望卓著,规模庞大,举足轻重,凡是信奉佛教 197
的国王都必须对其尊崇有加。多明我会传教士估计,16世纪柬埔寨僧侣占总人口的三分之一(da Cruz 1569:61)。[①] 在17世纪的老挝,"每家每户都有子弟"出家为僧(Wusthoff 1669:44)。范·弗利特(van Vliet 1636:76)估计阿瑜陀耶市内有20000名僧侣(Schouten 1636:140认为有30000名),而整个暹罗王国可能有80000名僧侣。僧侣处处受到尊重,但并不是天生就纪律严明,也不是一个组织得井然有序的整体。如果是雄才大略的国王统治,一般都能够牢牢控制他们,但当国王懦弱、统治不力的情况下,人们就将土地和人民捐赠给寺院,这样就可以免除对国王的赋税徭役。所以,僧侣的数量对国王形成直接威胁。

① 李伯曼(Lieberman 1984:20n)估计缅甸僧侣为总人口的1%到3%,该比例更为谨慎实际,但仍然相当可观。

像达摩悉提这样虔信佛教的国王对僧伽的改革能够建立一支纪律严明、受人尊重的僧侣队伍,这样,那些更为刚愎自用的国王们要想将其意志强加于这些僧侣就不那么轻而易举了。在16世纪,缅甸僧伽不但相对纪律严明、极受尊重,而且还在首都以外的朝拜圣地活动,这样国王就不能直接控制他们,即使是在该世纪统一缅甸的两位雄才大略的东吁国王也对他们无可奈何。平托(Pinto 1578:366—377)以夸张渲染的笔触描绘了勃固大僧王在毛淡棉附近的一个海岛上圆寂、来自仰光的僧王如何被选为继承人的经过。德彬瑞体国王通过为大僧王举办隆重的葬礼来尽量利用这个受人尊敬的职位的威望,说明他无法左右继承人的选择。即使是在他的继承人、雄才大略的勃印囊在位期间,费奇(Fitch 1591:306)仍然记载说,正是那些城市之外的、“大多居住在路旁、树上、林中”的“林居派”受到人民高度尊重。

尽管东吁王朝的国王们在孟族、缅族和掸族地区能够在很大程度上统一宗教行为,但孟族地区的僧伽直到16世纪90年代仍然非常独立,以至于他们能够在推翻东吁王朝的过程中起到一定作用:他们反抗南达勃因摊派徭役,并最后呼吁清迈揭竿起义(du Jarric 1608—1614 I:626—627;Lieberman 1984:41—42)。只是在
198 缅甸进行政治改革、迁都到内地的阿瓦之后,达龙国王(1629—1648年在位)才能够建立一个文官制度来管理寺院土地、并使那些受过良好教育和积极上进的人进入僧侣队伍(Than Tun 1983:68—69;Lieberman 1984:109—112;Koenig 1990:126—130;插图25)。

同样,在柬埔寨,到了16世纪僧侣们也非常受人尊重,“平民

百姓极其信任、尊敬和崇拜他们"(da Cruz 1569:61)。基督徒和穆斯林在17世纪的干涉使柬埔寨人饱受灾难，但这也很可能增强了他们的责任感：17世纪60年代法国的传教士就对他们在独身生活和"一丝不苟、坚持吃斋"中所表现出来的严明纪律印象深刻

插图25　缅甸寺庙(源自19世纪缅语图解抄本)。

(Mission Etrangères1674:142—145)。这和老挝的僧侣们利用王室庇护、人民敬仰而享受骄奢淫逸的生活形成了鲜明对比。他们鼓吹说，佛陀曾经在老挝住过，

> 他们为此感到无比自豪，并说他们的上帝因此赐给他们的福祉大大多于暹罗人、柬埔寨人以及其他人，所以他们就得

> 以拥有这么多格外富丽堂皇的寺庙、数量众多的圣人(他们这样称呼自己)和学者……其证据就是柬埔寨和暹罗的“教皇
> 199 们”(僧侣)来这里学习 10 或 12 年,直到他们毕业为止;其实这些并不是真正的原因,实际情况是老挝的“教皇们”被视为上帝,所需的东西应有尽有:饭菜天天送来,衣服多得穿不完,此外,他们还可以尽情享受女人(不过他们得小心翼翼,装成正人君子)。而柬埔寨人就不能这样做,如果被发现,他们就会被带到法官面前,判罚为奴;而且,他们还必须自己找饭或买饭吃。所以双方谁也瞧不起谁:一方说对方拈花惹草,丢人现眼;而另一方[老挝人]则反驳说他们[高棉人]向过路人讨饭吃,有辱圣洁,让人鄙视(Wusthoff 1669:44—45;参见 Marini 1663:478,482—483)。

尽管这种反差在一定程度上反映了长期存在的民族偏见,我们可以将其解释为老挝僧伽还处于向纪律严明、整合一体、全国性宗教组织过渡的早期阶段。尽管老挝的太阳之王苏里亚旺萨(1637—1694 年在位)已经开始加强世俗和宗教权威,所有老挝的达官贵人都支持各自不同的寺院和宗教节庆。他制定宗教节日,“纠正其错误、阐述神学问题、解决纠纷、规划礼仪”(Marini 1663:483—484;参见 477—478)。他的叔父被任命为大僧王(Wusthoff 1642:192)。

柬埔寨在 16 世纪已经有了自己的大僧王,达·克鲁斯(da Cruz (1569:62)认为他比国王更受尊敬。平托(Pinto 1578:368)所描绘的

蒙内(Mounay)的“罗利姆”(Rolim)[①]这一人物至少在孟族地区似乎也承担着大僧王的职务,尽管他不属于国王的人,其影响也很可能没有遍及勃固帝国广大的疆域内。只有到了 17 世纪缅甸定都阿瓦的时候才有了管理全国僧侣的大僧王(Mandelson 1975:358)。在暹罗,由王室任命大僧王来管理各种各样的寺院以及从前的王国的过程更是缓慢。

欧洲有关暹罗的最早记载表明,素可泰的玛哈泰寺(Wat Mahathat)一直被尊为该国最神圣的寺院(Barros 1563 III,i:164)。一个世纪之后,纳黎萱(1590—1605 年在位)大刀阔斧的行政改革使得阿瑜陀耶占据了绝对的主导地位,这样外国人就只提到阿瑜陀耶的寺院了(插图 26)。在 1606 年,国王年长的叔父担任其中一所寺院里的僧王,但他好像也没有掌管全国的僧伽(du Jarric 1608— 200
1614 III:890)。范·弗利特(van Vliet 1636:73—76)记载说,在首都或首都附近一共有四所寺院,每所都有一位僧王(泰语为 sankharat)负责,他有权为人剃度。其中的一位,也就是玛哈泰寺的僧王,在那时享有“崇高威望”,但他还不是非常有权威的大僧王。一代人之后,首都之外的另一所寺院的僧王资格最老(Pombejra 1984:91—92),而到了 17 世纪 80 年代,根据拉·卢贝尔(La Loubère 1691:114)的记载,王室寺院僧王的权力最大。

尽管最后的一项举措显示了纳莱王控制僧伽的决心,但更印

① 科林斯(Colins 1949:196n)认为该词为缅甸语“罗汉”(yahan 或 rahan,寺庙里最高的僧阶)的误读。既然费奇(Fitch 1591:306)在没有参考其他资料的情况下将“rowli”一词解释为大僧王(chief monk),这样,该词最终很可能源于孟语。

证了拉·卢贝尔的说法:“没有哪一个人或僧王拥有比其他人更多的权威或权力。如果这个组织有一个总头,而且又齐心协力、行动一致的话,那它就太可怕了。”(前揭书)纳莱可能是最接近欧洲文艺复兴时期专制主义者的东南亚国王,他为人生性多疑,但为了国家的利益决意控制僧伽组织。他在位期间,王室继续支持庇护佛寺,举办规模盛大的敬佛节游行,而这些都公开表现了他的虔诚。但是,僧侣可以免税这种待遇减少了国家的收入,所以纳莱采取了两项措施来减少僧侣的数量。他严厉执行独身的规定,以劝阻那些想进入佛门但又三心二意的人;他定期让僧侣们参加巴利文经典考试。在 1687 年前后数千名没有通过考试的人被他扫地出门。很多上座部佛教的国王都采取这样的严格措施,问题是让王室这样一个年轻的俗人来主持考试那简直是奇耻大辱。那些更为独立(一般来说也更受尊敬)的“林居和尚”拒绝参加这样的考试,除非考试是由他们的长老主持(La Loubère 1691:115;Ishii 1975:82—83)。

这些控制僧伽的做法,特别是纳莱为法国士兵和天主教传教士所提供的礼遇和优惠,最终使得平时都默不作声的佛教徒忍无可忍了。首都的僧侣和华富里王室苑囿的僧王在 1688 年碧罗阇王子(他曾发展与他们的联系)推翻纳莱的过程中起了很大作用(de Bèze 1691:87—88;Le Blanc 1692 I:46—52,144)。因此,不出所料,在碧罗阇在位期间,的的确确出现了一位大僧王来统管全暹罗的僧伽,“其权势不可一世,就连国王本人也得对他点头哈腰”;这在暹罗历史上还是第一次(Kaempfer 1727:69)。

简而言之,就像在海岛地区那样,大陆地区贸易时代的宗教生

活也发生了天翻地覆的变化。在各地参差不齐的情况下，商业化
和人口流动为宗教的（韦伯意义上的）“合理化”提供了条件，增强 201
了普世性的道德准则对人们的吸引力，而这些道德准则又因为其经文形式和永久奖励和惩罚的制度而得到了加强。为了顺应这一历史潮流，正在巩固其统治的国家政权就开始奉信一个国际性的正统宗教。但是，当这一时期行将结束、贸易参与减弱的时候，现实的改革思想也就越来越让位于国内统一的需要了。

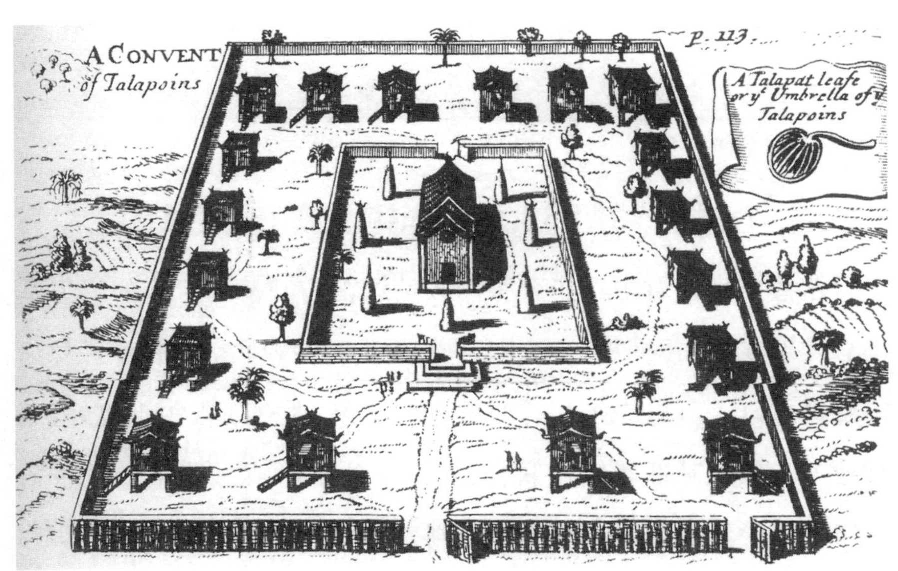

插图 26　17 世纪暹罗寺院草图，中间是一个精舍（毗诃罗，vihara），周围是僧侣住的高脚屋。

第四章　专制国家的弊病

202 这些君主对其臣民有如此的生杀大权，而他们的王位却又总是如此的岌岌可危。他们不能在自己的臣民中找到一个、或甚至几个像我们一样对自己的君主那样效忠或爱戴的人。

——La Loubère 1691:106

这些东南亚君主浮华夸张的政治词汇与其薄弱可怜的权力基础总是形成鲜明对照。主人对仆人有绝对的权力，君主对其身边的臣民可以一言以决生死。而所有的国家，通过征服领土也好，通过地方首领及其部属结盟联合也罢，都处于形成过程中。君主与附庸之间的私人关系总要不断谈判，讨价还价，这些国家的法律和行政基础因而相当薄弱。很少有共同承认的边界存在，因为这些君主们对领土的野心总是一个比一个大。一个个国家迅速兴起又旋即衰落，全在于统治者运用武力、施展手腕与集中财富的能力的大小。在这样的条件下，能不能从贸易当中获得财富就变得至关重要。15 和 16 世纪的贸易繁荣使得一些君主获得了前所未有的财富、新宗教和新技术，从而改变了东南亚的政治地理。

古典国家的危机

远在贸易时代之前，由控制市场和贸易流通所获得的财富 203
就是东南亚国家的根本资源。一些政治中心通过贸易而获得了新的军事技术和其他技术，并掌握了更多珍贵的舶来品，这样它们就能够无论在形象上还是从经济上都超过另外一些中心脱颖而出。然而，在吴哥、蒲甘和爪哇这样的东南亚古典国家，河流灌溉系统养育了大量人口，而这些国家的生存则依赖于对这些人口的控制。

这些以庙宇为中心的文明在13世纪时都遇到了危机。造成危机的原因有些是内部的，例如缅甸人在接受小乘佛教后将越来越多的地产献给寺庙（Aung-Thwin 1985：169—98）。然而，还有一些更广泛的因素影响了整个东南亚：巴格达的陷落和开罗卡里米商人的兴起刺激了印度洋的海上贸易；在南中国海，中国的南宋和蒙古又表现出了对商业的空前兴趣。这两方面都刺激了东南亚的海洋贸易（Abu-Lughod 1989）。新的商机使得中国的私人海商得以亲身造访东南亚货物的产地，从而减少了几个南方的“帝国”——如室利佛逝和吴哥——收集货物并以朝贡方式进行贸易的机会（Wolters 1970：4）。

在征服南宋后，蒙古海陆并进，挥师南下。在13世纪80年代，他们重创缅甸蒲甘王朝，而对越南和占婆的侵略则战绩平平。在这个动乱时期，主要的得益者是泰族人（一个庞大的民族和语言集团，包括现代的泰国人、老挝人和掸人），这些人于1300 年前后在缅甸蒲甘、高棉吴哥和室利佛逝原有的马来领土上建立了一系列小王国。与此同时，蒙古舰队于 1292 年入侵爪哇，加速了朝代更替，新柯沙里（Singhosari）王国宣告结束，取而代之的是一个离布兰塔斯河口更近的新王国——满者伯夷王国。

以寺庙建筑为中心的印度教—佛教帝国的旧秩序在 1300 年之前已经摇摇欲坠，然而新的秩序要到一个世纪后才得以显现。吴哥和蒲甘继续在一群名存实亡的君主们统治之下，其对首都以外的地区只有象征性的控制。满者伯夷是一个过渡性的王国，它比以前的王国对海上贸易更感兴趣，对建造庙宇并不那么热衷，但继承了早期政权的印度教—佛教传统。长久以来就是室利佛逝帝国要塞的马六甲海峡成为了爪哇人、中国人、泰国人和苏门答腊地方势力激烈角逐的场所。

204 在 14 世纪中，新的国际贸易中心开始出现，并日益发展壮大；老牌帝国声称历史上它们的疆域如何辽阔宽广，但这些新兴力量对此一概不屑一顾。位于苏门答腊北部的巴赛（或称须文达剌）就是最早出现的这样一个新港口国家，一个在印度洋东侧的穆斯林贸易桥头堡。在整个 14 世纪中，巴赛发行货币，前往中国朝贡，进行各种贸易，但似乎并不像室利佛逝那样大摆帝国气派。在伊洛瓦底江流域，孟族人于 13 世纪末重新获得了独立，建立了勃固王国，积极进行贸易。虽然北部势力最强的泰族王国清迈和素可泰都距海很远，1351 年一个新的政体却在主要港口阿瑜陀耶建立起来，其国运随着贸易的发展而蒸蒸日上。

1400 年到 1600 年期间，这些新型港口国家直接参与日益扩大的国际贸易，在政治上和文化上开始主宰东南亚。

15 世纪的港口国家

明朝初年，中国与东南亚的互动空前密切，而 1400 年前后东南亚地区港口国家的迅速发展与此有着密不可分的关系。这里，只有越南是一个特殊的例外，其原因在第二章中已有论述。黎朝早期的君主们能够以儒教立国，并建立起一套官僚体制，这必定与此前 20 年（1407—1428）中国的直接统治有关，而升龙（河内）是东南亚在这一时期中唯一不靠贸易立足的首都。它派往中国的使节都由陆路前往。越南与中国模式的关系非常直接，它挣脱了中国的统治，要求与中国平起平坐，并强调自己和中国一样是文明之邦。其富于抗争的精神，跃然纸上。

在东南亚其他地区则兴起了一系列以海外贸易为主的政体。由于这一时期中国对海外表现出前所未有的兴趣，中外使团漂洋过海，你来我往，络绎不绝。这其中既有外交目的，又有商业利益。尽管柬埔寨、占婆、文莱、爪哇、须文达剌（巴赛）以前也不定期地与中国互派使节，然而 1368 年后这种交往无疑是更加频繁了。洪武皇帝向所知的每一个东南亚国家派出使节，强调中国之“德”已在一个汉人朝代手中恢复，而所有的南洋国家都会在其保护下大放异彩（Wang 1968:43—48）。洪武在位期间，明朝和上述国家互派使 205

节，络绎不绝。他的儿子永乐皇帝（1403—1424 年在位）更加雄心勃勃，派出了庞大无比的船队，由穆斯林宦官郑和率领，宣称所有南洋国家，皆是中国赤子；大明天子，一视同仁。来往使节的次数在此时都达到高峰（见表格 1）；而明朝对那些殷勤来贡的国家大行赏赐，从不吝惜。

这其中最大的获益者是阿瑜陀耶和马六甲，可能还加上文莱及马尼拉。新兴的暹罗国家阿瑜陀耶是接到洪武皇帝 1368 年诏令的国家之一，而它也以超常的热情迅速回报，在后来的两个世纪中朝贡最勤。暹罗人不善于航海。虽然阿瑜陀耶"王每差头目将苏木降香等宝进贡中国"（Ma Huan 1433：107），但这些使团却是乘坐华人船只前往，这些华人中的许多人可能已经在好客的阿瑜陀耶定居下来。朝鲜和琉球的史料也记载了暹罗使臣于 14 世纪 90 年代抵达这两个国家和日本（Kobata & Matsuda 1969：53—54）。在阿瑜陀耶居住的华商对阿瑜陀耶的迅速崛起应该是功勋卓著。14 世纪末 15 世纪初，他们可能还帮助阿瑜陀耶在马来半岛上征城略地、拓展疆土。根据马欢（Ma Huan 1433：107）的记载，阿瑜陀耶"王常差部领讨伐邻邦"。

虽然阿瑜陀耶向内陆的发展比其在南方来得要慢，但到了 1412 年它已经使素可泰和彭世洛成为自己的属国。1432 年，阿瑜陀耶攻陷奄奄一息的高棉首都吴哥并将其洗劫一空。阿瑜陀耶国王波隆摩岱罗迦纳特（Boromatrailokanat，1448—1488 年在位）政府大刀阔斧，进行改革，建立了一套官僚等级制度。如果两条关于文职和武官等级的规定确实是他制定的话，那他就把暹罗社会中每一个人都按萨迪纳(sakdina,直译为“对稻田的权力”)的授田级别分成等级,奴隶 5 莱[①],普通农民 25 莱,最高官员多达 1 万莱。国王和高级官员们强调,所有成年男子(僧侣和家奴除外)每年必须为其服役六个月。阿瑜陀耶从一个军事酋长国转变成东南亚地区一个相当发展的官僚政体,传统上认为,这要归功于它从吴哥那里学来的技术,然而更多的应感谢将财富带到这个港口的华人贸易。

大约在 1400 年前后,马六甲在马六甲海峡的狭窄处崛起,巴
赛和印度洋的船只经过这里驶往中国或爪哇。其第一位君主拜里 206
迷苏剌(Paremeswara)尽管声称自己是室利佛逝王朝的后裔,但最终决定其地位的还是在于他能否既吸引由中国、爪哇、暹罗和巴赛的商人们赴其港口贸易,而又不被他们吞掉。此时,永乐皇帝热切希望建立一个宽厚仁慈的保护者形象,这对拜里迷苏剌不啻是天赐良机。通过正确和及时地对一切帝国来使作出反应,马六甲赢得了在中国人眼中与强邻同等的地位,并使中国认识到其为东南亚与中国朝贡贸易中的重要一环。1403—1413 年间,中国向马六甲六次派出使节,大多数是由郑和率领的庞大舰队。出于对这种承认的感恩,马六甲的君主不仅与邻国一样向中国朝贡,而且亲自不辞辛劳,不惜在来回的路上花上三年时间,赴南京或北京觐见,以博得中国人的青睐。马六甲的前三位君主分别在 1411、1414、1419、1424、1434 年五访中国(Wang 1968,1970)。这样,当 1435 年明朝皇帝们对海外事业失去兴趣时,马六甲已经坐稳了它

① 暹罗的土地单位,每莱(rai)约合中国的 2.4 亩。——译注

作为进出口集散地和地方势力的宝座。

文莱虽然是一个比马六甲历史更为悠久的港口,但缺乏后者的战略地位。文莱的统治者赢得永乐欢心的地方不在于其政治重要性,而在于其“忠诚可嘉”。他是南洋君主中亲身朝贡的第一人,在 1408 年就去了中国。他在首都受到隆重接待,当他在归国途中逝世时又得到厚葬(插图 27),所有费用都由中国负责。中国派出大量随从护送其幼子回国,其中有一个官员据说还在国王年幼时代摄政(Wang 1970:68,78)。文莱的兴起与这段中国干涉不无关系,文莱的传说中就有一位君主前去中国并与中国公主结婚的故事(Dasmariñas 1590:4)。

此外,只有来自苏禄地区的“国王们”访问过中国首都,他们其实只不过是一些争雄的酋长而已,而没有在 15 世纪建立一个统一的王国(Scott 1984:75—77)。再往北边,在优良的马尼拉湾,一个中国人称之为吕宋的地方,曾于 1405 和 1410 年向中国派遣朝贡使团。虽然马尼拉与中国在 1430 年后中断联系,但它与文莱的关系却更加密切,而这两个港口都通过马六甲与中国贸易。到了 16 世纪,马尼拉成为了一个穆斯林港口国家和菲律宾最大的贸易中心。

中国对其他国家的影响相比起来则不那么明显。它可能导致
207 了柬埔寨的新经济中心的形成,这个地方大致位于湄公河和洞里萨湖合流处,在今天的金边附近,但直到 16 世纪它才成为新的首都。昔日的室利佛逝帝国早已灰飞烟灭,但其主要中心城市巨港却重获新生,在 14 世纪末重新成为华人和穆斯林海盗冒险家的中心;1407 年时郑和任命一位土生的广东穆斯林为当地首领(Ma

Huan 1433:98—100;Kabata & Matsuda 1969:138—145)。如上所述,在爪哇,中华帝国舰队和华人私商们的活动对锦石、泗水、淡目的兴起都起了主要作用,这些海滨国家逐渐主导了爪哇的政治和文化,代替了原在内陆的印度教-佛教中心。

插图 27 通往文莱国王陵墓的石道。此墓系中国于 1408 年在该国王去世后修建。

哪里有贸易,哪里就会有大小港口,这里内陆产品荟萃聚集,用以交换进口的棉布、瓷器或其他产品。古代帝国的崩溃和新的贸易机会给予小河港更多独立的空间。到了 1500 年时,在苏门答腊和马来半岛上的每一个自然港口或适合航行的小河港上都有一个港口国家,其国王都强调与其他港口的国王平起平坐,并都或多或少宣称自己起码在名义上统辖那些住在上游的、没有国家的民

208 族。马来半岛上的北大年、吉兰丹、丁加奴、柔佛、吉打、霹雳和雪兰莪在 15 世纪上半叶都承认暹罗的宗主地位,15 世纪末都承认繁荣昌盛的港市马六甲为宗主,但它们一直都基本上独立地进行贸易。在苏门答腊,有十几个独立港口成为事实上的国家,而只有那些位于东南部的港口才向马六甲或爪哇称臣纳贡。

再往东,香料贸易带动了贸易中心的兴起,在那里,爪哇和马来商人们聚集甚至定居,他们在 15 世纪下半叶带来了伊斯兰教和国家的概念。世界肉豆蔻中心班达岛是一个极端的例子,那里没有国王,肉豆蔻的出口由一群商人寡头所控制。在丁香产地马鲁古群岛出现了四个罗阇(国王):特尔纳特、蒂多雷、巴占和贾伊洛洛。每一位罗阇下面都各自有一群酋长依附于他。婆罗洲、苏拉威西和菲律宾尚处于国家形成的早期阶段,但每一个港口的统治者都开始各自称王。

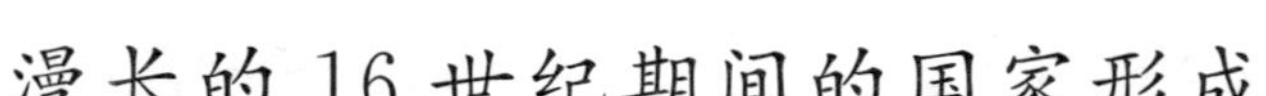

漫长的 16 世纪期间的国家形成

> 我无意贬低个人和时势的作用,但是我坚信 15 世纪和 16 世纪的经济发展的确创造了一种形势,它自始至终对大型的和超大型的国家极为有利。
>
> ——Braudel 1966:660

当葡萄牙人在 1509 年到达东南亚时,他们看到了一个非常繁荣的、但很可能不稳定的贸易集中在马六甲这单一港口。在过去的半个世纪中,这个著名的港口国家便利的贸易环境吸引大多数中国和印度船只来此贸易，而不是去爪哇、马鲁古、苏门答腊或缅甸。1511 年由于葡萄牙人夺取了这个富裕但脆弱的城市，这里原有的贸易被迫向其他港口转移。北大年、柔佛、彭亨、亚齐和万丹都从中直接受益，它们原来都默默无闻、不见经传，但在 16 世纪一跃成为举足轻重的国家（见地图 10）。1500—1630 年间，贸易的巨大增长以及与之俱来的财富和新技术使得形形色色的国家在 1511 年马六甲陷落和荷属巴达维亚城兴起之间蓬勃发展，在 17 世纪中叶以另一种不同的形式称王称霸。

勃固：位于下缅甸的勃固在这些国家中升得最高但也跌得最重。在 15 世纪下半叶，勃固作为一个孟人王国经历了长久的和平。位于印度洋上的港口，如勃生、沙廉、马达班、伊城、土瓦，为该 210
王国带来了繁荣并使其接受了斯里兰卡佛教革新的影响。然而这个王国在 16 世纪 30 年代被蒸蒸日上的缅甸东吁王朝的德彬瑞体所推翻。德彬瑞体行动迅速，利用穆斯林和葡萄牙雇佣军以及葡萄牙人先进的枪炮占领了孟族地区，定都勃固，接受了许多繁荣灿烂的孟人文化，并依仗勃固港口的财富进一步攻城略地。其继承人勃印囊（1551—1581 年在位）将这种精神发扬光大，征服了缅甸北部、清迈和阿瑜陀耶，从而建立了东南亚历史上最强大的国家之一。然而该王国的大部分地区却葬送于勃印囊之子南达勃因（1581—1599 年在位）之手，其金碧辉煌的首都被全部摧毁。1632 年，东吁王朝的国王们终于在阿瓦建立新都，从海上坐船沿伊洛瓦底江北上需要两个月。

阿拉干：阿拉干占据着缅甸与孟加拉国之间的狭长海岸，设法阻止了强大东吁王朝的进犯，并迫使其挥师东侵。阿拉干在勃固王

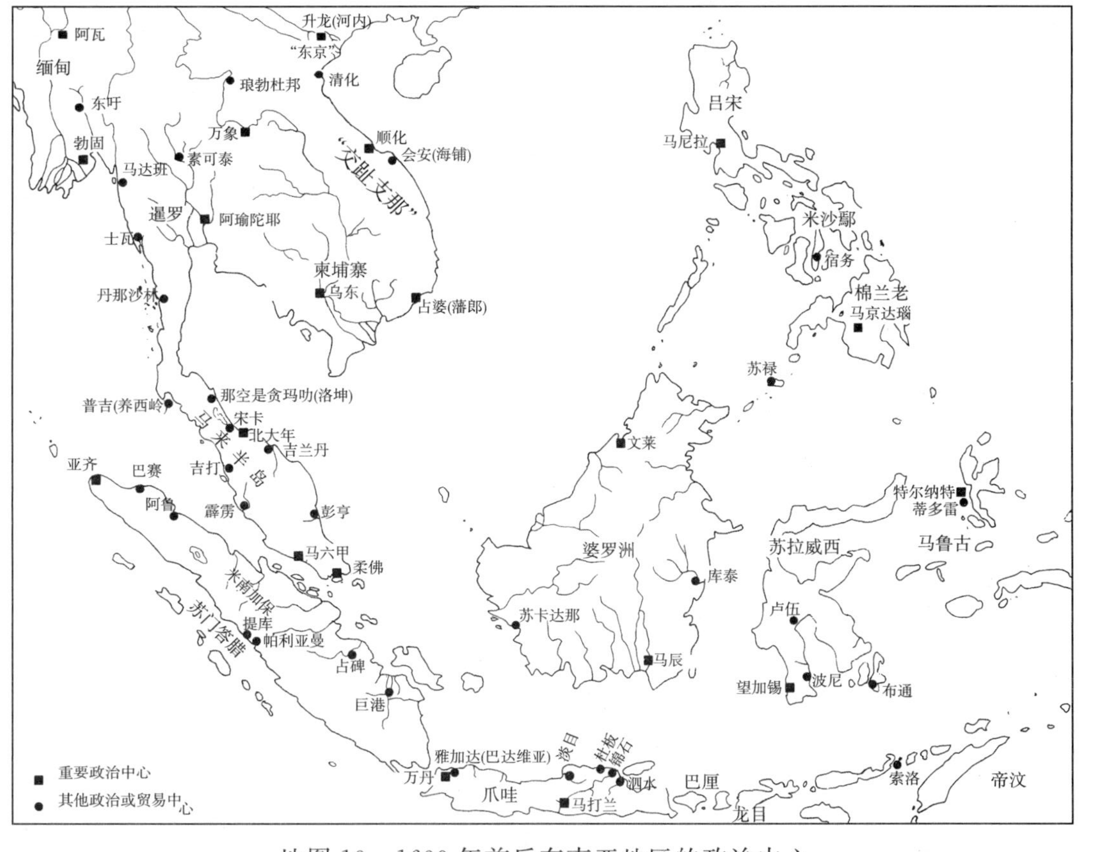

地图 10　1600 年前后东南亚地区的政治中心

国于1599年沦陷时获利甚丰，勃固王国的大部分财富和部分的印度洋港口都落入其手。它也异常迅速地利用其港口兼首都妙乌不断扩大贸易、引进葡萄牙雇佣军以及军事技术。阿拉干历史学家科利斯（Collis 1925）指出，妙乌从1540到1640年保持了一个世纪的繁荣，吸引和组织了国际贸易，捍卫了独立，并修建了雄伟壮观的首都。

老挝：又称"南掌"[①]王国，在东南亚地区远离海滨，但在贸易时代也有其辉煌的瞬间。由于吴哥王国在14世纪的衰落，一个泰人建立的政体出现在湄公河上游的琅勃拉邦。在16世纪其首都迁移到万象，该地土地肥沃，又位于湄公河中段，交通便利。沿湄公河往下，老挝国王于15世纪中叶在那空佛统（Nakhon Phanom）建立了一座佛教名寺，成为学术、朝拜和与越南人、高棉人以及泰人贸易的中心。该国的黄金时代是苏里亚旺萨（约1637—1694年在位）的漫长统治时期，当时湄公河是连接中国、越南、柬埔寨和暹罗的通途。

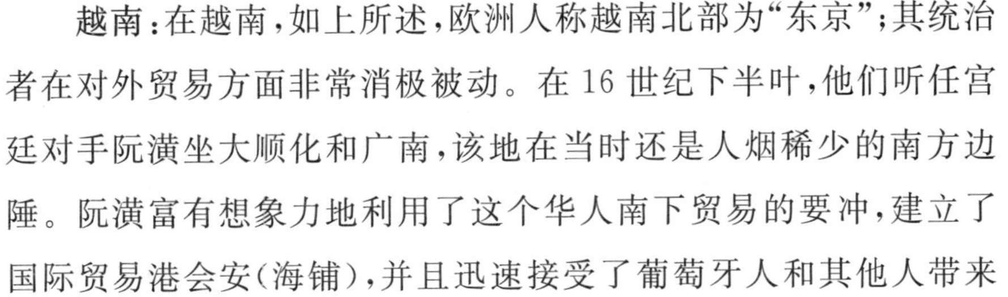

越南：在越南，如上所述，欧洲人称越南北部为"东京"；其统治者在对外贸易方面非常消极被动。在16世纪下半叶，他们听任宫 211
廷对手阮潢坐大顺化和广南，该地在当时还是人烟稀少的南方边陲。阮潢富有想象力地利用了这个华人南下贸易的要冲，建立了国际贸易港会安（海铺），并且迅速接受了葡萄牙人和其他人带来

① "Lansang"（西方史料也称为"Lanjan""Lan Xang"等等），而其中文对应词为明清史料中的"缆掌"、"兰掌"、"揽章"、"兰章"、"兰场"、"郎长"、"南掌"（意思为"百万大象"），中文不妨译成"南掌"，因为这一称呼在清代广泛使用。有当代学者使用"澜沧"这一称呼，从对音上来讲当然正确无误，但并非历史上的用法。——译注

的军事技术。到 1613 年去世时,他治下的地域已经成为一个富有活力的新国家,欧洲人称之为交趾支那。[①] 阮潢的继承者们自称为“主”(chúa),而不是王;尽管他们认为郑氏篡权、架空黎皇,但他们仍继续奉黎朝正朔。无论如何,这是一种建立于繁荣贸易和新军事技术基础之上的新型国家。黎贵惇(Le Quy Don 1776:26)说交趾支那的核心地区“广南之右通诸番国,其海道距闽广只三四日,故商舶从来凑集”。在 1627—1672 年间的七次战争中,阮氏多次击退强大的东京军队的进攻,还在 1640—1643 年间打败了东京的盟军荷兰人,俘获了许多俘虏,来开发南方这块从占婆人那里新近掠夺过来的疆土。虽然讲越南语并用越南形式进行管理,但交趾支那在经济基础和多元文化方面都与其他东南亚国家非常相似。

北大年:葡萄牙人 1511 年占领马六甲时,北大年还只不过是在马来东海岸上几个小小的港口国家之一。但是在短短几年中,马六甲的大部分贸易都转到了北大年,在这里,“许多中国人、琉球人和爪哇人以及附近岛屿的商船辐辏荟萃”(Barros 1563 III,i:

① 越南人对这个南方国家从来没有一个明确的称呼,只是用“里路”(Đàng Trong)来区分东京的“外路”(Đàng Ngoài)。葡萄牙人沿用马来人对越南的称呼“交趾”(Kuchi),然而这个 Kuchi 与喀拉拉邦(Kerala)的柯枝(Kuchi)不同,因为它离中国近,所以叫做交趾支那(Cochin-China)(Pires 1515:114)。而马来名称 Kuchi 则是渊于中国古老的名称“交趾”(在广东话以及明朝以前的官话中为 Gao zi)或越南语中的对应词“Giao chi”。这个南方王国成功地把这个本应是整个国家的名称据为己有,足见其和外国人的交往非常成功。东京是河内的又一个名称,在 17 世纪时用来指越南北部政权。大部分欧洲人将阮氏王国叫做交趾支那,但荷兰人则叫它归南(Quinam)。法国人用交趾支那这个名称称呼更南一带的地区,指其在 1860 年以后得到的湄公河流域,而这个地区在贸易时代还是柬埔寨的领土。尽管歧义丛生,“交趾支那”在本书中的用法是指它在 17 世纪时的含义。

183，参见 Kobata and Matsuda 1969：182）。然而，作为一个向暹 212
罗称贡的马来和穆斯林政体，在 16 世纪 60 年代以前，北大年还没有绝对超越其对手，即暹罗的那空是贪玛叻（洛坤）和马来的彭亨。据明朝史书记载，从那时起有 2000 多名中国“海寇”在北大年定居下来，以此作为贸易基地（Kobataand Matsuda 1969：180；参见 van Neck 1604：217）。在当地的华人传说中，他们的首领林道乾夺取了这个城市，建立了一个新王朝，但《马来纪年》在谈到华人的作用时，只提到他们铸造火炮的故事（Skinner 1957：4—5；Teeuw and Wyatt 1970 II：224—28）。无论如何，北大年的确在下个世纪中变成了马来半岛主要的华人贸易集散地，并且被荷兰人视为一个名副其实的华人流亡者的殖民地（van Noort 1601：124；van Neck 1604：222—223）。这里政治危机连绵不断，直到 1584 年商人贵族把几位女主扶上王位为止。荷兰人和英国人在那里建立商站，以便于购买胡椒和中国货物。这个城市直到 17 世纪中叶以前商业繁荣，人口众多，但之后的内部动荡使贸易中心逐渐移到了马来的柔佛和荷属马六甲。1674 年和 1688 年暹罗又两次征服北大年，使其遭受重创，一蹶不振。

亚齐：1520—1524 年间，在一次推翻葡萄牙人对苏门答腊北部统治的军事行动中亚齐应运而生，这次行动也使独立的港口国家巴罗斯（Baros）、达亚（Daya）、兰目里（Lamri）、比迪尔和巴赛结盟联合。在苏丹阿拉丁·里阿亚特·卡哈尔（Alau'd-din Ri'ayat al-Kahar）在位期间（1539—1571 年），所有这些港口的贸易都集中在班达亚齐，从而使其成为马六甲海峡地区主要的穆斯林贸易集

散地，东南亚的胡椒和香料就是从这里向中东和地中海地区出口。16 世纪 90 年代起，由于伊斯坎达尔·穆达政权的残酷统治（见下），亚齐最终走上了专制道路。这种转变可能使亚齐在军事上战胜对手，但无助于其商业利益，因而在 17 世纪 40 年代，亚齐也像北大年那样采取了女王统治的模式。亚齐是海岛地区唯一没有遭受欧洲人统治的港口，尽管其势力在 17 世纪下半叶出现衰落，但它仍然是一股不可忽视的力量。

万丹：万丹位于爪哇岛西北部，也是一个成立于 16 世纪 20 年代的穆斯林港口国家。据爪哇传说记载，其缔造者是爪哇九个圣徒之一苏南·古农·查提，系一位来自巴赛的学者。由于憎恶葡萄牙人的所作所为，他离开巴赛，赴麦加朝圣，之后来到了爪哇，在那里娶了势力强大的淡目国王特棱加纳的妹妹为妻。特棱加纳帮助他
213 征服了位于巽他群岛的印度化王国帕亚查兰（Pajajaran），并定都在
战略要地港口万丹。帕亚查兰的内陆首都一直到 1579 年才最后被征服，但万丹的势力在此期间已影响到苏门答腊南部丰饶富裕的胡椒种植区。对这些地区的控制使得万丹建立了与亚齐相似的权力基础。不同的是，亚齐的胡椒运往西方，而万丹的胡椒运往北方，供应中国。荷兰人从 1596 年起，英国人从 1602 年起都把万丹作为他们在东南亚的大本营，部分是因为此时的万丹仍处于一种多元开放的发展阶段，而亚齐已经与这种开放的精神分道扬镳。苏丹阿卜杜勒卡第尔（Abdulkadir）的统治（1596—1624 年）代表一种都市商人贵族的寡头统治；这种统治虽然经常强暴粗鲁，但却卓有成效。后来苏丹的势力越来越大，在最后一个独立的统治者阿卜杜勒法塔赫·阿庚（Abdulfatah Ageng）在位期间（1651—1682 年）登峰造极。

望加锡：望加锡既是城市名称也是国家名称，是苏拉威西西南的两大酋长国的联合体。这两大酋长国中的戈阿爱好征战，人口众多，而塔洛却热衷于海外贸易。16 世纪中叶，望加锡稳步发展，引人瞩目，在经济上既是苏拉威西主要的商港，又是大米出口地。16 世纪中叶，一个马来人的贸易群体崛起于此，从此这个港口日益繁荣，成为爪哇之外向马鲁古群岛的香料贸易提供大米和其他商品的又一地区。由于荷兰人在 17 世纪中叶企图垄断香料贸易，望加锡成为其他商人必不可少的自由贸易港，这些商人包括马来人、爪哇人、南印度人、葡萄牙人、英国人、丹麦人和西班牙人。1641 年，荷兰人占领葡属马六甲，在此后的 20 年中，望加锡一直是葡萄牙人在东南亚的主要基地。望加锡对接受新技术极为热衷。他们阅读、偶尔也翻译葡萄牙的军事、历史和数学方面的书籍，破天荒地使用地图，撰写宫廷日记，其军队在海岛地区中首屈一指，拥有火枪火炮、坚甲利器。望加锡于 1605 年接受了伊斯兰教，进而以伊斯兰教的名义征服了整个苏拉威西。在这个地区里各个自治的国家都以契约相联系，但直至 1904 年前，除了 1610—1669 年的 50 多年里，苏拉威西无时不是数国相争，国无宁日。望加锡"帝国"势力范围延伸到布通、松巴洼和帝汶；屈于武力的威胁，这些地区的统治者都必须向望加锡宫廷表示个人效忠。

16 世纪末或 17 世纪上半叶，海岛地区涌现了各种各样的小
国家，它们曾一度辉煌发达。占碑和巨港在 16 世纪、马辰在 17 世 214
纪里都成为控制内陆胡椒出口的河港。马鲁古的地理和政治环境都不允许其成为一个统一的"丁香国家"。然而，在短暂的 1570—1606 年间，特尔纳特的苏丹征服了马鲁古北部和中部大部分地

区，使其港口成为丁香的中心市场，各地买主趋之若鹜。

即使那些本来没有机会通过控制某一种出口产品的统治者也受益于贸易的扩大、新技术和新观念的普及。16 世纪末，菲律宾历史上最强大的本地政权在棉兰老岛的普朗伊河沿岸发展巩固起来。它建都于上游的布阿延。但是在 1606 年前后，另一股势力在河口建立了一个新的贸易中心，并迅速成为主导力量。马京达瑙苏丹国在苏丹库达拉特（Kudarat，1619—1671 年）在位时达到巅峰。他毅然决然将首都迁移至海岸地区，依仗宗教、军事和经济的实力征服那些自治的酋长国，而这与其北面马尼拉的西班牙人的做法如出一辙（Laarhoven 1989，1990）。即使是那些在 18 世纪和 19 世纪变得四分五裂的或是尚未立国的族群，对贸易时代他们在强有力的君主统治下政治统一的情形也都记忆犹新。外国史料都清楚表明，至少在 1650 年前的巴厘和 1680 年前的米南加保都有王朝声称，它们都有雄伟壮观、人口众多的首都统治着整个地区（Dias 1565：98—101；Lingtgens 1597：98—102；Dias 1684；Vickers 1989：46—53）。

在此期间，东南亚和世界其他地区涌现出如此众多的国家绝非偶然。现在就让我们转而讨论那些促使强国崛起的关键因素以及由此而产生的许多问题。

贸 易 收 入

“您就在这儿，在宫殿里享福，我的大人，让[您的对手]，那个朱马洛伊・阿拉姆在爪哇港呆着。

您哪儿也甭去，大人您收的过路钱够您花了。

您，我的大人从林产品收税：对树脂和藤条您收百分之十的税，

菜农心情好时还能给您贡上几把葱头和鲜姜。 215

可那个朱马洛伊·阿拉姆靠海上贸易来钱：他小子捞取成千上万的巴哈尔。

您呢，我的大人却是够吃就行，从不贪财。”

—*Hikayat Pocut Muhammad*：60—61

一个国家的财政收入并非都由贸易而来。宫廷所需，如大米和其他食物、建筑材料，特别是劳力，都是由臣民下属无偿供给的。然而，除非这些物质可以变为武器或财富，这一类的实物税收并不能为君主提供足够的经济基础，从而使其凌驾于同类之上。爪哇就是这样。这里持续不断出口大米，为最重要的出口中心，而17世纪马打兰的君主们就是从农民那里、至少是从靠近道路和港口的农民那里压榨出大量的剩余粮食。这些粮食被用来出口到荷属巴达维亚、葡属马六甲、马鲁古和其他地方来交换武器及其他必需品(van Goens 1652:114)。

在大陆东南亚国家里，特别是在东京，对农民征收的货币税相当重要，这些税收包括人头税或土地税，或两者并征。东京对每个成年男子征收货币人头税，外加土地税以及一系列过年过节时的所谓“礼钱”。1720年这些繁琐的税收都简化成一种人头税：20—50岁的男子每年交纳1.2贯(约28克白银)，17—19岁或者50—60岁的男子及儒生们交纳一半。这些人每年还须再交纳1.2贯，

分两次交清,代表以前的所谓“礼钱”。土地税没有那么重,大约占收成的百分之五(Le 1971:260;Li 1992:112)。罗德(Rhodes 1654:28—29)估计当时的税赋大约是 2 艾居(écu,约合 50 克白银),再加上一年 4 次的过节礼钱。而舒瓦西(Choisy 1687:252)认为,在东京一个 100 人的村庄只需交纳 14 艾居的税。总而言之,东京黎—郑宫廷的货币税收主要是来源于那些虽然人数众多但却贫苦不堪的稻农。

在交趾支那,更大规模的帆船贸易带来了可观的税收,李塔娜(1992:95)估计 18 世纪阮氏政权大约三分之一的税收来自贸易。另外,大量的军费开支也使得阮氏政权对其臣民横征暴敛。据当时的一个日本天主教徒弗朗西斯科的记载(Francisco 1642:121),已经成家的“壮丁”(20—50 岁)每年人头税是 11 个雷亚尔,约等

216 于 300 克银子,没成家的人交纳一半。舒瓦西证实交趾支那赋税极重,而他所说的 5 艾居还只相当于弗朗西斯科所说未成家男人的纳税额。因为弗朗西斯科认为这样的纳税人只有一万,而其三分之二的人都已结婚成家(这样收缴的税额为 2.5 吨白银),那么阮氏政权的其他纳税人必定是以其他方式纳税的,其中包括缴纳三分之一的产品,或者在需要时服劳役(Choisy 1687:254;Li 1992)。交趾支那主要交纳人头税的那部分人有可能是东南亚地区以货币纳税的纳税人中负担最重的。

暹罗国王巴萨通要求每家稻田缴纳税额一“方”(fuang,等于 0.17 荷兰盾或将近两克的白银)。范·弗利特(Van Vliet)认为该项税收及其他农业赋税就是暹罗国王“最大的收入”,但另一些荷兰人认

为贸易税收更为重要("Vertoog"1622:289)。50年后,当皇家贸易收入增加七倍时,拉·卢贝尔(La Loubère 1691:93—95)报告说,土地税率比以前高了许多,达到四分之一提卡,但他说这种赋税只对长年耕种的土地而言,而且"只有在国王的权力是至高无上的地方才办得到……暹罗国王从来没有从远离王宫的偏僻地区得到过什么税收"。

比较而言,缅甸的税收货币化程度要低许多。据李伯曼(Lieberman 1991:24)计算,1550年前70%、1600—1752年间58%的农业赋税都是以实物缴纳的。可以想象,住在首都附近的农民主要缴纳食品,而住在稍远处的农民则缴纳银两或出口产品(Lieberman 1984:129—130)。17世纪中又有几种新税以银两缴纳(前揭书:161),这无疑是由于白银革命的缘故。在缅甸的法律中,不管是从农产品、畜牧品还是商品,国王征收百分之十的观念已经确立(Symes 1827 II:53;Than Tun 1985:19—20;Koenig 1990:119—120)。当然,官员们经常把这理解为国王的净收入,不包括他们揣入自己腰包的那部分。

虽然首都附近的稻农承担了这些沉重的税收以及军事和行政上的劳役,但除了东京以外,在贸易时代的高峰期内所有国家的主要税收都来自贸易。有一些来自国内贸易,比如王室对市场、渡口、河流及道路交通的税收。大部分统治者垄断了那些国内贸易 217
中最赚钱的部分,如食盐(在越南)和贵金属,特别是金银。纳莱在位期间,暹罗的每一棵果树都必须纳税(La Loubère 1691:93),仅上缴王室的槟榔及蒌叶两项收入据说就达到225000艾居之多,相

当于5吨多白银(Choisy 1687:182)。

这样一来,国内贸易税收就随着贸易的增长、更高程度的商业化以及经济的货币化而增长。然而国家税收的主要变量却是海外贸易。对那些在贸易时代与日益增长的世界经济成功接轨的国家来说,这是打开财富与权力之门的金钥匙。莫托诺(Moertono 1968:136)引述爪哇一句谚语说,“士兵是国王的堡垒,农民是国家的食物,商人是大地的衣服”,就是说国家的财富来自贸易。王室及其中央与地方的官员依靠稻田所获及劳役来生存,然而那些能使他们超越对手的东西——火器、进口货、马匹、奢侈品和新鲜玩意儿——要依靠贸易所得的现金来购买。

对那些以贸易为生的国家来说,农业收入无足轻重。这方面,几乎没有农业的港口国家马六甲与东京恰恰相反。据托马斯(Thomaz 1993:74)计算,马六甲苏丹从土地获得的税收大概不超过所有税收的10%,而这些大多是来自各省的贡赋。其余的大约至少5万克鲁萨多(约2吨白银)是来自海关,这还不包括苏丹自己的大量贸易收入。

在其他海岛国家里,如亚齐、巨港、北大年和万丹,来自贸易的税收一定也是相当可观。在所有这些国家里,土地税与海关税、出口税、重量费、市场及巡渡税相比都无足轻重(Ito 1984:335—391)。就连暹罗和缅甸君主们的现金收入也都来自贸易。在18世纪的缅甸,当它的农业色彩已经远远重于16世纪时,曼泰加扎(Mantegazza 1784:103—104)还相信仰光港口的收入是缅甸王室收入的最大部分,而缅甸国家的一个主要缺失就是无法征收大量的农业税。1797

年仰光的港口税收为 15 万缅元(约 2.5 吨白银),来自仰光省其他税 218
源的税额为 5 万缅元,而 1784—1785 年来源于叫栖这个缅甸北部米仓的所有货币税收不过区区 56000 缅元而已。

各个港口的进出口税不尽相同,这取决于商人们讨价还价的能力,但两税都很少超过 10%。唯一的例外是缅甸,它对进口货物征收 12% 至 20% 的税,但出口货物中只对红宝石征税(Pires 1515:99;Frederici 1581:253;Hall 1939:153)。因为彼此竞争,马来各港口对税收的规定都不相上下。马六甲对风上之地的商船征收 6% 的进口税,而对出口货物除了征收 1% 至 2% 的过磅费以外,不另收税。对东南亚和东亚来的船只则免收进口和出口税,条件是必须将货物的 25%以低于市价 20%的价格卖给国王,而国王再将出口货物以高于市价 20% 的价格卖给商船。这种叫做互相买卖(beli-belian)制度,等于对进出口货物各征 5% 的税(Thomaz 1993:74)。在亚齐,印度商船缴纳 5% 的进出口税,而苏丹伊斯坎达尔·穆达则要求欧洲商船缴纳 7% 的税(Ito 1984:341—348)。相反,望加锡在苏丹哈桑丁(1653—1669 年在位)继位前从不征税,从他开始才有了下碇费和过磅费(Macasar General 1665:260;Navarrete1676:114)。英国东印度公司每年很高兴地献给苏丹阿拉丁价值 100 英镑的"珍奇物品",因为"如果他像其他地方那样收税的话,那就要多达数千雷亚尔了"(Willoughby 1636:151)。

当然,这些港口都是管理有方、照章办事、税率固定,礼物数量不会漫无边际。在那些较小或者无章可循的港口,欧洲大船一到,

讨价还价就开始了。最早到来的英国和荷兰船只在万丹缴纳1500雷亚尔下碇费,再加每一袋出口胡椒一个雷亚尔的出口税(税率约18%),而50年以后英国人通过送礼居然连800雷亚尔的下碇费都省下了(Lancaster 1603:114—115;Curtis and Chambers 1656:127;Kathirithamby-Wells 1990:113)。在北大年,荷兰人在1604年交纳的出口胡椒税是5%,以及一大笔礼物献给皇后、"年轻皇后"和九个贵族来平分(Warwijck 1604:44)。10年以后英国人大发牢骚,抱怨说他们要交4%的税,加上856个雷亚尔的礼物给贵族们(LREIC II:44,79,123)。欧洲人经常抱怨说,"人们更喜欢收受大礼,而对公平买卖却不在乎"(Keeling 1612:
219 529);但正是因为他们不失时机,依仗自己的大型商船占尽便宜才导致了各种不稳定的情况。

尽管正常的港口税已经提供了港口和首都的管理费用,雄心勃勃的君主们还是个个直接染指贸易、获利致富。"这些国王都是商人,而且只有参与贸易才能致富"(Le Blanc 1692 II:154)。那些领土上生产重要出口产品的国王都认为,提取10%的产品作为贡赋是天经地义,特尔纳特的苏丹对马鲁古群岛的丁香(van Neck 1604:199)和上文所谈到的亚齐苏丹对林产品都是如此。君主们经常作为唯一的商人垄断某些商品,这样也就事实上垄断了外商的货源供应。17世纪中叶这一发展趋势就为暹罗的巴萨通和纳莱以及亚齐的伊斯坎达尔·穆达带来了前所未有的财富。有关这一点,我们将在下面论及。

军 事 革 命

> 当到达马六甲时[葡萄牙人的]船队迅速开炮。马六甲人被炮响吓得惊慌失措。他们问："这个像打雷一样的声音是什么？"当大炮的炮弹打中马六甲人时，有些人的头被打没了，有些人的腿被打伤了，马六甲人越来越惊恐地看到这种大炮的威力。他们问："这种圆圆的武器是什么？杀人这么厉害？"
>
> ——*Sejarah Melayu* 1612:182

从最初接触起，东南亚人就把欧洲人与先进军事技术联系起来。这些陌生人不仅能够用他们船上的大炮轰炸城市或敌人的船只，而且带进来极为有效的手枪和盔甲用以保护自己，对付东南亚人的箭弩、长矛和短剑。

从 1511 年开始欧洲人就一直保持这种技术上的优势。然而在 19 世纪机关枪和蒸汽船出现前，这种优势并不十分明显。火药和火器都是由中国发明创造，并在 1500 年前传到欧亚大陆。在欧洲，这些技术迅猛发展并彻底改变了战争的性质，但是这种技术进 220
步只是在欧洲人入侵亚洲的前夕才刚刚发生。野战炮直到 1494—1495 年间法国-西班牙战争中才首次被有效运用，并发展出一种新的防御战略，而且直到 1490 年威尼斯才成为了第一个用火枪手代替弓箭手的欧洲国家(Parker 1988:9—17)。经历最初的惊恐不安之后，主要的东南亚国家都迅速行动起来，购买、雇用、缴获或学习了新型的技术和武器，使得欧洲人的威力只能局限于他们的火力范围或堡垒之内。正如在欧洲那样，对东南亚的国家来说，这种新技术最深远的影响在于，谁能够拥有它谁就国力增强，从而使得那些无法掌握这种技术的内陆地区立处下风。

尽管上面所引《马来纪年》记述了东南亚人表现出的惊恐之情，但实际上他们对火器在葡萄牙人到来之前就有所了解。早在13 世纪中国率先制造金属管状火炮并用于船上；而中国火炮则由1293 年入侵爪哇的蒙古人传播过去，后来郑和下西洋又带去火炮，其中有一门造于 1421 年，现仍然留在爪哇(Lombard 1990 II：178)。[①] 在这方面，越南为了赶超强大的邻国不遗余力。在 1389年，越南人在船上发射炮火击毙占婆名王制蓬峨。明代史书明确记载了中国在占领越南期间(1407—1424 年)从越南人那里学到某些火炮知识(Le 1971：194；Li 1992：37)。在 1500 年前后，越南以拥有"无数的火枪手和小炮"而闻名(Pires 1515：115)。据后来缅甸和泰国的史书记载，在 14 世纪，在暹罗和柬埔寨战争中以及在缅甸各国之间的战争中都使用了火器；很有可能的是，暹罗的枪手来自中国，而缅甸的枪手则来自印度(Wood 1924：77；Lieberman 1980：211)。

尽管上边所引《马来纪年》容易使我们相信马来人此前对火器一无所知，但马六甲在 1511 年时所拥有的火器却可能与前来进攻

① 元朝于 1293 年入侵爪哇并没有使用真正意义上的金属管状火炮(而只是抛石机所抛的"砲"，即用火药制造的炮弹，名叫"铁火砲")，所以无从将火炮传到爪哇。元军 13 世纪末期侵略日本使用的也是这种"铁火砲"，文献资料和考古发掘都已经证明这一点。1421 年中国制火器遗留在爪哇的说法也同样没有根据。——译注

的葡萄牙舰队上的火器一样多。葡萄牙史家声称这个被征服的城里有2000到8000枚枪炮(Castanheda 1552—1554 III:152—153;Albuquerque 1557:127—128)。亚伯奎说在这里缴获了1000支铁炮和2000支铜炮,最大的铜炮是南印度的卡利卡特君主送给马六甲苏丹的礼物。根据皮雷斯(Pires 1515:13,269)的记述,地中海与马六甲之间的武器贸易来往不断。最大的火炮的确是由这条路线运往东方的,然而埃雷地亚(Eredia 1613:32)却指出,在马六甲缴获的火炮多数不是中东人所喜欢的那种大型火炮,而是铜制蛇形(Culverine)和鹰形(falconet)小炮,很可能由中国进口,但也可能 221
是由暹罗或缅甸的中国式铸炮场铸造。在欧洲火炮传播开来之前,中国的那种装饰精美的铜炮一定非常多,但并不一定很大。

海岛地区早已有枪炮匠,这应是没有疑问的;最早的枪炮匠大概是中国人,但紧接着就是本地穆斯林。葡萄牙人报告说,马六甲的"枪炮匠们可以和德国的枪炮匠媲美"(Albuquerque 1557:128);而且还说,扎巴拉1513年进攻马六甲的舰队装备着爪哇铸造的大炮(Lombard 1990 II:178)。西班牙人在1570年攻击马尼拉时受到炮火反击,后来发现有些枪炮就是在当地首领隔壁的一座房子里铸造的。"那里有泥模和蜡模,最大的是一个用来铸造17米长大炮的,像一门蛇形火炮那么大"("Relation" 1570:103)。后来的一些证据表明,马尼拉湾穆斯林的绝大部分火炮都是由中国人和日本人从他们各自的国家进口而来——"铜制蛇形火炮铸造得精美绝伦,无与伦比"("Relation" 1572:143—144;Artieda 1573:201,205;de Sande 1576:76)。当地的铸造知识也大概是出自同一来源。[①]

中国对东南亚火器技术的重要影响并没有从当地语言中反映出来,从印度洋来的伊斯兰影响在当地语言中却有明确反映。正如隆巴尔(Lombard 1990:179)指出,马来中"大炮"一词(bedil)源于泰米尔语,而另外两个词"玛丽阿姆"(meriam)和"莱拉"(lela),则似乎是伊斯兰女性名字。那些巨炮就是在这种伊斯兰的背景下制造的,它们体积硕大,又富有极强的象征意义,而中国火炮虽然数量众多、制作精美,但都稍逊一筹。但令人惊奇的是,虽然亚齐人大量使用土耳其火炮、受益最多,但他们告诉法国人说,火器是由中国人发明的(Martin 1604:54)。

现存最古老的东南亚火炮中的"巨炮"名为"机马爷爷"(Ki Jimat),重达 6 吨,刻有阿拉伯文字和日期(1526/7)。据传这尊炮为爪哇岛上的主要穆斯林国家淡目所铸,从那里被带去帮助建立万丹这个新的穆斯林中心,至今仍在那里。无独有偶,北大年的崛
222 起也与三门大炮的铸造有关,有传说认为是土耳其人制造的,也有传说是中国人制造的。其中的一门在 1785 年暹罗征服北大年时被带到曼谷,尊名叫做"北大年国王"(Phya Tani)(Teeuw and Wyatt 1970:152—154,164,224—227;Lombard 1990 II:179)。

亚齐开始铸炮起源于苏丹阿拉丁·里阿亚特·沙·卡哈尔,他在 16 世纪 60 年代向土耳其请求军事援助来抵抗葡萄牙人(见

① 然而,我们也必须注意,一些菲律宾人曾经告诉一个满腹狐疑的西班牙人说,他们是从早期的西班牙探险队中的一位佛兰芒人和一位西班牙人那里学得铸炮技术("Relation" 1572:160)。

第三章)。正如亚齐的史学家拉尼利所说,“鲁姆(Rum,土耳其)的苏丹派各种各样的枪炮匠和专家来到亚齐,从那时起亚齐就开始铸造大炮”。最有名的大炮叫做“一份胡椒”(lada secupak),因为据传说,亚齐的大使在伊斯坦布尔等了如此之久,当他终于见到苏丹并提出铸炮请求时,他的礼物都已送尽,只能将剩下的一点胡椒呈给苏丹作为礼物。这尊炮在亚齐 18 世纪 20 年代的内战中炸裂(*Hikayat Pocut Muhamat*:223)。虽然 4.6 米的残炮没有亚齐其他的土耳其型大炮那么大,但在荷兰人 1873 年占领亚齐首都时,它仍然备受敬畏,并被作为战利品带回荷兰(Reid 1969;Crucq 1941)。在 16 世纪 70 年代,另一门亚齐巨炮被献给柔佛以便建立反葡萄牙人联盟,其“重量、长度(和制作工艺)在基督教国家里都非常罕见”(Linschoten 1598:109)。戴维斯(Davis 1600:150)也认为亚齐大炮“无与伦比”,不过它们放在地上发射的情形却显得非常笨拙。

1579 年,西班牙人在文莱缴获了 170 门大小不一的火炮(de Sande 1579:126)。亚齐在 17 世纪 20 年代达到军事上的巅峰,声称拥有 5000 门火炮。博利厄(Beaulieu 1666:105)信誓旦旦,说亚齐拥有 1200 门铜炮,其中 800 门为巨型火炮。柔佛在 18 世纪初前后拥有 1000 门火炮,不过只有几门是能发射 12 到 24 磅炮弹的重炮(Guerreiro 1718:121)。当荷兰人 1669 年夺取望加锡的重要堡垒时,他们得到了一门叫做“望加锡子孙”(Anak Makassar)的 5 吨重大铜炮、11 门 1 吨多重的铁炮、34 门均重 220 公斤的小铜炮以及 224 门均重 100 公斤的蛇形火炮和小炮(Maetsuyker 1669:680;Crucq 1941 A:78)。

在大陆东南亚国家,也是大炮小炮应有尽有。占婆在 16 世纪 90 年代拥有 10 门 1 吨重的大炮,但只能放在地上,而最有效的武器是 500 门小型蛇形火炮,遇有战事发生,就将其安装在战船上(Goncalez 1595:259)。在东京郑氏政权的一个武器库中大约有 60 门铁炮,丹比尔(Dampier 1699:52)曾有幸参观,但只有两三门
223 大型火炮。最大的为铜制,重 3.5 吨。“这个东西丑陋无比,但他们很喜欢,大概是因为它是本地制造,而且是最大的一个”。丹比尔认为它是“用来炫耀而不是用来打仗的”。交趾支那的阮氏政权拥有大量武器,也更会使用。在 17 世纪 40 年代他们有 200 门炮,一个世纪后就增长到 1200 门。其中大部分大概是本地制造,因为 1631 年时就已经建立铸炮场,其首都有一个区叫做“铸坊”。在交趾支那与东京的许多战争中火炮威力强大,它们要么是在一位被重金聘用、技艺高超的亚欧混血儿若昂·达·克鲁斯(Joao da Cruz)指导下于 17 世纪 60 年代铸成,要么是从澳门的葡萄牙人那里买来的(Navarrete 1676:381;Poivre 1750:90;Li 1992:39—40)。

当地人很清楚地将东南亚国家的命运与他们 16 世纪开始铸造的巨炮联系起来。虽然历史记载几乎没有提及火枪,它们却频繁地记录巨炮的发射;每一尊巨炮都有名字,甚至具有鲜明个性(*Hikayat Patani*:89—90;*Hikayat Pocut Muhamat*:222,228;Amin 1670:140—143,148—151)。正如大象一样,这些大炮成为国王拥有超自然能力的象征,对那些没有大炮的国内敌人有一定威慑作用。在完成其军事使命多年之后,这些庞然大物仍然被当作魔力的来源和辉煌时代遗下的圣物而被敬畏不已。

然而,大炮在战争中好像从来杀敌不多,而且由于操作不便,

并没有像改变欧洲战争那样改变亚洲战争。统治者们利用它们有效地震慑臣民。至少在亚齐和马打兰这两个最强大的"火器帝国"里,大炮代替了旧有的锣鼓来宣布重大公共事务。在亚齐,通常是巨雷般震耳欲聋的炮声来宣告斋月的开始和结束(Ito 1984:220—221);在马打兰,硕大无比、威风凛凛的大炮"横扫全球"(Sapu Jagad)被用来召集众人;"当苏苏胡南想除掉国内的贵族时,也通过发射大炮来发泄怒气";此外也被用于举行皇家葬礼(Lombard 1990 II:348)。1625 年"横扫全球"铸造成功,这对当时正处于权力巅峰的苏丹阿贡来说是一件大事。他倒霉的继任者阿莽古拉特在 1652 年也曾尝试铸造一尊大炮,但在他的指示下,其铸炮匠在其最好的大炮里装药过多,以至于大炮被炸成碎片,还差点炸到苏丹。"这场惊吓使他撤掉所有设施,将铸炮匠关进监狱,诅咒那个美丽的广场,并且将其大门永远用砖砌上,使得宫廷往来极其不便。那天夜里国王做了一个可怕的梦,几天之内他的整个身体都肿了起来"(van Goens 1652:123;参见 *Babading Sangkala* 1738:59)。

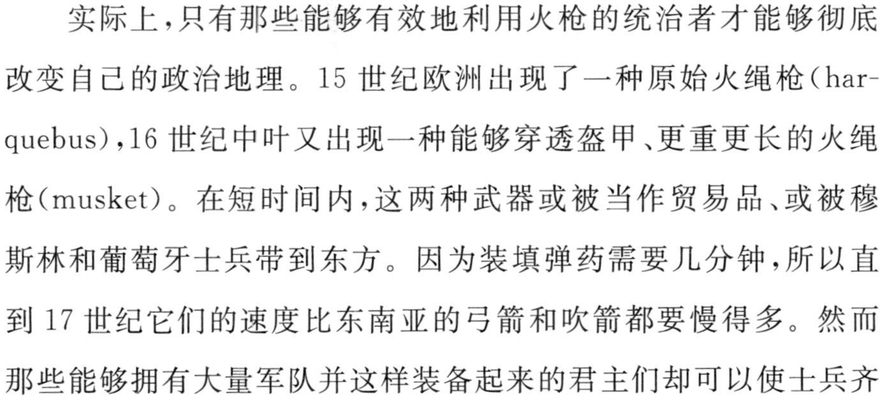

实际上,只有那些能够有效地利用火枪的统治者才能够彻底改变自己的政治地理。15 世纪欧洲出现了一种原始火绳枪(har-
quebus),16 世纪中叶又出现一种能够穿透盔甲、更重更长的火绳 224
枪(musket)。在短时间内,这两种武器或被当作贸易品、或被穆斯林和葡萄牙士兵带到东方。因为装填弹药需要几分钟,所以直到 17 世纪它们的速度比东南亚的弓箭和吹箭都要慢得多。然而那些能够拥有大量军队并这样装备起来的君主们却可以使士兵齐排连射，每个人都有助手帮他拿着火绳和通条（插图 28）。传统武器人人会用，而且人们从孩提时代就开始接触吹箭筒、短剑或弓箭，但火器却毫无例外地需要集中保存在武器库中，只有训练或战争时才拿出来发放给士兵使用。这种新技术使军事力量得到了高度集中。

对雄心勃勃的统治者来说，迅速利用新武器的捷径莫过于雇佣熟知武器的葡萄牙人或穆斯林冒险家。在 16 世纪，葡萄牙人与土耳其人、阿拉伯人、古吉拉特人和亚齐的穆斯林们连绵不断的海战中产生出一批流动的海员，他们人数众多，表现突出。缅甸、阿拉干、暹罗、爪哇和望加锡的统治者都有效利用葡萄牙人和外国穆斯林做炮手、铸炮匠和教练员。葡萄牙人在勃固和阿拉干格外受欢迎，这两个国家也从中获益良多。

在德彬瑞体（1531—1551 年在位）和勃印囊（1551—1581 年在位）征服了现代缅甸和泰人聚居的广大地区后，他们率先使用由葡萄牙人（另外还有一些穆斯林）引进的火枪火炮，效果显著。德彬瑞体后来过于倚重以迭戈·苏阿雷斯·德·阿尔伯盖利亚（Diego Suarez d'Albergaria）为首的葡萄牙部队。据缅甸史书记载，就在德彬瑞体被暗杀前不久，他还在同葡萄牙人举杯痛饮（Pinto 1578：314—336，411—430；Lieberman 1980：208—214）。勃印囊非常有效地将新技术引进其规模庞大的军队。意大利旅行家弗里德里希（Frederici）报告说，虽然勃印囊的盔甲、长矛和剑都是二流货色，但"他的火绳枪却是一流。他在战争中经常使用 8 万支火绳枪，而且这个数目与日俱增。由于每天都奉国王之命练习射击，他们熟能生巧，个个都成了神枪手。他还用上等金属铸造多门大炮”(Frederici 1581:248)。虽然葡萄牙雇佣军只是一股特殊部队，作用有限，但勃印囊就是靠着这支部队征服了缅甸北部的掸邦和清迈，并最终击败了其劲敌阿瑜陀耶，创造了一个虽然生命短 225
暂但却史无前例的帝国。

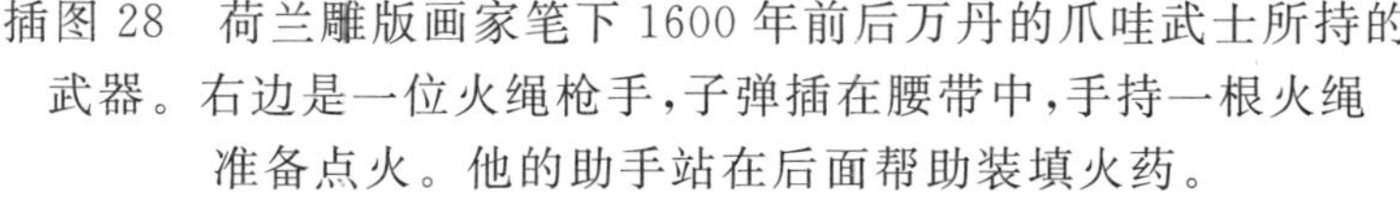
插图 28　荷兰雕版画家笔下 1600 年前后万丹的爪哇武士所持的武器。右边是一位火绳枪手，子弹插在腰带中，手持一根火绳准备点火。他的助手站在后面帮助装填火药。

到了 17 世纪，这些技术已非常普及，火枪成为一项主要贸易品。交趾支那有效利用这一优势，将所有男性公民按军事组织进行编制。他们深知北方的对手在人力方面远远超过他们，所以就不遗余力地进行军事技术的革新，而与葡萄牙人及日本人广泛的贸易联系更是为他们提供了许多机会：

> 交趾支那人现在在操控火炮方面异常精通，甚至超过了欧洲人。他们不断地练习射击，具备骄人的绝技，以至于只要有欧洲船只驶进他们的港口，国王手下的炮手们就向我们的炮手提出比试射炮……而欧洲炮手总是竭力避免这样的比试，因为他们从经验中知道，这些交趾支那人用炮能击中任何目标。他们也很精通火枪，经常拉到野外去训练（Borri 1633：H3；参见 Francisco 1642：122）。

226 虽然交趾支那只有个别葡萄牙人帮助，但他们的实力在于一支训练良好的本土常规军队。纳瓦雷特（Navarrete）估计他们有 4 万人，而弗朗西斯科（Francisco 1642：121）却认为只有 4000 人，不过他说此外还有 15000 人的海军。所有资料都表明，这是一支薪俸优厚、纪律严明的军队（Missions Etrangeres 1680 A：73—75；Li 1992）。

交趾支那的北方敌人据说拥有 7 万用火枪武装起来的职业士兵（Dampier 1688：52—53）。他们也是“神枪手，而且在这方面不比任何人差；他们枪技娴熟、射击快捷，大多数的民族都无法望其项背”（Baron 1685：24；插图 29）。但他们薪水微薄、士气低落，他们与交趾支那人打仗时常常败北。在交趾支那的南方，占婆在 16 世纪 90 年代据说有 1000 支火绳枪，“但是由外国奴隶替他们操作，因为他们自己对这玩意儿没什么兴趣。这些武器是用来吓人而不是真正杀人的”（Gonçalez 1595：258）。这种情形在其他地方也很常见。暹罗和爪哇都没有自己的火绳枪部队，而是依靠传统的大规模征兵，外加一些外国的火器部队才使得他们略具优势。

16 世纪，淡目作为伊斯兰势力在爪哇的崛起便是得力于外国穆斯林的帮助，其中一些人即使用了火器。平托（Pinto 1578：384—394）认为，淡目的精锐部队是“3000 来自不同国家的外国雇佣军，他们大部分是亚齐、土耳其和马拉巴尔人”，以及占婆人、“从文莱来的吕宋人”，甚至还有一支是葡萄牙人。爪哇史书记述说，巴章（在 1600 年前后继淡目之后崛起）的君主命令其“奴隶们、巴厘人、布吉斯人和望加锡人”为枪装上金银子弹，好像传统的爪哇军队不屑弯腰去碰一下这些新式武器似的（*Babad Tanah Jawi*：96—97）。火器在爪哇的军事中似乎无足轻重，使得荷兰人在 1596 年错误地认为万丹没有枪炮（Lodewycksz 1598：117）。但英国人和荷兰人带进来更先进的火枪后，这一状况立即改观。在 1605 年的一次节日里，当英国人演示了如何快捷地上膛并发射后，他们就陷入无休无止的烦恼中，因为万丹的贵族们不断地指使手下人去偷窃英国人的火枪（Scott 1606：100，163）。

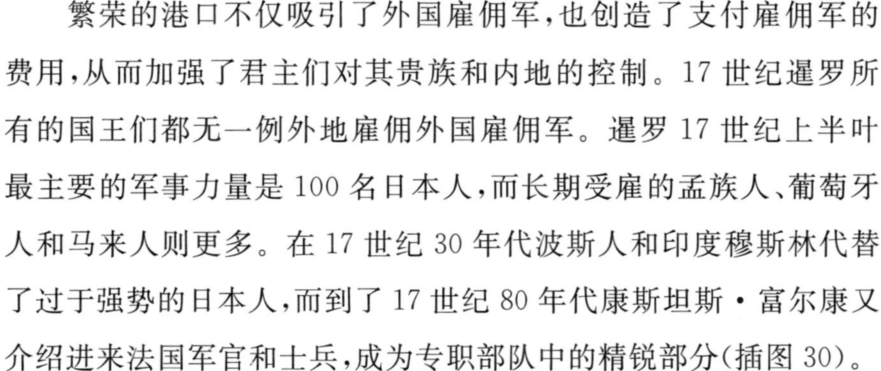

繁荣的港口不仅吸引了外国雇佣军，也创造了支付雇佣军的费用，从而加强了君主们对其贵族和内地的控制。17 世纪暹罗所有的国王们都无一例外地雇佣外国雇佣军。暹罗 17 世纪上半叶最主要的军事力量是 100 名日本人，而长期受雇的孟族人、葡萄牙 227
人和马来人则更多。在 17 世纪 30 年代波斯人和印度穆斯林代替了过于强势的日本人，而到了 17 世纪 80 年代康斯坦斯·富尔康又介绍进来法国军官和士兵，成为专职部队中的精锐部分（插图 30）。

虽然海岛国家在使用火器方面稍稍落后，但在 17 世纪 60 年代占碑国王并不是唯一依赖 500 个布吉斯人的君主(Speelman 1690:93)。亚齐苏丹伊斯坎达尔·穆达有一支最精锐的皇家卫队,“约 15000 名奴隶,大部分是外国人,他们像他的后宫嫔妃一样守在城堡中,寸步不离,与世隔绝;他用他们来执行死刑和谋杀。从年幼时这些人就被他收养,并训练他们如何使用武器和火绳枪”(Beaulieu 1666:103)。

购买和制造大型火炮是整个东南亚地区君主们的特权。我们
228 对 16 世纪缅甸和越南制造火绳枪的详情知之甚少,但各地情况都大致相同。然而从 17 世纪中叶开始,软弱的君主就已经无法控制

插图 29　17 世纪东京军事训练的细节,描绘枪手们如何迅速为火枪装填火药。

火枪的进口和制造。以前，亚齐苏丹伊斯坎达尔·穆达严格管理武器库。“国王[为出征的军队]发放武器，所有武器都要登记，返回后如数交还，士兵需要用妻子儿女来担保”（Beaulieu 1666：106）。这种控制在 1637 年和 1641 年的亚齐继承权之争中被打破。1642 年荷兰人报告说，他们船上 300—400 枝燧发枪以六个雷亚尔一支的价钱卖给了“普通人”（Willemsz 1642：f513v）。英国人更是乐意把火器当作普通商品买卖，因此如同帮助君主一样，他们也实际上帮助了地方酋长和叛乱者。到了 17 世纪末，火枪已经足够轻便、容易操作和流布广泛，这使得火器从最初的只是强化中央政权的因素转变成一种中立的力量。

在 17 世纪，东南亚有一些制造欧式火绳枪的中心，但工艺更 229
复杂的燧发枪和轮发枪仍然需要从欧洲进口。据说马打兰在 1651—1652 年间的短短三个月中就制造了 800 支火枪（van Goens 1652：123）。1615 年望加锡拥有 2422 支火枪，并且在 17 世纪 20 年代开始独立制造，开始时大概有葡萄牙人帮助（*LREIC* III：150；*Sejargh Kerajaan Tallo'*：16）。望加锡从来都不像其他东南亚国家那样专权，当它在 17 世纪 60 年代被荷兰-布吉斯联盟打败后，制作和使用火枪更是不再受政府的任何管制。许多望加锡难民成为兵油子，将火枪技术带到爪哇、婆罗洲以及其他地区。布吉斯的英雄阿隆·帕拉卡使布吉斯得以同望加锡抗衡，当他为荷兰人在苏门答腊和苏拉威西打仗时又直接向荷兰人学习了制造运用火器的方法。在赢得对望加锡的胜利后，他在其首都波尼周围安置枪炮铸造匠，并将其技艺提到一个很高的水平。瓦伦丁（Valentijn1726

插图 30　17 世纪泰国图画，描绘欧洲人在帮助攻打一座泰国城池。

III：120—121）说："在他的人民中，他是第一个学会制作火枪和其他火器的人，而且对其精确知识掌握得与我们不相上下。后来他又将这些知识传授给其人民，从而使这些知识广为人知。"到了 18 世纪，在东南亚，三个没有中央集权的国家，即布吉斯、巴厘和米南加保最精于火枪制作（Marsden 1783：347；Crawfurd 1820 I：191—192）。他们随时准备将火枪卖给任何买家。东南亚的"火器帝国"时代一去不复返了。

装备武器的战船是这一时期专制者的另一利器。欧洲人的主要优势在于他们能有效地在船舰上使用大炮。正如第一章所述，这正是东南亚大商船衰落的主要原因，因为它们不能有效地保护自己。对此，东南亚统治者们的反应不是去仿制大西洋世界船舶的先进设计，而是去建造更多更大的装备武器的战船。正如在地中海一样，比较封闭的东南亚海洋使得划桨船成为运送大量军队和布置火力最快捷的工具。在短期内这一策略极大地提高了东南亚统治者们对付内乱和外侵的能力。然而在17世纪，在与荷兰和英国的轻便、容易操作而又武装到牙齿的船只作战时，他们几乎总是连连败北。

在欧洲人到来之前，越南人肯定已经开始使用武装战船。由 230
于缺乏大型帆船的传统，他们采用了中国和越南用于河流运输的战船，以满足他们与占婆人在南部海岸作战的需要。据史书记载，1465年，黎圣宗用5000艘战船载运士兵与占婆人作战，船上装备了原始火炮，炮筒系木制或竹制(Li 1992:42)。17世纪，南北越南之间发生的战争，再加上与欧洲船队的冲突，使得这些装备完善的战船的效率更是发展到极致。

在外国人对交趾支那舰队的溢美之词中，一个旅居当地日本人的话大概最为可信。他说，交趾支那有230—240艘战船，每一支有64人操作，他们既是划手又是战士。船头设置一门能发射4至8磅炮弹的火炮，以及两门小型蛇形火炮(Francisco 1643:121;参见Rhodes 1651:22;Borri 1633:H3)。1643年，一支由50艘这样的战船组成的舰队消灭了由三艘战舰组成的荷兰舰队，将其旗舰炸飞，船上人全部炸死，这是荷兰海军在1940年败于亚洲人之手以前遭受的最大屈辱(Buch 1929:96)。东京统治者的战船数量据说是交趾支那的两至三倍（插图 31a）。罗德曾跟随一支皇家远征军到南方，这支远征军有 20 万人，200 艘战船，它们全部“髹金漆彩，雕栏画栋”，平稳疾驶，后面跟着另外 500 艘装满粮草的运输船队（Rhodes 1651：134—136；参见 Tavernier 1692 A：185）。这一场景令人叹为观止，只有暹罗和缅甸的河上船队可以与其媲美。但是这些船上的火器却不如他们南方敌人的那样威力强大，而南方人的先进军事技术则学自欧洲人。

中国模式对越南来说很重要，然而对其他所有国家来说，地中海（包括土耳其或者葡萄牙）模式则似乎更为重要。当然，由划桨或踏板来推进的船舶古已有之，印度尼西亚东部的水手们经常坐在船舷外的小艇上（这是当地船舶的一大特色）。然而大型、装置大炮、专用于快速载运士兵的战船却似乎是创新。暹罗和望加锡的史书都显示，这两个国家都是在 17 世纪初才建造了第一艘战船（*Sejarah Kerajaan Tallo'*：17；van Vliet 1640：89）。在望加锡语里，这种新式的船叫做“嘎列”（gallé），证实了当时经常光顾望加锡的葡萄牙人的影响。马鲁古和菲律宾的快速战船叫做“科拉科拉”（korakora），似乎是从阿拉伯语“kurkur”一词演变而来，而亚齐语中的 gurab 则直接来自阿拉伯语。根据荷兰人的报告，万丹的战
232 船是“由万丹的土耳其人指导”在拉森港建造的，这个港口靠近爪哇最好的柚木产地（Lodewycksz 1598：132）。

所有的战船都携带小炮。据荷兰人记载，万丹的战船在下层甲板上装有 4 门炮，马鲁古科拉科拉船在船舷外小艇高台上载有 7 门炮，而马都拉的大战船则载有 200 人，划桨较少，也只有两门

火炮(插图 31b)。阿亨索拉(Argensola 1708:17)描述在东部水域的科拉科拉船有 100 名划手,6 名火枪手,以及“四五门小铜炮”。每三人操纵一门炮:“一人放平,一人装炮,另一人发射。”每当发射后,这种科拉科拉船就迅速划开,等准备就绪后再重新接近敌人。菲律宾的科拉科拉船通常由 60 至 100 人划桨,但大船却并不多见(Scott 1982:74—79)。

东南亚的龙形船,无论是速度还是工艺都使欧洲人目瞪口呆。装饰得富丽堂皇的暹罗龙船被认为是“世界上最美丽的”(Choisy 1687:243)。马鲁古的船“按照龙形建造。船头是龙头,船尾为龙尾”

插图 31a　塞缪尔·巴伦(Samuel Baron)所绘在红河上游弋的越南战船。

插图 31b　1600 年前后荷兰雕版画家笔下的两种战船。左边是一艘马都拉战船,有两层甲板,上层为长矛手,下层为划手;右边是特尔纳特国王的科拉科拉船,划手们坐在船舷外的小艇上,装备有锣鼓和七门小炮。

("Tweede Boeck" 1599:58)。一个到过望加锡的荷兰人说,那些战船造得如此之大又如此之好,以至于所有到过那里的工匠都说,我们国家的工匠无一能及(van der Hagen 1607:82)。很多苏拉威西南部的船都由来自南苏拉威西东南角的塞拉亚和比拉半岛的船匠制造,因为在 17 世纪 60 年代"这些岛民除了造船就是造船,造好船后就卖出去"(Speelman 1669 II:24;参见 Stavorinus 1798 II:260)。其中最漂亮的大概要数塔洛精雕细刻的御舫。它通体贴满金箔,有 260 个划手,看上去简直就像"一只怪兽"在海里熠熠闪光(Amin 1670:116—117)。附近的布通建造的船只可以和"东印度任何地区的船媲美",长达 40 米(Coen I:76;van de Broecke 1634

I:62)。

亚齐将这种地中海建造大船的传统发展到极致。博利厄(Beaulieu 1666:106)解释说,苏丹伊斯坎达尔·穆达的:

> 海上力量超过其他任何邻国。他有大约100艘战船整装待发。其中的三分之一比欧洲任何国家所制造的船都要大。我看过一艘中型船的龙骨,120英尺长,由一整块木板制成。他们善于造船,所造船只比例完美,然而船体太重,因为船身 233
> 太宽太高……他们两人划一只桨,而且是站着;船板有6英寸厚,非常笨重,所以欧洲国家的战船与他们打起来可以以一当十。它们一般装备3门大炮……再加上几门置于船侧和中部的鹰形火炮。这样的庞然大物上一般运载600到800人。

亚齐人1629年进攻马六甲时用了一艘叫做"宇宙恐怖"的巨大战船,它有可能是有史以来最大的木船。[①] 俘获这艘船的葡萄牙人说它有100米长,装有100门炮,其中1门由黄铜制成,极为精美。"虽然我们的眼睛对精美物品已经司空见惯,但看到它时还是惊奇不已"(引自Lombard 1967:87)。[②]

芒甘(Manguin 1993)最近指出,在16世纪中叶前后,为了应付葡萄牙人的海上侵略行为,东南亚的战船朝着大型舰队的方向

① 帕克(Parker 1988:87)认为这个荣誉应属于威尼斯按照着希腊传统于1529年建造的一只73米长的五层橹船。

② 最大木船应属于十五世纪郑和的宝船。

急剧发展。到 1600 年时,不仅亚齐,而且万丹、柔佛、彭亨和文莱在战争中都可以武装百艘以上的舰队。芒甘认为,正是这种转变导致了原先称霸海上的贸易帆船的衰落。它也遏制了葡萄牙人在海上的作为,加强了强大君主对属国的控制。然而事实也证明,这些战船无法与荷兰人和英国人的战船一争高下,而后者的海军技术在 17 世纪又创新高。

外　　交

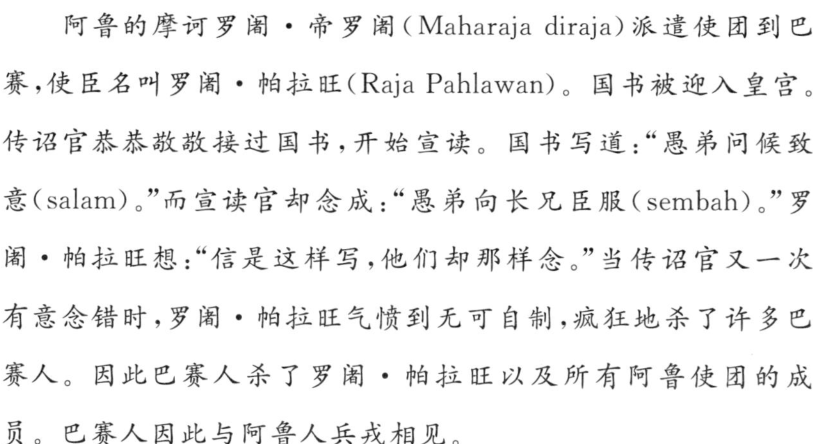

阿鲁的摩诃罗阇·帝罗阇(Maharaja diraja)派遣使团到巴赛,使臣名叫罗阇·帕拉旺(Raja Pahlawan)。国书被迎入皇宫。传诏官恭恭敬敬接过国书,开始宣读。国书写道:“愚弟问候致意(salam)。”而宣读官却念成:“愚弟向长兄臣服(sembah)。”罗阇·帕拉旺想:“信是这样写,他们却那样念。”当传诏官又一次有意念错时,罗阇·帕拉旺气愤到无可自制,疯狂地杀了许多巴赛人。因此巴赛人杀了罗阇·帕拉旺以及所有阿鲁使团的成员。巴赛人因此与阿鲁人兵戎相见。

——*Sejarah Melayu* 1612:145—146

234 每一个东南亚君主都懂得自己不是该地区唯一的统治者。尽管国王们用从印度史诗中那里学来的浮华的词汇、夸张的头衔和壮观的仪式来把自己比作天神,而不是等同于其他君主,他们却又不断地与他们的邻居进行贸易、战争或外交。他们的史书衡量一个君主伟大与否的标准是看其港口里是否停满外国船只，宫殿里是否坐满外国使臣。

不论在国际事务还是内部事务中，最容易处理的关系都是不平等关系。然而语言本身使得表达完全平等的关系非常困难，对那些习惯于自谦的君主来说更是如此。

中国的朝贡制度对东南亚各国都有影响。所有的东南亚国家都承认中国比他们更大、更强，在15世纪都愿意用中文致信中国表示臣服。小国君主甚至亲自去中国朝贡并接受皇帝的册封。与中国进行贸易的唯一合法安全的方式就是朝贡，而且无论是对君主还是对安排这些朝贡的人来说都极为有利可图。即使清楚其中内容，东南亚君主对朝贡信怎么写不怎么在乎，因为信里所用是外国语言，又是寄给一个遥远的皇帝。即使是给那些较小的国家如琉球的信，他们也用谦卑的语言将自己的贸易称为“朝贡”(Kobata and Matsuda 1969:116—117,141—142)。东亚各国与中国贸易全用中文，贸易只有成为君主之间正式关系的一部分时才算合法。

在东南亚地区内部也有仿效这种“朝贡”的做法，但那不过是表面上向贸易大港表示臣服，从而换取贸易机会。婆罗洲、南苏门答腊和小巽他群岛的小国家经常向爪哇朝贡，而马来半岛各国则经常向暹罗贡献金花(bunga emas)以示效忠。在17世纪80年代，连远在苏门答腊的占碑也向暹罗献上金花和用来同中国贸易的胡椒，作为对暹罗国王的“礼物”(焰硝和硫黄)的“回礼”(Pombejra 1990:137)。只有当一个邻国被武力征服时，才有单方面的货物和人力被送往征服者的首都。

该时期东南亚和印度洋地区的交往日趋频繁,而这种交往只
235 能在平等的基础上进行,因而麻烦不断。虽然关于使团的记载大多侧重于政治方面,但各国书信往来、互派使节,必定大大促进了贸易交往。正如暹罗国王在1480年向琉球国王解释的那样:“可赞贵国吾国,自古至今,贸易不绝,聚散离合,互通有无。使臣穿梭往来,从无休止。”(Kobata and Matsuda 1969:86)一位旅居交趾支那的日本人说,这个国家基本的军需物资——焰硝和铅——都是由暹罗供给的,“暹罗的使臣每年必至”(Fransisco 1642:351)。如果说,中国皇帝仅仅是因为外交原因才容忍了贸易的话,那么东南亚君主们则恰恰相反。暹罗与印度的科尔康达和孟加拉国定期互派使节,“来往信件充满溢美之词,此外也交换一些小礼物,而所有这些都旨在促进贸易”(van Vliet 1636:93)。

与他们所交往的印度洋地区和汉文化圈不同,东南亚外交礼仪中最重要的莫过于国书。不管船长是什么人,只要来访的船上携有国书,它就会受到热烈欢迎,因为国书代表国王的威权。

> 在东方,使臣不过是国王的信使,他不能代表他的主人。他们不把他看在眼里,但对他带来的国书却尊崇有加。在东方所有地方,携带国书的人都被称作大使。因此,当德·肖蒙(de Chaumont)先生安排留在暹罗的波斯大使病逝于丹那沙林后,其同胞就从他们当中推选了一位大使,代替他把波斯国王的国书呈给暹罗国王。这位被选中的人根本没有像那些真正的大使那样具有任何特殊优秀的品质(La Loubère 1691:108)。

当外国船只抵达时，他们被问到的第一个问题就是有没有携带国书。如果有，国书就会被高高抬起，送达宫廷。在马来世界，国书通常是被放在装扮华丽的象背上驮到王宫，而在大陆地区则是被置放在精美的船上。在老挝，战船载着国书，但不是送抵皇宫而是呈到巍峨的他琅寺（That Luang temple）（Wusthoff 1669：36—37）。使臣或船长则紧随其后，也会受到隆重接待，但这是因为他们是信使，而不是因为他们是国王的代表。

马来史书载有一个例子，饶有趣味。马六甲宫廷考虑如何将 236
国书传达到比它弱小的对手巴赛，同时又不让巴赛宫廷故意将马六甲宫廷的问候解读为臣服。于是，他们决定不送国书，而让信使将内容背诵下来。当此人到达巴赛时，“那些传诏官问道：‘国书何在？请容吾等迎取’。这时，贵族敦·穆罕穆德（Tun Mohammad）就回答说：‘吾即国书，汝等迎取可也。’”（*Seiarah Melayu* 1612：179）随后，这个信使仔细地朗诵了默记下来的国书，信中以长兄的口气向幼弟问好，然后照例取得了回信。

由于国书代表王权的核心，起草者总是精心措词、大加修饰。借鉴西亚国家的文学传统，伊斯兰国家以皇家印章或引文开头的国书总要追溯到写信的国王与以前那些伟大君主的关系，有时甚至包括亚历山大大帝。为了证明写信者的崇高与威严，开场白通常占国书的一半篇幅，通常包括：其治下广阔的领土、壮丽的首都、众多的象群、金色的王冠以及其他各种装饰品（例如，van Vliet 1636：16—17；Shellabear 1898：126—129）。东南亚贸易时代硕果仅存的几封国书中，一封是由亚齐苏丹伊斯坎达尔·穆达寄给英格兰国王詹姆斯一世的，它长达 1 米，装饰着美丽的花卉图案。

欧洲使节们个个大书特书他们在重要的宫廷里如何被隆重接待，他们下船伊始如何初受欢迎（插图 32），又如何在盛大的欢迎队伍中步向宫廷并受到国王接见，宣读国书的仪式，接下来是国王赠予衣服以示恩宠，赐宴、赐歌舞，以及斗兽以为助兴等等。最有趣味的叙述大概是达乌德（Daud）和本地翻译官易卜拉欣的对话，这段对话由弗雷德里克·德·豪特曼（Frederick de Houtman）用马来语记录下来，以便于商人们访问亚齐时作为标准句式使用。

达：那个坐在大象上、后面跟着一帮人的人是谁？

易：是港主及其秘书。

达：那边还有一些外国商人坐在那里。他们是谁？

328 易：那是古吉拉特的船长，他刚刚乘船抵达，他们正要带他去觐见国王。

达：那头象披红挂彩，前面还有一群人打着手鼓，又吹喇叭又吹笛子的，又是怎么回事？

易：那头象和那位坐在象背上大轿里的人表明他们的国王有一封国书给我们的国王。

达：谁坐在轿里？

易：是苏丹挑选的，前去迎接国书的一位贵族。

达：为什么？

易：为表示对呈交国书国王的尊重。

达：那么为什么那儿有那么多人和奴隶？又为什么每人

手捧一块花布？

易：那些是船长送给国王的礼物。

达：这些算是他所付的关税吗？还是他还需要另外付税？

易：不，关税需要另付，税额为7%。

达：那么国王会怎样招待他们？

易：当他们到达宫廷时他们会受到隆重接待。

达：什么样的接待？

易：他们会在那里享用筵席，各种饭菜和水果都会拿出来款待他们，还有歌舞及各种各样的娱乐，包括喇叭、笛子、手鼓和两弦琴(rebab)，然后国王就会叫人拿来一件本地所产的衣服送给船长(de Houtman 1603:17—20)。

然后，船长就会"穿一件红绸上衣，裹一块绣金头布，系一条绣金黄色纱笼，扎一条带有阿拉伯金字的腰带，佩一把短剑，剑鞘是金色的，镶着宝石，剑柄为黑色的珊瑚"，而后观看大象与水牛决斗，最后由一头大象将他送回座船(前揭书:30—31)。欧洲使节如詹姆斯·兰卡斯特(James Lancaster 1603:90—96)以及托马斯·贝斯特(Thomas Best 1614:52—54)也都享受到完全相同的礼遇。

在17世纪，贸易得到增加，但外交上活跃的国家却只限于几个强国，而它们之间都建立了外交关系。到17世纪中叶时，几个主要的贸易国家，即阿瑜陀耶、亚齐、万丹和马六甲，都有外交关系，同时与印度的科尔康达人、马尼拉的西班牙人以及葡萄牙人、英国人和荷兰人都有往来。在大陆地区，两个越南国家和暹罗都

插图 32　1673 年一艘丹麦船和使臣们在通往万丹的途中受到欢迎。丹麦船两侧的两艘船上坐着万丹的高官们，这一点可从船上的阳伞看出来。岸上最高的建筑是大清真寺。

与柬埔寨和老挝往来不断,并试图通过这些交往来控制这些小国并削弱对手。

上述的外交关系都不稳定。那些建立这些外交关系的国家本身都力图在这个极其危险的世界里保住自己的位置。长期稳定的朝贡关系自然存在,如与中国的关系;但是那些地位平等国家的君主却由于需要利用外交关系来提高自己的地位,从而使得国与国的关系经常陷入危机。王室婚姻是格外敏感的问题。所有国王都力图迎娶属国首领的女儿做妻妾。这样做可以一箭双雕,既能证明君主男性雄风,又能赢得属国忠诚。但是,对把自己的女儿嫁给别的
国王(更不用说别的什么普通人了)来说,女儿被人欺负或做妃妾的 239
危险总是存在,而不论哪种情况,对国王自己来说都是奇耻大辱。

君主们之间的谈判开始都围绕贸易或军事同盟,而会谈结束时都会要娶一位公主。老挝的伟大国王苏里亚旺萨,据说在 1640 年前后娶到了一位东京“国王”(大概是郑主)的女儿作为对他合作的奖赏(Wusthoff 1669:90)。当荷兰人 1659 年在越南的首都时,老挝的大使正在为其国王积极争取另一位越南公主,大概是刚刚主事的郑柞的女儿(Maetsuyker 1660:308)。这样的要求往往通过选取国王嫔妃的女儿而得到满足。当戈阿(望加锡)和马打兰宫廷开始互换使团来商讨如何对付荷兰人时,马打兰马上要求娶哈桑丁“一两个”女儿为妻(Andaya 1981:48;Ricklefs 1981:69)。除非能将她们的丈夫作为人质留在宫廷里,一般来说君主们都不愿意将其正妻的女儿嫁出去。如被征服的彭亨王子就留在亚齐,娶了伊斯坎达尔·穆达的女儿为妻(参见 van Vliet 1636:32,关于缅

甸的情况)。

在平等国家中,暹罗与亚齐的关系最为稳定,因为他们很少因为马来半岛而发生冲突。“他们从来都互不隶属或互相朝贡。为了维持友谊关系起见他们经常互派使节,交换的国书中充满夸大其辞的称号和互相恭维的词句,再加上礼物”(van Vliet 1636:43;参见 Best 1614:53)。据荷兰人驻暹罗商馆的记述,当一位暹罗使节不负责任地鼓励伊斯坎达尔·穆达去娶暹罗国王颂昙(Songtham)的女儿时,两国关系恶化了。不过,巴萨通国王(1629—1656年在位)在位时重启同盟关系,并重新开始交换高级礼物和“金叶表”。但在 1636 年,当亚齐苏丹派出使臣去要求娶一位暹罗公主时,这种联盟再一次动摇。一种说法是,亚齐的使臣被囚禁,而法国人的版本则说,由于使臣在聚会上与人争女人而发生纠纷,从而命丧黄泉(van Vliet 1636:43—46;Choisy 1687:222)。可是下一个暹罗国王纳莱刚继位不久,亚齐就又派出一个使团来恢复传统的关系(Maetsuyker 1662:421)。

苏丹伊斯坎达尔·穆达在为争取那些带有异国情调的妻子时还受过一些挫折。1613 年,托马斯·贝斯特在亚齐受到热情接待,当他离开时,亚齐苏丹要求英格兰国王给他送来两个英国女
240 人。“如果她们其中一人为我生子而且又是男孩的话,我将让他做普里亚曼、帕萨曼(Passaman)以及海岸上你们可以买到胡椒的那些地方的国王。这样你们就不必到我这里来买胡椒,而是到你们的英国国王那里去买了”(Copland 1614:213)。当这个消息传到伦敦时,一位“受人尊敬的绅士”来到东印度公司董事会,愿意让他

的女儿去扮演这个角色。委员会谢绝了这一建议。欧洲妇女很少出现在风下之地，只有在望加锡有一位进入后宫。[①] 苏丹阿拉丁的 40 位妻妾中有一位是当地葡萄牙欧亚混血儿。她和这位统治者生的儿子弗朗西斯科·门德斯(Francisco Mendes)在 17 世纪 40 年代与 50 年代中成为望加锡宫廷中不可或缺、讲双语的“葡萄牙秘书”和文化掮客(Boxer 1967:17)。

随着时间的流逝，到了 17 世纪，欧洲的外交方式即使不被完全接受，但也逐渐为东南亚主要贸易国家所熟悉。塔韦尼耶(Tavernier 1692 II:505—506)讲到，当一位亚齐大使来到荷兰人治下的巴达维亚时，他被邀请与荷兰男人、妇女们一起用餐，甚至受到总督夫人的拥抱以示欢迎，这些都令他惊讶不已。亚齐宫廷亦投桃报李，下一位荷兰特使到来时便受到一位亚齐妇女的拥抱。欧洲人要求他们的使节作为国王的私人代表应该得到最高的礼遇，这也逐渐提高了他们的地位。当詹姆斯·兰卡斯特(James Lancaster 1603:91)坚持要将伊丽莎白女皇的信亲自递交给亚齐苏丹而不是交给一个朝臣来宣读时，他的要求得到了满足。伊斯兰政治理论也使这一倾向合法化。在用马来语写成的伊斯兰治国之术《国王的冠冕》(*Taj us-Salatin*)中，使臣被视为王权的延伸(Bukhari 1603:141—145)。

葡萄牙人和西班牙人有时将亚洲人带回欧洲，但是只作为带

① 这位妇女有可能是葡萄牙人唐娜·弗朗西斯卡·萨尔蒂尼亚(Doña Francisca Sardinha)，“当时的美女之一”。她于 1561 年时在西苏门答腊附近的海难中被俘，被呈送给米南加保的国王(Dias 1565:101—102;Couto 1645 VII,IX:424—425)。

有异国风情的贡品和新入教的基督徒,而不是平等国家的代表。荷兰人决心戳穿这些伊比利亚人自称世界霸主的大话,也开始积极地带一些东南亚人到荷兰去,让他们一睹荷兰的风采。1601 年当两艘西兰[①]船到达亚齐时,他们发现苏丹对他们格外热情,因为亚齐最近刚与葡萄牙人发生冲突。亚齐苏丹委派两名使臣随船前赴荷兰。其中年老的一位,71 岁的阿卜杜勒·萨马特(Abdul Samat)刚抵达米得尔堡(Middelburg)不久便去世了。他被隆重地
241 安葬在欣特-皮特斯科克(Sint-Pieterskerk),墓碑上刻着拉丁文。毛里茨亲王(Prince Maurits)之后命令将幸存的使臣室利·穆罕默德(Sri Muhammad)带来见他,并命令对使臣"礼遇有加"。1603 年 9 月 4 日这名使臣庄严地将两封用葡萄牙文撰写的国书呈上,同时呈上一把装饰华丽的短剑和个金盘,盘中盛着苏门答腊樟脑(Wap 1862:16—29;Veth 1987:71)。室利·穆罕默德随后带着回礼回到亚齐。尽管他后来在宫廷里官居要职,以至于苏丹让他接待托马斯·贝斯特(Best 1614:54),但在亚齐统治者眼里,这次出访遥远国度并不是一个真正意义上的外交访问,而且这两位使臣的级别也不太高。人们后来发现,万丹第一次出使荷兰的使臣不过是一位出生于中国的奴隶而已(True Report 1599:36—37)。

亚齐使臣访问荷兰的消息很快传到暹罗,另外还听说荷兰人又安排柔佛使臣对荷兰进行访问。1605 年新登基的暹罗国王开

① 西兰(Zeeland)为荷兰的一个地区。——译注。

始计划派正规使团，既访问葡属果阿也访问荷兰，以搞清楚这两大势力之间互相诋毁的来龙去脉。在万丹，英国人与暹罗正使交谈，英国人说暹罗国王派遣使团意在讨论贸易，暹罗正使对这句话感到非常愤慨："国王是一个伟大的君主，他从荷兰人那里一无所求，他们去荷兰是要看看那个国家以及那里的建筑、城镇和船舶等。如果说他们从荷兰人那里需要什么，那不过是些造船匠、木匠以及其他工匠而已"(*LREIC* I:7—8)。阿瑜陀耶作为一个港口在当时还没有像后来那么重要，所以这个使团受到冷遇。荷兰人拒绝将到达万丹的15人使团全部送抵荷兰。其中5人终于在1608年一月乘船从万丹前去荷兰，在九月如期得到大公毛里茨的接见(Smith 1974:68—70)。

当库恩(Coen)于1619年接手东方事务时，他提醒东南亚统治者们不要奢望与荷兰国王(Stadhouder)平起平坐。巴达维亚的总督操控将来荷兰与亚洲国家的所有关系，这使得几位骄傲自尊的君主甚为不快。例如，望加锡国王宣布"他很乐意认大公毛里茨为兄弟，但却绝不与那个巴达维亚的总督称兄道弟，握手言和，因为他不过是商人头而已"(*Dagh-Register* 1624—1629:80)。在17世纪80年代，万丹和阿瑜陀耶派出两个最大的东南亚使团分别到英国和法国争取援助，以对抗荷兰人。

当年轻的万丹苏丹哈只决定不顾英国商馆的劝阻(担心过高
的费用和可能的外交麻烦)派出一个使团到伦敦寻求军事武器和
支持时，荷兰东印度公司曾对他施加巨大的压力。然而这两位使 242
臣和他们的29个随从却被谋求遏制荷兰人野心的英国东印度公

司和追求刺激的英国公众捧为名流。在英国东印度公司的资助下，1682年他们在伦敦逗留了三个月之久，到处游览，观看戏剧和各种文艺表演，并观摩印刷术和军事技术的最新成就。两位使臣恩贝西·那亚·威普拉亚长老（Kiai Ngabehi Naya Wipraya）和维贾亚·塞达纳长老（Kiai Wijaya Sedana，曾到过麦加，还能凑合讲点英语）受到很多领袖人物（包括约克公爵在内）的接待，而查尔斯二世不仅于5月13日在温莎城堡接见了他们，而且还在他们7月份离去前将他们封为阿卜杜勒爵士（Sir Abdul）和艾哈迈德爵士（Sir Ahmad）（插图33）。令人遗憾的是，恰恰在他们在伦敦的外交活动取得辉煌成就时，他们不受欢迎的年轻苏丹与荷兰东印度公司结盟，从而导致他们的国家被荷兰人征服。查尔斯二世所寄的信件和火药永远没有到达目的地（Foster 1926：99—112；Jones 1982）。

暹罗国王纳莱与科尔康达、波斯以及邻近的国家保持着广泛的外交联系。从1662年起，阿瑜陀耶的法国传教士们激发了他对法国的兴趣。其他欧洲国家越来越多地让本地代理人来管理与亚洲有关的事务，而法国传教士们却能够不断将其保护者路易十四的国书呈送给纳莱，而第一次是在1673年。于是，纳莱于1680年派出一个使团到凡尔赛，但因为海上遇难而搁浅。1684年，他再一次派一个使团搭乘一艘英国船，由法国传教士瓦谢（Vachet）陪同去了解法国，并要求法国派出一个使团签署正式盟约。这些使臣与路易十四及其弟弟分别在凡尔赛宫和圣克卢（Saint-Cloud）用餐，他们具有异国情调的服装令人印象深刻。

当精明能干的康斯坦斯·富尔康越来越得到纳莱国王的赏识时，传教士们就劝告路易十四说，如果措置得当，纳莱有可能会皈依天主教。1685年，法国人派出盛大的使团到暹罗，签订了贸易和军事方面的条约（插图34）。1686—1687年，暹罗第三次派出使团，陪同法国大使德·肖蒙（de Chaumont）回国。由于知道在法国会受到很好的接待，暹罗派出了三位高级官员，他们1686年9月在凡尔赛宫受到隆重接待（插图35a和35b）。在法国的七个月期间，他们异常繁忙：游览了佛兰德，观看了两次莫里哀的话剧、两次吕里（Lully）的歌剧；随后，他们又与另一个法国使团一起返回暹罗。1687—1688年的这一次出访由拉·卢贝尔带领，船上有12个耶稣传教会的教士。尽管带有传教意图，它仍然标志着欧洲与 245
东南亚在科学合作方面的一个高峰。然而法国使团还带着几百个全副武装的士兵，使得暹罗人有足够理由怀疑法国人的意图。这种怀疑终于导致了盟约突然中止，也使得富尔康和纳莱在1688年6月双双覆亡（Choisy 1687；Tachard 1688；de Beze 1691；Turpin 1771：41—52；Anderson 1891：224—252；Smithies 1989）。

插图 33　1682 年万丹派往英国的两位使臣。虽然画像上一上一下，两个人的官阶其实相等。上：恩贝西・那亚・威普拉亚长老；下：维贾亚・塞达纳长老，他曾赴麦加朝圣。

插图 34　1686 年纳莱国王在接受大使德·肖蒙递交路易十四的国书。德·肖蒙由舒瓦西和法国东方主教陪同。允许大使接近国王本人是暹罗外交礼仪的一项重大改变。

贸易垄断[①]

> 从前的贸易自由吸引了大量各色外国人等来到暹罗,并以他们自己的传统方式在那里自由自在地生活。但是,自从暹罗国王把所有的海外贸易都垄断到其手中后,最富裕的外国人、特别是摩尔人已经移居他方。贸易是需要一定自由的。
>
> ——La Loubère 1691:112

商人对统治者垄断贸易的抱怨并非始自 17 世纪。现存的 1425 年琉球致暹罗的第一封信函就是一封温和有礼的抱怨信。在此之前的贸易中,琉球船上的瓷器必须按照国王的价格出卖,琉球使节不能在市场上自由购买苏木,而且琉球使节也被勒索大量礼物。琉球国王抱怨说,“漂洋过海、跨风踏浪已为艰难”,更何堪如此勒索,因此取消了 1424 年的暹罗之行(Kobata and Matsuda 1969:55—56)。

虽然统治者有时表现出对贸易的轻视——特别是在儒家文化影响下的越南——他们却既依靠贸易又直接参与贸易。他们盛情接待远方来使,但在这华丽的表面下却隐藏着商业实用主义,他们从中分享利益并争取更大的利益。他们知道这个过程对他们的利

① 原文为“squeezing the lemon”,直译为“挤柠檬”,此处意译为“贸易垄断”。——译注

246

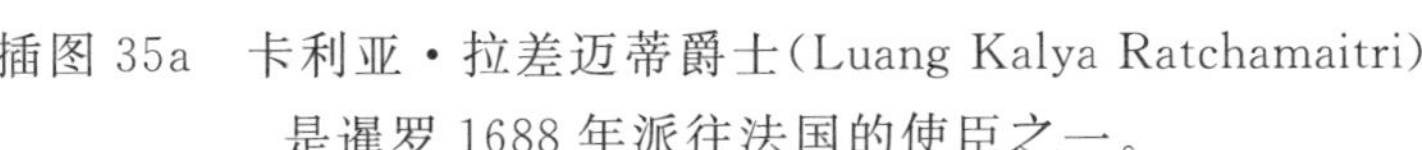

插图 35a　卡利亚·拉差迈蒂爵士(Luang Kalya Ratchamaitri)是暹罗 1688 年派往法国的使臣之一。

益和权力至关重要。一方面,为了吸引商人前来港口进行至关重要的贸易,他们需要公平的态度并给予商人相对自由;另一方面为了行政开支、战争需要、庆典活动、庇护臣民，以及个人奢华他们又需要从贸易中榨取利润，这二者之间永远矛盾重重。

247

插图 35b　1686 年路易十四在凡尔赛宫接见暹罗使臣。

东南亚贸易时代的经济形势变化如此迅速，以至于没有足够的时间建立强有力的游戏规则来限制那些君主们为所欲为或实力雄厚的外国人权势坐大。商人们每到一个地方，就会对那里的秩序形成冲击：

15 世纪初和 16 世纪末的中国人、16 世纪初的葡萄牙人、16 世纪初以及 17 世纪初的北欧人和日本人都是如此，商人每一次涌入都会导致政策的改变，因为新港口都会给予新到来的商人们不同的优惠条件。凡是允许相对自由贸易的港口通常都发展很快。而这种自由有时是为了削弱自己的对手（如 15 世纪初的马六甲和 17 世纪的望加锡），有时是因为国王的力量过于薄弱，无法将自己的意志置于商人阶层的利益之上（如 17 世纪初的北大年和万丹）。强大的国王们几乎毫无例外地要压榨商人，使得他们中的许多人不得不迁移别处。

当然，这种紧张关系也常常能产生双方都满意的商业规则，在商业方面向着财产具有保障、做事有法可依的方向发展。这种情况往往发生在一个强势的君主过世之后的特殊时期，此时其软弱的继承人和一个强势的商人阶级代表会同意按照他们的理解将前

世国王的传统记录下来。马六甲苏丹穆罕默德在位期间（1488— 248
1511 年）所制订的法典和亚齐第一位女王在位期间制定的《亚齐习惯法》（*Adat Aceh*）就是在这样的背景之下出现的。[①]《亚齐习惯法》是建立在伊斯坎达尔·穆达专制统治初期所订法律的基础之上（Ito 1984:8）。这些法律被其后的国王承袭并发扬光大，它们为经济的持续发展所提供的条件不容忽视。然而，那一整套使得北欧城市的商人们能够享有财产权并了解有关程序的法律，只可

① 莱佛士（Stamford Raffels 1837 I:101）正确地得出结论说，马来统治者们不断地企图垄断贸易的行为在这些法规中找不到任何根据。然而他却错误地说，“这些有害的做法完全是从荷兰人的垄断规则那里抄袭而来”。

能短暂地和有限地在东南亚某些国家得到认可。

在 17 世纪,特别是在 1620—1680 年间,王室垄断的例子大大增加,因为在该时期国家要么就强大,要么就衰落。欧洲商人们,尤其是荷兰和英国东印度公司,喜欢做大额而快捷的生意。如果从一个强势的君主那里得不到这些,他们就会转向地方首领,来削弱那个强势的君主。从库恩开始,荷兰东印度公司在那些弱小、无法抵挡荷兰人势力的港口垄断了其主要商品。17 世纪中叶,东南亚产品价格的下跌更加大了这种压力,迫使统治者们去压榨生产者和中间商以维持他们的国家税收。

对国家主要产品、特别是矿产品的出口,在贸易时代以前很久就由统治者垄断,形成他们的主要财源。在缅甸,“琥珀、宝石、黄金、香脂和铁”的买卖权都由王室垄断(Than Tun 1983:9);在暹罗,“苏木、锡、铅和焰硝为该国的主要产品,只有王室仓库才有权出售给外国人”(van Vliet 1636:26—27)。传统上对进口货物并没有这样垄断。在暹罗,从查克腊帕(Chakkrapat,1548—1569 年在位)时期才开始禁止国王以外的任何人购买进口火器(Ouansakul 1976)。其他王家垄断的进口货物包括与货币有关的货物,如银、铜和海贝。

从 17 世纪中叶开始,暹罗和其他地方一样,更多地从事大规模航运。从 1624 年起,王室的船队开始参与利润可观的科罗曼德尔与墨吉之间的贸易(Subrahmanyam 1990:215)。范·弗利特(van
249 Vliet 1636:90,93)谴责暴戾的篡权者巴萨通(1629—1656 年在位)操控市场,在他当政期间,“垄断和其他障碍致使贸易大受损失。因为当今国王喜欢任用其代理人操控市场，从他们那里收税而又不按市价付钱。除非是被迫，那么谁也不愿意到暹罗做生意”。但实际上，外国商人们自己才是造成这种情况的主要原因。荷兰东印度公司无论走到哪里，都迫使国王们与其签订条约，从而实行贸易垄断，包括17世纪30年代的鹿皮和1671年洛坤（那空是贪玛叻）的锡（Pombejra 1984:39）。华人、穆斯林和英国人都争先恐后为暹罗国王驾驶商船，这就使其在竞争中获利。

在纳莱时代，王室贸易制度空前发达。纳莱与日本恢复了在巴萨通时代破裂的关系，从而保证了他自己的由华人驾驶的商船在这个利润丰厚的贸易中占据主导地位（Innes 1980:176；Smith 1974:121）。直到17世纪80年代，纳莱派往印度的商船大多都由印度人驾驶，之后由富尔康介绍的欧洲人接管。纳莱运用这种优势，成为欧洲人的供应商并且垄断了布料进口：

> 他的垄断非常彻底，现在这种货物在暹罗成了他一个人的买卖。他不喜欢批发，他在市场上有一些商店零售。他卖给其臣民的主要货物是棉布：他把货运到各省的仓库里去。在此之前，他的前任和他只是每10年这样做一次，而且数量并不算大，因此有些人还可以从事这项买卖；而现在他不断地向这些仓库供应棉布，导致货物囤积、供大于求，有时为了多销，他迫使臣民们在孩子们还没到穿衣服的年龄就穿上衣服。在荷兰人到达老挝王国和附近地区之前，暹罗国王从那里的棉布贸易中获利甚丰（La Loubère 1691:94）。

万丹的情形也与此相似。当荷兰人和英国人刚到来时,在苏丹阿卜杜勒·卡迪尔(Abdul Kadir,1596—1624 年在位)还是幼王的时候,这个城市几乎是一个自由市场。然而,在与心狠手辣的荷兰总督库恩为控制胡椒供应而斗争的高峰期,万丹摄政王于1619 年规定,外国人只能通过万丹宫廷购买胡椒(Meilink-Roelofsz
250 1962:254)。在万丹最成功的统治者、苏丹阿卜杜勒法塔赫·阿庚(1651—1682 年在位)统治下,所有在楠榜的胡椒都由万丹贵族来实行强迫种植制度,收获的胡椒都一并交到苏丹那里。王室对外国人严格实行贸易垄断,并视其为与巴达维亚的荷兰人斗争的一把利器(Kathirithamby-Wells 1990:115—117)。万丹苏丹逐渐建立起自己的舰队,一些船只备有欧洲帆具,也有中国式的帆船。这些船只通常由外国人充当船长,前往一些遥远的港口如马尼拉、中国、日本、暹罗、科罗曼德尔、苏拉特以及穆哈(Mocha)。只有齐心协力,万丹才能与巴达维亚这个组织严密的邻居抗衡,而这个邻居总是把万丹的成就看作是巨大威胁(de Jonge 1862—1888 VI:lxvii—lxviii,124)。

在亚齐,苏丹伊斯坎达尔·穆达(1607—1636 年在位)很善于操控荷兰人和英国人而实行贸易垄断,而深受其害的是本地的亚齐和古吉拉特商人。在 1612 年前后,他禁止古吉拉特胡椒商人们前去西海岸胡椒产地贸易(LREIG II:270;III:123—124)。荷兰人和英国人都曾在不同的时间被允许按照苏丹的条件垄断这个地区的胡椒贸易,但最终还是苏丹自己的代理商和商船控制了这一地区的胡椒供应。在 1615 年时,英国人就已经知道“国王将所有的胡椒都抓在自己手里，而护国公[克伦威尔]和港主都是他的商人”(LREIG III:103)。1622年他不许任何人卖胡椒给欧洲人，违者以死论处，而他把自己手头上的胡椒按每巴哈尔25个雷亚尔的天价卖出，这使得荷兰人怒不可遏(Coen 1622:695)。在1622年以后，荷兰人和英国人实际上都已被排挤出去，因为此时国王势力已经足够强大，可以任意操控市场。在17世纪30年代，同阿拉干和阿瑜陀耶的统治者一样，苏丹伊斯坎达尔·穆达也每年向科罗曼德尔派出一艘大船，大大削弱了荷兰东印度公司以及波斯人在马苏里帕塔姆的贸易，而后者在此之前一直在该地区占据主导地位(Subrahmanyam 1990:335;另见表格5)。

由于胡椒价格下跌和荷兰人的垄断，统治者们难以保有原来的利润。17世纪下半叶，这种趋势似乎影响了多数胡椒种植国家。占碑和巨港模仿万丹在楠榜的做法，委任王室贸易代理人(jenang)以低于市场的价格用布和盐换取胡椒(Andaya 1989:39)。为了履行与荷兰东印度公司的合约，并保证自己也能获利，马辰的统治者在17世纪60年代开始强迫种植者以低价将胡椒卖给自己的代理人(Coolhaas 1968:422,455)。17世纪的最后几十年，苏丹巴拉哈曼(Barahaman)在马京达瑙也开始对出口给外国商船的商品进行垄断(Laarhoven 1990:176)。 251

连17世纪最自由的港口望加锡也开始使外国商人大为恼火，因为他们在17世纪50年代开始让王室的船舶和贸易享受特权。英国人抱怨说，“这些[戈阿和塔洛的]国王正在成为毫不讲理的商人，因为他们只按他们自己想要的价钱做买卖”。两年后，“这些国王们在生意上的贪婪超过其祖先”(Macassar Factory 1658,1660)。作为政治家来说,苏丹哈桑丁(1653—1669 年在位)自然是不如他那些伟大的前辈,但是 17 世纪末对统治者们来说也的确是危机四伏,除非他们能够照搬荷兰东印度公司一些残酷的手段,否则就很难生存下去。

专制主义及其敌人

> 他[国王纳黎萱]总是说,“对你们这些暹罗人只能这么治理,因为你们是一个腐烂国家里可恶可恨、冥顽不化的民族。我要把你们改造成为受人尊敬的民族。你们就像沃田里的杂草:剪得越短长得就越好。我要用金子铺在路上让它在那儿呆上几个月。谁敢用贪婪的眼光看它一眼谁就得死”。
>
> —van Vliet 1640:83

无论是理论上还是实践上,贸易时代强势的统治者似乎都非常专制。他们通过称号和仪式宣称自己的超自然能力;他们宣称对臣民的土地和财产拥有所有权;大量资料表明,不管是哪位藩属胆敢犯上作乱,他们都可以生杀予夺。东南亚人所长期接受的印度思想中超自然国王的观念为这种专制主义提供了依据,而且总有一些外国人(婆罗门,伊斯兰巡回教师,及欧洲冒险家们)时刻准备受命于那些雄心勃勃的国王,为这些理论提供根据。但是必须记住,这种专制主义所面对的不是封建主义,更不是立宪主义,而是那些还没有被纳入国家发展进程的独立家族、部落和商人。

这些开国的国王们可以借鉴本地过去治国之术的榜样——泰人国家借鉴吴哥、孟人和缅人国家借鉴蒲甘、马来人国家借鉴室利佛逝，以及爪哇—巴厘人国家借鉴满者伯夷——但实际上这些古 252
典国家，特别是后面两个，根本不是中央集权制。贸易时代国家建立的直接背景是(越南北部除外)，一方面地方自治更加强化，另一方面外国富商成分更加多元化。征服虽然在每一个国家的崛起中都起了一定的作用，但是更常见的却是港口与内地之间自愿而有条件的结盟，或者是为了抵御外侵而化敌为友。因此，在专制主义的辞藻与自治、多样化和契约性之间永远存在着巨大的矛盾。

这种多样化的例子在整个海岛地区比比皆是，在后来大陆东南亚的山地民族里也不难找到。在 15 世纪的马六甲，葡萄牙人记载了王权如何轻而易举地建立在一个以外国移民为多数的基础之上。即使是关注马来贵族及其价值观的王朝历史，也体现了开国元勋与其臣民之间明显的社会契约性质，这种性质在盘陀诃罗家族的原型上表现出来。根据记载，盘陀诃罗宣布说，“我的后裔将世代作为陛下的臣民；而[反过来]他们也必须得到陛下后裔的仁慈庇护”(*Sejarah Melayu* 1612:57)。虽然臣民们被告诫要忠于统治者，统治者的前辈在临死前也反过来警告后人，提醒说他们的权力并非无限：

> 汝等，吾儿，切勿垂涎臣民之财物，也勿追逐臣民之妻子。
>
> 吾儿，切勿将别人东西据为己有，真主之仆人们都托付于汝等。对马来人，无论其犯下多大罪行，除非真主法律准许，

切勿随意杀戮（前揭书：74，79，150）。

更令人吃惊的是，马来史书用赞许的语气讲到，当国王对霹雳的首领提到巴生（Klang）地区对他的不满时，首领竟然回答国王说，管理地方政权不是国王的事情，国王要么信任他，要么叫他走人（前揭书：95）。

当西班牙人抵达马尼拉地区时，那里的国家还在形成中，整个地区就像一个部落联盟，所以国王苏莱曼（Raja Suleiman）可以这样对莱加斯皮说，“如君所知，此地并无国王，也无至上权威，每人各持己见，各行其是”，这正中莱加斯皮下怀（Riquel 1573：235）。布吉斯和望加锡的登基仪式格外反映出一种高度发展的联邦意
253 识，在那里，每一个组成国家的家族族长都会重申其自治权：“我寻求您［国王］的保护，但我将自行管理内部事务，我将保存自己的风格，我将维持自己的风俗；只有当我需要时我才请求您的指示。”（引自 Pelras 1971：173—174）即使是在由于贸易时代而造成权力最集中的南苏拉威西，位于望加锡王国中心的戈阿—塔洛联盟，也存在一系列条约性的自治，这使得欧洲人大惑不解。征服望加锡的荷兰人科内利斯·施皮尔曼（Cornelis Speelman，1670 III：117）评论说，“塔洛和戈阿的国王们离开自己家门后就格外谨慎小心”。在海岛地区，包括爪哇在内（但除苏丹阿贡朝之外），荷兰人和英国人都为找不到能够对臣民进行约束管理的国王而感到烦恼不已。

1600年当荷兰人抵达时，一些港口国家的政务会已经由来已

久。在万丹(当时正处于摄政时期)、班达和特尔纳特,他们都发现,任何重要的商业或政治决策都必须通过一个由许多贵族组成的议会作出,每位贵族都有发言权(插图 36a 和 36b)。在 18 世纪的苏禄,专制主义的高潮过去很久之后,寡头形式的政体得以确立。福里斯特(Forrest 1779:326)形容说,政府被操控在一个由苏丹和 15 个大督组成的议事会手中。“在议事会中,苏丹拥有两票表决权,每位大督各享有一票表决权。至于苏丹的法定继承人(raja muda),如果他同意苏丹的意见,他就拥有两票表决权,但如果他与苏丹的意见相左,那他就只有一票表决权。人民有两名代表,叫做曼特雷斯(Manteries),就如罗马军事护民官一样”。

那些高度集权的君主们,以新的财政收入为后盾、以新式武器为支柱、以外国援助和模式为动力,使他们的政体发生了巨大的变化。尽管暹罗和亚齐的政权在很多方面都大相径庭,在 17 世纪初却都采用了相似的政策以削弱地方贵族的权力。根据拉·卢贝尔(Simon de la Loubère 1691:42)的记载,在暹罗金碧辉煌的宫廷里,以前曾聚集了“许多贵族,他们穿金戴银,珠光宝气,而且总是有一二百奴隶伺候着,还有许许多多的大象”。他认为是国王巴萨通(1629—1656 年在位)摧毁了这个贵族阶层,但更早一些的史料表明,这个过程实际上开始于纳黎萱(1590—1605 年在位),即那位在缅甸人入侵后使泰国重现辉煌的伟大武士。范·弗利特(van Vliet 1640:82—83)说,纳黎萱一直不同意让贵族们把他推上王位,直到他们都同意将对他唯命是从后,他才肯登基为王。一旦登

上王位，“纳黎萱的统治就成为暹罗历史上最军事化、最严酷的时
254 期。许多故事和当事人都见证说，在其当政的 20 年间，纳黎萱根据法律处决了八万多人，这还不包括死于战争的人。他首开先例，命令大臣们在他面前俯首匍匐，此规矩仍留存至今”（前揭书：83；参见插图 34）。他非常喜欢外国人，喜欢不通过翻译与他们直接对话，而且不要求他们像其臣民那样对他卑躬屈膝。“外国人在当下受到如此礼遇，以致官员们纷纷给外国人送礼，以免他们到国王那里进谗言。大臣们都对国王怕得要死。当被国王召见时，他们都先安排好家事，好像马上就要死去，因为他们总是担心自己此行是凶多吉少、有去无回”（前揭书：84）。

在纳黎萱之后的两个国王继续器重外国人，而对本国的贵族
255 则严格控制。据说厄迦陀沙律王（Ekathotsarot，1605—1610 年在位）开创了这样一个先例，每当官员死亡时，国王就占取其财产的三分之一（前揭书：88；Smith 1974：71—72）。然而巴萨通却更是变本加厉、层层加码：

> 他作为君主首开先例，使大臣们变得服服帖帖；大臣们每天到宫廷觐见国王，除了在公共场合外不许私下交谈。这位国王贪得无厌、欲壑难填，想把一切东西拥为己有。如果一个大臣死去，其妻儿就被监护起来。大臣彼此之间经常私下刺探对方的情况，看看是否有什么事情隐瞒。如果国王将已逝大臣的一小部分财产赐给其遗孀和子女，他们就会感激涕零。只要这个王国的财富还有一点没有被搜刮到其国库里，只要

民间还有一点东西没有被压榨出来，国王就不认为自己是富人(van Vliet 1640:96)。

阿瑜陀耶最大的富商之一穆斯林拉迪·易卜拉欣(Radi Ibrahim)就是由该国王于1639年下令处死，他的财产也旋即被王室接收(Smith 1974:109)。

国王纳莱统治期间这一政策达到登峰造极的地步，他巧妙地 256
利用外国人促进其商业利益，同时对贵族们进行极其严格的管制。

插图36a　1596年时荷兰人对万丹国务议事会开会的印象。

插图 36b　1600 年前后荷兰海军副司令范·内克(van Neck)在与班达岛的头面人物谈判。在座的 A 和 B 是特尔纳特的苏丹及其兄弟,在前面蹲坐的是贵族。

一份不甚可靠的荷兰人资料认为,纳莱有一次大规模地清洗了几百名贵族,罪名是他们参与了毒害他女儿的阴谋(Glanius:136—142)。[①] 纳莱在 17 世纪 80 年代对上层社会的控制使那些熟悉路易十四的专制主义的法国传教士们印象深刻:"只要他高兴,他可

① 本书是利用万丹使团在伦敦引起的轰动而托名荷兰旅行家格兰纽斯(Glanius)出版的,其中并没有任何关于万丹苏丹国的第一手资料。这本书最有趣味的资料是关于荷兰人在暹罗的商馆情况以及热那亚人对苏门答腊的探险,不过却把探险的时间后推了 20 年,即 1686 年。这本书与扬·斯特勒伊斯(Jan Struijs)于 1686 年在阿姆斯特丹出版的书非常相似。关于这一点,请参见苏布拉马尼亚姆(Subrahmanyam)1990:286—292。

以让所有那些他曾经任命的官员们都顷刻之间变得一贫如洗，他也可以随意罢黜他们。他注重经验和表现，而不是出身；这使得所有的人都使尽浑身解数去赢得国王的青睐。”(Bourges 1666：158—159；参见 Ibrahim 1688：149)

在亚齐，和纳黎萱同时期的苏丹阿拉丁·里阿亚特·沙一穆卡米尔(1589—1604 年在位)发动宫廷政变，摧毁贵族政权，从而结束了亚齐政出多门和政局不稳的历史。在此之前，亚齐十年中五易其王，其中四位暴死。据博利厄(Beaulieu 1666：112)说，该时期“贵族们都拥有宽敞美丽的豪宅，门前置放大炮，奴仆成群，既做侍卫，又兼佣人。他们出门时服装华丽，前呼后拥，备受尊敬。但是贵族们这种特权极大地削弱了王室的权威”。和纳黎萱一样，穆卡米尔在继位前一直是前国王手下的一名将军。根据戴维斯(Davis 1600：148)的说法，“他镇压了一千多名贵族和绅士，提拔一批流氓无赖成为新贵”。40 年之后，博利厄(Beaulieu 1666：112)描绘了这场大屠杀是如何在国王继位后的一场盛宴中发生的。新的统治阶级被国王置于更为严密的掌控之下。如果说此前贵族们还拥有如博利厄所说那样的城堡(在万丹，这点是肯定无疑的)，那么在穆卡米尔当政期间这些都一概消失，“他不允许任何人拥有大量的财富；只要听说什么人有什么好东西，他就从他那儿夺过来，还会为此寻找到一些借口。比如，他会说这个人犯了什么罪，把他的手砍下来，并把他流放到威岛(Pulau We)或贾米斯坡拉(Gamispola)岛。国王不允许任何人用石头修建房子，担心他们 257
会以此筑成堡垒而犯上作乱”(Martin 1604：39，53)。与他同时代

的暹罗国王相似的是,穆卡米尔也结好英国人及荷兰人,牺牲穆斯林商人们的利益;前者至少暂时看起来较友善,后者则可能对其政权形成威胁(Beaulieu 1666:113;Warwijck 1604:14)。

穆卡米尔的孙子伊斯坎达尔·穆达(1607—1636 年在位)雄才大略,以更大的财力将这种中央集权化的政策发扬光大。关于他的统治,博利厄(Beaulieu 1663:63)有第一手的资料:"他铲除了几乎所有的前朝贵族,而代之以新贵。"根据残存的土地分封资料,伊斯坎达尔·穆达将亚齐分割为伊斯兰教区(mukim),并将土地分封给手下的军事首领们(uleebalang)(Ito and Reid 1985:201—204)。当国王需要时,这些新贵有义务在领地内召集军队,每三夜轮流去保护王宫(不许携带武器),并在有阴谋反对国王时充当人质。[①] 内宫里面只允许妇女出入,其中很多妇女带有武器,首都则由外国奴隶组成的职业禁卫军控制,他们从年幼时起就像土耳其禁卫军那样在战争中受到训练(Beaulieu 1666:103)。从 1621 年始,西苏门答腊种植胡椒的属国们就由国王任命的总督(panglima)掌控,总督每年都被应召入宫述职,每隔三年被轮换一次(前揭书:44;Kathirithamby-Wells 1969:460—461)。

在外国人的笔下,亚齐人民生活在恐怖之中。在其统治之初,

---

① 《北大年纪年》(*Hikayat Patani*:188)讲了一个有趣的故事,描述了这种专制主义的做法如何差一点传到北大年,那时它正在由一个相当具有协商精神的女王统治。柔佛王子是北大年女王的小叔子,他的亚齐随从们对他说,伊斯坎达尔·穆达控制其贵族的办法是"所有大小官吏的妻子们都轮流到王宫里面值夜班,而她们的丈夫们则在大厅里值夜班"。柔佛王子想说服他的嫂子也如法炮制,结果他和他的亚齐随从们都被北大年当局赶了出去。

伊斯坎达尔·穆达就以抢夺妇女入宫而臭名昭著,如果妇女们的丈夫反对,“他就命令将其丈夫的阴茎割掉”(Croft 1613:176)。他对有产阶级的掠夺更是愈演愈烈,大批贵族被处死,财产被没收。“他从那些每天被他处死的贵族身上大发横财;有两个特别原因使许多贵族丢了性命:其一是他们在民间享有的威望,其二是他们的财富。他使得亚齐人口凋零,每个人都一贫如洗,甚至连那些 258
到过亚齐的外国人都难以幸免”(Beaulieu 1666:109,114)。即使在他死去几十年后,亚齐的首领们都还记得伊斯坎达尔·穆达是怎样一个“几百年中最残忍的暴君”(Bowrey 1680:296)。

除了对贵族们的残酷政策外,伊斯坎达尔·穆达并不是全无功绩。根据亚齐的传说,伊斯坎达尔·穆达是法律之父,在其当政期间无疑有四个特别法庭维持法治:刑事庭、宗教庭、债务庭以及商业事务庭(Adat Aceh:17;Beaulieu 1666:31;Ito 1984:155—167)。后人们忘记了他的残酷而把他视为亚齐的荣耀来缅怀。他对博利厄(1666:62)的谈话大概是他自己对专制主义的最好的辩护词:

> 他说他的贵族们既邪恶又残酷,而且他们不知道正是自己的邪恶使得真主对他们暴怒不已,只好让他来惩罚他们;他们没有权利去抱怨他,因为他让他们与其妻儿和奴隶生活在一起,丰衣足食、其乐融融;他还让他们保持自己的宗教,并保护他们,免于被邻国的国王们掳去做奴隶,他还使他们免于外国人的掠夺;他知道亚齐以前是杀人犯和强盗的天堂,弱肉强

> 食；土匪在光天化日之下公然抢劫，夜里人们更要关门闭户；这些贵族恨他是因为他妨碍了他们的邪恶、敲诈、谋杀和偷盗；他们妄想可以随心所欲地拥立国王，不喜欢的时候就把国王杀掉。

在暹罗、亚齐及其他地方，如果臣民和外国人死去但其子嗣尚未成婚，那么其财产就要被没收；这些财产在专制主义的发展上都起到了重要作用。将东南亚的情况与欧洲对无继承人的土地充公相比，欧洲中世纪时领主有时可以收回诸侯的土地，但这一情形到16 世纪时已经不再出现，因为罗马继承法此时已被恢复，使得私人财产几乎绝对不可侵犯。但与此同时，东南亚的情形则恰恰相反，这一做法则成为此时国家政策的一个重要特征。从理论上来说，普天之下莫非王土，而且可以由国王重新分配的传统由来已久，但这一理论那时对那些天高皇帝远的藩邦属国而言没有实际意义。在 16 世纪早期，无继承人的土地和财产这个观念还很少提及，但随着贸易而增加的财富问题变得突出起来。在暹罗，我们注意到，没收三分之一财产的做法被归咎于厄迦陀沙律王（1605—1610 年在位）；而在柬埔寨，据说国王在 16 世纪时一个流产的叛乱后开始强占属下臣民们的财产（da Cruz 1569:62）。如果说该
259 时期有向专制主义方向发展的趋势，那么它可以归因于国王要从贸易所带来的新财富中获得更大份额的愿望，以及穆斯林顾问们将其合法化的做法，因为攫取无继承人财富的行为在印度洋周围的穆斯林国家中非常普遍（Wittfogel 1957:77；Barrington Moore 1966:322—333）。

在暹罗、老挝、柬埔寨和缅甸，人们都知道国王有权在官员去世时获取其任职期间积聚的财富。老挝国王苏里亚旺萨“有时也在官员还活着的时候”就没收其土地和财产，“而他们死后则必定要没收”(Marini 1663:456)。在暹罗，一部1635年的法律规定国王可以取得官员们的所有财产，然而实际上通常是三分之一交给国王，三分之一或更多分给继承人，其余充作丧礼之用(“Vertoog” 1622:290;Pombejra 1984:34—36)。缅甸的情况大致相同(van der Hagen 1607:33)。在16世纪的勃固，所有在当地死亡的外国人的财产在国王和继承人之间共同分配，国王的份额为三分之一，而且“从来没有发生过欺骗或作弊行为”(Frederici 1581:268)。

在17世纪的穆斯林国家，至少在亚齐、万丹和马打兰，任何没有男性子嗣的男子在死亡后财产都属于国王，甚至其遗孀和未出嫁的女儿也可能被收进宫里。正因为如此，许多男性显要纷纷将其女儿在八九岁时就嫁出去(“TweedeBoeck”1601:149;Croft 1613:176;Pyrard 1619 II:164;Beaulieu 1666:108;de Haan 1912 III:205—206)。在16世纪的文莱，苏丹与其去世的臣民的继承人均分遗产，但当死者没有后嗣时，其名下所有财产就全部归国王所有(Dasmariñas 1590:5)。

那些雄才大略、雄心勃勃的伊斯兰统治者们也坚持要分取那些不幸死在其辖下港口的外国人的财产。《亚齐习惯法》(*Adat Aceh*:74)特别规定，当任何一位外商死亡时，“他的房间要看管起来，钥匙和财产目录都要拿走，然后所有的财产都要估价，根据习惯法，其中十分之一收缴充公”。然而，根据博利厄(Beaulieu 1666:109)的记载，苏丹伊斯坎达尔·穆达会把这些商人的全部财产都拿走，还拷打其仆人们，以便发现任何隐匿的财产。在巨港，国王也同样拥有将外国人全部财产据为己有的权力（de Haan 1912 III：205）。当发生海难时，不光货物，就是连船上的人员都经常被国王没收充公（Beaulieu 1666：109；Mantegazza 1784：118—119）。欧洲公司们坚持他们的商馆应该免于此例，取得了一些成效。

260 在 1600 年至 1660 年期间，这种政府中央集权化的普遍倾向（也有一些个人专断的倾向）体现在万丹、马打兰和望加锡的政治发展中，与之相应的还有亚齐和阿瑜陀耶，这两个地方的资料更为充分。该现象部分归因于荷兰东印度公司的外部压力。那些多元化的国家，例如面对葡萄牙人的马六甲和面对荷兰人的班达岛，虽然创造了宽松的商业环境，但仍没有逃脱被最先从军事上摧毁的命运。面临着巴达维亚的荷兰东印度公司总部的不断威胁，万丹不能让这样的事情在自己身上重演。正是那个在 17 世纪前十年里高度多元化的万丹，那个在斯科特（Scott 1606：105）看来“充满谋杀、偷盗、战争、火灾和背叛”的万丹，到了 17 世纪中叶发展成了一个军事上的强国，那里“国王对其臣民逾越权限，他使自己成为握有生杀予夺大权、至高无上的君主”（Missions Etrangères 1680：91—92）。

马打兰提供了另一个有趣的实例。征服者苏丹阿贡（1613—1646 年在位）摧毁了爪哇北部海岸的一些港口国家，这些国家在前两个世纪里一直是爪哇繁荣的商业文化基地。从 1641 年开始，阿贡垄断了对荷兰人的爪哇大米供应。荷兰东印度公司不仅对任何尚未完全统一的国家形成威胁，而且也提供了贸易垄断者之间进行相互交易的机会，这样就不给中间商以任何可乘之机，因为这种中间商可能对双方都构成威胁。阿贡的继承者，阿芒古拉特一世（1646—1677 年在位）更是将这种王室垄断发展到登峰造极的地步，极具破坏性。他实行海禁，长时间关闭所有的港口，并在 1655 年征用或摧毁了其辖下沿海的商船甚至渔船。正如一位造访其宫廷的荷兰正使所解释的那样，“他禁止任何臣民到海外贸易，强迫所有的外国人前来其国家购买大米。我曾大胆进言，劝告国王允许人民出海致富，但他回答说：‘与汝等不同，朕之子民皆无私产，彼等所有即朕所有。如无强大朝廷，朕欲为王，一日不可也。’”（van Goens 1656:200—201）在 17 世纪的激烈竞争中，为安全而贸易和为自由而贸易这两者之间的矛盾不可调和。一些因贸易而强盛的国家或迟或早都成为个人权力过度膨胀的牺牲品，结果不是毁掉了富商，就是疏远了他们。其中有些君主的确登上了个人权力的顶峰，但在他们死后国家都陷入混乱和冲突。

无论是在风下之地还是在风上之地，如果官僚机构和法律系 261
统能够加强国家的竞争力，使之立于强手之林，在某一时期里，专制主义也许是必要的。在贸易时代，朝此方向发展的确取得过一些进步。两个 15 世纪同时期的君主，暹罗的波隆摩岱罗迦纳特（1448—1488 年在位）和越南的黎圣宗（1460—1497 年在位），都是这种充满活力、巩固中央集权的君主；他们颁布或编纂法律，使所有臣民都在一个官僚化的组织与和谐的政体中各司其职。官员们根据职位的高低获得固定的俸田，作为他们被解职或死亡时的酬金。在这两个国家，后来的君主都允许不同的个人权力中心出现

并进行世袭，然而至少在理论上仍保持了官僚统治。

17世纪初叶，在上述暹罗和亚齐进行革命性改革的同时，官僚主义在东南亚地区获得了更广泛的发展。如上所述，苏丹伊斯坎达尔·穆达建立了法律系统和每三年一换的藩王委任制度(panglima)。尽管他的暴政激起了大规模的反抗，但他的两项改革得以长久保存。此后的藩王都靠委任，以致17世纪60年代在西海岸各港口竟有七个这样的藩王，每一个藩王府由少数官员组成，包括两名文书(kerkun)、一名司秤(penghulu dacing)和一名港口安全官员(penghulu kawal)(Ito and Reid 1985:206)。在暹罗，纳黎萱废除了早期那种分封王子的惯例，因为这样就等于让他们在主要属地各自称王。他将王子们留在宫中，而委任官员们去管理各省，这些官员可以由国王随意罢免。国王及其继承人还从中央派遣法官、劳务监督和其他官员协助各省新任总督，以保障国王政令畅通(Nidhi Anewsrivongse，引自 Ishii 1993:181，185—186；Lieberman 1980 A:554)。

大概是受了纳黎萱的影响，缅甸国王阿瑙白龙(1606—1628年在位)和达龙(1629—1648年在位)都实行了他们自己的中央集权计划，即李伯曼(Lieberman 1980 A:569)所说的从16世纪国家武力统一到英国人到来前的“缅甸政治进程中的主要分水岭”。尽管勃印囊16世纪的征服成绩令人瞩目，但他还是通过其王子管理各个前朝的政治中心，这些王子也像国王那样有一套自己的王冠、礼仪、称号和职权。1595—1608年期间政局激烈动荡，此后这些被称为“勃因”(bayin，自主之王)的王子被全部撤换，代之以官职

卑微的“缪万”(myò-wun,镇守),他们不能使用王室称号,也不能 262
拥有国王气派。为了监视他们对王室是否忠心,达龙又任命了一些王室特务(nàhkan)专门控制这些官员,而这一做法在以前仅仅适用于军队。至少在一些省府里许多官员是由中央任命的,包括秘书、司库、仓监和税监(前揭书:550—559)。

由于那些海岛国家更加依靠港口,更容易受到来自外国的压力,上述措施总的来说也更难奏效。在马打兰,苏丹阿贡将各地方族长接到宫廷里,使他们远离自己的权力基础;1669 年,其继任者则委任了一些皇家代理人(umbul)以监察四个最富庶的沿海地区(Ricklefs 1981:69)。然而自 1670 年起,马打兰政局一直动荡不安,表明这些措施并不成功,也证明了爪哇国家仍然是多么依靠以个人为中心的强权统治。更重要的是,在这些国家里,王室权力可以独断专行、为所欲为,以致私有财产的法律保护根本无法确立。

与同时代欧洲的专制主义不同,东南亚的专制主义没有一套相应的制度,甚至也没有自己的理论,从而使社会的其他因素不可能积聚新的力量。既然国王亲自干预市场,他们就没有像欧洲国王那样与商人们结盟以削弱贵族势力的必要。如果说这些国王们有同盟者,那么这些人都是外国人,但他们从根本上都不可能在政体内部扮演任何角色。虽然多元化在东南亚历史上非常普遍,但在该地区的政治史上其代表人物却屈指可数。

正如第三章所述,宗教革命在政治上的一个影响就是鼓励国王们摆脱传统束缚。那些普世宗教自己有一套评判专制权力的理论,其中有些被翻译、改编并吸收到风下之地的文献之中。这些理论提供了一套好坏国王的判断标准。最重要的马来政论著作《国王的冠冕》清楚地列举了一个正义之君所应具有的品质：他必须睿智、博学，善于倾听乌里玛的意见，亲切、慷慨、忠诚、谦逊而又自制，并执行真主之法（Bukhari 1603：62—63）。这本手册惟妙惟肖地描绘了伊斯兰历史上臭名昭著的专制者们的种种恶行，并且引述《可兰经》神谕的权威说，这样的压迫者终将会被打入地狱，万劫不复，因为“在所有人中，被至高无上的真主最为憎恨、在最后审判中受到最严重惩罚的那些人，正是这些暴君”（前揭书：110）。然而
263 在伊斯兰文献中，这种责任仍然落在真主和国王的身上。没有限制王室权力或国王权限的理论依据，即使像中世纪基督教那样将基督教会与世俗权力分离开来的做法都没有。国王应该做正确的事情，但如果他没有那样做，那么就让真主去惩罚他。

如果说君主们因为可能遭受神灵的惩罚而恐惧发抖，他们对尘世间制度性的制约却并不那么害怕。尽管如此，还是有少数几位君主敢对乌里玛持有怀疑的眼光，原因非常简单，因为他们代表了一套外部的审判标准和神力来源。1646 年，阿莽古拉特一世即位后，逮捕了 2000 名马打兰的主要乌里玛，并将他们全部处死，原因很明显，因为他怀疑他们支持叛乱（van Goens 1656：202）。

佛教典籍强调以阿育王为典范的明君观念。在僧伽，特别是山高皇帝远的林居派僧众那里，佛教是另一个潜在的可供选择的精神权威。平托精彩地记录了一个德高望重的缅甸高僧（他本人便是皇亲国戚）在大庭广众之下扣人心弦的演讲。这是在一位僧王葬礼上的致词，而演讲时国王德彬瑞体本人也在座：

> 上天使人成为国王，国王应该以仁待人，倾听民意，满足民生，惩罚民众，但不可以出于暴君之心而杀戮人民。你们这些可鄙的国王们否认上苍赋予你们的自然之心，你们像血吸虫一样一点一点吸干人民的生命和财产。而对那些你们所宠幸的人，你们在惩罚他们的悖逆行径时竟是如此地放任迁就，如此地将穷人的财产强夺来任这些人挥霍。你们把穷人压榨到只剩皮包骨头，这些平民百姓完全有最好的理由在上苍面前控诉你们(Pinto 1578:371)。

据平托说，这些激情话语起到了一些作用，国王停止了其残酷的军事行动。然而，即使该故事属实，也并不等于说就可以合法地永久制衡皇室的权力。僧伽可以在政治上起到一定的作用，正如在 1688 年推翻纳莱那样，但它绝不可能分享世俗权力。

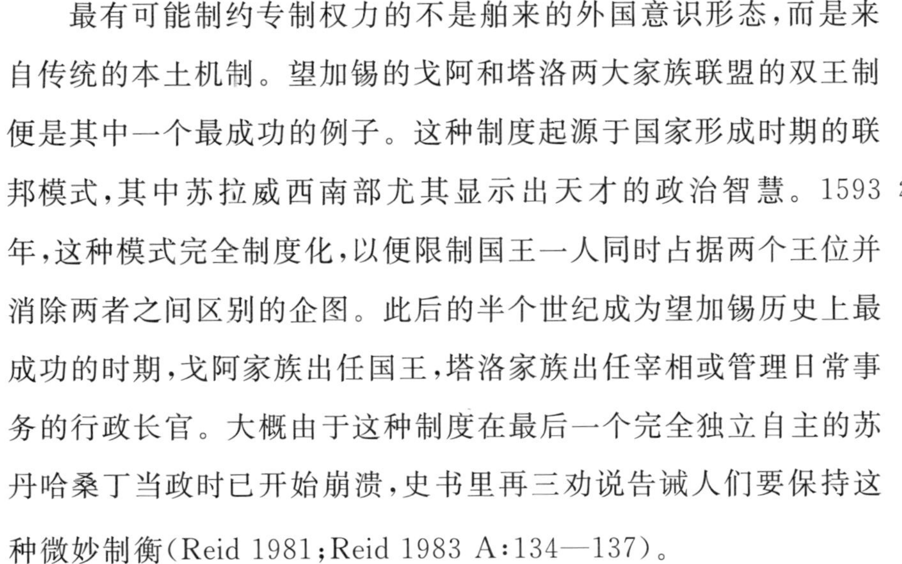

最有可能制约专制权力的不是舶来的外国意识形态，而是来自传统的本土机制。望加锡的戈阿和塔洛两大家族联盟的双王制便是其中一个最成功的例子。这种制度起源于国家形成时期的联邦模式，其中苏拉威西南部尤其显示出天才的政治智慧。1593 264
年，这种模式完全制度化，以便限制国王一人同时占据两个王位并消除两者之间区别的企图。此后的半个世纪成为望加锡历史上最成功的时期，戈阿家族出任国王，塔洛家族出任宰相或管理日常事务的行政长官。大概由于这种制度在最后一个完全独立自主的苏丹哈桑丁当政时已开始崩溃，史书里再三劝说告诫人们要保持这种微妙制衡(Reid 1981;Reid 1983 A:134—137)。

“副王”这一概念似乎在大陆地区所有小乘佛教国家早已存在,但它只有在暹罗历史上的某些时期才发展成为一种积极的制衡机制。在那里,副王住在“前宫”(upparat)里,这个人一般是王子,但不是储君。他更接近民众,也比国王更多地处理日常事务。由于副王直接控制官员和人力机构,因而他与国王之间存在着与生俱来的紧张关系,并曾成为多次叛乱的导火索(Rabibhadana 1969:55—64)。在马来世界,相似的权力分配存在于国王(raja)和“幼王”(raja muda)之间(raja muda 一词直译是“幼王”的意思,但是荷兰人一般将其翻译为“副王”)。虽然副王一般是世子,但在18世纪的廖内,布吉斯副王与马来国王之间演变出一种契约关系,前者掌管日常事务,后者处理政府职责。契约关系也普遍存在于苏门答腊、婆罗洲、苏拉威西和棉兰老地区的上游君主(raja hulu)和下游君主(raja hilir)之间,他们各自有不同的民族起源、经济功能以及军政职责(Drakard 1990;Andaya 1993)。巴厘岛的二王制度似乎建立在互相竞争的家族联盟的基础之上(Geertz 1980:60—61)。虽然我们对米南加保王国知之甚少,但它似乎是基于王室美丽辞藻和政治上分权的独特联合之上,该联合体通常被简称为“三王”制度——世界之王(raja alam)、习惯法之王(raja adat)与宗教之王(raja ibadat)(Drakard 1993:123—131)。

这些多元化的力量限制了印度教和伊斯兰治国理论对崇高王权的追求。虽然这些对立权威的紧张关系成为惯例,但是在理想的东南亚政体里,它们可以通过协商讨论、达成一致的程序而得到化解。这些多元化的机制充其量也只能为国家机构提供一种基本的契约基础。然而更常见的是，他们也阻止了国家权力机关向官僚化方向发展的进程。

北大年和亚齐实行的女王统治试验是一个将发达的国家机器 265
与多元化相结合、并以后者为中心的最有希望的尝试。由于没有明显的男性继嗣，两个国家分别于 1584 年和 1641 年开始了这种尝试。写就于亚齐、或至少是在那里被广泛传阅的《国王的冠冕》一书强烈反对女人统治，然而，为了避免更糟糕的情况，又承认说如果找不到任何男性继承人，公主也可以继承王位（Bukhari 1603:53—64）。为什么女王能够在连续四朝里执政？无疑是因为贵族精英们认为，这是在高贵的王权与他们所需要的多元化和安全之间进行调和的最佳途径。

亚齐的贵族阶级在伊斯坎达尔·穆达治下吃尽了苦头，因此，当读到“由于上届国王的暴政，国王的名字本身就早已让他们深恶痛绝”时，我们也就毫不奇怪了（Bowrey 1680:296）。有关北大年的情况我们知之甚少，但平托（Pinto 1578:68）描述了最后几位国王中一位名叫穆达法尔·沙（Mudhaffar Shah）的国王，他惯于通过罗织罪名来攫取商人的财产。17 世纪 80 年代，热尔韦斯（Gervaise）报告道，“这里的人民厌烦了那些虐待他们的国王们，不愿对他们百依百顺，而是要摆脱他们的枷锁”（引自 Teeuw and Wyatt 1970 I:12）。这些女王绝不是摆设，特别是前两位女王，似乎往往能在四五名贵族领袖发生争执时进行裁决、一锤定音。实际上，女王们像伊丽莎白女王那样受人爱戴，贵族大臣之间的激烈竞争反倒通常使女王安然无恙。但如果女王结婚的话，国家内部既存的人人满意的权力均衡就会被打破，在北大年便曾出现过这种情形。

女王统治在北大年延续了一个多世纪，在亚齐则持续了 58 年。相对而言，这些政权施政宽和，井然有序，鼓励贸易（Reid 1988：171）。它们实际上代表了贵族寡头的政治利益，其中女王定夺一切。它们使司法和行政机器能够有序运行，在亚齐，它们强大到不会因为王室倏忽不定的政策而中断。然而，它们存在三个致命的弱点。其一，第三和第四代的女王似乎都软弱到不能调解贵族之间冲突的地步。1688 年，一位到访亚齐的意大利人注意到，“事实上统治这个王国的是七位贵族”，而不是女王。十年后，一位法国人甚至怀疑女王到底是否存在，因为她已经大权旁落（Ito

266 and Reid 1985：207）。中国人的报告表明，到 17 世纪末叶，北大年已经废除了这样一种女性世袭制，即任何出生时带着吉祥特征的女婴都可以被选拔为王位继承人，其贞操也就要受到保护（Ship 66 of 1694，见 Ishii 即出）。其二，在与外来势力的斗争中，女王处于不利地位（虽然与其他各地男性国王相比，其施政表现则更胜一筹）。在 1647—1650 年间，在荷兰东印度公司的封锁压力下，亚齐无法保护那些生产胡椒和锡的属国免受荷兰东印度公司的控制，而正是这些属国一直是亚齐繁荣的基础。自 17 世纪 50 年始，北大年的繁荣开始衰落（见下文表格 10），并因 1674 年和 1688 年暹罗人的入侵而失去独立。其三，在伊斯兰学者眼里，女君主从来没有合法性，因而不能为后世确立一个令人满意的模式。在接获一封来自麦加的信函后，亚齐的乌里玛们反对亚齐女王的运动最终取得了成功，那封信宣称妇女统治者应该受到诅咒。

在贸易时代行将结束时，那些曾经孕育了专制主义的权力基础也已消失殆尽。这一时期遗留下了法律化的遗产和一些官僚统治的技术，但它却没能建立任何一种令人满意的制度模式：即政府应该如何能够变得既强大又有法制，既有中央集权又能维持宪政体制。因此，贸易时代之后的岁月既目睹了政治权力四分五裂的现实，昔日辉煌的记忆又久久挥之不去：二者同时并存，却又格格不入。

第五章　东南亚贫困之源

267 比一比欧洲人刚到东印度时万丹的繁荣发达，再看一看眼下它的百般凋零，我们只能在万能的上帝面前肃立，是他根据自己的喜好创立了那些王国，然后又把它们一一毁掉……

万丹从一个东方最伟大的贸易港口沦为一个破败凋零之地。

——de Rovere van Breugel 1787:350

370 上述各章应该可以否定这样的看法，即东方永远静止不变，资本主义发展和技术创新的动力都集中于欧洲。16 世纪欧洲的快速发展的确深刻地改变了它与世界其他地区之间的互动模式，包括欧洲人看待亚洲人的方式。同样一种社会面貌，1510 年在葡萄牙人眼里似乎相当自然并印象深刻，一个世纪后在荷兰人的笔下却成了落后不堪。然而，东南亚的确发生了深刻的变化。要看出东南亚迈入现代的方式，我们就必须理解这些变化。

东南亚变化的基本趋势是“先进后退”：15 到 16 世纪与世界经济紧密互动，从 17 世纪中叶起开始撤退。两个阶段都对东南亚地区生活的方方面面影响深刻和巨大。与欧洲的发展相比，本书上述各章讨论的发展阶段既相似又不同。

简而言之，这些相似之处包括与世界贸易的整合、生产和消费 268
的商业化、城市的增长、经济功能的专业化、税收的货币化、军事与交通技术的迅速改善，以及专制主义国家的发展。由于与全球贸易非同寻常的紧密关系，东南亚在这些方面的经历更接近于西欧和日本，而不是其他大部分亚洲大陆国家。

东南亚与其他地区在近世时期的不同之处也同样发人深省。与欧洲、甚至与亚洲其他大部分地区相比，在风下之地，私有财产所缺乏的明显保障阻碍了金融机构的发展和固定资本的积累。一方面是市场的快速发展，另一方面是王权的急剧膨胀，使得两股势力之间的关系紧张加剧，而不是联手结盟。在短期内，这种紧张关系曾以各种巧妙的方式得到化解，然而所有发达商业中心地处贸易通道，这就不允许他们从这些权宜之计中另辟蹊径，从而保持经济持续增长。

经济增长的内部制约？

到了贸易时代后期，特别是18世纪，欧洲人越来越懂得为什么东南亚人未能致富。他们认为，这全部都是统治者的贪婪遏制了中产阶级的发展：

占婆："他们一有点什么值钱的东西就被国王或贵族据为己有，所以他们更像奴隶而不是臣民。"(Gonçalez 1595:259)

柬埔寨与其他地区："从占婆……到印度的许多地方都不创造财富……人们对创造和积累财富毫无热忱，因为无论他们有什么东西都会被抢夺一空——他们的财产只要一被国王霸占就立刻不

再属于他们了。”(da Cruz 1569:62)

东京:“王室的政策之一就是不让其臣民富裕,这样他们就不会骄傲自大、野心勃勃、欲壑难填……而且如果[国王]得知哪些人比别人富有,这些人就可能会被栽以莫须有的罪名而倾家荡产。这对那些辛勤工作的人来说是很大的打击。”(Baron 1685:6)

交趾支那:“如果他[阮主]听说哪个人有新鲜玩意儿,他就派士兵去全部抢来。因此,庶民们总是谨小慎微、不事张扬,总是琢磨着怎样让自己显得贫穷寒酸。每个人都把自己的钱财埋藏起来。”(Poivre 1750:111)

269 暹罗:“暹罗人的个人财产主要是动产。如果他们说自己拥有土地,那他们就等于什么也没有,因为他们得不到土地上的所有财产:土地永远属于国王……这就是为什么他们总是尽可能少占不动产、竭力掩藏可动产而不让国王知道的缘故。”(La Loubère 1691:62)

缅甸:“该国家在发明创造和学术进步方面的惰性或停滞有多种原因,但主要原因在于政府本身,它压迫任何形式的勤劳……如果有人靠勤劳而致富,超出了一般水平,他就会招来嫉妒和迫害。”(Mantegazza 1784:103)

马京达瑙:“这些人的懒惰似乎与……其国王的暴政不无关系。在国王面前,他们总是诚惶诚恐、战战兢兢,因为国王对他们从来都是为所欲为、颐指气使。这打击了他们勤劳的积极性,使得他们仅仅满足于自己的温饱,而从不努力去创造任何财富。”(Dampier 1697:223)

亚齐："国王似乎不允许其臣民变得富强；即使有谁真的富有，他也不敢张扬。"（Warwijck 1604:14）

这些观察者认为，他们所见到的是文化的不同。在17世纪的东南亚和欧洲，统治者和臣民之间对彼此的预期似乎有着很大的不同。因此，东南亚人不倾向于将财富变成固定资产，如房屋、船舶、商品或机器。为了安全和地位，雄才大略之士更喜欢网罗依附人等，以此来称王称霸。升斗小民们则将财产都置换成珠宝或精美的纺织品，便于藏匿或逃跑。东南亚人在文化上喜欢轻便木制的高脚屋，虽然易于摧毁也易于重建，然而却不利于财富积累并世代相传。

这些不同都是实情，但并非历来如此。上述观察都是在宫廷已经基本上击败市场这样的时间和地点做出的。如上所述，在其他时间和地点，富商们的利益是安全的，不会受到恣意侵犯，他们建有坚固的商社和砖砌的仓库，例如1500年左右的马六甲、1600年左右的万丹和北大年、16世纪80年代以及17世纪50年代的亚齐，还有16世纪的班达。在欧洲和日本的历史上，私人财产遭
受专制权力侵犯的例子也屡见不鲜。文化偏好与经济战略经常相 270
互影响，又互相颠覆；这一点与欧洲没有什么不同，亚洲并非命定要走一条特殊的发展道路。

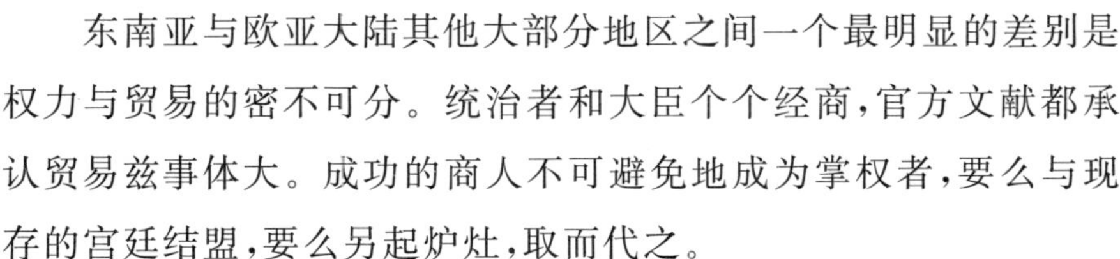

东南亚与欧亚大陆其他大部分地区之间一个最明显的差别是权力与贸易的密不可分。统治者和大臣个个经商，官方文献都承认贸易兹事体大。成功的商人不可避免地成为掌权者，要么与现存的宫廷结盟，要么另起炉灶，取而代之。

范·勒尔（Van Leur 1934）和梅林克·鲁洛夫茨（Meilink-Roelofsz 1962:9)都指出，东南亚资本主义发展的主要障碍在于缺乏一个拥有自己声音、独立于宫廷之外的大商人阶层。然而在印度或东欧，商人种姓或宗教少数群体与藐视他们的权力阶层之间的隔阂分离也成为制约持续发展的障碍(Subrahmanyam 1990:298—299)。那些认为对外贸易根本不值一哂的君主们比那些想要从中分更大一杯羹的君主对贸易只会更加敌视。在某些适宜的历史条件下，东南亚社会秩序的流动性，即经济与政治权力要素之间的经常互动，可能反倒是一项优势，而不是一个弱点。

由于经济、军事和政治因素合力的结果，17 世纪决定性地将东南亚推离了国际贸易的轨道。没有人能知道，如果 17 世纪的势力均衡是另一种不同境况，以致某些关键战役的胜负结果刚好相反的话，这一段历史将会如何发展。它既不会像资本主义的西欧，也不会像闭关锁国但却欣欣向荣的日本，但是肯定会与 19 世纪下半叶被欧洲资本和军事技术所征服的那个东南亚截然不同。

与欧洲人决定性的军事冲突

> 暹罗、东京和其他国家每年都向我们进贡而没有邪恶的企图。只有欧洲人使我们忧心忡忡，因为他们是最邪恶和最难对付的……
>
> [特别是荷兰人]，他们刚踏上某个国家的土地便开始盘算该如何去统治它……他们的船队势不可挡，因为它们全副武装，乘风破浪。
>
> ——向中国皇帝的奏表，引自 Mailla 1717:11—12

诸位先生听我言，
交友切勿交荷兰；
烧杀抢掠像魔鬼。 271
哪有荷兰哪里乱。

——Amin 1670:214

在16和17世纪，东南亚大部分重要的海上贸易中心不是被敌对势力摧毁便是被占领。这些挫败大都败在欧洲人之手，后者或单凭自己的力量或依靠与亚洲势力结盟而赢得胜利。葡萄牙人以及随后的北欧人认识到，在军事技术和组织方面他们有着决定性的优势，他们毫不犹豫地利用这些优势夺取他们原本只能望洋兴叹的商业目标。正如皮耶罗·斯特罗齐(Pierro Strozzi)在冲突初期所说的那样，“在许多方面，我认为[亚洲人]比我们更优秀，但是他们就是无法抵挡我们手中的武器”(引自Subrahmanyam 1990:256)。

这种优势中的一部分是在欧洲战场上学到的残酷无情，它使得欧洲人即使是在徒手相搏时也能打败亚洲人数众多的军队。然而，由于他们潜在的对手在人数上处于绝对优势，欧洲人改变风下之地力量均衡的方法主要有三：一是更先进的火器，特别是装备于战船上的火器；二是堡垒，他们将其修建得坚不可摧；三是亚洲同盟者。这意味着欧洲人只有在海上和协调进攻一些海岸目标时才有优势，当然也有某些例外，如吕宋的西班牙人和爪哇的荷兰人。以农业为基础的内陆国家对他们来说用不着害怕；然而问题的关键是，贸易时代的发展中心恰恰是在海上而不是在陆上。

葡萄牙人立即把目标锁定在马六甲这个东南亚出口贸易中心的港口城市。“万里之外，所有国家之间的商贸都必须经过马六甲……谁控制了马六甲，谁就扼住了威尼斯的咽喉”(Pires 1515：287)。511 年的马六甲也是当时世界上最多元化的城市之一，其主要居民有爪哇人、南印度人、古吉拉特人、占婆人、他加禄人以及来自亚洲各个港口的人。由于葡萄牙人拥有风下之地前所未有的密集火力，由于他们的突袭，还由于城里大部分的居民都仓皇逃走而置苏丹于不顾，所以他们就能够夺取马六甲。马六甲在下一世纪里遭到十几次的大举进攻却仍坚如磐石，这是因为葡萄牙人建造
272 了一个东南亚军事战略所无法突破的城堡。虽然马六甲的陷落是一个重大事件，但它只是暂时中断了东南亚的贸易，使马六甲的贸易和商人流散到五六个不同的港口。

当葡萄牙人发现马鲁古才是真正的丁香和肉豆蔻产地时，他们又迅速向马鲁古进发。然而亚伯奎攻占马六甲时还动用了 13 艘船只、1200 名士兵，而塞朗(Serrão)前往马鲁古时却只有一艘船，而这艘船还在安汶岛附近失事坠海。于是，葡萄牙人是以一小撮得力的同盟者而不是征服者的身份出现于一个名为特尔纳特的重要丁香出口中心。他们旋即卷入到那些马鲁古复杂的恩恩怨怨中，他们一般是站在特尔纳特一边，并于 1522 年在那里修筑了中心城堡。但他们的技术优势(盔甲和火器)被几个西班牙人的到来抵消了。西班牙人的到来始于麦哲伦的探险，他们为了反对葡萄牙人对“香料群岛”所有权的要求而与其对手蒂多雷苏丹国结盟。

葡萄牙人从来没有能够控制马鲁古香料的多大份额，更遑论其他产品。他们可以赢得暂时的军事胜利，但是他们在东南亚从来没有足够的船只来进行他们在印度西部所实行的有效封锁或通行证制度(cartaz system)。1570 年，他们背叛并暗杀了苏丹海伦，激发了特尔纳特人的群起反抗。葡萄牙人在城堡里被困四年之久，此后并无援兵到来。面对史无前例、同仇敌忾的苏丹国，葡萄牙人只好放弃小小的要塞，落荒而逃。总体来说，葡萄牙人的到来加强了而不是削弱了东南亚的贸易国家。

西班牙人在东南亚的长驻始于 1565 年莱加斯皮的远征，他在宿务登陆并宣称这里是菲利普二世的领土。虽然西班牙人也想从香料贸易中分得一杯羹，但他们的首要目标是传播天主教和永久占领菲律宾。1571 年，莱加斯皮从国王苏莱曼手中夺取了马尼拉，中止了这个他加禄贸易国家朝着伊斯兰方向的进一步演变。以马尼拉为基地，西班牙人对附近的穆斯林贸易中心发起了一次次远征。1578 年，穆斯林马尼拉的姻亲盟友文莱以及当时仍很弱小的穆斯林中心苏禄一一被攻陷。西班牙人于 1582、1585、1593 及 1603 年分别对特尔纳特发动远征，但都无功而返。这些远征的结果削弱了文莱作为贸易和政治中心的地位，从而使得反西班牙人的穆斯林海盗势力向苏禄地区集中；苏禄在政治上高度分散，经济上则主要以抢劫菲律宾的天主教社区为基础。

葡萄牙人认识到，要分享亚洲贸易，他们别无选择，只有与盘踞东南亚的穆斯林作战。菲利普二世的西班牙至少在反对穆斯林的圣战上是认真的，但它缺乏葡萄牙人那种紧迫的经济动机。虽

273 然西班牙人除菲律宾外，所取得的具有重要经济意义的胜利寥寥无几，但他们的贸易基础却是现成的美洲白银，为此亚洲商人们开辟了一条通往马尼拉的航线。1567 年，中国正好开始开放海禁，允许商船合法地到南洋贸易，至 1588 年，每年有 16 艘贸易帆船到访马尼拉，从而保障了它的繁荣。经营美洲白银的大帆船保证了 1570—1630 年之间贸易的迅速发展，从而成为菲律宾这个海洋国家的重要经济支柱；但这个菲律宾不属于亚洲人，而是掌握在西班牙人手中。

在 16 世纪的最后十年中，葡萄牙人对绕好望角地区航线的高度垄断被打破，北欧船队旋即蜂拥而至。1597 年，豪特曼首航亚洲、满载万丹香料返回荷兰之后，次年即有 22 艘荷兰船只驶往东南亚。虽然他们都满载货物回到荷兰，但曾在东南亚激烈竞争。荷兰议会闻讯后认为，荷兰人之间的商船彼此竞争有害无益，应该建立一个统一的机构，以便在亚洲海域谋求共同的商业利益和联手抗击伊比利亚人。1602 年，所有荷兰的利益集团都并入一个荷兰东印度公司（VOC），全权经营好望角以东的贸易。阿姆斯特丹成为当时世界上利息最低、效率最高的金融市场。荷兰东印度公司创建伊始即成为当时世界上最先进的法人机构，资本达 650 万荷兰盾之巨，实力雄厚，前所未有。与此恰成鲜明对照的是英国东印度公司，虽然成立于 1600 年，其资本却只有荷兰人的十分之一；而成立于 1616 年的丹麦东印度公司更只有它的十四分之一。在最初的前三年里，荷兰东印度公司每年能够向亚洲派出 12 艘以上的商船，在后来的一个世纪中，每年也至少派遣 6 艘商船和 4000

船员，这与葡萄牙人和其他所有竞争者形成明显对照。在17世纪20年代，荷兰东印度公司平均有117艘船可供差遣，30年代增至148艘，到了17世纪60年代时则达到高峰，多至257艘（Romano 1978:203）。这种新型的经济集权对东南亚造成了最大的冲击，荷兰人（以及英国人、丹麦人、法国人）致力于经营东南亚胡椒和香料贸易，从而使葡萄牙人在印度西海岸的势力中心相形失色。

尽管存在许多误解和暴力事件，新旧买家之间最初的竞争却促进了东南亚出口中心的飞速发展。然而荷兰东印度公司创立的目的是在所有可能的地方建立垄断。它的第一个目标就是葡萄牙人在马鲁古的要塞。1605年荷兰人与希杜的穆斯林联手将葡萄牙人驱逐出了安汶。作为回报，荷兰人取得了那里大量丁香的垄 274
断权。安汶维多利亚要塞成为第一任总督彼得·博特（Pieter Both）的基地，他于1610年受命总管东印度公司在亚洲所有的“堡垒、分部、商馆、人员和业务”。

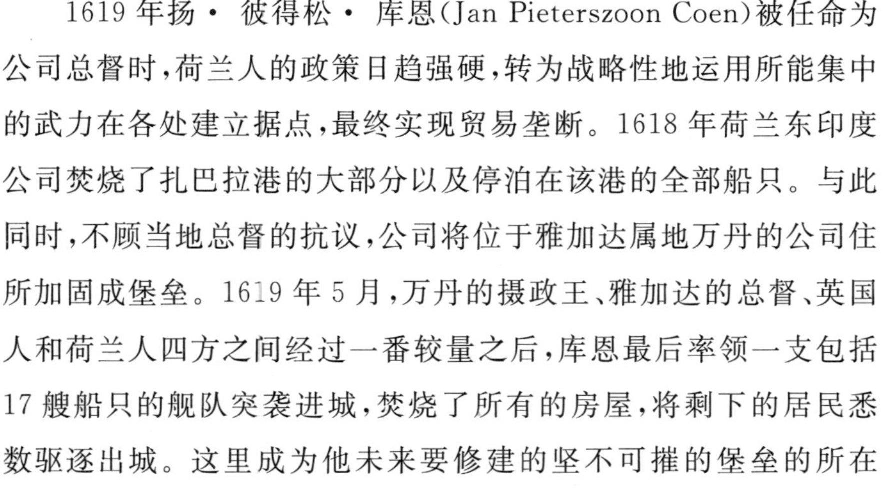

1619年扬·彼得松·库恩（Jan Pieterszoon Coen）被任命为公司总督时，荷兰人的政策日趋强硬，转为战略性地运用所能集中的武力在各处建立据点，最终实现贸易垄断。1618年荷兰东印度公司焚烧了扎巴拉港的大部分以及停泊在该港的全部船只。与此同时，不顾当地总督的抗议，公司将位于雅加达属地万丹的公司住所加固成堡垒。1619年5月，万丹的摄政王、雅加达的总督、英国人和荷兰人四方之间经过一番较量之后，库恩最后率领一支包括17艘船只的舰队突袭进城，焚烧了所有的房屋，将剩下的居民悉数驱逐出城。这里成为他未来要修建的坚不可摧的堡垒的所在地，荷兰东印度公司将从这里雄视并控制亚洲贸易。

1619 年 7 月,英国人和荷兰人在欧洲签订了一份条约。根据该条约,双方将在东方进行合作,分摊军事行动的费用,均分胡椒份额,英国人分取马鲁古香料的三分之一。库恩获悉后,对此大为恼火。由于荷兰人在印度尼西亚水域拥有绝对优势,而库恩又决心最大限度地发挥这种优势,所以这项条约并没有能够阻止荷兰人与英国人的冲突。1621 年 1 月库恩率领一支由 12 艘战船组成的舰队征服了班达一带的五个小岛。这些群岛上政府多元化的特色非常显著,由一个贵族组成的议事会领导,每个贵族都代表一个生产肉豆蔻的岛屿。库恩对于同这么多人谈判感到厌烦,于是决定将他们一齐干掉。大约 15000 名当地居民不是被杀,就是被带到巴达维亚沦为奴隶,或被就地隔离,活活饿死。然后,库恩将荷兰种植园主及其奴隶重新移民到这个世界肉豆蔻之都,这些人再将所有的产品供给荷兰东印度公司。

如果东南亚正在兴起的专制主义贸易政体与欧洲海上霸权之间的斗争存在一个分水岭的话,那么它应当是 1629 年。海岛东南亚最大的权力中心,伊斯坎达尔·穆达治下的亚齐和苏丹阿贡当政的马打兰,都在这一年遭受惨败,并从此一蹶不振。从经济上看,这一年也标志着亚洲贸易迅速增长期行将结束。贸易时代在 17 世纪 20 年代达到高潮,随后几十年的故事不过是贸易国家的失败和亡羊补牢而已。

275 葡属马六甲从 16 世纪初就是亚齐的强劲对手。为了印度洋的贸易,也为了吸引马六甲海峡周围马来国家的产品,这对天生的冤家都势在必争。伊斯坎达尔·穆达在位期间,欲毕前世之功于一役,实现其前任无法实现的梦想:将葡萄牙人最后赶出马六甲。

在 1616 年初次进攻马六甲失利后，亚齐苏丹一面加强自己的势力，一面继续从周边地带严密包抄马六甲这个堡垒。他 1618 年夺得彭亨，1619 年夺得吉打，1620 年则夺得锡矿贮量丰富的霹雳。他一再洗劫柔佛，使得马来人对他恨之入骨。1629 年一切准备工作就绪后，他派出了“亚洲从未见过的强大舰队，满载大小火炮”，由近 2 万名士兵和 236 艘战船组成，包括上文所提到的怪物般的巨大战舰(Carreiro 1630:113)。亚齐部队从陆路围困马六甲达三个月之久，他们在城墙外的火绳枪射击距离之内架起了栅栏和大炮(插图 37)，但完全不能阻止敌人的海上补给线。在城墙外发生了许多小规模的流血战斗，但都不能决定性地击败敌人。当一支庞大的葡萄牙人增援舰队到来时，围城旋即被解除。在柔佛和北大年的 150 艘马来人舰队协助下，葡萄牙增援舰队彻底扭转了战局，将亚齐舰队围困在它作为基地的小河里瓮中捉鳖。亚齐强大的军队全军覆没，或被杀，或被俘，或逃进马来丛林(前揭书；Pinto da Fonseca 1630)。此后亚齐的行动基本上属于防御性质，旨在防止这个扩张过度的帝国逐渐分裂。

葡萄牙人相信，伊斯坎达尔·穆达曾经向马打兰派遣特使，以阻止爪哇大米运往马六甲，并协调反对葡萄牙人异教徒的行动(Pinto da Fonseca 1629)。但是苏丹阿贡担心的不是葡萄牙人，而是他们的敌人荷兰人。早在 1619 年英国人就报道说，“他反复对他的贵族们说，雅加达是他脚上的刺，他只能忍痛将其拔掉，否则会殃及全身。这根刺就是荷兰人的城堡，他们已经将其建得无比坚固(通过贿赂手段)，以至于现在他们不但不再把国王及其国家当回事，反倒蔑视他”(Pring 1619:292)。他也有条不紊地去实现他的目标，首先征服北部海岸独立的港口国家。1625 年，当泗水这个最后一个、也是最强大的港口国家被摧毁时，阿贡转向了巴达维亚这个被荷兰人重新命名的大本营。1628 年 8 月阿贡发动了一场海陆联合进攻，巴达维亚几乎陷落（英国人在 1811 年才最后
277 攻陷巴达维亚）。然而这次围攻结果并不理想，阿贡处决了手下的数百个将领，但仍然没有拿下巴达维亚，只好于 12 月下令撤军。次年，他派出了一支更庞大的部队（插图 38），但在荷兰人摧毁了其给养后，亚齐人马因饥饿困顿、疾病缠身而溃不成军，所以对巴达维亚城堡没有构成巨大威胁。

此后，荷兰东印度公司在爪哇的地位再也没有受到过严重威胁。这意味着苏丹阿贡企图统一爪哇的梦想永远无法实现。反而是荷兰东印度公司，由于掌握了爪哇的外交并以先进技术为后盾，最终扮演了统一者的角色。17 世纪 30 年代，马打兰宫廷终于认识到，荷兰人的巴达维亚坚不可摧，只能妥协，并将其纳入爪哇人的世界秩序中去。1646 年，苏丹阿贡的继承者阿莽古拉特即位不
278 久便与荷兰东印度公司握手言和，签订协约。也许在他看来，这个签约的对手不过是一个强大的属国，治理着一个虽有利可图、但并不文明的沿海地区。

在确立了对班达地区肉豆蔻的垄断之后，荷兰东印度公司的下一个目标是丁香。1623 年，荷兰人以谋反罪囚禁了在安汶商馆的所有英国人，处决了其中 21 人，从而铲除了英国人这个处处掣肘的“盟友”，使其再也无法同荷兰人直接竞争。此后，荷兰东印度公司的战略就是在其有效控制的安汶地区发展丁香生产，而破坏其他地区的丁香种植。这种垄断既损害了生产者也损害了商人的

插图 37　1629 年亚齐包围马六甲的情景：工事和火炮密密麻麻，布满这座葡属要塞。

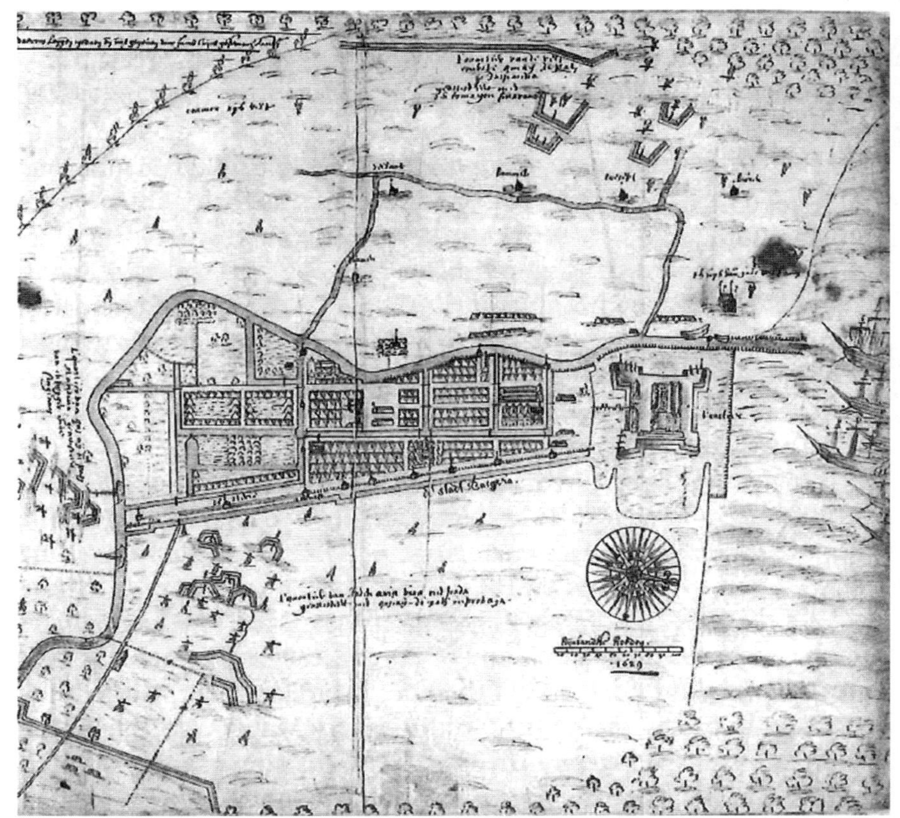

插图 38　1629 年马打兰包围巴达维亚的情景,右面为大海,面向北方。

利益,为了保持这种垄断,荷兰人不得不连连作战。

从 17 世纪 20 年代起,特尔纳特即受制于荷兰东印度公司,而位于其附近蒂多雷的西班牙人要塞爱莫能助。1641 年,在荷兰人的围攻之下,葡属马六甲这个非荷兰人控制、流向西方的主要香料贸易集散地终于陷落。一个新的反对荷兰人垄断的贸易中心出现于望加锡。英国和丹麦东印度公司、大批葡萄牙居民以及科尔康达和亚齐的贸易代表都到那里购买丁香,穆斯林商人则利用“马来人”这个笼统含糊的民族标签,冲破荷兰人的封锁,将丁香运到这里出售。在马鲁古，反抗荷兰人的活动于1641—1646年间集中于安汶北部名为希杜的穆斯林中心，1650—1656年间则集中于桦牟(Hoamoal)的特尔纳特人移民区。到1656年时，荷兰东印度公司已经有效地镇压了所有的武装反抗。桦牟的居民被迁走，所有的丁香树都被毁掉。特尔纳特苏丹被迫签订了一项协约，保证与荷兰人合作，将安汶荷兰人控制以外所有的丁香树全部毁掉。至此，垄断终于大功告成。

很多抗击这种荷兰人征服的人士，包括穆斯林方面的史家里亚利(Rijali)，纷纷逃到望加锡市避难。由于丁香供应十分困难，1656年后该城市的贸易自然大受影响。然而望加锡在长途贸易中的作用仍然十分重要，它将印度的棉织品贩卖到马尼拉、中国以及整个印度尼西亚东部地区。它一直是荷兰东印度公司的眼中钉，但是由于过于强大，荷兰人无法直接用武力征服。然而在苏丹哈桑丁(1653—1669年在位)当政期间，望加锡早期所具有的非凡英明领导才干不复存在，它对布吉斯臣民和荷兰东印度公司忽而挑衅，忽而和解。1660年，当哈桑丁正在忙于镇压波尼和曼达尔(Mandar)的叛乱时，荷兰东印度公司的舰队攻占了其南侧的一个名为潘库康(Pankkukang)的要塞(插图39)，并利用它强迫望加锡接受自己的商业要求。

布吉斯人的不满情绪是由一位名为阿隆·帕拉卡的王子主导 279
的。他在1660年发动了一次反对望加锡的未遂叛乱，三年后逃到巴达维亚并被收留。1666年在一次对米南加保的中心帕乌(Pau)的战役中，荷兰人考验了其手下人马，对他们的勇猛大加赞赏。在这一年的晚些时候荷兰人秣马厉兵，准备对望加锡发动一次大规模

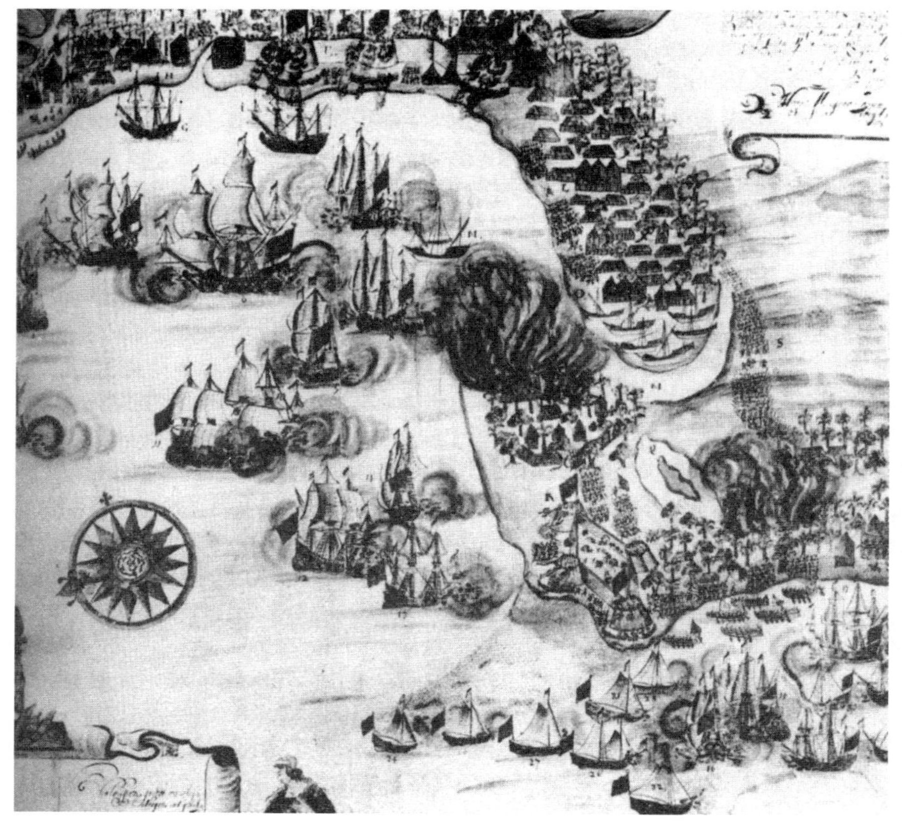

插图 39　1660 年荷兰人进攻望加锡的情景。右下方的潘库康港口正受到攻击,其上方的王室船坞正在燃烧。主要城堡松包浦位于中上方的河口之间。

的进攻。1667 年 1 月,荷兰人派遣了一支由 21 艘战船组成的舰队,虽然只载有 600 名荷兰兵,但安汶和阿隆·帕拉卡的布吉斯士兵却人数众多,他们打败了正在围攻布通、人数远占优势的望加锡远征军。望加锡军队里几乎有一半是布吉斯人,这些人开始纷纷倒戈,投向阿隆·帕拉卡。战斗随后转入望加锡本土境内,经过殊死抵抗,望加锡人再一次被打败,被迫于 1667 年 11 月签下了屈辱的“邦嘎牙条约”(Bungaya Treaty)。

英国人、葡萄牙人以及其他欧洲人不得不离开,望加锡被迫交 280
付一笔巨额战争赔款,割让对大部分非望加锡地区的领主权,而且允许荷兰东印度公司占领首都北部的门户乌戎潘当要塞(Ujung Pandang)。荷兰指挥官施皮尔曼(Speelman)加强了乌戎潘当要塞的防务,并以其出生地将其重新命名为鹿特丹要塞。但是和平并没有维持多久,1669 年 6 月盟军对望加锡的主要大本营松包浦发动了猛烈进攻。在交战中,荷兰士兵们发射了 3 万颗火枪子弹,并挖通城墙隧道,炸毁了部分城墙,但重创敌军的却是阿隆·帕拉卡领导下的布吉斯士兵(Andaya 1981:130—133)。

这是爪哇东部最后一个由亚洲人控制的商业中心的终结。正如此前的马六甲和此后的万丹一样,望加锡沦为荷兰东印度公司的一个分站,其重要性只是地方性的。英国人、葡萄牙人和穆斯林长途商贩被迫撤退到万丹、柬埔寨或是阿瑜陀耶。在完全控制马鲁古的香料后,荷兰东印度公司的下一个目标是胡椒供应。但是由于胡椒种植散布于十几个大小港口之间,要想垄断它绝非易事。

为实现上述目标,荷兰东印度公司惯用的策略是寻找一位听命于“公司的国王”。荷兰人希望胁迫该国王同意唯一授权荷兰人以低价买入用于出口的胡椒,而高价销售进口的印度布料。1642 年巨港的苏丹被迫同意了上述协议,但对其结果却耿耿于怀。1657 年,巨港的荷兰商船被攻击,代理商被杀害。1659 年,荷兰东印度公司发起反击,摧毁了这座城市,重建荷兰商馆,并加强荷兰人的垄断权。这只能反过来导致更多上游的胡椒被转运往占碑,在那里英国人高价收购胡椒,一直维持到 1679 年占碑被柔佛摧毁为止。1687 年,荷兰东印度公司派出一支军队夺取该城市,任命了一位新的“公司国王”,条件是他必须同意那些垄断条款。至此,占碑持续的动荡才告结束。

荷兰人真正的战利品是万丹。作为 17 世纪中叶最大的胡椒出口中心,万丹始终是巴达维亚的心腹大患。在阿卜杜勒法塔赫·阿庚(1651—1682 年在位)的得力领导下,万丹成为另外一个长途贸易中心,同时又是各地抵抗荷兰东印度公司贸易垄断的榜样。然而,万丹内部四分五裂,宫廷中的一派势力支持太子,主张对荷兰人实行妥协政策。1680 年,当苏丹与巴达维亚的关系白热化时,心怀

281 不满的太子将阿庚软禁在寓所,接管了政权。然而太子的支持者毕竟属于少数派,而且随着太子每每向荷兰人妥协以换取后者的帮助,他内部的政敌也成倍增长。1682 年 3 月,当老苏丹重新执政时,荷兰东印度公司最后出面干涉,条件是年轻的太子完全成为“公司的国王”。经过一场长期艰苦的战争,苏丹阿庚终于在 1683 年 3 月缴械投降。万丹的独立从此时起仅仅是象征性的,它的胡椒保证完全卖给荷兰东印度公司。

但在苏丹阿庚惨败在荷兰人手中之后,他似乎成为独立精神、商业经营和技术创新的化身。和与他同时代的暹罗国王纳莱一样,无论是其外交、还是其惨败都赢得了欧洲人的同情。阿庚甚至成为 1769 年一部荷兰经典悲剧中的英雄,他大概是第一个这样被歌颂的东南亚人(Zwier van Haren 1769;Lombanrd 1990 I:40)。19 世纪一位著名的殖民主义史学家在叙述荷兰的崛起时停下来,

难能可贵地称颂阿庚是“一位力图让他的国家免受外国影响和外国垄断……为自己的原则而献身的君主，爪哇最后的一位独立领袖”(de Jong 1862—1868 VII：clxviii)。

荷兰人永远没有能够完全控制国际胡椒市场。中国人继续从巴达维亚的荷兰东印度公司那里购买胡椒，但同时也从位于马来半岛和婆罗洲独立的港口获取货源；英国人通过将自己业务基地从万丹转移到苏门答腊的西南沿海，从而继续保持了自己在欧洲市场上的份额。然而，万丹和望加锡这种多元化贸易都市的毁灭对以其为中心的社会发展进程产生了巨大影响。曾几何时，万丹和望加锡是海岛东南亚地区最进步的中心——接纳改造新思想，并与印度尼西亚本土传统形式相结合；而今它们可悲地沦为一潭死水，只得通过反抗荷兰人统治来宣泄满腹的挫折，但从此对披着征服者外衣的所谓“现代”思想不屑一顾。

孟族人和爪哇人航运的衰落

如果我们断言，荷兰东印度公司的悍然崛起导致了东南亚城市和海洋传统的崩溃，那将流于简单化了。亚齐和那些大陆东南亚的贸易城市并没有被欧洲人征服(对这些更复杂的演变我们将在下面讨论到)。如果没有亚洲人携手相助，荷兰东印度公司便不可能取得如此重大的胜利。在极为关键的转变中，欧洲人的卷入 282
不过是稍微改变了亚洲各种竞争势力之间的平衡罢了。尤其是，在东南亚贸易两次最深刻的长期倒退中，欧洲人仅仅起了间接作用。这两次挫折是指东南亚地区两股最富活力的商业势力,即勃固的孟族人和爪哇岛北部沿海的爪哇人,从国际贸易中的完全消失。

关于这两大势力在东南亚长途贸易中的重要性,我们在第一章讨论葡萄牙人最早的记载时已经阐述明白。最大的远洋船队掌握在爪哇人手中,包括那些在马六甲的爪哇人。许多帆船是在勃固港口用缅甸上等柚木建造的。这些港口的孟族人驾着自己的大帆船航行到马六甲,有时候在那里把船卖掉,有时候载些货物回来。在勃固作为勃印囊庞大帝国首都的黄金时代,它在孟加拉国湾的贸易规模甚至更大。据载,1574 年勃印囊命令建造七艘大船,“每一艘 63 腕尺长,16 腕尺宽”(约 30 米长、8 米宽),来进行海外贸易(Lieberman 1984:32n)。直到 16 世纪末,由于上述种种原因,虽然很少有能够造出 500 吨级的帆船,然而孟族人(即外国人所称的勃固人)仍能够驾驶着他们的船只远航到亚齐和万丹。

在南达勃因(1581—1599 年在位)的暴政之下,为了维持勃印囊过度扩张的王国,勃固穷兵黩武,巨额财富挥霍殆尽,在孟加拉湾的港口也纷纷丢失。史家吴哥拉(U Kala 1711:103)相信,国王垮台是咎由自取,是因为其残酷的压迫:“他既不尊敬僧侣的地位,又不珍惜臣民的生命”。港口科斯米尔(Cosmir,即勃生)和马达班率先起义,反抗南达勃因强迫人民服役,但这两个港口都被彻底摧毁,人口灭绝。为了逃避南达勃因的兵役,成千上万的孟族人纷纷逃到邻国;据说有 12 万人逃到老挝,2 万人逃到阿拉干,10 万人逃到了暹罗(du Jarric 1608—1614 I:623,626)。在 16 世纪的最后三年里,勃固这座帝国都市被曾经遭受南达勃因侵略过的邻邦围攻，广大农村被完全破坏，成为一片废墟。1599 年，勃固最终被东吁和阿拉干联军攻陷，这两支军队将一切能够带走的剩余人口以及沿海地区的财富全部劫掠一空，带回国内。

1600 年，耶稣会士博韦斯（Boves）记录了这座前首都周围地区失陷的情况：“勃固整个国家看起来就像一片沙漠，人烟荒芜，一片荒凉；所有的街道，特别是那些通向庙宇的街道，尸骨遍野，尸首分离。他们有的死于饥饿，有的死于互相残杀，有的被国王处死。 283
国王下令把他们统统抛到河里。结果流尸满河，河水堵塞，连一艘小船也通不过。”（引自 du Jarric 1608—1614 III：842）缅甸史家承认，南达勃因“开始怀疑所有孟族人”，因而着手迫害他们（U Kala 1711：93）；当时的一位葡萄牙人也相信，他要将所有的孟族人都杀戮殆尽。结果，“不幸的居民惨遭杀戮，昔日威严强大君王的都城成为虎豹豺狼的出没之所，往日的繁华全都灰飞烟灭，只剩下可怕的焦土和人间无法想象的巨大沉默”（“Kingdom of Pegu” 1605：111）。根据第二手或第三手资料，弗洛里斯相信（Floris 1615：52—55），这些动荡不安“夺去了数百万勃固人的生命”，主要是由于战争之后所发生的饥荒和瘟疫。

阿拉干国王留下葡萄牙人雇佣军首领菲利普·德·布里托去统治沙廉这个孟族人地区最重要的港口。然而布里托独自加强港口防务，直到 1613 年前它一直是一个独立的城邦，并没有从果阿葡萄牙人那里得到过多少帮助。这个时期，勃固国内贸易几乎完全停顿，而最有利可图、横跨马来半岛到泰国湾的贸易路线似乎是落到了暹罗及其印度穆斯林代理商的手中。此后，勃固的孟族人在其他地区的海洋贸易中的作用便消失殆尽。

爪哇北部沿海的繁荣港口一直对整个海岛地区出口爪哇大米和其他食物,以便换取亚齐和马六甲的印度布匹和马鲁古的香料。特别是在荷兰人于 1618 年彻底摧毁了扎巴拉港口之后,荷兰东印度公司经常直接攻击这些爪哇人的航运。更为重要的是,为了加强他们在马鲁古的垄断,封锁葡属马六甲,荷兰人努力有系统地割断沿海地区港口的贸易动脉,这就导致了北部沿海地区港口的贫困化。在 17 世纪 20 年代,望加锡取代锦石和泗水成为印度尼西亚东部的主要供应和贸易中心。

然而像那些孟族人的贸易中心那样,这些沿海城镇的主要威胁来自内部。马打兰的苏丹阿贡(1613—1646 年在位)下决心要在他的首都、当代的日惹附近建立一个统一的政体。他在 1616、1616—1617 和 1619 年先后征服并劫掠了拉森、巴苏鲁安和杜板,控制了柚木林和船坞,而以前爪哇的大部分船只都是在那里建造的。马都拉在 1624 年被征服,经过数年的东征西讨,马都拉海峡
284 繁荣的港口群——泗水、锦石和塞达尤——终于在 1625 年被征服。两个世纪以来,沿海港口的诸多商业中心第一次落入对贸易毫无兴趣的内陆王朝统治之下。“朕乃国王兼士兵,”阿贡如是说,“非如爪哇其他君王,皆为商贩牟利之徒。”(引自 Masselman 1963:313)

然而,与其继任者不同的是,阿贡对海洋力量颇感兴趣。他继续保持一支庞大的海军,借此在 1622 年征服了苏卡达纳(在西婆罗洲),并数次威胁巴达维亚。他还想要垄断经由扎巴拉出口的大

米，以此作为政治武器，与荷属巴达维亚和葡属马六甲相抗衡。如上所述，他的继承人阿莽古拉特一世（1646—1677 年在位）宁愿在 1655 年下令摧毁爪哇所有航船，也不愿看到它们被内部敌人所利用。爪哇商人们自然将他们的基地转到马辰、万丹、巨港、北大年和望加锡，在那里他们渐渐融合到“马来”社群中去。而在他们的故乡——东爪哇和中爪哇——到了 1677 年有人报道说，爪哇人“不但对海洋一无所知，而且他们自己现在连一艘船都没有了”（引自 Schrieke 1925:79）。

1677 年那一年对马打兰王朝来说是决定性的一年。它在普勒雷德（Plered）的首都被特鲁那贾亚（Trunajaya）领导的叛军攻陷；阿莽古拉特一世死于流放地特加尔（Tegal）。其子阿莽古拉特二世（1677—1703 年在位）同意了荷兰东印度公司所有的条件，以换取他们以武力支持他重登王位。这些条件包括：公司对印度棉布和鸦片的完全垄断，不加盖公司印戳的布匹一律不得进口；对大米和蔗糖出口的绝对垄断，每年按市价给公司供应 4000 可央（9500 吨）的大米；其他国家的商人，不管是欧洲人还是亚洲人，一律不许来爪哇经商；三宝垄和其他北部沿海港口完全割让给荷兰东印度公司，直至所有战争债务从它们的税收中完全还清为止（Hageman 1859:323—325；Ricklefs 1981:72—73）。

当然，所有这些条件都需要荷兰东印度公司一再用武力来强迫实行。当公司能够逐渐对北部沿海港口取得控制时，在经历了几十年的毁灭性战争和压制后，商业活动开始恢复。然而从那时起，在风下之地，人们形成了这样的看法：爪哇人厌恶海事、商人阶层软弱以及社会等级森严。

17 世纪的“危机”

285 17 世纪东南亚从国际贸易中的撤退通常被归咎于荷兰东印度公司在军事和经济方面的胜利，再加上那些以农业为基础、对贸易缺乏兴趣的内陆国家的崛起。这些因素好像正好符合东南亚地区、特别是海岛地区的历史情况；在这一地区，荷兰人力量集中，本土政权特别容易受到贸易垄断的影响。然而我们不可忽视世界上其他地区的相似之处。在与外部世界积极交流了 30 年后，日本在 17 世纪 30 年代禁止国民出洋，只允许中国人和荷兰人的船舶在长崎进行贸易。在 17 世纪 30 年代和 40 年代，中国经历了饥荒、人口缩减和内部分裂的剧烈动荡，最终导致了 1644 年明朝的覆灭和清朝的兴起。在 17 世纪 20 至 50 年代，英国、法国、德国、西班牙和土耳其都卷入破坏性的内战，后三个国家同时失去了他们昔日在世界上的繁荣和地位。英国人口在 16 世纪迅速增长，每年都增加 0.5% 到 1%，但到了 1600 年明显放缓，在 1656—1686 年间甚至锐减(Schofied 1983:268)。虽然关于其他地区的人口数字数据不够翔实，然而毫无疑问，就像中国那样，在 17 世纪下半叶法国、荷兰、丹麦和德国的人口也都显著下降，而在意大利和西班牙，人口减少发生得更早一些。在世界各地人口减少的同时，而且也是在经历了“漫长的 16 世纪”物价长期上扬之后，谷物和其他基本生活用品的价格开始下跌。

世界上的很多地区都同时经历了 16 世纪的发展和 17 世纪的危机，这种高度的巧合吸引越来越多的学者去试图作出全面的解

释。最早的理论都集中于政治方面的原因。对罗兰·穆尼耶(Roland Mousnier)来说,17 世纪的危机起因于贵族与资产阶级的冲突,以及新兴的民族主义势力对帝国与教会超民族理念的削弱。对休·特雷弗-罗帕(Hugh Trevor-Roper 1959)来说,17 世纪的危机来源于“文艺复兴国家”头重脚轻的专制主义和庞大的军队、官僚机构和税收需求。在一些受马克思主义影响的学者之中,霍布斯鲍姆(Hobsbawm 1954)的解释最明确,而佩里·安德森(Perry Anderson 1974)和巴林顿·莫尔(Barrington Moore 1966)的解释最宽泛,即 17 世纪的危机是“当资本主义终于从封建的旧秩序中脱颖而出之时”、现代世界分娩所带来的阵痛的结果(Schöffer 1978:88)。罗伯特·芒德鲁(Robert Mandrou)和其他 286
学者则从文化因素上找原因,认为巴洛克时期标志着危机四伏的欧洲文明“浪漫式的痛苦挣扎”。最近杰克·戈德斯通(Jack Goldstone 1988)提出这样的观点,即在三个不同的国家中——英国、土耳其和中国——迅速增加的人口对有限的粮食供应形成的压力造成了 16 世纪的物价上涨和 17 世纪的物价相应回落。①

这些观点对东南亚的情况的解释都富有启发性。特别是特雷弗-罗帕关于专制主义国家攫取急剧膨胀的资源而导致政权内部动荡的论点,可供我们对暹罗、亚齐和万丹进行有趣的比较性考察。然而,在目前提出的理论中,只有两种理论看起来相当深入广

① 关于这个问题的大部分争论已重刊或总结于阿斯顿(Aston)1965 年的著作和帕克和史密斯(Parker and Smith)1978 年的著作;关于亚洲,《现代亚洲研究》1990 年 24 卷第 4 期特刊讨论了关于中国、日本、东南亚和南亚的情况。

泛并有足够的量化，从而使得我们有足够信心来判断这些相同之处到底是偶然巧合还是必然的因素。第一种理论着眼于 1620—1650 年间全球贸易的衰退和各项金融指标的下降，个中的部分原因是加快经济运转的金银供应量的减少。另一种理论是在全球气候变化方面我们有了越来越多的数据，这些数据清楚地表明，17 世纪地球表面曾出现大幅降温。

贸易的衰落

虽然学者们还在就关键转折点发生的具体时间继续争论不休，但 17 世纪上半叶全球贸易显著下滑这一点恐怕是确定无疑的。对此，欧洲贸易的一些重要指数记录得最为清楚：从 1622 年开始塞维利亚（Seville）的航运额持续下滑；荷兰到波罗的海的航运额从 1620 年起下滑；但泽（Danzig）的贸易从 1623 年起，威尼斯的贸易和棉布生产大约从 1610 年起，莱顿纺织业和阿姆斯特丹的肥皂业由 1620 年起，英国的毛织品出口从 1614 年起，英国人的实际工资大约从 1590 年起都开始下滑。欧洲的物价在上升了一个世纪之后，总的来说，大约从 1640 年开始也掉头向下（Brown and Hopkins 1956：302；Braudel 1966：894，140—142；Romano 1978）。

造成贸易下滑的一个具体原因是 1621 年西班牙和荷兰之间重新爆发的战争，大大减少了荷兰人与伊比利亚半岛地区和地中海地区的贸易，也促使西班牙经济进一步衰退（Israel 1989：124—
287 156）。一个更深刻的原因也许是 17 世纪 20 年代爆发的一次农业危机。在此次危机中，只有荷兰和英国得以幸免，地中海和德国经济却因此一蹶不振（Romano 1978：202—203）。贸易萧条的一个

很重要的现象是1630年后波托西(Potosí,当时位于西班牙人统治下的秘鲁)的白银生产开始崩溃。对这一事实人们都已承认,但对其影响究竟有多深却见解不一。即使加上较为稳定的墨西哥银矿的产量,美洲白银生产从1628年到1697年之间仍以每年0.3%的速度递减。这与此前生产的突飞猛进以及在此之后的稳步发展恰成鲜明对照(Garner 1988:900—902)。

在欧洲及其美洲新大陆之外,这种经济衰退的影响并不明显。德尔明吉(Dermingy 1964 I:99)宣称,“在17世纪的世界普遍衰退中,中国的危机最为深重”,原因之一无疑是白银进口的锐减使本已过热的经济火上浇油(Atwell 1986)。虽然有证据表明对东南亚的影响至少同样深远,但是由于该地区良好的生态环境,危机的影响更多地表现为贸易的停滞而不是人口的减少。

由于西班牙和日本的白银都经由东南亚流入中国,那么风下之地港口也就遭受巨大影响。正如第一章所述,17世纪20年代平均每年23吨以上的白银由墨西哥经马尼拉流入中国,30年代降为每年18吨,40年代再降为每年10吨。虽然这种下降部分归因于明末的动荡不安导致赴马尼拉的中国商船数量减少,但当中国重新复苏后,一直到18世纪,中国商船都未恢复到1610—1630年的高峰水平。

自1600年以后,葡萄牙人贸易与对亚洲的货币输出减少得更快,而到1630年为止,以马六甲为中心的东南亚贸易已出现赤字(Disney 1978:51—54)。即使是荷兰东印度公司这个在亚洲17世纪危机中确定无疑的大赢家,1630—1660年期间也比他们在20年代时所运入的白银要少。1652 年（当然这是非常特殊的一年），荷兰东印度公司 80％以上的白银和黄金需求都从亚洲本地获取（Glamann 1981:59）。直到 1668 年，荷兰东印度公司以及整个亚洲地区最主要的白银供应都来自日本。佐渡岛的白银产量正巧与同时期的波托西相媲美，在 1590—1630 年间都双双飙升。17 世纪 20
288 年代日本白银出口最多达到每年 150 吨，然而在随后不到 20 年的时间里竟急剧下降至原来的一半以下（见表格 2），而到 1668 年时白银出口被完全禁止。正如在第一章中所解释的那样，白银贸易的大起大落直接影响了东南亚港口，在那里日本的白银被用来交换中国的丝织品和本地所产的鹿皮和香料。1635 年日本的海禁与中国帆船赴长崎而导致中日直接贸易的恢复（但控制仍然非常严格），给所有这些东南亚城市经济都带来了严重的后果。1630 年后，荷兰东印度公司通过位于出岛的商馆获取日本矿产品的做法成为荷兰人在亚洲的世界经济中成功制胜的关键法宝。

中国与东南亚的贸易对东南亚 1570—1630 年之间的繁荣至关重要，但由于中国 17 世纪中叶的动荡，这种贸易也陷入衰退。1597 年时全年有 117 艘帆船获准驶往东南亚，17 世纪初叶或许更多一些（见第一章），但 1639 年当船引制度暂时恢复时，每年发放的船引却只有 39 张。其中三分之二的船引发放给前往欧洲人控制的港口的船只，其中 16 张前往马尼拉，8 张前往巴达维亚。在所有亚洲人的港口中，只有交趾支那（共计 8 张）得到 2 张以上的船引（van Diemen 1639:1）。然而对 17 世纪中叶来说，1639 年还算是个不错的年头。据记载，该年共有 34 艘中国大陆或台湾的船只前赴马尼拉(Chaunu 1960:148)，这说明只有一半船只获得政府的船引。此后，下降便不可逆转。在 1644—1681 年之间，抵达马尼拉的中国帆船平均每年只有 7 艘，抵达巴达维亚的仅仅不到 5 艘，而后者成为中国帆船在南洋的主要停靠港口(Chaunu 1960:148—175;Blussé 1986:115—120)。

尽管世界大多数地区的经济在这一时期都步履蹒跚，东南亚的损失却尤其惨重，因为它在这块急剧萎缩的贸易大饼中所占的份额减少了。在 1570—1630 年间贸易蓬勃发展中，该地区受益也最多。在 17 世纪 20 年代，当东南亚的胡椒和香料占据荷兰人、英国人、葡萄牙人和法国人从亚洲输往国内货物价值的一多半，而中国与日本之间的贸易也主要是在东南亚港口进行时，各国对东南亚产品的竞争也就达到了顶峰。1635 年日本商船完全停止前来贸易，中国人的需求也由于 17 世纪 40 年代的危机而急剧减少。对欧洲人来说，其也从刚开始的重点采购香料和胡椒转而注意亚洲其他货物，特别是印度棉布和靛青。马鲁古香料和东南亚的胡椒在 1648—1650 年间占荷兰输往欧洲货物的 68%，但在 1698— 289
1700 年间降到 23%。1640 年前，香料和胡椒是英国人的主要贸易品;1682 年后，由于失去万丹市场，这些货物锐减，仅占全部货物的 2%(Chaudhuri 1978:508—510;Bruijn, Gaastra, and Schöffer 1987:192)。

17 世纪下半叶，在所有的东南亚贸易港口中，唯有荷属巴达维亚一枝独秀，获得了贸易的长足增长。虽然西属马尼拉比大部分

亚洲人港口所受压力要小，但其贸易也显著下降。肖尼（Chaunu 1960:78,82）的一系列研究充分证实了这一点（表格 9）。

表格 9　马尼拉每五年的平均贸易额（货币单位：雷亚尔）

	进口货物	所征关税
1601—1605	179168	43037
1606—1610	239832	42982
1611—1615	474866	70356
1616—1620	615599	51437
1621—1625	无数字	无数字
1626—1630	492866	25720
1631—1635	567135	42194
1636—1640	577813	31037
1641—1645	566208	22075
1646—1650	379535	14316
1651—1655	192094	7504
1656—1660	214904	6676
1661—1665	277736	4858
1666—1670	186177	3884

中国贸易在 17 世纪 40 年代跌入最低谷后开始回升，特别是 1684 年抗清的郑成功（国姓爷）势力被击败和贸易重开之后，与亚洲人下辖的港口一样，马尼拉衰落的态势并没有因此而有所好转。如下所述，17 世纪下半叶中国海商比其他亚洲人的命运要好些。然而，日本人批准但又严格管制的长崎帆船贸易为我们留下了唯一可靠的资料，它们显示柬埔寨和北大年在 1660 年以后、交趾支那在 1680 年以后、阿瑜陀耶在 1689 年以后的贸易衰落（表格 10）。

表格 10　驶往长崎的东南亚帆船

	东京	交趾支那	柬埔寨	暹罗	北大年	万丹	亚洲人港口总计	荷兰人港口	290
1651—1660	15	40	37	28	20	1	141	2	
1661—1670	6	43	24	26	9		108	14	
1671—1680	8	41	10	26	2	1	88	38	
1681—1690	12	25	9	31	9		86	23	
1691—1700	6	29	23	19	7	1	85	18	
1701—1710	3	12	1	11	2		29	2	

资料来源：此数据源于李塔娜对岩生成一所辑数据的解读。参见李塔娜 1992 年博士论文，第 70 页。

尽管数量要比胡椒少得多，但荷兰东印度公司在 1621 年以后对肉豆蔻的有效垄断、1640 年至 1653 年期间对丁香垄断的逐步成功都是对东南亚贸易最严重的打击。几个世纪以来，这些物品一直都是“长途贸易”的主要商品。它们从马鲁古的种植者那里运往爪哇、望加锡或马六甲海峡的市场，再从那里发往印度、中东、欧洲或中国，前后转手不下几十次。为了香料供应，北欧人内部之间以及北欧人与经验丰富的中国人、葡萄牙人和穆斯林买主们之间彼此竞争，因而其价格与数量在 17 世纪前期都达到了最高峰。直到此时，由于丁香和肉豆蔻仅在印度尼西亚东部种植，因而财富不断涌入，为沿途十几个贸易港口注入了活力。当荷兰人的垄断建立之后，生产者的价格被固定在最低水平，所有亚洲中间商和中转港口全部被排除在外，不得染指利润分红。到了 17 世纪中叶，荷兰人将他们从马鲁古购入的香料在欧洲以 17 倍、在印度以 14 倍的高价出售，但没有一分利润能落入亚洲人的腰包(Masselman

1963:459；Knaap 1987:253)。

毫无疑问，17 世纪中叶应被视为东南亚贸易的危机时期。在

价格低廉、中国和欧洲的需求减少的困难时刻,只能有一位赢家胜出。荷兰东印度公司正是这位赢家。正是在世界其他地区的经济深陷危机之时,该公司的利润达到了顶点。在整个 1640—1671 年期间,荷兰东印度公司在阿姆斯特丹股票交易所的股价一直居高不下,1648 年和 1671 年分别创出了历史新高(Israel 1989:186,255,330)。然而由于高昂的军事和行政费用,荷兰东印度公司只有在有选择地利用自己权力来建立垄断之时才有利可图。这一时期,东南亚贸易的所有其他玩家,比如西班牙人、葡萄牙人、古吉拉特人、孟加拉人、中国人、日本人和英国人,尤其是东南亚的贸易团体,全部
291 亏损,无一幸免。此后荷兰东印度公司本身也有点停滞不前,因为1660—1700 年间它从巴达维亚发回荷兰的货物也开始下跌(Bruijn,Gaastra,and Schöffer 1987:176—179,190)。这一点至少部分归因于东南亚贸易的贫穷化,而东南亚贸易又恰恰曾经是荷兰东印度公司赖以生存的支柱。

气　候

有一种真正从全球的观点来对"全面危机"进行的解释,但我们对这种观点了解也最少,这便是 17 世纪气温的持续下降(有可能是由太阳黑子数量减少所引起)。在 1690 年左右,现代全球暖化趋势开始之前,北半球的许多地区的气温都达到最低点。关于变冷过程的全球性及其对北半球温带地区农业收成的负面影响,近来收集到的证据越来越多(Braudel 1979 I:46—51;Lamb 1982:201—230,272—309;Galloway 1986)。同样重要的是,有证据显

示，正是在这种全球性变冷时期气候变化也最大(Lamb 1982：219—220；Galloway 1986:20)。关于短期波动影响的平行研究也证明了厄尔尼诺现象和爪哇干旱之间的相互关联(Quinn et al. 1978)。虽然对像东南亚这样的热带地区的短周期和长周期之间的互动我们仍然知之甚少，但全球气候因素却无疑影响了疾病死亡率与干旱引发的饥荒。

我们还不甚清楚小冰川期对潮湿闷热的热带地区的影响，但它可能包括各种各样的短期气候变化。对 17 世纪的气候对东南亚是否有负面影响这一点我们还没有系统的数据。目前最好的数据资料是伯利奇(Berlage)对东爪哇和中爪哇柚木林树的年轮所作的令人瞩目的研究，它提供了 1514—1929 年间每年的相对降雨量(Lamb 1977 II：603—604)。该研究显示，在有记录的 415 年期间，1598—1679 年最为干旱缺雨。在长达 82 年的干旱期中，只有 13 年达到了 400 多年降雨量的平均水平。在 1643—1671 年间，没有一年达到过这个水平，使得这数十年成为旱情最严峻的时期(插图 40)。

仅仅依靠对爪哇附近的南望地区所作的研究来区分长期和短期波动并做出结论极其困难。然而其他数据也显示出伯利奇 292
关于爪哇干旱时期的资料与海岛广大地区的危机事件的相互关联。我们可以这样设想，海岛东部地区居民的生存一直是依赖于雨季和旱季之间的微妙平衡，那些少雨的年份一定会使旱情严重、旱季延长，导致歉收、饥荒、井水干涸、井水污染，以及传染病的发生。

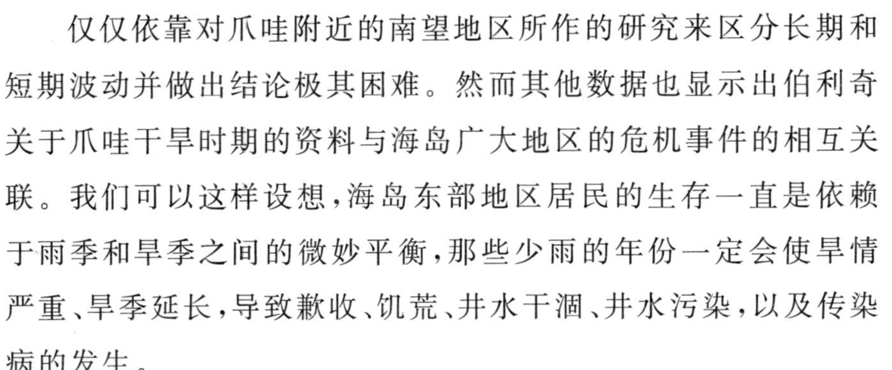

伯利奇的资料中第一个严重干旱期发生于 1605—1616 年间。

这一时期每年的降雨量都明显低于平均水平，其中 1606 年是自 1580 年有记录以来的第二个最干旱的年份（仅次于 1603 年）。尽管这个时期描述性的资料不多，荷兰和马来文字数据都记录了 1606—1608 年亚齐历史上发生的一次罕见的大饥荒（部分是由战争引起），导致大量人口死亡（Verhoeff 1611:242；Raniri 1644:34）。这个糟糕的时期也有助于解释为什么传染病能够使吉打人口在 1614 年减少了三分之二，以及马鲁古北部的"人口骤减"这个事实，不过雷厄尔却指责战争为罪魁祸首（Reael 1618:87）。

尽管 1624 年望加锡水稻歉收，爪哇在 1624—1625 年间遭受大疫（Reid 1988:60），但从爪哇树木的年轮资料来看，17 世纪 20 年代情况良好。伯利奇资料的第二组坏年头稍短，从 1633 年到 1638 年，其中 1634 年和 1637 年最为糟糕。巴厘岛 1633 年的粮荒[①]以及马鲁古 1635 年的干旱与此都不无干系（Gaedenijs 1636:152）。它也有可能与望加锡 1636 年的大疫有关，据说它在 40 天里夺去了 6 万人的生命（Reid 1988:61）。虽然暹罗也在 1633 年遭遇了一场持续的干旱和歉收，但这也许应视为另一个不同气候周期的一部分。

如上所述，整个伯利奇数据中的最引人注目的部分是 1643—1671 年的严重干旱。1657 年万丹的干旱（*Dagh-Register* 1656—1659:155），1660—1661 年间婆罗洲南部、安汶以及"印度群岛的大部分地区"的"大旱"，还有巨港穆斯河水位的剧降，以至于荷兰人的船只都无法通过——所有这些，都证实了伯利奇这一数据的

① 对这一资料和其他 1624—1661 年间灾害的资料，我要感谢彼得·布姆高（Peter Boomgaard）在一些尚未发表的论文中对《巴达维亚城日记》所载该时期有关资料的整理。

重要性(Coolhaas 1968:321)。这个时期在1664年和1665年达到顶点,是爪哇树木年轮的400年中最为干旱的年份。在最干旱的1665年,发生了也许是最具灾难性的世纪瘟疫,影响了大部分的海岛地区。据说望加锡和爪哇两地的人口因此而“骤减”,巴厘岛 293
和苏门答腊西海岸也受到影响(Reid 1988:61)。

最后,年轮资料揭示了1673—1675年期间另一个极为干旱的短暂时期,荷兰人的观察也充分证实了这一点。从1674年直到1676年,马打兰饿殍遍地,疾病流行。1674年,占碑、松巴哇和苏拉威西南部的水稻严重歉收;1675年,苏拉威西南部水稻再次歉收,巨港水稻歉收,而穆斯河水位再次骤降,无法通航。1674—1676年间马打兰和1675年的马鲁古都遭受饥荒和疾病的肆虐(Coolhaas 1971:2,3,21,38,84,110;Ricklefs 1981:70)。虽然荷兰商馆一般只记录他们自己同胞或盟友死亡、或是某一个地区的米价太高而影响了他们的商业运作这样的危机事件,但仍提供了足够的旁证,证明年轮所记录的极为干旱的气候确实大大增加了死亡率。

北部东南亚大陆地区的气候不可能与爪哇的降雨模式简单雷同。然而,全球变冷这一事实的确为亚洲其他地区创造了罕见的多样性。在整个1626—1640年间中国经受了罕见的困难,“大涝之后又是大旱”。据估计,1585—1645年间中国人口因此减少了40%(Wakeman 1985 I:7—8)。中国南方(广东和福建)沿海地区现存详细的地方记录,极为有趣地证实了1664年和1665年是大旱之年——这正是爪哇树木年轮所记录的干旱年份。然而在中国南部持续最长的干旱时期先是 17 世纪 40 年代,接着是 17 世纪 80 年代(Zhongyang Qixiang 1981:323—326);容易理解的是,这些与越南的旱情关系更为密切,与东南亚其他地区的旱情关系应该比较疏远。1641 年,东京似乎爆发了由大旱引起的最严重的饥荒,而阮氏政权的史书则指出,1641—1700 年之间交趾支那尤为干旱,有记录的年份达 20 次之多。[①]

缅甸和暹罗西部的长期气候模式似乎更接近印度东南部,而不是东南亚其他地区。对整个印度来说,最糟糕的年份是 1630 年和 1631 年,它遭遇了"基本上可以肯定是印度近世史上最严重的饥荒",仅古吉拉特一地便有 300 万左右的人死亡(Disney 1984;
294 参见 Raychaudhuri 1962:38—39)。饥荒蔓延到印度东海岸和更远的东南亚地区。1631—1632 年间,据说缅甸和阿拉干饿殍遍地(Hall 1939:140—141)。1633 年在暹罗,一场持续的干旱使得该年的水稻几乎颗粒无收。1660—1661 年间,另一场骇人听闻的干旱袭击了印度南部,特别是谭卓尔(Tanjore)地区,在那里"饥荒蔓延,村庄城镇十室九空,干涸的水池旁堆满了尸体"(Maetsuyker 1661:355)。缅甸也受到这次饥荒的一些影响,1661 年这一年米价大涨。

与 17 世纪的印度、中国和欧洲相比,由气候引起的饥荒在东南亚看起来并不是那么严重。正如我在本书第一卷中所指出的那样(Reid 1988:19),欧洲人认为由于东南亚的气候得天独厚,替代

① 关于越南的资料我要感谢李塔娜。她关于 17 和 18 世纪交趾支那的博士论文详细研究了越南和中国的史料。参见李 1992:15—18。

食物种类繁多，所以即使水稻歉收关系也不大。所以，除非有强有力的证据证明同一时期的人口减少，那么上述由饥荒所导致的罕见死亡率（特别是 1640—1675 年期间）似乎并不能成为解释更大范围内的政治和经济衰退的合理因素。当分别考察人口减少的个案时，人们往往认为战争是最可能的原因。然而，当人口数据显示东南亚各不同地区与更广泛的全球趋势之间的确存在着这种关联时，就有必要去寻找经济和气候的原因。

关于 17 世纪的人口数据很少，而且最好的数据是欧洲人控制严格的地区，因此可能不具代表性。西班牙人保存有菲律宾人纳税人（tributo）数目表，据此他们在吕宋和米沙鄢征收劳役与赋税，其总数列表如下（每个 tributo 大致相当于 4—5 人）：[①]

1586 年	146700 人
1591 年	166903 人
1608 年	125196 人
1621 年	130938 人
1655 年	108277 人
1686 年	121000 人
1742 年	184814 人

① 这些数据来自诺曼·欧文（Norman Owen）；费伦（Phelan 1959：100）所用的数据广为人知，但诺曼·欧文追根溯源，发现费伦的史料来源于布莱尔（Blair）和罗伯逊（Robertson）。费伦似乎在不同的时期内用了不同的乘法来把纳税人换算成人口，大概是由于他认为如此大的人口缩减是不可能的。

耶稣会士关于在苏拉威西东北部的一个有天主教民居住的小岛锡奥（Siau）的报告显示了同样的人口变化：1588 年 2400 人；1612 年 3000 人；1631 年 7000 人，1645 年 3000 人，1656 年 5500 人（Jacobs 1987）。

295 **表格 11　马鲁古中部人口**

		安汶(人)	利斯群岛(人)	合计(人)
1634		22670	18565	41235
1671		19338	15973	35311
1674	(最低)	17609	16596	34205
1680		18486	17288	35774
1685		19262	18847	38109
1690		21075	21142	42217
1695		22167	20940	43107
1708		21140	21343	42483

资料来源:Knapp 1987:99—109。

以上这些人口的减少自然可以被解释为菲律宾人从西班牙人统治的地区逃到自由山区,但是 1591—1655 年期间人口锐减高达 35%,仅用这个原因来解释则未免太过简单。它与此后菲律宾人口的飞速增长形成鲜明对照:1655 年后每年增长 0.35%,1686 年后每年增长0.76%。西班牙人征服菲律宾后,对内横征暴敛以支持与荷兰人的战争(1609—1648 年),对外在 17 世纪中叶彻底中止与中国的贸易,这些都可能造成了 17 世纪中叶人口的惊人下降。然而,这些发展在时间上与上述气候资料的年代正好巧合,对此我们不能视而不见。

马鲁古中部的安汶和利斯群岛还有一些人口数据(表格 11),它们是在荷兰东印度公司细心监督下统计出来的,这两个地区都是丁香的集中产地。克纳普把 17 世纪人口的减少归因于荷兰人为了控制丁香产区而进行的可怕战争(1641—1656 年)和 1656—1658 年间爆发的一次主要传染病(大概是疟疾)。尽管这些都是原因，但它们不能解释为什么1656年“荷兰人和平”(pax neerlandica)建立后人口仍持续下降，安汶于1674年、安汶群岛西部于1673年以及利斯群岛于1672年间人口都降到最低点。在随后的20年中，安汶人口以每年1%的速度急剧增长，才恢复到以前的人口水平(Knaap 1987:109)。

这些只是关于整个17世纪所有时期的比较可靠的两组数据，而两者之间的巧合使人们不得不考虑经济和气候这两个因素(插图40)。在大一些的国家，也有明显迹象表明人口的减少，但是这些数据缺乏准确性和系统性，以致人们没有把握说出它们是何时发生的。

1631年，马打兰的核心地区(现代中部和东部爪哇的大部分，但不包括北部沿海地区)的税簿上登记了50万纳税户，共约300 297
万人口。到1755年它被分割时，似乎只剩下172250纳税户。第一个数字显然是程式化了的，不必当真。然而李克莱弗斯(Ricklefs 1986)令人信服地显示，1651—1755年间这些经过修正的程式化了的地方数据呈持续下降趋势；从1678年起则开始大幅下降。1755年的基安地和平条约之后，像菲律宾(和马鲁古在一个短时间内)一样，马打兰人口也突然上升。

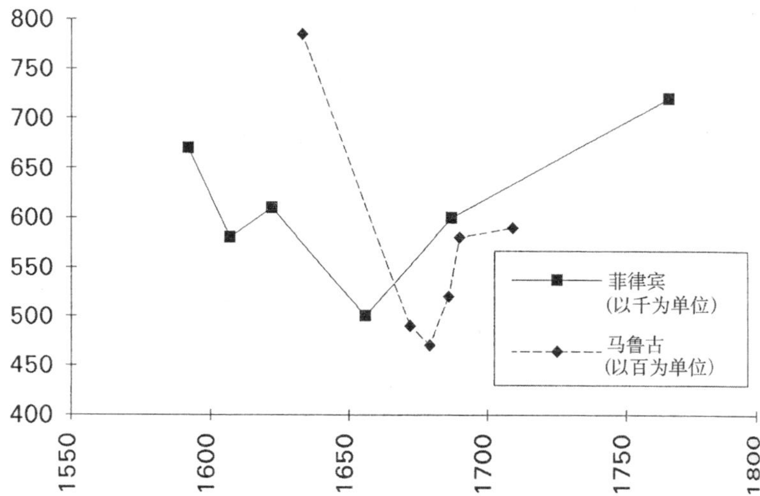

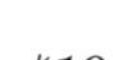

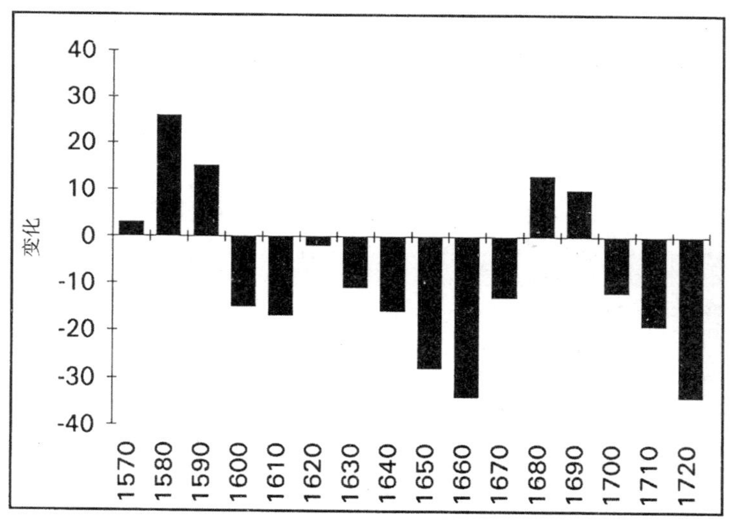

插图 40 人口和气候指标中所反映的 17 世纪危机：(上)菲律宾人口(以千为单位)和马鲁古地区的人口(以百为单位)；(下)爪哇岛树木年轮生长率：以 400 年数据的中值为基准，根据每 10 年期的变化标出，10 年期变化的起始部分如图所示。

在人口相对拥挤的红河三角洲，这个被外国人称作东京的越南心脏地带，纳税记录显示，因税收记录在案的村庄数目出现了一些明显的起伏（Li 1992:27）：

1417 年	3385 人
1490 年	7950 人
1539 年	10228 人
1634—1643 年	8671 人
1730 年	11766 人
1810 年	10635 人

由于我们不能确定行政村的规模在整个时期是否仍然有可比性，所以这些数字不能作为足够的指标来证明人口的增减。然而，它们在繁荣和平的 15 世纪的迅速增长（平均每年 0.5%）与在 1539 年以后的减少都非常醒目。其他史料证实，人口减少大都发生于郑氏与莫氏的残酷内战期间（1545—1592），而这又与历史上 411
记载的一连串的灾荒年相联系，它们是 1559、1561、1570、1571、1586、1588、1594、1595、1596、1597 年。作物歉收、饥荒和疾病每年都会在一些地区夺去很多人的生命，而其他人不是被迫移居南方边地就是流落到别处（Le 1971:248—249；Li 1992:15—18）。在这些灾年之后，人们预期人口一般会重新增加；然而（如果村庄数量记录与人口数目相吻合，而且的确反映了人口增减的话），在 17 世纪这种情况却没有发生。这说明 17 世纪农村的情况比 1539 年之前所一直遭受的困境要糟糕得多。

这些因素的总和，包括不景气的全球商业气候、荷兰垄断压力、

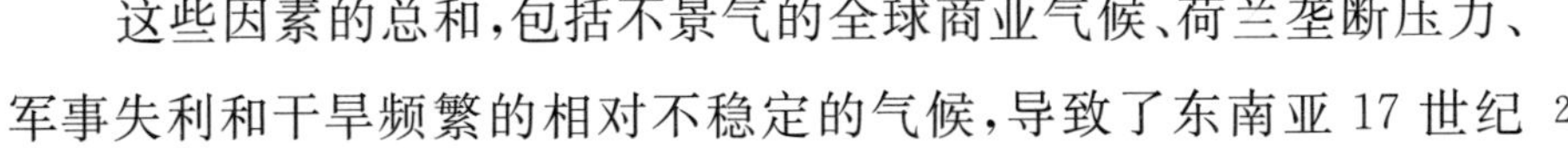

军事失利和干旱频繁的相对不稳定的气候，导致了东南亚 17 世纪 298

中叶罕见的严重危机。商机的减少在 1630—1650 年间表现得日益明显,而气候在 17 世纪 50 年代和 60 年代之间又大概是最糟糕的。危机的后果直接反映在人口记录上,但它们最严重的长期恶果也许是使得许多东南亚社会转而更加依赖自给自足,更不信任国际市场。

从世界经济中撤退

做买卖挣不上钱,
即使你种胡椒,我的朋友。
倘若国家没米吃……
紫色缠头和金色剑柄又何用之有?
倘若国家没米吃,
君主王公也将威风扫地……
纵有黄金万两,何如稻谷满仓?

——*Hikayat Pocut Mohamat*:166—167

具有讽刺意味的是,那些拥有最宝贵资源的人却最先被迫作出结论说,他们应该停止开发这些资源。正如菲律宾人看到他们的金矿招来掠夺成性的西班牙人的觊觎后便停止了开发一样(Loarca 1582:51,53;Morga 1609:261),17 世纪的香料种植者们发现他们所拥有的资源既是福祉又是祸根。班达岛民受害最深,由于荷兰人决心控制他们岛上宝贵的丁香树,在 1620—1623 年间他们的民族几乎被消灭殆尽。直至 16 世纪,马鲁古群岛北部的特尔纳特人、蒂多雷人、巴占人和马基安人一直垄断了世界的丁香供应，但 17 世纪初他们就开始反对种植丁香。在 17 世纪的前 20 年，西班牙人支持的特尔纳特和荷兰人支持的蒂多雷之间的残酷战争是马鲁古人决定放弃丁香种植的主要原因，他们希望这样就可以躲过劫难（Meilink-Roelofsz 1969：216）。荷兰东印度公司除了购买低于市价的丁香外，还从极具竞争力的爪哇人和马来人那里夺得香料群岛货物的供应权，使马鲁古的米价飙升了 5 倍。其结果是马鲁古北部彻底放弃经济作物的种植：“我们亲眼看到，除了种植蔬菜外，田地里还种满水稻，而在此前当他们与外国人有贸易往来时，这种作物是他们所不愿意种植的。因为他们那时…… 299
拿丁香来交换大米和西米这两种岛上的主食，价格公道，招手即来；而现在为了避免高价，他们要么自己种植（如水稻）；要么到其他地方购买（如西米），这些粮食是他们从苏拉、塔利亚布或巴占群岛那里获得的。”（Reael 1618：89）虽然安汶从马鲁古北部丁香生产的衰落中捞得一些好处，但旋即也陷入战争与垄断的双重痛苦之中。安汶人口减少，丁香收获也随着减少（Knaap 1987：234）。

有鉴于此，其他地方吸取了这种深刻的教训。1686 年，当一位荷兰商馆代理于 1686 年访问马京达瑙时，有人告诉他：“就像在马鲁古一样，这里既可以种植肉豆蔻也可以种植丁香。然而你现在却看不到了，因为老国王在驾崩之前把它们全都毁掉了。他担心荷兰公司会为此而来这里和他们打仗”（Brouwer，引自 Laarhoven-Casino 1985：368；参见 Dampier 1697：218）。

当 1616—1650 年间胡椒的高价难以为继时，胡椒种植也失掉了吸引力。1650 和 1653 年间东南亚市场上的胡椒价格跌落了一半。到了 17 世纪 70 年代，供大于求的情况更为严重，荷兰的胡椒价格一度竟下跌了五分之四，其在东南亚的价格只有 17 世纪 40 年代的四分之一(Coolhaas 1971:275；插图 41)。

一些统治者决定禁止胡椒种植，因为他们觉得需要更大程度的自给自足，以防不测。在 17 世纪早期(大概是 1606—1608 年发生饥荒期间)，亚齐苏丹已经下令将首都附近的胡椒藤全部毁掉，因为其臣民"都沉迷于此，不事农耕，故而粮食日少"(Beaulieu 1666:98—99；参见 van den Broecke 1634 I:174)。英国人相信，万丹在 1620 年左右拔去他们的胡椒藤，是希望荷兰人和英国人不要再来纠缠这个苏丹国(Guillot 1992:43)；当然自给自足的需要肯定是另外一个原因。

插图 41　东南亚胡椒价格，以雷亚尔/担为单位。资料来源：1599—1620 年，据 Meilink-Roelofsz 1962:248—249、260、281、393—394；van den Broecke 1634 I:178；***LERIC* III**:227。1620 年后据 **Coolhaas** 1960、1964、1969 及 1971，以及 **Mundy** 1667:338。1630—1632 年数据见 ***SP***。

由于荷兰东印度公司对那些依靠进口粮食生活的城市实行船运封锁，一些国家被迫从种植经济作物转向种植粮食。万丹港首当其冲，受害最深，在17世纪30年代开始大规模转向水稻种植。然而也并不是所有人都可以这样轻易改变原来的生活方式。英国人抱怨说，“由于长期不再种植胡椒这个本地的唯一商品，这里的人们一贫如洗，许多人除了偷盗外没有其他生计”（Willoughby 1635:154）。马京达瑙的苏丹在1699年时告诉荷兰人，“他已经禁 300
止继续种植[胡椒]，这样他就不必卷入战争之中——不管是跟荷兰东印度公司、还是跟其他国家”（Silver 1699:110）。更有一些君主拼命压挤所剩不多的胡椒贸易利润，好比杀鸡取卵，竭泽而渔，完全扼杀了胡椒供应。在17世纪70年代，巨港的苏丹为了防止胡椒价格的持续下滑而不遗余力地试图垄断胡椒贸易，从而使胡椒供应大幅减少（Coolhaas 1968:882,902,920）。我们上面也已经谈到了占碑和万丹类似的做法。

对胡椒种植幻想的完全破灭在17世纪末期的马来文献里表现得淋漓尽致，它反映了宫廷精英们对种植胡椒的不安全感。马辰宫廷史书呼吁道：

> 不要让这个国家的任何人像占碑和巨港那样种植胡椒。那些国家大概是为了金钱而种植胡椒，以为可以因此致富。毫无疑问，他们最后将一贫如洗。围绕着胡椒会有大量的阴谋，而粮食也会涨价……秩序会荡然无存，因为乡下人不会再尊敬城里人；山里人也不会再惧怕国王的大臣。除了家用外，为了赚钱而种植更多的胡椒只会为国家带来灾难……没人再

会乖乖听命,人们会毫无顾忌地犯上作乱。(*Hikayat Banjar*:330,442)

301 18 世纪的亚齐也有类似的情绪存在,从本节开头所引用的那段话就可以看出。宫廷精英们不仅因为市场的风险和动荡而试图回归到更为自给自足的经济之路,他们还寻求一种更稳定的社会秩序,而在这种社会秩序中,因种植经济作物和经商致富的新贵们不会对他们的地位形成威胁。

在东南亚的贸易时代,胡椒是目前为止最有价值的出口商品。当 17 世纪 40 年代其价格仍然高昂时,每年仅此一项的收入约等于 25 吨白银,而这些银子大部分用于购买进口货。到 1670 年左右,尽管价格下滑,生产却继续上升,每年出口 8000 吨的胡椒。此后胡椒价格和数量都直线下降,东南亚的种植者们开始纷纷转向种植粮食作物。在更早的时候,马鲁古的香料已经无利可图,而且中国与日本的贸易在 17 世纪 40 年代也已经发生危机。该项出口收入降低的后果就是东南亚对印度棉织品购买力的明显减弱。

东南亚棉织品进口在 1620—1650 年之间达到高峰(见第一章),每年进口 150 万匹布,按科罗曼德尔的价格折合 40 吨白银。在 17 世纪下半叶印度棉织品价格明显上涨,而恰恰此时东南亚胡椒价格也开始下滑。在科罗曼德尔海岸这个棉织品的主要产地,在 1665—1700 年间价格上涨了 45%(Lieberman 1984:160)。因为荷兰东印度公司对许多海岛地区港口近于垄断的缘故,那里价格上涨的幅度更大。因此毫不奇怪,荷兰东印度公司 1703 年在海岛地区的棉布销售额比 1652 年减少了 20%(Laarhoven 1988)。

在巴达维亚，荷兰东印度公司对海岛地区各港口前来购买印度棉布的商船的销售额急剧减少，在1665—1669年和1679—1681年间，销售额减少了43%，而此后的20年里减少更快（Nagtegaal 1988:181—182；Rontoandro 1988:61）。17世纪中叶，由于古吉拉特人、孟加拉国人、英国人和葡萄牙人的供应都显著下降，毫无疑问，东南亚对印度棉织品的总体消费也急剧减少。

荷兰人和英国人的商馆越来越频繁地抱怨说，海岛地区国家的人民由于出口贸易的损失而变得贫穷，以致他们无力购买印度棉布。在万丹的胡椒贸易被荷兰封锁和中断20年之后，万丹人民“昔日平常穿戴如此富丽奢华，今天（1634年）却看起来相当穷困潦倒、悲惨凄凉”，他们竟不得不自己织布（Philip Lucasz 1634，引自Meilink-Roelofsz 1962:258；参见 Hoasre 1632:89）。在1684年的中爪哇和东爪哇，“爪哇人由于无休止的战争和动乱而变得穷困潦倒， 302
沦落到自己不得不织布的地步，不但为了自己使用，而且还卖给其他地方”（Camphuys 1684:673；参见 Coolhaas 1971:711；Coolhaas 1975:287,427）。在17世纪70年代和80年代，在荷兰东印度公司征服望加锡并中止了那里的香料贸易后，由于买不起印度的棉布，据说布吉斯人和望加锡人便开始织布（Coolhaas 1971:139,246,336,715）。爪哇人和望加锡人都开始在海岛地区行销他们的廉价棉布，使得塞拉亚的方格布和爪哇岛的蜡染布大受欢迎，为贫苦百姓提供了更便宜的选择。占碑和巨港的居民开始在17世纪90年代购买爪哇布，并自己织布，因为荷兰人直到1683年都在垄断棉布的供应，使得他们无力购买印度棉布（Coolhaas 1975:754；Andaya

1989:38—40)。

《马辰纪年》(*Hikayat Banjar*:330)用充满意识形态的语言来表述这种转变,提出拒绝市场经济的部分理由:"当人们仿效其他国家的穿戴时,邪恶就一定会降临那个国家。"一位荷兰总督则将这个问题用另一种方式表达:

> 为了自己的方便,自己织布一直是爪哇和大部分东方平民百姓的传统;但是由于以前这些国家比现在繁荣,他们大部分人都购买科罗曼德尔和苏拉特的布匹[供平时穿衣用],而不是作为奢侈品,为此花费了大量的金钱。现在附近的大部分国家都变穷了,科罗曼德尔和苏拉特的布匹便变得只有富人才买得起(van Outhoorn 1693:639)。

几年之后,另一位荷兰官员表示,要想阻止爪哇人种棉织布,从而迫使他们从荷兰人手里购买布匹,这根本不可能:"[科罗曼德尔]海岸和苏拉特最精致的棉布销售量日渐下降的真正原因只有一个,那就是贫穷。而与此形成对照的是,由于穷人的数量成倍增长,他们自己纺织的布匹也与日俱增。"(Chastelein 1704,引自 Rouffaer 1904:3)

当曾赋予那些著名的海洋城市勃勃生机的贸易衰退时,这些大城市人口减少,重要性下降。在 16 和 17 世纪里,除了越南的首都外,其他所有主要城市都分别遭到征服和掠夺(见上文地图 5)。升龙情况特殊,它是东南亚中央集权化程度最高国家的首都,对国际贸易最不感兴趣，但连它也都似乎从其 15 世纪的巅峰上跌落下来，而人们通常将其归结为纯粹的政治原因（Nguyen 1970:111— 303
113；*Hanoi* 1977:40—52）。其他重要的例子只有阿瑜陀耶，它虽曾遭受缅甸 1569 年的入侵而深受重创，却恢复了以前的人口规模。其余城市所遭受的灾难可以被视为是在反海上贸易城市的暗流下所产生的危机，因此在贸易时代这些城市的人口都没有得到恢复。

马六甲的人口由于葡萄牙人 1511 年的征服而损失了四分之三，一直到当代才恢复到以前的规模。1579 年，文莱被西班牙人破坏之后，虽然征服者没有在那里停留，但其规模却大大缩小。在经历了 1598—1599 年的苦难后，勃固再也没能成为一个大城市，后世的观察家们只能从残垣断壁中惊叹其往日的规模和繁华。泗水在 1621—1625 年被马打兰摧毁前据说拥有 5 万人，但一直到 19 世纪才又重新恢复到这一水平；在被荷兰人分别于 1666—1669 年和 1682 年征服后，望加锡和万丹丧失了原来的经济和政治地位，人口竟下降到不及以前的四分之一。

欧洲人所管辖的城市掌握了该地区最有利可图的长途贸易，而这些转口贸易城市的经济功能的一部分也被这些城市所接替。但是，由于它们很少履行内地政治与文化中心的功能，也不鼓励亚洲人的涌入（而这些人恰恰是以前的城市愿意吸收或强迫移民的对象），这些城市比以前的规模要小得多。葡属马六甲人口从来没有超过 3 万人；即使执亚洲海洋贸易之牛耳的巴达维亚，17 世纪下半叶城内的人口也不到 3 万人。这些殖民城市城墙里面繁荣的商业生活和城市价值观对东南亚绝大部分人口的影响微乎其微。

本书第二章中所描述的以城市为中心的东南亚世界到 1700 年已经不复存在。当 19 世纪末人口普查的资料开始出现时,东南亚是世界上城市化程度最低的地区之一。

各国对贸易税收减少的反应

或者因为军事上太过强大,或者因为经济上对贸易太缺乏兴趣,大陆东南亚和亚齐都逃脱了望加锡和万丹的命运。它们都保持了独立的地位和贸易的自由。然而它们也遭受了 17 世纪危机
304 的袭击,以致被迫从海外贸易特别是与欧洲人的贸易中撤退。在 1598—1599 年勃固被摧毁以及随后菲利普·德·布里托开始在沙廉的冒险事业后,中兴后的缅甸东吁王朝在 1635 年将他们的首都决定性地迁往位于上缅甸水稻种植中心区的阿瓦。在“1688 年事变”中,阿瑜陀耶驱逐了法国商人,囚禁了法国传教士,限制了与其他欧洲人的接触,放弃了它作为亚洲主要贸易中心之一的地位。17 世纪末,两个越南国家都对欧洲人的贸易百般阻挠、处处作梗。在经历了 17 世纪初短暂的黄金时代后,就像亚齐那样,老挝也陷入了四分五裂的状态。占婆失去了独立,而在邻国的多次干涉下,柬埔寨的独立也遭到了严重破坏。

早期的欧洲学者们倾向于用否定的眼光看待这些发展,认为它们是孤立于现代世界的自我挫败。霍尔(Hall 1955:378)说,“在阿瑙白龙(1606—1629 年在位)之后,没有一个缅甸国王懂得对外交流的价值,所以这个王朝听任自己滑向传统主义和孤立主

义”。对 1688 年之后暹罗的“盲目自大、闭关自守”，哈钦森（Hutchinson 1940:192）也横加谴责。最近一些时期，人们开始以更肯定的眼光从几个方面重新评价这些发展（Lieberman 1991，1993；Pombejra 1993）。

第一，倘若将国家如何应对 17 世纪危机的问题放在一个更广阔的背景下考察时，毫无疑问，亚洲最成功的是日本，欧洲最成功的则是荷兰（Atwell 1986:226—227）。有趣的是，当缅甸于 1635 年“撤退”至阿瓦大本营时，作为德川幕府限制对外联系的一系列举措之一，同年日本人也实施了海禁，明令禁止日本人出洋。最近的历史研究表明，实际上贸易和文化往来并没有停止，而且德川幕府所提供的国内和平与统一市场为资本积累和生产力的提高创造了有利条件（Innes 1988；Smith 1988；Hayami 1989）。一定程度上从海外贸易中撤退成为政治上的需要。换句话说，如果贸易与欧洲人的武力要求搅在一起，例如伊比利亚人和法国人要求宗教自由或特权，荷兰和英国东印度公司要求贸易垄断，那么割断这种联系就是值得的。

第二，欧洲学者对东南亚与欧洲关系的集中论述只讲对了一半。虽然各主要欧洲公司都被驱逐出大陆东南亚国家，或者放弃了消除其前进道路上障碍的努力，但在 17 世纪末中国私人贸易在
各处重新活跃起来。中国成为南中国海周边国家最重要的力量， 305
特别是在两个越南，那里的人们更喜欢丝绸而不是来自西方的印度棉布。那么，17 世纪的危机对这些国家的经济到底有多少损害呢？

在越南，繁荣时期所带来的影响就是 1600—1605 年间在交趾支那的会安所进行的日中贸易,然而17世纪30年代德川幕府的锁国令对该地区肯定是一个沉重打击。由于替代了日本人的地位,进口日本银、铜、铜币并向长崎出口丝绸,荷兰人获准进入两个越南国家。在1633—1641年和1651—1654年期间,荷兰东印度公司在交趾支那设立商馆,而在东京的商馆时间更长,从1637年一直到1700年。在1627—1679年间,两个越南之间战争连绵不断,这使得它们对一种进口品格外感兴趣,那就是葡萄牙人给阮主、荷兰人给郑主提供的枪炮。荷兰人对两个越南的贸易环境叫苦连天,而英国人于1672—1697年间在东京的短暂尝试也同样处处碰壁。越南人则一定认为,这些西方野蛮人不胜其烦而又苛求无度;他们宁愿与中国人做买卖,获得日常用品。越南与中国的帆船贸易依然强劲,1684年后甚至有所增长,然而其他贸易的崩溃使该国家失去了最大的税收来源,越南不得不更加依赖中国这个唯一的渠道提供货物和思想。

越南史学家一般根据史书记载把18世纪上半叶描绘为一个充满了灾难、饥荒和农民起义的时代,这些因素加起来使得郑主和阮主在伟大的西山起义的狂飙之前统统垮台(Le 1987:303—312;Nguyen 1987:109)。这些灾难的根本原因到现在还不是很清楚。在北方,郑主看起来失去了有效地组织人力来保护堤坝的能力。在南方,贸易收入的下降使得阮主提高土地税、压榨山地人,而对这些他们都无法长期忍受。虽然两个越南在17世纪的大部分时间中因战争而两败俱伤,但战争很可能培养了严格的纪律,提供了改革的动力,和平却创造不出这些因素。

毫无疑问，在17世纪，缅甸的海外贸易步履艰难。英国人和荷兰人各在缅甸惨淡经营10年和40年，他们力图改变缅王限制贸易的政策，并力求扭亏为盈，但最后不得不分别于1657年和1679年将其商馆撤离缅甸。孟族人海外贸易遭到摧毁，风光不再；而且在17世纪60年代以及18世纪50年代，孟族人多次揭竿而起，但都遭到血腥镇压，成千上万的人纷纷逃往暹罗，从而加剧了 306
缅甸商人阶层的进一步消亡。李伯曼(Lieberman 1984:156—157；1991:14—15)估计，缅甸三角洲各港口的海外贸易在17世纪60年代有所复苏，但是一直到1800年后才恢复到16世纪的水平。

但是李伯曼反对霍尔(Hall 1955:380)所谓缅甸从17世纪中叶开始“长期停滞”的观点。虽然三角洲的海岸地区是一片混乱，但是上缅甸中心地区的人口却缓慢增加，贸易市镇的数量与规模同步增长，以白银为基础的国内市场经济也日趋成熟。最后，缅甸与中国的贸易有所增长，但不像越南那样是海上贸易，而是通过进入云南的马帮商道。到1830年时，该贸易可能已占据其海外贸易的二分之一到三分之二，而且缅甸很多人已经开始穿起了中国丝绸(Lieberman 1991:15—16)。

如果李伯曼的看法正确，那么，对缅甸从与海洋世界的密切交往中撤退，我们也可以套用有关日本的一些论点。然而与日本有所不同的是，缅甸生产的增长速度却赶不上人口的增长速度。虽然1600年后缅甸对农业非常重视，但是由于朝廷无力整修灌渠，以致在1661至1740年间歉收和饥荒更加频繁(Lieberman 1984:152—154，176—177)。

毫无疑问，在17世纪40年代，由于日本商船停止南航和中国贸易的骤减，阿瑜陀耶的收入大受影响。但在纳莱国王（1656—1688年在位）后期，暹罗经历了一个格外繁荣的时期；其首都作为一个独立的大港口继续存在，很大程度上是因为纳莱越来越致力于维持外国群体之间的平衡。当亚洲其他长途贸易的主要港口如望加锡、万丹和亚齐面临荷兰人越来越大的压力时，阿瑜陀耶对其他荷兰以外的商人变得更加重要。1660年，在望加锡第一次被荷兰—布吉斯联盟打败后，那里的英国商馆建议移往阿瑜陀耶，而葡萄牙人和穆斯林则已经向那里转移。“自从最近的柬埔寨战争使所有的贸易都离开了那个野蛮之地后，贸易都移往那里[暹罗]，最富有的葡萄牙人和[望加锡]的马来人都希望把那里作为其贸易站”（引自 Boxer 1967：28）。

到了1664年，荷兰东印度公司封锁了暹罗的首都，目的在于迫使纳莱接受由公司垄断利润最丰厚的对日鹿皮出口贸易，由此可以清楚看出欧洲公司所具有的危险性。纳莱试图用英国人和法
307 国人的力量来抗衡荷兰人的垄断压力。在1680年左右，看起来英国东印度公司会提供这种可能，特别是当天才的希腊人康斯坦斯·富尔康（原名为康斯坦丁·希拉奇[Constantin Hiérachy]）在暹罗宫廷里迅速得到提升并成为英国人的保护人之时。然而，英国人好吵成性。两个得到富尔康信任的商馆职员，萨缪尔·怀特（Samuel White）和理查德·伯纳比（Richard Burnaby）从英国东印度公司离职，他们与该公司在马德拉斯官员的关系更加恶化。1683年伯纳比被暹罗任命为墨吉的总督，怀特则为港主，这些都是富尔康计划的一部分，目的在于利用欧洲人的特长来经营纳莱

王室与印度的贸易。1687 年马德拉斯的圣乔治城堡(Fort St. George)被这两个胡作非为的家伙搞得气急败坏,以至对暹罗宣战,并试图夺取墨吉,但未能成功(Anderson 1890)。

这迫使富尔康转向法国的路易十四。作为法国支持对抗荷兰人和英国人的筹码,1685 年富尔康向路易十四献上了宋卡。1687 年,法国人的六艘战舰驶往暹罗以支持这个新的盟友。然而泰国人被蒙在鼓里的是,法国人已经认定他们所需要的是曼谷(即通往首都及其河口的门户)而不是宋卡,同时他们还需要在墨吉驻防。富尔康此时已经被英国人气得发疯,而他与一个虔诚的日本天主教徒的婚姻又使他与教堂和解,并被法国耶稣会士们让暹罗国王皈依天主教的希望所打动。于是,富尔康就劝告纳莱国王接受法国人的这些不受暹罗人欢迎的要求。目睹 600 个法国士兵驻扎在他们的国家里,而富尔康看起来又在掌控着他们的国王,暹罗人的反欧情绪达到了顶点。

这种不满的结果是 1688 年 4 月的政变,这时国王正病入膏肓。由于纳莱没有儿子,王位继承问题一直悬而未决。暹罗王室的御象官帕·碧罗阇(Okphra Phetracha)利用佛教僧侣和市民的排外情绪乘机发动政变。4 月,他夺取了位于华富里的皇宫,处死了富尔康和国王的两个兄弟(有可能是继承人)。7 月,纳莱驾崩后,帕·碧罗阇本人继承了王位。法国人的驻地很快被包围,并在 1688 年底被迫撤离。但是,由于法国人撤离时胡作非为,激起了另一轮排外暴力,天主教教士首当其冲,深受其害(de Bèze 1691;Le Blanc 1692;Turpin 1771;Pomberjra 1993:252)。

朝代更替标志着对外政策的逆转;在此后阿瑜陀耶王朝统治

期间,暹罗尽量避免与欧洲人纠缠,但它却也并未刻意寻求孤立。308 王室仍然需要通过贸易来获取税收和货物,它继续雇佣印度穆斯林和越来越多的中国人来进行贸易。贸易的确仍在进行,但贸易总额减少,并转向大幅度依靠中国帆船贸易的东亚模式。

在1688年后,欧洲主要贸易国家中只剩下荷兰人继续留在暹罗。即便如此,荷兰人仍不断地抱怨贸易前景,并于1705年和1741年两度暂时关闭他们的商馆(Pomberjra 1993:266)。从17世纪80年代起,印度穆斯林贸易持续下滑。帕·碧罗阇在位期间(1688—1703年),即使是中国人的贸易也出现了下跌,直到18世纪才达新高。① 在此期间,与中国的朝贡贸易完全中止,而阿瑜陀耶与长崎之间的唐船(中国船)贸易也在衰落。在纳莱当政后期,阿瑜陀耶已经成为唐船在东南亚贸易的主要转口贸易港,从竞争对手柬埔寨和北大年那里吸引了很多商船。然而到了17世纪90年代,唐船又纷纷离开阿瑜陀耶再次转向柬埔寨(表格10)。虽然王室贸易继续以前的惯例,在东方贸易中雇佣华人,在西方贸易中雇佣印度穆斯林,但是1689—1697年间国王和王子仅向中国派遣了4艘商船(加上往马尼拉的2艘和往东京的1艘),此后干脆完全停派。在帕·碧罗阇当政的最后岁月里,其船只致力于发展与巴达维亚

① 沙拉信·威拉蓬(Sarasin Viraphol 1977:54—55)争论说,华人航运的迅速增长弥补了1688年后欧洲人和印度人在暹罗贸易的衰落。然而他的数字也显示,在18世纪恢复之前,华人到暹罗的帆船从1689年的14—15艘直落到1701年的1艘。据荷兰人的数据,1658年和1659年华人帆船到暹罗的数字是每年10艘(Coolhaas 1968:193,257),1695年是20艘,到1697年又是10艘(Pombejra 1993:263)。虽然我们缺乏纳莱朝最后年月的贸易数据,但此时华人贸易有可能是17世纪的顶点。

(曾于1702年和1703年两度遣使)和苏拉特的外交事业(Pomberjra 1993:261—262)。

实际情况似乎是,即使在1684年中国开放海禁后,前往东南亚的帆船贸易普遍增长,但帕·碧罗阇时期阿瑜陀耶贸易的颓势已不可挽回。这个国家正饱受呵叻高原、北大年和洛坤的叛乱和战乱之苦。大约1700年,一个法国传教士已经注意到贸易遭到了彻底破坏:“商人们无比悲惨,外国人不复再来:今年只有三四艘中国帆船前来贸易,而且商品少得可怜。”(引自 Pomberjra 1993)海外贸易下滑的一个明显标志是帕·碧罗阇当政时期白银自始至终严重匮乏。虽然泰沙国王(King Thaisa)在位期间(1709—1733年),大米出口使得中国帆船贸易达到了新高峰,但阿瑜陀耶那时只不过是中国贸易网络中一个前哨站,而不再是一个主要的国际 309
贸易港口。连华人船长都抱怨帕·碧罗阇任内暹罗的普遍贫穷化和大陆东南亚各港口贸易的衰落(暹罗和柬埔寨1717年来船,见 Ishii 即出书)。

那么,这种从国际市场的撤退如何影响了国内发展?这一点很难评估。然而令人注目的是暹罗与缅甸和北部越南之间存在的相似之处:18世纪上半叶,暹罗逐渐丧失了控制其劳动力的能力,导致中央部门被削弱与派系纷争(Rabibhadana 1969:34—38;Wyatt 1982:129—130)。君主专制期间建立起来的中央集权体制还没有强大到足以渡过海外贸易收入损失的难关,这一点与日本再次形成鲜明对照。

暹罗可以从国际贸易中撤退,或者转向依靠威胁更小的华人帆船贸易,但对海岛国家来说,这种选择并不存在。这些国家大都是由贸易所造就,如果没有贸易它们就很难生存下去。当最赚钱的长途贸易被荷兰东印度公司所攫取时,直接的后果便是权力旁落,分散于各地方诸侯之手。

在爪哇,苏丹阿贡的统一帝国在 1677 年阿莽古拉特一世的独裁政权末期已经瓦解。直到 1755 年被“荷兰和平”强行永久分割前,爪哇一直都战火连绵,其中荷兰东印度公司起了很大作用。巴厘在 17 世纪上半叶仍是一个与外国人交往、首都位于繁华的格尔格尔的统一王国,1650 年前后却开始解体,而到了 1700 年时已经分为八个明显不同的国家,仅象征性地承认德瓦阿贡(Dewa Agung)宗教上的权威(Creese 1991)。在 1580—1600 年间,特尔纳特曾朝着在马鲁古建立统一的政治威权目标迅速迈进,而望加锡也在 1600—1660 年间将其势力扩展到苏拉威西南部,然而在荷兰人控制了这些国家的首都之后,这些统一的趋势却朝着相反的方向发展。

许多河港在贸易时代曾经由于贸易税收而发展为相当规模的国家,如亚齐、巨港、占碑、马辰、文莱、柔佛、北大年和马京达瑙。在 17 世纪,他们中的大部分已经无力统辖内地,也无法再吸引或强迫整个地区的产品运往其主要港口。所有这些国家仍继续作为重要的苏丹国而存在——昔日的光环多少弥补了真正的政治控制的缺乏。

无论是将这个过程贴上“再封建化”的标签,还是认为它是对传统政治原则的复古,都是错误的。贸易时代之前,这些国家中的大多数并不存在。实际上,它们的兴起发生在贸易时代之后,并形成了各自永久的国家特征。即使是那些组成这些国家的诸侯国在

1700 年以前获得独立自主，很多也是港口小国短期繁荣的产物。310 统一的国家赏赐土地给那些尽心服务的王室仆人，这些人虽然变成了世袭的领主，但仍然铭记着伟大君王的最初任命。所有的人都讲同一种语言，这既是指实际的情况，又可以是一种比喻；所有的人都承认他们继承同一个有意义的传统，而在这个传统里，在理想的情况下应该是统一的。

由于亚齐既保持了行动的自由，又维持了作为一个主要国际贸易港的地位，这种做法在海岛国家中最为成功。亚齐的命运具有示范性意义，尽管在某种程度上有些极端，因为亚齐从来不是建立在一个单一的河流系统之上。在其创立者伊斯坎达尔·穆达于 1636 年去世之后，中央集权化的政府制度仍继续延续了一段时期。直至 17 世纪 50 年代荷兰东印度公司破坏性的封锁之前，亚齐仍继续将西海岸的胡椒和霹雳的锡汇集到其首都出口，便证明了其作为孟加拉国湾东岸首要港口的地位。但在 1650 年之前，荷兰东印度公司已经有效控制了霹雳锡的出口，继而在 1663 年取得了对西岸的米南加保的控制权，而后者此前对亚齐的控制一直耿耿于怀。多宾(Dobbin 1983:73—83)的研究表明，虽然几个米南加保商业掮客最初因与荷兰人合伙而赚了一些钱，但在 17 世纪末之前他们最终却被荷兰人消灭，米南加保也因而转向一种更加自给自足的经济。最后，1668 年，位于苏门答腊东部的国家德里揭竿而起，反抗亚齐的统治(Coolhaas 1968:665,723)。

亚齐历史上第一位女王泰姬·阿拉姆(Taj al-Alam，1641—1675 年在位)以在危难之际维护亚齐的和平与繁荣而闻名，但也由此开创了持续了两个世纪之久的地方分权制度。伊斯坎达尔·

穆达曾赐给将领们土地，目的在于取代根基牢固的商业贵族的权力；塔姬·阿拉姆在位期间，他们演变成为割地而立的地方诸侯。他们将伊斯坎达尔·穆达的那些临时封赐（sarakata）视作可世袭的特权。每一位女王去世后，这些将领们都会以各种方式纠集起来在首都制造骚乱，目的是将他们的候选人推上王位，以反对商业贵族的女王人选。1699 年，他们终于恢复了男性王权统治，然而却并没有带来稳定。18 世纪 20 年代，一场争夺王位继承权的严重内战全面爆发，国家陷于分裂；10 年后当和平恢复时，某些将领已经确立了“废立苏丹”的权威。至此，在不到一个世纪的时间里，亚齐完成了从“港口专制政体”到近似于封建主义的地方分权政体
311 的转变。文化上，这种地方分权的表现是以亚齐语为载体的文学突然繁荣起来（最早作品始于 1663—1664 年），而在其政治和文学的黄金时代，马来语这个贸易和伊斯兰的语言是亚齐表达自己的唯一载体（Ito and Reid 1985：205—208）。

这种模式不仅在海岛国家里，而且在其他几个国家里重复出现。1694 年，伟大的国王苏里亚旺萨去世时，南掌王国（老挝）突然崩溃。经过一连串围绕继承人问题的激烈纷争，1707 年前这个王国被永久分裂为琅勃拉邦、万象和后来的占巴塞三个王朝。在 17 世纪 60 年代贸易丧失之后，阿拉干短暂的统一并没能维持多久。1684—1710 年间的整个时期内，王位都被外国穆斯林皇家卫队的弓箭手们玩弄于股掌之上；在 1785 年被缅甸人征服之前，从来都没有形成内部团结。1660 年之前，柬埔寨一直命运多舛，饱受折磨，而此后情形更是雪上加霜：全国河港衰落，变得无足轻重；内部分争愈演愈烈；此后暹罗和越南人的干涉使得这个国家从此

一蹶不振。

但是，我们也不应该将这种转变描绘得一团漆黑，似乎只有富甲一方的国王与强大的中央集权政体才是衡量其福祉的唯一尺度。从整体上说，东南亚的 18 世纪比 17 世纪更加和平，而且并不是所有人都为那些专制主义统治者的离去而惋惜。在贸易时代，文化革新与借鉴行为层出不穷，但是此后，与外部世界鲜有深刻互动的时代却以最辉煌的艺术和文学成就而闻名于世，比如暹罗、缅甸、越南和爪哇都是如此。但重要的一点是，17 世纪时东南亚的这种转变直到 20 世纪才又转回原来的轨道。

华人贸易与民族的两极分化

> 中国人在亚洲，犹如犹太人在欧洲，不管什么地方，只要有利可图，都会找到他们的踪影……中国人有句谚语说，所有其他的民族对贸易都是睁眼瞎；荷兰人有一只眼，而他们自己却有两只眼。
>
> ——Savary 1723 I:1174

在亚洲的长途贸易中，欧洲人唯一没有能够立足的地方是中国。除了葡萄牙人在澳门的这块领地外（在大多数时期内，它都是 312
一个小商站），欧洲人与“中央之国”通商的任何要求都被断然拒绝。即使当广州在 1684 年对西方开放后，对欧洲的船只的歧视性关税却保证了中国帆船在下一个世纪继续占据中国贸易绝大部分份额。另外还有日本的因素。日本从 1635 年起关闭所有海外贸易,仅对荷兰人和中国人开放,这使得中国帆船贸易在获取日本矿产品方面具有较大的优势。出于这些原因,中国人的贸易基本上没有受到欧洲人竞争的影响。17 世纪中叶,随着明朝的崩溃和满清新王朝经过长期斗争重新控制了南方沿海省份,中国对东南亚的贸易在 17 世纪 80 年代开始重新呈上升趋势。大约与此同时,欧洲人和西亚人几乎已经被挤出了阿瑜陀耶、柬埔寨以及两个越南王国的贸易。

在两个越南、菲律宾、北大年和万丹等地,中国人早在 17 世纪初便已成为最大的外商集团。在该世纪初,阿瑜陀耶的华商人数可能比印度穆斯林更多(但没有他们富裕),到了该世纪末时即已经执贸易之牛耳了。据估计,17 世纪阿瑜陀耶和万丹的成年男性华人均约为 3000 人左右。马尼拉的华人人数随着政府政策的变化而波动,但在 1603 年曾达到 23000 人,当时大多数华人都死于一场骇人听闻的大屠杀。在交趾支那的港口会安,17 世纪 40 年代华人人数可能为 5000 人,而到了该世纪末时,人数则更多(Francisco 1642:122;Chen 1974:16—17)。

在 17 世纪,随着时间的推移,这些居住在东南亚港口的中国人越来越深入到那些著名贸易中心的腹地。在万丹,1600 年前后,华人已经在胡椒产地买断刚收获后的胡椒,然后不仅再转贩给华人,而且也卖给任何愿意出高价的买主(Scott 1606:136;Meilink-Roelofsz 1969:246—247;插图 42)。17 世纪 20 年代,同样的情形也发生在占碑和巨港。华人通常由其苏门答腊的妻子们协助贸易,将进口棉布带到腹地交换胡椒。直到 1636 年为止,荷兰商馆代理们都认为米南加保人再也不会将其胡椒拿到占碑市场上卖,他们

“已经被中国人宠坏了，因为那些中国人送货上门，直接交换”(Brouwer 1636:541；参见 Andaya 1989:36—37)。到 1700 年，菲律宾全国各地集镇都有华人定居(de la Costa 1965:74—75)。1641 年，在柬埔寨北部的河港三坡(Sambok，在今天的橘井[Kratie]附近)，武斯特霍夫(Wusthoff 1642:157)发现，在当地的人口中：

> 华人多亍高棉人，他们经营当地几乎所有的贸易，比如鹿 313
> 皮，每年的交易量大约达两万张。由于鹿皮很少被带到市场上直接出售，它们都是靠华人辛辛苦苦地用牛车或小船从各地收集而来。[他们]用食盐、瓷器、铁器和小铜锣交换[收购]黄金、犀角和象牙。但是，为了 9%—10% 的盈利，他们付出了沉重的代价。由于该地极不卫生，水质又差，这些人都疾病缠身，看起来就像鬼一样。

这种贸易网络为华人购买出口货物提供了极大的竞争优势，欧洲人最初对此耿耿于怀。然而到了 17 世纪 30 年代，荷兰人和英国人已经开始与本地化的华人达成了一种共生关系，后者靠积累当地产品以交换棉布这种方式来支撑大部分的长途贸易。即使是那些服务于各欧洲人领地城市的地区航运网络间穿行于东爪哇与荷属马六甲之间的数百艘运盐船中，业主 40% 是华人，46% 是印度尼西亚人。36 年后，这些比例分别变为 53% 和 28%(Knaap and Nagtegaal 1991:140)。

插图 42 荷兰雕版画匠笔下的万丹华商,作于 1596 年。左边是头家,[①]中间是他的爪哇妻子,右面是从内地椒农手中收购胡椒的商贩。这些华人发式是明朝的发鬏而非插图 43 中那种 1644 年清政府强迫人们所留的辫子。

314 在城市里,华人作为工匠也备受器重。17 世纪末,当华人被允许在亚齐进行贸易时,丹皮尔(Dampier 1699:94—95)描述了人数众多的"技工、木工、细木工、油漆工等等",纷纷搭乘中国帆船涌向亚齐;在他们抵达的两三个月时间里,华人区就变成了闹市区。到达本地区的华人也包括矿工和冶炼工,他们在缅甸北部开发银矿,在越南北部则开发铜矿。在 18 世纪,他们已开始控制马来世界的锡矿与金矿开发,而此前这些开矿活动都是当地人的专利。

① "头家"为闽南语中"老板"的意思。西方文献中拼为"Taoke"。——译注

这些技术与能量的输入是刺激了还是抑制了当地的经济？就这个问题来讲，欧洲人的作用无法断言，而华人的作用也同样无法断言。答案似乎更取决于同化或拒绝同化的程度。正如东南亚帆船（见第一章）以及 15 和 16 世纪无数其他商业和技术借鉴所展示的那样，在与华人移民的接触中，东南亚城市文化和商业文化受益良多。只要华人与当地社会通婚，并接受其宗教和社会准则，他们就有助于在东南亚建立一个生机勃勃的城市和商业文化。然而，在 17 世纪下半叶，这种趋势却在明显下降。

华商和工匠向东南亚的移民在 17 世纪最后 10 年中尤为强劲。1684 年对外贸易的合法化为下南洋打开方便之门，但是许多人离开的原因是因为他们曾经在海外长期支持郑成功（国姓爷）反清复明、并拒绝承认失败。那些早期的华人移民，例如永乐皇帝在位期间（1403—1424 年）郑和下西洋时遗留下来的华人，他们的中国根已经被割断，一两代人之内便融入到了东南亚城市贸易精英之中。但这种情况在 17 世纪并没有发生，其中有更多的原因。第一，至少在理论上，清朝海外贸易海禁的解除使得现在返回中国成为可能，而与新移民的接触多多少少是连续不断的。第二，郑成功的支持者在他身上第一次看到了在中国本土之外做另一种中国人的合法性。最后，欧洲人港口领地提供了一种不鼓励同化的社会环境。

前两个原因在印度支那半岛和西加里曼丹表现得尤为明显，那里建立了由华人领导的一系列贸易小王国。1679 年，被打败的
郑成功余部有 3000 名士兵乘 70 只帆船到达交趾支那的港口会 315
安，宁可为越南南方的阮氏政权效力也不愿效忠于清朝。阮主派遣他们到湄公河流域，那是他刚刚从柬埔寨掠夺过来的土地。他

们在西贡和美荻附近定居下来,将这些地区变成了热闹的市场,马来人、高棉人、欧洲人以及越南人都经常前来贸易。他们事实上形成了一个自治的领地,直到 1732 年才完全融入阮氏政权中去(Chen 1979:1535—1537;Le 1971:267)。

在柬埔寨更西面的海岸上,莫玖扮演了相似的角色。1671 年,他从广东老家逃离出来,在金边的朝廷里当了一个贸易官员。1700 年左右,他从高棉国王那里取得河仙港口赌场的专营权,那时这个地方基本上是个海盗出没的边地。莫玖大发横财,吸引了许多在朝代更替之际逃亡出来的广东人、越南人和高棉人,并将暹罗湾东部海岸的一连串港口统一联合成一个小王国。1708 年,莫玖转而效忠于当时正如日中天的交趾支那,但是直到 1735 年去世时,他仍保留着自己的武装力量和行政机构。他的中越混血儿子莫天赐继承了这一传统,铸造货币、修筑城池、开辟市场,甚至推行了独立的外交政策,对抗暹罗,经常干涉柬埔寨。在其首都,他要求官员们穿戴明朝服装,建造中国式房屋,修建孔庙和学校。直到 1777 年西山叛乱胜利时,他才被迫从河仙出走(Chen 1979:1537—1543)。

在海岛地区,在 16 世纪的前 10 年里,葡萄牙人遇到的是沿海地区爪哇人和马来人的贸易精英。这些人带有一个世纪之前中国移民的浓厚血统,但葡萄牙人并不把他们看作是文化上不同的华人族群。与此形成对照的是,1600 年前后,荷兰人和英国人在万丹发现了一个大型华人移民区,在其他地方也发现有一些小型的华人移民群,它们都是在 1567 年明朝开始开放南洋海禁之后而形成的。他们总共大约有 3000 多人，单独住在城墙外的西面，房子由砖砌成，与爪哇建筑全然不同；他们拥有自己的寺庙、丧葬习惯、语言文字、剧团和其他各种各样的演员；他们身穿长袍，与众不同；他们留长发，头顶扎鬏；据说他们所赚的大部分钱都寄回中国。他们与当地人之间社会关系相当紧张（Lodewycksz1598：124—125； 316
Scott 1606：174—176）。虽然这些中国人也从印度尼西亚人当中临时娶妻纳妾，但他们知道自己终究会离开她们，返回中国。有许多人也接受伊斯兰教，但这一举动此时已经是有意识地开始脱离一种文化，表现对另一种文化的忠诚。正如斯科特（Scott 1606：174）所说，中国人永远不会高傲到对赚钱的工作不屑一顾，“除非他们摇身一变，变成爪哇人（许多犯了谋杀罪或其他罪行的人都这样做）”。那时他们就蓄留短发，换掉唐装，变得像爪哇人那样傲慢，而且再也不想回到中国。

在巴达维亚与其周围地区，荷兰人实施种族隔离制度，这与西班牙人在马尼拉的做法如出一辙，虽然后者稍为逊色一些。荷兰人刻意宣扬种族差异，各族群有不同的居住区、不同的服饰、不同的行政管理方式和宗教。正如霍德利（Hoadley 1988）在井里汶所观察到的那样，在荷兰人统治之下，文化上的融合变得非常困难。被同化了的华人穆斯林这一土生华人（peranakan）群体消失了。希望经商的土生华人不得不把自己叫做华人，而希望从政的土生华人不得不把自己叫做爪哇人。

西班牙人原本期望菲律宾的华人精英都成为天主教徒并接受西班牙人的风俗习惯（插图 43）。但是，如果华人愿意继续保持自己的不同身份认同，这对西班牙人来说也不无益处，因为华人作为中间人非常有用,此外他们也不大可能联合起来对抗人数较少的欧洲人。西方人的到来使东南亚人与外来人的互动关系更具双重性,为此,欧洲人和华人的经济活动与东南亚人的经济活动明显分化。在马尼拉周边地区,欧洲人最早抱怨道,菲律宾人与西班牙人的“懒惰”和依赖性应归罪于华人的勤劳(de Rojas 1586:270;Morga 1609:225)。

马尼拉和巴达维亚都依靠华商进口消费品,但也依靠当地华人做工匠、劳工、商品蔬菜生产者、面包师;实际上,华人所从事的工作五花八门,无所不包。在巴达维亚,华人被允许居住在城堡里,1699 年时,他们的人数占城内居民的 39%;在马尼拉,华人则被迫聚居于城外的巴连(Parian)。荷兰人,尤其是西班牙人都曾遭遇过华人的攻击,却又不得不依赖华人的辛勤劳动,为此他们不知如何适从。在两个城市中,紧张的关系都导致了对华人的血腥大屠杀(马尼拉有六次,巴达维亚的一次发生于 1740 年)。但正如 1603 年马尼拉大

317 屠杀之后莫尔加(Morga,1609:235)所记述的那样,“这座城市陷于一片艰难困苦之中:因为没有‘生理’(Sangley,即华人)①,人们没有东西吃,没有鞋子穿”。欧洲人很清楚,如果没有华人,他们的城市便无法兴建,他们的买卖就无法进行,他们每天的日用品也就没有人供应。华人不仅勤劳,而且和平,这是他们最大的优点。北欧人把华人对东南亚贵族的百依百顺与欧洲的犹太人相提并论:“像犹太人那样,[华人]在他们鼻息底下忍气吞声,但却把他们的财富搜刮一空,运回中国。”(Scott 1606:174;参见 Pyrard 1619 II:163)

① “生理”在闽南语中意为“生意”,菲律宾的当地人和西班牙人即用该词来指华人。——译注

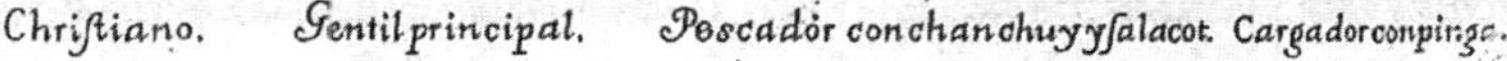

插图 43 菲律宾的各种华人。从左至右依次为：天主教徒，已被同化掉，身穿西班牙式服装，不再蓄发留辫；地位高贵的“异教徒”；渔民和手持扁担的苦力。

欧洲人控制的港口对华人有着双重吸引力。第一，它们是新的国际贸易中心，提供中国急需的美洲白银和日本白银，可谓方便至极。第二，它们也提供了一个相对稳定的环境，在这里华人可以发财致富，而不必改变自己原来的华人身份。巴达维亚、马尼拉及其卫星城市（如荷属马六甲、望加锡、三宝垄、西属怡朗城和三宝颜）都已发展为华人贸易网络中心，更加鼓励那些生活在亚洲人管 318
辖的国家里的华人保持自己的身份。

在本土政权统治下的华人聚居地，如阿瑜陀耶和会安，虽然华人人数较多，足以保持自己的文化特色，然而华人领袖深知，为了保护和发展自己的利益，他们必须在某种程度上与泰国人或越南人融合，并且在宫廷里谋得一官半职。因此在本土政权统治下的地区，华人从商与东南亚人从政的分别从来不是那么明显，但这种趋势也正在慢慢形成。

按族别进行经济分工的现象因为华人包税制度的实施而变得更加突出。直到 17 世纪中叶，东南亚国家都是将税收部门交给官员（包括许多外国人）负责，除了一定比例的截留与各类额外礼物和收入外，所有税收都应该上缴国王。与此不同的是，包税商在提前向国王交纳一定数目的税款后，就可以保留港口税、市场税或者盐税、鸦片税和赌博税。包税商制度比较方便有效，确保统治者从华商那里提前获取税收，而不必亲自为贸易的细节而劳神。然而，由于它赋予了华人包税商巨大的经济力量，这种制度使得本土商人逐渐边缘化。

在欧洲，荷兰人已经发展了一种最行之有效的税收承包制度，通过每年将专营权拍卖给最高竞标者而抑制了贪污。他们将这种制度引入东南亚，而当地华人似乎也很欢迎这种做法，因为他们只要交纳一定的费用之后，就可以管理自己的经济事务。在巴达维亚成为荷兰人城市的前 20 年内，一个关于税卡、市场、秤房、赌场、戏院、酒馆和该市其他一些盈利性的服务的专营制度便已建立起来，并每年拍卖给华人精英。1639 年，这种制度为巴达维亚带来了 59000 盾的税收，而到 1656 年时数目已达到 211000 盾（Coolhaas 1964:5—6,60—61）。当荷兰人将他们的统治扩展到其他岛屿时，这种制度又在那些地方得到推广。

政治权力与华人经济之间的这种财政关系模式对本地统治者也非常有利，因为其直接征税的行政机构比起荷兰东印度公司更不完备。在爪哇，1677—1678年间阿莽古拉特二世即位初期是一个转折点。新国王完全依靠荷兰东印度公司来夺回政权，为此将 319
其港口的税收许诺给该公司。此后，所有这些税收按照荷兰人的方式全部承包给了华人包税商(Carey 1984:24—25;Nagtegaal 1988:84—85)。包税制对陷于财政困境的爪哇统治者很有吸引力，他们又将这种制度推广到内地。为了进一步广开财源，从1700年开始，爪哇统治者开始在内地设立税卡并承包给华人(de Haan 1912 III:182)。

华商自己也很可能将这种制度引进到其他亚洲人统治的国家，特别是暹罗和柬埔寨。在18世纪的暹罗，港口、赌博、锡矿，甚至富饶的南方各府的府尹职位等都被承包给了华人，后者每年必须向国王缴纳固定数额的税收(Skinner 1957:20)。

这种做法使统治者更容易从商业经营方面完全撤出。华人包税商成为宫廷里的贵客，这也要求其服饰、语言和举止都必须能为上层社会所接受。作为典型的文化掮客，他们穿梭于本地的独立宫廷和城市华人商业群体之间。他们的财富和经济力量对统治者并不构成直接威胁。然而，从长远来看，华人包税制无疑加深了东南亚本地居民与大规模贸易之间的鸿沟。非常重要的是，凡是那些善于经商的东南亚民族受到华人包税商制度的影响就非常小；究其原因，或者因为他们地处边远，如米南加保人、巴塔克人、托拉贾人，或者由于他们对外来宗教和文化充满敌意，如亚齐人、布吉斯人和陶苏格人。

伊斯兰贸易的最后一搏，1650—1688 年

> 我发现，总的来说，马来人与荷兰人可谓不共戴天，而所有这一切似乎全都起源于马来人对自由贸易的迫切愿望。不仅在此地[苏门答腊]，而且在香料群岛以及荷兰人掌权的每一个地方，马来人的这种愿望都无一例外地受到压制。
>
> ——Dampier 1699:83

1629 年亚齐和马打兰相继被击败成为贸易时代的转折点；从 1650 年起，贸易时代的衰退已经是有目共睹；到了 17 世纪 80 年代它就奄奄一息了。通过对丁香和肉豆蔻，以及从马六甲到安汶的一连串港口的垄断，使得荷兰东印度公司成为 17 世纪中叶东南亚的贸易和海上霸主。如前所述，那些拥有重要农业腹地的国家
320 对此作出了调整，因此欧洲的海上霸权对他们并不构成直接威胁。而对那些以贸易为生的人们，例如港口城市的商人、贵族、船主、胡椒种植者和胡椒商人等等，冲突则是直接的。因为这些人是穆斯林中最惹人注目的一群，他们的挑战和反抗在很大程度上也是以伊斯兰的方式表达出来。在荷兰人看来，似乎到处都有“[伊斯兰]教皇”阴谋反对荷兰人。然而，只有荷兰东印度公司能够团结一致；而其敌人们虽然也在嘴上谈论合作，但却从未付诸实践。

亚齐自然而然地成为这种反抗运动的焦点。1650 年，虽然女

王和宰相迫于荷兰东印度公司的压力而同意出让亚齐属国霹雳锡产量的一半份额，但这份屈辱的条约使得亚齐人极为不满。1651年，海军司令发动政变，推翻了宰相盘陀诃罗·室利·摩诃罗阇，夺取了他“所有的武器和大象”，并射杀了其女婿；后者是摩诃罗阇的主要支持者，当时正骑着大象企图冲击王宫。夺取政权后，反荷兰人集团对西海岸胡椒产地进行了整肃，将那些被怀疑与荷兰人和英国人直接进行贸易勾结的官员清除殆尽（Reniers 1651：511—515，519—521）。同年，霹雳的荷兰人住所遭攻击，21个荷兰人雇员被杀，大概也与这些事件相关。

17世纪50年代，荷兰东印度公司与亚齐的关系大部分时间都很紧张，但是这种紧张关系并不仅仅限于亚齐一地。在望加锡，戈阿苏丹哈桑丁登基后不久便告诉葡萄牙特使说，麦加的穆斯林法官们曾于1654年致信给所有风下之地的穆斯林国家，包括亚齐、柔佛、马打兰、万丹和望加锡等，劝诫他们团结一致，合力惩罚使穆斯林遭受伤害的荷兰人。次年，万丹苏丹向哈桑丁派遣了一个使团，通报说虽然马打兰对这个提议反应冷淡，万丹却计划进攻巴达维亚，而亚齐也将包围马六甲的荷兰人。按照这个计划，哈桑丁自己则将继续骚扰马鲁古的荷兰人（Cabral 1655；Macassar Factory 1655）。一位马来船主从亚齐给万丹带来消息说，亚齐、北大年、霹雳和柔佛都同意齐心协力将荷兰人驱逐出去，而万丹和望加锡也将很快会加入进来（Bantam Agency 1656）。甚至连屠杀了马打兰国内大部分乌里玛的阿莽古拉特一世也被一则预言所感动；该预言说，如果穆斯林国家都联合起来反对荷兰人，上帝就会使他们赢得胜利。1655—1657年间，他颁布禁令，不许荷兰船只进入马打

兰港口,并与望加锡互换大使,然而最终却无法采取任何更强硬的行动(de Graaf 1961:103—105)。

这些穆斯林领袖们能否联合起来,保住他们的商业地位,成败
323 在此一举。为了保卫东南亚贸易群体,特别是避免使其覆灭于荷兰东印度公司之手,他们继续进行斗争,但都由一些日益边缘化的流放者、商人和乌里玛领导。因此,这一时期伊斯兰势力的反应与17 世纪 40 年代伊斯兰政教合一高峰期不同,我们必须把二者区别开来。对此,我们在第三章中已有讨论。

在荷兰人—布吉斯人联盟于 1669 年最后征服望加锡之后,那些流落四方、自豪而尚武的望加锡人成为上述抵抗运动的中坚力量。对望加锡人来说,万丹是他们避难的首选之地,因为他们曾经并肩作战,捍卫伊斯兰的香料贸易网络。1671 年,在该地受到热情款待的那些望加锡贵族们中,最有影响和最受尊崇的人物是一位名为谢赫·优素福的穆斯林学者。他曾在麦加师从著名乌里玛达 20 年之久,最终于 17 世纪 60 年代回返望加锡。在万丹,他同样备受爱戴,甚至娶了苏丹阿卜杜勒法塔赫·阿庚的妹妹为妻。优素福继续鼓动万丹抗击荷兰人,直到 1684 年被俘并流放到锡兰为止。然而,为了争夺地位,望加锡主要武士们与万丹宫廷发生了争执;这些武士们最后于 1673—1674 年间离开万丹,在爪哇东部的一个凸出地段找到了新的避难所,那里是爪哇人、巴厘人和马都拉人互相争斗之地。

在那里,他们迅速成为马都拉王子拉登·特鲁那贾亚(Raden Trunajaya)的同盟军和精锐部队。特鲁那贾亚当时正在极力鼓动不满马打兰苏丹阿莽古拉特一世独裁统治的各方势力奋起反抗。

特鲁那贾亚的国家在被征服后一直为马打兰所统治，父亲在阿莽古拉特的宫廷里被杀害。特鲁那贾亚随后逃离了首都，到附近的滕巴亚圣地避难，该地很久以来一直是抗击马打兰宫廷的宗教中心。这个地区的精神领袖当时是拉登·卡佐兰(Raden Kajoran)。卡佐兰预言特鲁那贾亚王子将来一定会飞黄腾达，并将女儿许配予他为妻。这一举动确保了伊斯兰对日益发展的抵抗运动的支持。1670 年，甚至连王储都秘密参与了推翻阿莽古拉特一世政变的策划来加速其父王的灭亡。阿莽古拉特王国的崩溃已经在所难免(Ricklefs 1981:69—70)。

1675 年，特鲁那贾亚王子领导的起义达到了高潮；而此时此刻，望加锡人摧毁了包括泗水在内的东爪哇各主要港口，因此，在特鲁那贾亚率领的马都拉人进攻之下这些地方毫无招架之功。吉里的领主是北部海岸的主要穆斯林权威，这时也出面支持起义，理由是马打兰由于异教徒荷兰人的干涉而受到损害。1676 年 10 月，特鲁那贾亚的军队击垮了受命前往镇压起义的马打兰部队，阿莽古拉特被逼得走投无路，只有向荷兰东印度公司求救。1677 年 2 月，阿莽古拉特与公司签订了一份屈辱的盟约，从而更加剧了起义的伊斯兰性质和千年至福的预言。按照爪哇历法，这一世纪将 322
于下月即 1677 年 3 月结束，这更导致了人们对改朝换代的期待。在马来半岛，这个伊斯兰和千年至福运动的脉搏也在同时跳动；在那里，一个米南加保的“术士”(miracle-worker)被位于荷属马六甲周围的小国家推上王位，并于 1677 年率领 3000 名马来人军队围攻马六甲(Kathirithamby-Wells 1970:50)。

在这种情况下，荷兰人攻陷泗水这座至关重要的城市来支持

阿莽古拉特,但没有丝毫帮助。1677 年 6 月,阿莽古拉特一世被迫逃离首都,一个月后便死于特加尔。马打兰王储看到自己已无望战胜势如破竹的特鲁那贾亚起义军,只得投靠荷兰人而成为"公司的国王",即阿莽古拉特二世。在布吉斯人、安汶人以及爪哇人联盟的配合下,荷兰东印度公司以阿莽古拉特二世的名义进行了一场长期的艰苦作战,终于在 1679 年底成功俘虏了特鲁那贾亚。他们将他解押到阿莽古拉特二世面前,次年 1 月,后者用短剑亲自手刃了特鲁那贾亚。而在此前的 1679 年 9 月,荷兰东印度公司已经杀死了特鲁那贾亚的岳父拉登·卡佐兰。此后,伊斯兰抵抗运动主要集中于爪哇岛的圣地周围,即泗水附近的吉里山区。1680 年 4 月,经过一场血战后,吉里的精神领袖及其大部分家人都被荷兰人率领的军队杀害(Ricklefs 1981:72—73)。

如同其他伊斯兰中心那样,万丹也非常同情特鲁那贾亚的起义,但是直到 1680 年这个马都拉王子被消灭,苏丹从没有公开攻击过荷兰东印度公司。1682 年后落入公司手中的屈辱、报复心切的年轻苏丹、荷兰人及其同盟对万丹爱国者的残酷杀戮的公开围观,都使得万丹人对他们无比憎恨,这与此前在望加锡的情景如出一辙。"[万丹的]爪哇人对荷兰人忍无可忍,但他们对我们的怨恨并不是没有原因。他们也只有用嘴巴来发泄他们的蔑视和怨恨,有时他们会向荷兰人吐唾沫。为了制止这种陋俗,我们决定绝不放过这种行为,不管干这种事的是老人还是小孩,是男人还是女人,我们都给他们一记狠狠的耳光"(Fryke 1692:74)。这是因为,在征服后的许多年内,荷兰人在万丹附近地区都会遭受猛烈袭击或突然埋伏,而这只能招致荷兰人支持的国王对其百姓进行更严酷的惩罚。就连巴达维亚也被一连串针对荷兰人的偷袭和阴谋困扰不堪(前揭书:71—73,81,121,147,151;Tachard 1688:101—102)。

以此为背景,伊斯兰抵抗运动进入到最后和最悲惨的阶段,特 323
别是在受万丹影响最深的苏门答腊南部地区。1683年,一位麦加高官派遣的高级使团原本要访问莫卧尔皇帝奥朗则布,但突然转访亚齐,在风下之地受到了更为隆重的接待(Snouck Hurgronje 1888)。使团的到访可能进一步激发了抵抗运动,但其原来的动机是前来处理穆斯林商人所遭受的损失。东南亚历史上那种神通广大、周游各地的术士屡见不鲜,而1685年就出现了一位,他开始吸引了大批望加锡人、米南加保人、万丹人和马来人支持者,这些人纷纷投奔其位于勿里洞岛上的老巢。他自称是艾哈迈德·沙·宾·伊斯坎达尔(Ahmad Shah bin Iskandar)和扬·迪帕尔团·罗阇·萨克蒂(Yang dipertuan Raja Sakti"圣君明主"),并宣称是米南加保合法的国王和伊斯坎达尔·左勒盖尔奈英(亚历山大大帝在伊斯兰教中更具威力的名称)的嫡嗣。在勿里洞,他赢得了巨港和占碑统治者的支持,这两人都深受荷兰人垄断之苦。他还写信给亚齐和马打兰的统治者、苏门答腊西部和婆罗洲南部海岸的酋长们,甚至暹罗国王,请求他们支持他的神圣使命,将荷兰人从海岛地区驱逐出去(Kathirithamby-Wells 1980:51—55)。

他很快就获得了支持,据说在1685年便动员了4000人,300艘船。马打兰的阿莽古拉特二世对与荷兰东印度公司的屈辱条约怀恨在心,也回信给艾哈迈德·沙,邀请他到卡塔苏拉(Kartasura)来领导圣战。荷兰人对此大为警觉,并于1686年6月向勿里洞派遣了一支由荷兰人及其附庸(万丹年轻国王)手下的万丹人共同组成的部队进行清剿,但并未抓到艾哈迈德·沙。1686 年末和 1687 年初,荷兰人发动了另一次远征,在整个苏门答腊南部搜索寻找这位救世主式的领袖。他们发现当地人民非常拥护艾哈迈德·沙,虽然部分是由于他所具有的神圣光环,但另外的原因则是由于他对荷兰东印度公司通过万丹强加于他们的严酷的胡椒垄断进行挑战。基于同样原因,1687 年 3 月,当他到达苏门答腊西南部、英国人新近控制的胡椒采购地明古连(Bengkulen)时,英国人也向他提供了保护。在占碑,艾哈迈德·沙获得了巨大成功;在他的煽动下,占碑统治者占领了荷兰人的住所,直到 1687 年 9 月在荷兰人的扫荡中才失去了权力。在斯勒巴(Silebar)的港口楠榜,艾哈迈德·沙同样战果辉煌,1688 年 1 月,他的军队驱逐了或杀死了亲荷兰人的万丹政权的所有代表(Kathirithamby-Wells 1970:57—61;Andaya 1993:18)。

从 17 世纪 90 年代初叶起,罗阇·萨克蒂(Raja Sakti)领导的运动在苏门答腊逐渐失去锐气,这是因为它越来越卷入当地的各
324 种冲突之中,而反对荷兰人只不过是各种矛盾冲突中的一个方面而已。与此同时,他的起义赢得了一个受雇于荷兰人并备受信任的印度尼西亚武士、即安汶穆斯林约恩克大尉(Captain Jonker)的支持,这使得荷兰东印度公司惊慌失措。自 1665 年起,约恩克一直是荷兰东印度公司驻安汶站的站长,在与荷兰人的敌人,如望加锡人、万丹人甚至特鲁那贾亚的战斗中,立下了汗马功劳,特鲁那贾亚就是他亲手抓获的。然而在 1689 年 8 月,荷兰人发现约恩克已经成为罗阇·萨克蒂教派的忠实信徒,并且正在与巴达维亚的

望加锡人、布吉斯人、巴厘人和安汶人密谋将城里的欧洲人全部杀掉。甚至阿莽古拉特二世也被认为卷入其中，但却无力助火添薪、推波助澜。即使确有此事，这个运动也很快被荷兰人镇压。约恩克大尉被追捕并惨遭杀害，头颅被悬挂在巴达维亚城里一根柱子上示众，目的在于杀一儆百(Kathirithamby-Wells 1970:62—63；Ricklefs 1981:80—81)。

虽然这一系列抵抗运动都注定要失败，然而它在东南亚各地都产生了影响。在1688年，当抵抗运动正处于巅峰时期，亚齐第二位女王伊娜亚特·沙(Inayat Shah)去世，首都大街上多元思想派与纯伊斯兰政府派之间爆发了冲突。一个自1668年起即被容忍存在、拥有100个外国天主教徒的方济各会，一夜之间突然成为众矢之的：牧师被羁押、鞭打，几乎丧命，他和主要的天主教徒们不得不躲在船上，一直到骚乱平息和新女王即位时才敢露面(Meersman 1967:123—130)。

罗阇·萨克蒂向佛教徒国王即暹罗的纳莱求援的举动多少有些奇怪，然而要知道，万丹陷落后，阿瑜陀耶已经成为许多穆斯林和其他一些不甘东南亚人在长途贸易中被淘汰出局的人们的避难所。如第三章所述，一批望加锡人和占婆贵族正是这些东南亚穆斯林群体的领袖人物，他们在纳莱宫廷里起着举足轻重的作用，同时在暹罗首都保持了一个活跃的马来-穆斯林书写文化。艾哈迈德·沙的书信也许正是通过这些人投递，甚至受到这些人的启发。1686年，也许正是那封信本身及其所蕴含的那种救世主即将降临的期待激发了“望加锡人叛乱”，如果不是法国人介入，他们甚至有可能夺取暹罗首都阿瑜陀耶(见第三章)。

阿瑜陀耶的望加锡人居住区变成一片废墟，叛乱首领被枭首
325 示众，然而东南亚各国首都之间的贸易并未中止。1687 年，一个据说是莫卧尔帝国皇帝奥朗则布的帝师、来自苏拉特的乌里玛访问了暹罗、占碑和爪哇。荷兰人认为他是在煽动伊斯兰抵抗运动。如果荷兰间谍情报属实的话，在此后不久，阿莽古拉特二世致信给纳莱国王，表达了同样的愿望。虽然纳莱的确因为荷兰东印度公司把持贸易和军事大权而忧心忡忡，但是望加锡人的叛乱使得他与马来人和穆斯林彻底分道扬镳，而与法国人更加接近。1688 年 1 月，柔佛国王致书纳莱，说他很奇怪，“像他[纳莱]这样英明的君主竟会把外国人招来，因为请神容易送神难，当他想送走这些人时可就不那么容易了”。柔佛国王甚至提出愿意帮助纳莱将法国人赶走。同月，一位暹罗的马来人千方百计要求觐见纳莱，说他有证据证明法国人和富尔康正在密谋反对国王、自由和暹罗宗教。该位马来人被严刑拷打后，扔到马来人聚居区喂了老虎，以此警告那些抱着同样想法的马来人不要重蹈覆辙(Le Blanc 1692 I:26—30)。

国际贸易、经文宗教与不断扩大的东南亚君权之间的积极互动走到了尽头；东南亚的贸易时代也就随之结束了。

结论:继承与变迁

贸易时代重新塑造了东南亚,使其成为全球贸易中纵横驰骋的主角。当“漫长的16世纪”全球贸易蓬勃发展之际,风下之地正好尽享其天时地利。该地区出产的丁香、肉豆蔻、胡椒和香木是长途贸易的主要商品;其独特的地理位置又使其深深地卷入了海洋贸易的大潮;其政治制度方面则对外来影响呈现出罕见的开放性。 326

毫不奇怪,有关贸易时代开端的记录远远不及其结尾来得详细。然而,运抵地中海、数量激增的马鲁古香料、驶往东南亚的庞大中国舰队,以及胡椒开始大规模的出口都表明,1400年前后是一个重要转折点。几乎可以确定,1570—1630年是该贸易发展的巅峰时期。然而1600年以后,进出口的持续扩大却伴随着本地贸易中心在军事上的一系列挫败,其中包括1599年勃固与1620—1625年间爪哇港口的毁灭、荷兰人1621年对盛产肉豆蔻的班达岛的占领,以及1629年马六甲和巴达维亚决心驱逐欧洲人计划的惨败。鉴于贸易指数在1630年前后的下滑,我认为将1629年看作贸易时代的转折点最为合适,虽然这个时代直到17世纪80年代才最后在痛苦挣扎中结束。

这一时期,东南亚的变化翻天覆地,大致朝着更加商业化、城 327
市化、中央集权化,以及皈依注重道德说教的外来宗教的方向发展。当然，这种高度概括只有在广阔的历史背景和长时段的视角下才显得正确，在具体的史实中难免会有许多相左的例子。但无论如何，其变化的速度都非同寻常。新的城市和国家繁荣起来，绝大多数东南亚人都被纳入经文宗教和普世信仰的轨道，大量人口依赖国际贸易为生，贸易包括服装和日常用品，甚至食品。

数十年前，马克思主义和民族主义都认为，亚洲社会都正在向资本主义"自然"过渡，但这一进程在近世的某个时期却被破坏成性的殖民主义打断了。可喜的是，现在人们已不再把资本主义看作是一个所有人类社会必经的阶段。人们一般认为资本主义是欧洲封建主义和马克思主义所预言的社会主义之间的一个必然阶段，然而，脱离开这种思维框架，"资本主义"作为一个范畴已经基本上失灵。正如布罗代尔所指出的那样(Braudel 1979 II：239)，除了作为"一个孤立的、有异于、并与周围社会和经济的环境格格不入的世界"之外，"资本主义"(卡尔·马克思从来没有用过这一名词)从来不曾在任何一个前工业化的社会里存在过。作为一个形容词，"资本主义"实际上却更为有用——无论在东南亚还是在欧洲或其他地方，都或多或少存在一些资本主义分子(特别是在长途贸易中)、资本主义组织和资本主义方式，与其他各种贸易和生产方式互动并存。从这个角度看，在贸易时代的巅峰时期，东南亚在依靠海洋贸易之路上走得比大部分国家都要远，但在私人和企业资本的积累和筹措方面则远远不及。

另一方面，在 17 世纪的东南亚乃至全世界，荷兰东印度公司都是最有效率的资本主义组织。世界香料需求刺激了贸易时代大部分时期的商业化，也促使第一个资本主义世界强国荷兰将其在

亚洲的主要基地设于爪哇。败在财大气粗、组织严密的荷兰东印度公司手下的并不是只有 17 世纪上半叶东南亚的海商们，欧洲的大部分商人何尝不是如此（Israel 1989）。然而,正是由于海洋贸易对风下之地如此事关重大,所以东南亚商人的失败才成为永久性的失败。

具有讽刺意味的是,16 世纪莱茵河口的贸易城市与(1511 年 328
以前)马六甲、北大年、扎巴拉、淡目和锦石之间存在着某些相似之处。为了保险起见,即使这些港市有时候也偶尔向大国遣使朝贡,但贸易财富使其得以与一些大国分庭抗礼。然而,荷兰城市的奇迹在于他们能够把地方分权和整体凝聚力结合在一起;在海外,特别是在亚洲,他们能够空前团结一致、齐心协力;在国内,他们则以一套复杂的法律架构来积累资本和动员劳动力。在市场平稳运作、财产安全与法治等方面,东南亚城市有着某些共同利益,然而各城市彼此间的差异性却使得这些目标很难实现。在 17 世纪剧烈的竞争中,为了生存,这些城市别无选择,只能合并到那些利益各异的强国中去。

在 17 世纪的危机里,亚洲人主宰的贸易城市在世界贸易和他们本身的社会中都丧失了统治地位,贸易时代也就随之落下了帷幕。在东南亚,也许包括整个亚洲,危机比在欧洲持续的时间更久。据统计,在 17 和 18 两个世纪,亚洲在洲际长途贸易中的地位持续衰落,而欧洲仅在 17 世纪停滞不前,18 世纪却再次增长（Wallerstein II:17—18）。1650 年后,由于印度棉布和中国茶叶在亚洲的出口货物中份额大增,而东南亚香料却萧条不振,风下之地因此受害程度最深。

然而，从长远来看，最重要的变化还不是贸易量的绝对削减，而是贸易、商人、城市化和多元主义的重要性在东南亚生活中作用的下降。贸易时代的显著特征就是不断革新、反复适应和吸收新观念。多民族市场的城市决定了这种变化的步伐，使得东南亚吉凶未卜地卷入了全球贸易之中。而 17 世纪不仅标志着东南亚对国际市场依赖的撤退，而且标志着他们对外来思想的不再信任。在贸易、武器和人力的严酷竞争中铸成的专制主义权力等级，越来越多地在那些竞争不那么激烈的领域内象征性地确立起权威地位。

贸易时代最明显的、也是最深刻的变化发生在宗教和思想领域。宗教徒的虔诚信仰方面的变化几乎是永久性的。穆斯林、天
329 主教、上座部佛教或儒教的社会群体依然信仰各自的宗教，这些不同的宗教认同一方面将东南亚人彼此分割开来，而另一方面却又将他们与世界上其他各地的教友联系起来。然而，透过这些人们信仰或修炼的宗教标签，我们可以看到，贸易时代无疑出现了对物质世界的幻灭感，人类与圣灵之间的距离日渐加大，个人道德操守的外来水准不断提高，扩张中的国家与外来宗教规范之间的联盟更加明显。

无论在内在复杂的人类认知领域、还是从贸易与权力互动的外在规模来看，17 世纪危机都标志着一个方向性的转变，这个转变直到 20 世纪中叶的另一场危机时期才发生逆转。首先，从那些容易衡量的方面来看，17 世纪末至 20 世纪中，无论从人口上、经济上、还是文化上，大都会式的贸易城市都没有左右东南亚人的生活，这与它在 17 世纪末以前和 20 世纪中叶以后都大不相同。东南亚本土国家对本地区主要资源和贸易动脉控制的恢复是在我本人生活的时期内经过剧烈的政治动荡之后才实现的,但最终却导致了另一轮快速的经济增长、城市化、国家中央集权化、生活方式与思想变化的时期。在我们这个时代,信仰和价值观的改变虽然发生在传统宗教领域,其深刻程度却并不逊于贸易时代。个人道德观的外来规范再次占据主导地位,魑魅魍魉的精灵世界则慢慢消失;日益扩张的国家再次与外来规范结盟——不仅指经文宗教,而且包括现代性、科学、卫生、发展和民族主义——将那些千姿百态的不同特性百川归海、为我所用。

无论是粉饰贸易时代,还是将其末日描绘成败北或失败,都不是笔者的初衷。在 18 世纪、甚至 19 世纪(尽管带有殖民主义的色彩),东南亚与世界主要贸易和思想体系的相对疏远,使其得以保存绝妙的多样性,并有可能使其人民生活得更平和、更惬意。只是到了 19 世纪,东南亚与欧洲生活水准的差异才开始变得明显。在 17 世纪末时已经很清楚,东南亚不可能继续沿着各大强国争夺世界贸易份额的路子走下去。

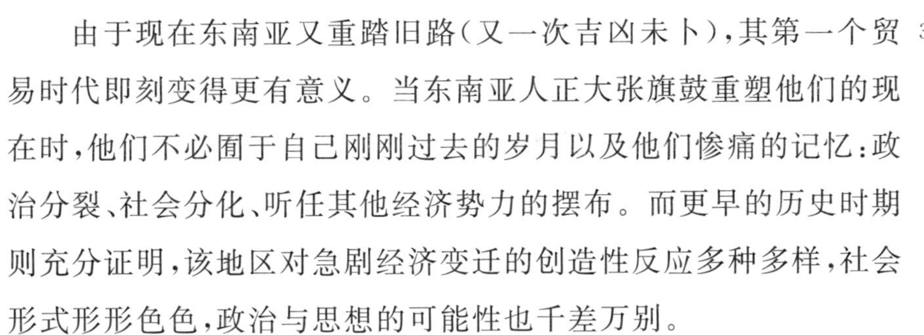

由于现在东南亚又重踏旧路(又一次吉凶未卜),其第一个贸 330
易时代即刻变得更有意义。当东南亚人正大张旗鼓重塑他们的现在时,他们不必囿于自己刚刚过去的岁月以及他们惨痛的记忆:政治分裂、社会分化、听任其他经济势力的摆布。而更早的历史时期则充分证明,该地区对急剧经济变迁的创造性反应多种多样,社会形式形形色色,政治与思想的可能性也千差万别。

附录：东南亚贸易时代的主要朝代*

缅甸 BURMA

勃固的孟族王朝 Mon Dynasty of Pegu

1	1453	Shinsawbu [女王]信绍布
2	1472	Dammazeidi 达摩悉提；僧侣，后与 1 之女儿结婚
3	1492	Binnyaran 彬尼亚仰；2 之子
4	1526	Takayutpi 德伽育毕；3 之子
		缅甸东吁王朝于 1539 年征服勃固

缅甸东吁王朝 Toungoo Dynasty of Burma

5	1486	Mingyinyo 明基纽；征服缅甸中部
6	1531	Tabinshweihti 德彬瑞体；5 之子；1539 年征服勃固并于 1546 年建都勃固
7	1551	Bayinnaung 勃印囊；6 之姐夫
8	1581	Nandabayin 南达勃因；7 之子；1599—1606 年之间王位空缺
9	1606	Anaukhpetlun 阿瑙白龙；8 之孙；1628 年被杀
10	1629	Thalun 达龙；9 之弟；1635 年迁都阿瓦
331 11	1648	Pindale 彬德莱；10 之子

* 左边的年代是继位年代

阿瑜陀耶 AYUTTHAYA（SIAM，暹罗）

1	1409	Intharacha 因陀罗阇
2	1424	Boromaracha 波隆玛罗阇；1 之子
3	1448	Boromatrailokanat 波隆玛岱罗迦纳；2 之子
4	1488	Intharacha 因陀罗阇；3 之子
5	1491	Ramathibodi 拉玛蒂菩提；3 之子
6	1529	Paramaracha 帕拉玛罗阇；5 之子
7	1533	Prince Ratsada 拉萨达王子；6 之幼子；为 8 所杀
8	1534	Chairacha 猜罗阇；5 之子
9	1546	Prince Yot Fa 耀华王子（11 岁）；为母所鸩杀
10	1548	Khun Worawongsa 昆·沃拉旺萨；篡位者；被杀
11	1548	Chakkraphat 查克腊帕；5 之子
12	1569	Mahin 玛辛；11 之子并从 1565 年起开始摄政；1569 年当缅甸人夺取阿瑜陀耶时被俘
13	1569	Maha Thammaracha 摩诃达摩罗阇；至 1584 年，为缅甸人的附庸
14	1590	Naresuan 纳黎萱；13 之子
15	1605	Ekathotsarot 厄伽陀沙律；13 之子
16	1610/11	Sontham 颂昙；15 之子
17	1628	Chettharacha 杰陀罗阇；16 之子；为 19 所杀
18	1629	Athit 阿提；16 之子；为 19 所杀
19	1629	Prasat Thong 巴萨通；与 16 为姨表兄弟；篡位者
20	1656	Chao Fa Chai 猜王子；19 之子；被杀
21	1656	Suthammaracha 苏达摩罗阇；19 之兄弟；被杀
22	1657	Narai 纳莱；19 之子
23	1688	Phetracha 碧罗阇（至 1703 年）；19 之奶兄弟

柬埔寨 CAMBODIA

(下列大部分年代不甚可靠)

1	1417	Bana Yat 班纳·亚特;逊位
2	1463	Narayanaraja 那罗衍那罗阇;1 之子
3	1468	Sri Raja 室利罗阇;1 之子;流亡暹罗
4	1486	Dhammaraja 达摩罗阇;1 之子
5	1504	Sugandhapada(Bana Tamkhattiya)苏干达帕达(班纳·塔卡提亚);4 之子
6	1512	Kan 坎;篡位者,为 7 所杀

洛韦(Lovek)

7	1529	Candaraja 坎达罗阇;4 之子
8	1568	Paramaraja 帕拉玛罗阇;7 之子
9	1579	Paramaraja II (Brah Sattha)帕拉玛罗阇二世(波拉·萨塔);8 之子,1594 年为躲避暹罗人而出奔老挝,死于 1595 年

333

斯雷桑托 (Srei Santhor)[①]

10	1594	Ram Mahapabitr (Ram Joen Brai) 拉姆·摩诃帕比塔(拉姆·朱安·波莱);1596 年为西班牙人所杀
11	1597	Paramaraja III (Cau Bana Tan')帕拉玛罗阇三世(召·班纳·坦);为穆斯林所杀
12	1599	Paramaraja IV (Cau Bana An)帕拉玛罗阇四世(召·班纳·安);为愤怒的丈夫所杀
13	1600	Kaev Hva (Cau Bana Nom)卡伊夫·哈瓦(召·班纳·诺

① 在磅湛省(Kompong Cham),是高棉"水王"所在地,与在乌东的"山王"争斗。18 世纪初越南人势力达到湄公河流域时灭亡。——译注

		姆);9 之子,为 14 所杀
14	1601	Paramaraja V (Sri Suriyabarn) 帕拉玛罗阇五世(室利苏利亚班);逊位

乌东(Oudong)

15	1619	Jayajettha 阇耶哲塔;14 之子
16	1627	Sri Dhammaraja (Cau Bana Tu)室利·达摩罗阇(召·班纳·图)
17	1632	Ang Dan Raja (Cau Bana Nu)昂丹罗阇(召·班纳·努)
18	1640	Padumaraja (Ang Nan) 帕杜马罗阇(昂南)
19	1642	Ramadhipati (Cau Bana Cand)拉玛蒂帕提(召·班纳·坎德);或罗阇易卜拉欣(Raja Ibrahim)
20	1659	Paramaraja VI (Ang Sur)帕拉玛罗阇六世(又称昂色)
21	1672	Padumaraja II (Sri Jeyajetth) 帕杜马罗阇二世(室利阇耶哲塔)
22	1673	Kaev Hva II (Ang Ji)(直到 1677 年)卡伊夫·哈瓦二世(昂基)

越南 VIETNAM

黎朝 Lê dynasty

1	1428	Lê Lợi 黎利;1418 年开始起义;1428 年将中国人逐出
2	1433	Lê Thái Tông 黎太宗;1 之子
3	1443	Lê Nhân Tông 黎仁宗;2 之幼子;为 4 所杀
4	1459	Lê Nghi Dân 黎宜民;2 之子;被杀
5	1460	Lê Thánh Tông 黎圣宗;2 之子
6	1498	Lê Hiến Tông 黎宪宗;5 之子

7	1505	Lê Túc Tông 黎肃宗；6 之子；为 8 所推翻
8	1509	Lê Tu'o'ng Dực 黎襄翼
9	1516	Trần Cao 陈镐
10	1516	Lê Chiêu Tông 黎昭宗；1527 年被莫氏逼杀
11	1533	Lê Trang Tông 黎庄宗；被扶上王位，但有名无实；黎朝世系一直延续到 1804 年，但权力尽归郑氏

莫朝 Mạc dynasty

12	1527	Mạc Đăng Dung 莫登庸；称帝
13	1530	Mạc Đăng Doanh 莫登瀛；12 之子；称帝
14	1540	Mạc Phúc Hải 莫福海；治在东京
15	1546	Mạc Phúc Nguyên 莫福源；治在东京
16	1562	Mạc Mậu Hợp 莫茂洽；治在东京
		1592 年莫氏被郑氏逐出河内

334

郑氏 Trinh family（扶黎皇而统治东京地区）

1	1539	Trịnh Kiểm 郑检；主要统治义安和清化
2	1569	Trịnh Cối 郑桧；主要统治义安和清化
3	1570	Trịnh Tùng 郑松；1592 年夺取河内
4	1623	Trịnh Tráng 郑梉
5	1657	Trịnh Tạc 郑柞
6	1682	Trịnh Căn 郑根

北大年 PATANI

1 1540前后 Sultan Mudhaffar Syah 苏丹穆达法·沙;在攻打阿瑜陀耶时战死

2 1564 Sultan Manzur Syah 苏丹曼苏尔·沙;1之兄弟

3 1572 Sultan Patik Siam 苏丹巴梯克·赛阿穆;1之子;9岁登基,由姑妈摄政;被杀

4 1573 Sultan Bahdur 苏丹巴德尔;2之子;被杀

5 1584 Queen Raja Jiau 女王罗阇·赳;2之女

6 1616 Queen Raja Biru 女王罗阇·碧路;2之女

7 1624 Queen Raja Ungu 女王罗阇·翁古;2之女;嫁给彭亨苏丹

8 1636 Queen Raja Kuning 女王罗阇·库宁;7之女;第一次嫁给柔佛苏丹,之后嫁给他的兄弟;大约统治到17世纪50年代,之后政局混乱

马六甲和柔佛-廖内统治者 MALAY RULERSOF MELAKA AND JONOR-RIAU

1 1390前后 Paremeswara 帕里莫斯瓦拉;从新加坡移往马六甲

2 1414 Sultan Megat Iskandar Syah 苏丹梅加特·伊斯坎达尔·沙;1之子

3 1423/4 Sri Maharaja (Sultan Muhammad Syah)室利摩诃罗阇(苏丹穆罕默德·沙)

4 1444 Sri Paremeswara Dewa Syah 室利帕里莫斯瓦拉·德瓦·沙; 3之子; 幼年被罗甘(Rokan)的罗阇收养,被杀

5 1446 Sultan Muzaffar Shah 苏丹穆扎法尔·沙；3之子

6 1459 Sultan Mansur Shah 苏丹曼苏尔·沙；5之子

7 1477 Sultan Ala'ud-din Ri'ayat Syah 苏丹阿拉丁·里阿亚特·沙；6之子

8 1488 Sultan Mahmud Syah 苏丹穆罕默德·沙；7之子；1511年在葡萄牙人的攻击下放弃马六甲；直到1526年被葡萄牙人夺取前，首都设于万丹；避难时死于金宝（Kampar）

9 1530 Sultan Alau'd-din Ri'ayat Syah II 苏丹阿拉丁·里阿亚特·沙二世；8之子；建都柔佛；囚死于亚齐

10 1564 Sultan Muzaffar 苏丹穆扎法；9之子

11 1580 Sultan Abdu'l Jalil Syah 苏丹阿卜杜勒·贾利勒·沙；9之孙

12 1580 Sultan Ali Jala Abdu'l Jalil Ri'ayat Shah 苏丹阿里·贾拉·阿卜杜勒·贾利勒·里阿亚特·沙；9之婿

13 1597 Sultan Alau'd-din Ri'ayat Syah 苏丹阿拉丁·里阿亚特·沙；12之子

14 1613 Sultan Abdu'llah Ma'ayat Syah 苏丹阿卜杜拉·马阿亚特·沙；12之子

15 1623 Sultan Abdu'l Jalil Syah 苏丹阿卜杜勒·贾利勒·沙；13之子

16 1677 Sultan Ibrahim Syah 苏丹易卜拉欣·沙；14之孙

335

亚齐 ACEH

1 1515 Sultan Ali Mughayat Syah 苏丹阿里·穆贾亚特·沙；苏丹赛阿穆苏· 沙（Sultun Syamsu Shah）之子

2 1530 Sultan Salahu'd-din 苏丹萨拉胡丁；1之子

3 1539 Sultan Alau'd-din Ri'ayat Syah al-Kahar 苏丹阿拉丁·里阿亚

		特·沙·卡哈尔；1之子
4	1571	Sultan Ali Ri'ayat Syah 苏丹阿拉丁·里阿亚特·沙；3之子
5	1579	Sultan Muda 苏丹穆达；4之幼子；被杀
6	1579	Raja Seri Alam 罗阇室利·阿拉姆；3之子；被杀
7	1579	Raja Zainal'Abidin 罗阇扎因·阿比丁；3之孙；被杀
8	1580	Sultan Alau'd-din Perak (Mansur Syah)苏丹阿拉丁·霹雳(曼苏尔·沙)；被杀
9	1586	Sultan Ali Ri'ayat 苏丹阿里·里阿亚特
10	1589	Sultan Alau'd-din Ri'ayat Syah Sayyid al-Mukammil 苏丹阿拉丁·里阿亚特·沙·赛义德·穆卡米尔；资深海军司令；被废黜
11	1604	Sultan Ali Ri'ayat Syah 苏丹阿里·里阿亚特·沙；10之子
12	1607	Sultan Iskandar Muda Johan Berdaulat 苏丹伊斯坎达尔·穆达·约翰·贝尔道拉(Perkasa Alam，坡卡萨·阿拉姆)；10之孙
13	1636	Sultan Iskandar Thani of Pahang 彭亨苏丹伊斯坎达尔·达尼；14之夫
14	1641	Queen Taj al-Alam Safiyyat ad-din 女王泰姬·阿拉姆·萨菲娅特·阿丁；12之女
15	1575	Queen Nur al-Alam 女王努尔·阿拉姆
16	1678	Queen Inayat Syah Zakiat ad-din 女王伊纳亚特·沙·扎基阿特·阿丁
17	1688	Queen Kamalat Syah 女王卡马拉特·沙

(中)爪哇 (CENTRAL) JAVA

淡目 Demak

1	1480前后	A Chinese Muslim, perhaps Cek Ko-po 华人穆斯林，大概叫谢国波

2　1490 前后　Arya Sumangsang (Chinese name Cu-cu)阿里亚・苏芒桑（中国名字库库）；1 之子；葡萄牙人称其为帕塔・拉登(Pate Rodin)

3　1504　Sultan Trenggana，苏丹特林卡纳；死于 1546 年

巴章 PAJANG

4　1581　Sultan Jaka-Tingkir 苏丹贾卡・廷基尔；3 之婿(?)；死于 1587(?)

马打兰 Mataram

5　1584　Panembahan Senapati Ingalaga 帕能巴汉・塞纳巴迪・因加拉加[①]；1587 年征服巴章，1588 年征服淡目

6　1601　Panembahan Seda Ing Krapyak 帕能巴汉・塞达・英・克拉普雅克；5 之子

7　1613　Panembahan Agung 帕能巴汉・阿贡；1624 年称苏苏胡南(Susuhunan)；1641 年称苏丹

8　1646　Susuhunan Amangkurat I 苏苏胡南・阿莽古拉特一世；7 之子

9　1677　Susuhunan Amangkurat II（直到 1703 年）苏苏胡南・阿莽古拉特二世；8 之子

336

万丹 BANTEN

1　1525　Nurullah of Pasai (Sunan Gunung Jati)巴赛的奴鲁拉（苏南・古农・查迪）

2　1552　Hasanuddin 哈桑丁；1 之子

3　1570　Molana Yusuf 莫兰那・尤素福；2 之子

4　1580　Molana Muhammad 莫兰那・穆罕默德；9 岁登基；3 之子

---

① 帕能巴汉 (Panembahan)意为“光荣的统治者”。——译注

5　1596　Sultan Abdul Kadir 阿卜杜勒·卡迪尔;4 岁登基;4 之子;1638 年称苏丹

6　1651　Sultan Abdulfatah Ageng (Sultan Tirtayasa) 苏丹阿卜杜勒法塔赫·阿庚;1683 年被荷兰人逮捕

7　1680　Sultan Haji 苏丹哈只;6 之子;与 6 争夺王位,直到 1682 年被荷兰东印度公司征服;死于 1687 年

望加锡(戈阿/塔洛)MAKASSAR(GOA/TALLO')

戈阿 Goa			塔洛 Tallo'	
G1	1511	Tumaparisi'Kallona 图玛帕里西·卡楼那		
G2	1548	Tunipalangga 图尼帕朗伽;G1 之子	T1 1547	Tumenanga ri Makkoyang 图门南咖·里·马寇杨;1566—1577 年间任戈阿总理
G3	1566	Tunibatta 突尼巴塔(I Tajibarani,伊·塔吉巴拉尼);G1 之子;战死		
G4	1566	Tunijallo 突尼加罗;3 之子;被奴隶所杀	T2 1577	I Sambo 伊·萨姆博;T1 之女;G4 之妻
G5	1590	Tunipasulu 突尼帕苏鲁;G4 和 T2 之子;称对塔洛拥有统治权;被罢黜		
G6	1593	Tumenanga ri Gaukanna 图门南咖·里·高卡纳(Sultan Alauddin,苏丹阿拉丁);G4 和 T2 之子	T3 1593	Karaeng Matoaya 卡棱·马托亚(Sultan Awwal-al-Islam,苏丹阿瓦勒-伊斯兰);T1 之子;1593—1637 年间任戈阿总理

G7	1639	Ripapan Bature 里帕潘(Sultan Mohammad Said, 苏丹穆罕默德·赛义德);G6 之子	T4	1637	Tumanaga ri Timore 图们南咖·里·帝汶(Sultan Muzhafar, 苏丹穆扎法尔);T3 之子
G8	1653	Tumenanga ri Balla Pangkana 图们南咖·里·庞卡纳(Hasanuddin, 哈桑丁);荷兰人 1669 年征服后退位		1639	Tumenanga ri Bontobiraeng 图们南咖·里·邦托必棱(Karaeng Pattingalloang, 卡棱·帕廷加隆);T3 之子;1639—1654 年间任戈阿总理
			T5	1641	Tumenanga ri Lampanna 图们南咖·里·兰帕纳(Sultan Harun al-Rashid, 苏丹哈伦·拉希德)

阅读指南

本书尽可能以简洁的方式引用原始资料，注明原作者和出版 337
年份，而编者则非引用重点。这使我很少有机会讨论或答谢本领域前辈学者和同仁的研究成果。而实际上，如果没有他们的研究成果，拙著便根本无法完成。

对历史学家来说，由专门学者对东南亚本地语言资料进行整理翻译这一环节不可或缺。由于大部分残存的历史资料出现于19世纪，将这些有可能是更原始的资料加以鉴别、整理和分析需要大量工作。对我个人的研究而言，下面这些贡献格外有价值，德勒韦斯(Drewes)、皮谷德(Pigeaud)和李克莱弗斯(Ricklefs)关于爪哇的文献；布拉克尔(Brakel)、布朗(Brown)、伊斯坎达尔(Iskandar)、卡西姆·艾哈迈德(Kassim Ahmad)、马西森(Matheson)、纳吉布·阿塔斯(Naguib Al-Attas)、拉斯(Ras)、斯金纳(Skinner)、特午(Teeuw)和温斯特(Winstedt)对马来文献的发掘；德勒韦斯和西格尔(Drewes and Siegel)关于亚齐的文献；阿布杜拉希姆(Abdurrahim)、李格特福特(Ligtvoet)、马特斯(Matthes)和努尔顿(Noorduyn)关于南苏拉威西的文献；法兰克福特(Frankfurter)、诺东(Notton)和怀亚特(Wyatt)关于泰文的资料；弗尼瓦尔(Furnivall)、丹东(Than Tun)和吴钦索(U Khin Soe)关于缅甸文的资料；马珀翁（Mak Phoeun）和金索（Khin Sok）关于高棉文的资料；以及拉斐尔（Rafael）和罗萨莱斯（Rosales）关于他加禄语的天主教资料。

中文资料对于东南亚研究来说不可或缺，其中一些已由格勒内费尔德（Groeneveldt）、米尔斯（Mills）、柔克义（Rockhill）、王赓武和惠特利（Wheatley）译出，供不懂中文的学者利用。而韦杰夫
338 （Geoff Wade）近期将《明实录》中关于东南亚的资料译成英文，工程更是浩大。小叶田淳（Atsushi Kobata）和松田贡（Mitsugu Matsuda）已于1969年将琉球文献翻译为英文出版。关于1640至1740年间长崎贸易的《华夷变态》已经由林春胜（Ren'ichi Ura）编辑，其中的许多内容最近已由石井米雄（Yoneo Ishii）译成英文，有待出版。

与中文资料相比，已经编译出版的欧洲文献更是数量浩瀚。葡萄牙文和西班牙文的编年史大都有现代版本，而葡萄牙文献中为数不多的佳作，比如托梅·皮雷斯（Tomé Pires）、门德斯·平托（Mendes Pinto）和加尔沃（Galvão）的游记，已被译为英文。一套极有价值的西班牙文资料汇编，即55卷本《菲律宾群岛》（*The Phillippine Islands*，1903—1909），也由布莱尔和罗伯逊（Blair and Robertson）译为英文出版。传教士们寄自亚洲的信件由阿蒂尔·德·萨（Artur de Sá）、克尔伯夫（Querbeuf）、维基（Wicki）和雅各布斯（Jacobs）精心编辑，并分别于1954—1958年、1781年、1950年和1974年出版问世。

从1596年起，荷兰文献为东南亚研究提供了最翔实、最广泛的资料，尤其是贸易方面的资料。最早的航行资料由伊萨克·科

默兰(Isaac Commelin)搜集,以《荷兰东印度公司通史》(*Begin ende Voortgangh*)为名于1646年出版,最新版本现由林斯霍滕-费伦尼兴(Linschoten-Vereniging)出版社组织专业人士正在重新编辑,即将面世。达13卷之巨的《巴达维亚城日记》(*Dagh-Register*)提供了关于1624至1682年间最详尽的航运报告,而荷兰东印度公司13卷之多的档案摘要也于1862至1888年间由德·扬(J. K. de Jonge)编辑出版。扬·彼得松·库恩(Jan Pieterszoon Coen)的信件先由H. T. 科伦布兰德(H. T. Colenbrander)、后来由库尔哈斯(W. Ph. Coolhaas)编成七大本,在1919至1953年间陆续出版。库尔哈斯还在1960至1985年间编辑出版了八卷本的《东印度事务报告》(*Generale Missiven*),其中包括了1610至1729年间的资料。

目前出版的有关东南亚的英文资料中只有十七世纪前二十年的差强人意,例如丹佛斯(F. C. Danvers)的《东印度公司雇员信件集》(*Letters Received by the East India Company from Its Servants in the East*,缩写为*LREIC*,1896—1902年间出版)。不过,塞恩斯伯里(W. N. Sainsbury)所编的《国家文件日志:殖民时代系列》(*Calendar of State Papers, Colonial Series*)(本书中缩写为*SP*)也提供了很多的资料,当然还有哈克卢特学会(Hakluyt Society)出版的一系列航行日志。

最近,一批由专业学者撰写的国别史的相继出版面世进一步加深了我们对东南亚地区历史的理解。其中特别有益的著作有:怀亚特的泰国史(Wyatt 1982)、李伯曼的缅甸史(Lieberman 1984)、钱德勒的柬埔寨史(Chandler 1983)、李克莱弗斯的印度尼西亚史(Ricklefs 1981)、德·拉·科斯塔的菲律宾史(de la Costa 1965)和黎圣傀的越南史(Lê Thành Khôi 1971)。关于一些地区的开创性的精心研究也开始陆续问世,这些著作包括:安达亚(Andaya 1981)关于南苏拉威西的著作;隆巴尔(Lombard 1967)和伊
339 藤(Ito 1984)关于亚齐的著作;德·格拉夫(de Graaf 1958,1961,1962)以及后来纳格特格尔(Nagtegaal 1988)对马打兰的研究;卡蒂里丹比-韦尔斯(Kathirithamby-Wells 1990)和吉约(Guilot 1989)对万丹的研究;克纳普(Knaap 1987)关于安汶的著作;陈荆和(Chen Chingho 1974)和李塔娜(Li Tana 1992)关于交趾支那的研究。

值得注意的是,除了有关殖民时期的基本话题以外,对本地区历史进行整合的著作至今仍是寥若晨星。目前争论的主要议题一直围绕着亚洲地区经济制度与欧洲资本主义崛起之间的关系进行。两位荷兰社会学家,施里克(B. J. O. Schrieke 1925,1942)和范·勒尔(J. C. van Leur 1934)在二次大战前关于印度尼西亚的海洋贸易进行了一场辩论,这些著作因为在20世纪50年代被译成英文而广为人知。施里克指出了17世纪爪哇航运系统的崩溃,而范·勒尔却刻意贬低葡萄牙人和荷兰东印度公司的影响,坚持认为亚洲贸易的连续性一直持续到18世纪。但是,范·勒尔将亚洲贸易一律看成是“小商小贩”(peddling)式的:这些商贩人数众多,每人却只贩卖少量的奢侈品。梅林克·鲁洛夫荻(M. A. P. Meilink-Roelofsz 1962)对这些问题进行了实证性的研究,并得出结论说,亚洲商人远非像范·勒尔所想象的那样整齐划一,他们的贸易规模多种多样、参差不齐。他们的重要性的确在17世纪时

有所降低，但即使是在他们的黄金时代，他们也缺乏他们的欧洲同业所具有的那些重要的优势，即法律对私有财产的保护。

此后有关这方面的论述要么是更着眼于地方性的研究（上述大部分的研究即属于这一类），要么就是对印度洋整个地区的宏观研究。将法国年鉴学派的计量方法应用于亚洲的代表作包括马加良斯-戈迪尼奥（Magalhães-Godinho 1969）和肖尼（Chaunu 1960）的研究，以及乔杜里（Chaudhuri 1965，1978）关于英国东印度公司的两部著作。有一些著作利用了荷兰东印度公司丰富的档案资料——如斯滕高（Steensgaard 1973），格拉曼（Glamann 1958），布鲁金、加斯塔拉和舍费尔（Bruijn，Gaastra，and Schöffer 1979—1987）、卫思韩（Wills 1974）和包乐史（Blussé 1986）——他们都倾向于强调荷兰世界体系对亚洲贸易所带来的变化。最近，更为精深的研究是在印度海洋史方面，分别是达斯古普塔（DasGupta 1982）、普拉卡什（Prakash 1979）、雷乔杜里（Raychaudhuri 1962）、阿拉萨拉特纳姆（Arasaratnam 1986）和苏布拉马尼亚姆（Subrahmanyam 1990）的著作。后三位学者探讨了科罗曼德尔海岸与东南亚地区的密切贸易关系。由于这些著作的问世，现在人们可以更清楚地看到，东南亚贸易在与全球经济互动中如何呈现长时段的扩张和收缩，不过对这一地区的历史至今还没有人作出定论。

虽然施里克和范·勒尔都力图将伊斯兰化与经济变化联系起来，此后对宗教与思想史及经济史的研究便分道扬镳。约翰斯
(Johns 1961)根据马来文和爪哇文的大量早期伊斯兰著作得出的 340
结论铿锵有力，即伊斯兰化的主要媒介是那些周游各地的苏菲教

团。法蒂米(Fatimi 1963)将这个观点进一步发挥，指出占婆人和华人穆斯林在海岛地区伊斯兰化过程中的重要作用。格拉夫和皮谷德(Graaf and Pigeaud)在他们 1984 年颇具争议的著作中更是将华人的重要性强调得淋漓尽致。在伊斯兰方面，菲律宾的资料更为丰富，马尤尔(Majul 1973)和德·拉·科斯塔(de la Costa 1967)从另一种视角来考察棉兰老岛穆斯林与天主教徒之间的竞争。尽管费伦(Phelan 1959)关于天主教化进程的描述仍具说服力，施马赫尔(Schmacher 1968)的研究却将其进一步引申发挥，而拉斐尔(Rafael 1988)的那种精细的民族主义更是提出了许多崭新的问题。

以巴黎为基地的《海岛研究》(Archipel)学刊的学者们对海岛地区的一些研究饶有趣味，特别是德尼·隆巴尔(Denys Lombard)、克劳德·吉约(Claude Guillot)和皮埃尔-伊夫·芒甘(Pierre-Yves Manguin)的著述。有一些《海岛研究》特刊是关于贸易和航运(如 1979 年第 18 期)与城市(如 1988 年第 36 期，1989 年第 37 期)。隆巴尔的三卷本的巨著已于 1990 年面世，它雄心勃勃，力图将文化史和心理史置于变化不定的经济和政治背景中进行研究，是迄今为止这方面的代表作。虽然表面上这部著作仅限于爪哇，但却具有更为广泛的指导意义。

缩　写

AHR	*American Historical Review*
ANU	Australian National University
ARA	Algemene Rijksarchief, The Hague
BEFEO	*Bulletin de l'Ecole Française d'Extreme-Orient*, Hanoi and Paris
	Bijdragen tot de Tall-, Land-, en Volkenkunde, published by the LITLV, Leiden
CSSH	*Comparative Studies in Society and History*
CUP	Cambridge University Press
EIC	East India Company
EFEO	Ecole Française d'Extrême-Orient, Hanoi and Paris
ENI	*Encyclopedie van Nederlandsch-Indië*, 4 vols., The Hague, Martinus Nijhoff, 1899—1905
IOL	India Office Library, London
JAS	*Journal of Asian Studies*, Ann Arbor
JBRS	*Journal of the Burma Research Society*, Rangoon
JEEH	*Journal of European Economic History*
JMBRAS	*Journal of the Malayan/Malaysian Branch, Royal Asiatic Society*, Singapore and Kuala Lumpur
JRAS	*Journal of the Royal Asiatic Society*, London
JSEAH	*Journal of Southeast Asian History*, Singapore
JSEAS	*Journal of Southeast Asian Studies*, Singapore
JSS	*Journal of the Siam Society*, Bangkok
KITLV	Koninklijk Instituut voor Taal-, Land-, en Volkenkunde, Leiden

LREIC	*Letters Received by the East India Company from Its Sevants in the East*, ed. F. C. Danvers, 6 vols., London, Sampson, Low, Marston, 1896—1902
MBRAS	Malaysian Branch, Royal Asiatic Society
OUP	Oxford University Press
RIMS	*Review of Indonesian and Malayan Studies*, Sydney
SP	*Calendar of State Papers*, *Colonial Series*, *East Indies*, *China and Japan*, ed. W. N. Sainsbury, 5 vols., London, Longman, 1862—92
T. Aard. G.	*Tijdschrift van het Aardrijkskundig Genootschap*
TBG	*Tijdschrift vorr Indische Taal-, Land-, en Volkenkunde*, published by the Koninklijk Bataviaasch Genootschap voor Kunsten en Wetenschappen, Batavia
VBG	*Verhandelingen van het Bataviaasch Genootschap*
VOC	Vereenigde Oost-Indische Compagnie

引用书目

Abu'l-Fazl 'Allami 1596. *The A'in-i Akbari*, trans. H. Blochman, 1871. Reprinted Delhi, Naresh C. Jain, 1965.

Abu-Lughod, Janet L. 1989. *Before European Hegemony: The World System A. D. 1250—1350*. New York, OUP.

Acciaioli, Gregory 1989. "Searching for Good Fortune: The Making of a Bugis Shore Community at Lake Lindu, Central Sulawesi." Ph. D. diss., ANU, Canberra.

Adat Aceh. Adat Aceh dari Satu Manuscript India Office Library, romanized by Teungku Anzib Lamnyong. Banda Aceh, Pusat Latehan Penelitian Ilmuilmu Sosial, 1976.

Adatrechtbundels. 45 vols. The Hague, Nijhoff, 1910—55.

Aduarte, Diego 1640. *Historia de la Provincia del Sancto Rosario ... en Philipinas*, in Blair and Robertson 1903—09 XXX:113—226.

Aelst, A. van 1987. "Japanese Coins in Southern Vietnam and the Dutch East India Company, 1633—1638." *Oriental Numismatic Society Newsletter* 109.

Al-Attas, S. M. Naquib 1970. *The Mysticism of Hamzah Fansuri*. Kuala Lumpur, University of Malaya Press.

—— 1986. *A Commentary on the Hujjat al-Siddiq of Nur al-Din al-Raniri*. Kuala Lumpur, Ministry of Culture.

Albuquerque, Braz de 1557. *The Commentaries of the Great Alfonso Dalboquerque*, trans. W. de Gray Birch, Vol. III. London, Hakluyt Society, 1880.

Alcina, Francisco 1668. "The Munoz Text of Alcina's History of the Bisayan Islands (1668)," preliminary trans. Paul S. Lietz, pt. I, books 3 and 4. Typescript, Department of Anthropology, University of Chicago.

Alfian, T. Ibrahim 1979. *Mata Uang Emas Kerajaan-kerajaan di Aceh. Banda Aceh*, Proyek Rehabilitasi dan Perluasan Museum Daerah Istimewa Aceh.

Ali Haji ibn Ahmad, Raja 1866. *The Precious Gift* (*Tuhfat al-Nafis*), trans. Virginia Matheson and Barbara Andaya. Kuala Lumpur, OUP, 1979.

Alkema, B. and T. J. Bezemer 1927. *Concise Handbook of the Nederlands East Indies*, trans. Richard Neuse. New Haven, HRAF, 1961.

Alves, George 1989. Paper Presented at Conference of the Social Science Research Council, Lisbon.

Amanna Gappa 1676. "Ada Allopi-loping Ribitjaranna Pa'balu'e" [Rules for commercial sailing], in Tobing 1961:41—64.

Amin, Entji 1670. *Sja'ir Perang Mengkasar* in Skinner 1963:65—221.

Andaya, Barbara 1989. "The Cloth Trade in Jambi and Palembang Society during the Seventeenth and Eighteenth Centuries, "*Indonesia* 48:27—46.

—— 1993. "Cash-Cropping and Upstream-Downstream Tensions: The Case of Jambi in the Seventeenth and Eighteenth Centuries, " in Reid 1993:91—122.

Andaya, Barbara, and Yoneo Ishii 1992. "Religious Developments in Southeast Asia, c. 1500—1800," in *Cambridge History of Southeast Asia*, ed. Nicholas Tarling. Cambridge, CUP, I:508—71.

Andaya, Leonard 1981. *The Heritage of Arung Palakka: A History of South Sulawesi (Celebes) in the Seventeenth Century*. The Hague, Nijhoff foe KITLV.

Anderson, John 1826. *Mission to the East Coast of Sumatra in 1823*. London. Reprinted Kuala Lumpur, OUP, 1971.

Anderson, John 1890. English Intercourse with Siam in the Seventeenth Century. London. Reprinted Bangkok, Chalermnit, 1981.

Anderson, Perry 1974. *Lineages of the Absolutist State*. Thetford, Verso edition, 1979.

Angeles, Delor 1980. "The Philippine Inquisition: A Survey." *Philippine Studies* 28:253—83.

Arasaratnam, S. 1986. *Merchants, Companies and Commerce on the Coromandel Coast, 1650—1740*. Delhi, OUP.

Argensola, Leonardo 1708. *The Discovery and Conquest of the Molucco and Philippine Islands*. London. Reprinted Ann Arbor, University Microfilms, 1982.

Araujo, Rui de 1510. Letter from Malacca, 6 February 1510, in de Sá 1954—58 I:20—31.

Artieda, Diego de 1573. "Relation of the Western Islands Called Filipinas," in Blair and Robertson 1903—09 III:190—208.

Ashtor, Eliyahu 1969. *Histoire des prix et des salaires dans l'Orient médièval*. Paris, SEVPEN.

—— 1976. *A Social and Economic History of the Near East in the Middle Ages*. Berkeley, University of California Press.

—— 1979. "The Volume of Mediaeval Spice Trade." *JEEH* 8:753—63.

Aston, Trevor (ed.) 1965. *Crisis in Europe, 1560—1660*. London, Routledge and K. Paul.

Atwell, W. S. 1986. "Some Observations of the Seventeenth Century Crisis in China and Japan." *JAS* 45, ii:223—44.

Aubin, Jean 1973. "Francisco de Albuquerque: un juif castillan au service de l'Inde Portugaise (1510—1515)." *Arquivos do Centro Cultural Português* 7:175—202.

—— 1980. "Les Persans au Siam sous le regne de Narai (1656—1688)," *Mare Luso-Indicum* 4:95—126.

Aung-Thwin, Michael 1985. *Pagan: The Origins of Modern Burma*. Honolulu, University of Hawaii Press.

Aymonier, Etienne 1885. Notes sur le Laos. Saigon, Imprimerie Coloniale.

Babad ing Sangkala 1738. Trans. M. C. Ricklefs, in *Modern Javanese Historical Tradition: A Study of an Original Kartasura Chronicle and Related Materials*. London, SOAS, 1978, pp. 16—147.

Babad Lombok. Ed. Lalu Wacana. Jakarta, Departemen Pendidikan dan Kebudayaan Republik Indonesia, 1979.

Babad Tanah Jawi. Babad Tanah Djawi. Javaanse Rijkskroniek. W. L. Olthofs vertaling van de prozaversie van J. J. Meinsma lopende tot het jaar 1721. Rev. ed. by J. J. Ras. Dordrecht, Foris for KITLV, 1987.

Bantam Agency 1656. Letter to Court, 9 March 1656, IOL G/10/1, p. 138.

Barbosa, Duarte 1518. *The Book of Duarte Barbosa: An Account of the Countries Bordering on the Indian Ocean and Their Inhabitants*, trans. M. Longworth Dames. 2 vols. London, Hakluyt Society, 1918.

Baron, Samuel 1685. "A Description of the Kingdom of Tonqueen," in *A Collection of Voyages and Travels*, Vol. VI. London, A. and W. Churchill, 1732.

Barros, João de 1563. *Da Asia*. Four Decades in 9 vols. Lisbon, Regia Officina 1777. Reprinted Lisbon, 1973.

Bartlett, H. H. 1952. "A Batak and Malay Chant on Rice Cultivation." *Proceedings of the American Philosophical Society* 96:629—52. Reprinted in Bartlett, *The Labors of the Datoe*, Ann Arbor, University of Michigan Center for South and Southeast Asian Studies, 1973.

Bassett, D. K. 1958. "English Trade in Celebes, 1613—1667," *JMBRAS* 31, i: 1—39.

Bayly, C. A. 1983. *Rulers, Townsmen and Bazaars: North Indian Society in the Age of British Expansion, 1770—1870*. Cambridge, CUP.

Beaulieu, Augustin de 1666. "Memoires du voyage aux Indes orientales du Général du Beaulieu, dressés par luy-mesme," in *Relations de divers voyages curieux*, ed. Melchisedech Thévenot, Vol. II. Paris, Cramoisy.

Beeckman, Daniel 1718. *A Voyage to and from the Island of Borneo in the*

East Indies. London. Reprinted London, Dawsons, 1973.

Begin ende Voortgangh 1646. *Begin ende Voortgangh van de Vereenighde Neederlandtsche Geoctroyeerde Oost-Indische Compagnie*, ed. Isaac Commelin. Amsterdam. Reprinted Amsterdam 1974.

Best, Thomas 1613. Letter from Aceh 12 July 1613, in Foster 1934:255—48.

—— 1614. "A Journal Kept on Board the *Hosiander* by Thomas Best," 1 February 1612 to 15 June 1614, in Foster 1934:1—92.

Bèze, Claude de 1691. *Memoir*, trans. E. W. Hutchinson, in 1688: Revolution in Siam. Hong Kong, University Press, 1968, pp. 1—124.

Blair, E. H., and J. Robertson, eds. 1903—09. *The Philippine Islands, 1493—1803*. 55 vols. Cleveland, Arthur H. Clark.

Blussé, Leonard 1986. *Strange Company: Chinese Settlers, Mestizo Women and the Dutch in VOC Batavia*. Dordrecht, KITLV.

Blussé, Leonard, and Zhuang Guoto 1991. "Fuchienese Commercial Expansion into the Nanyang as Mirrored in the 'Tung Hsi Yang K'ao'," Revista da Cultura 13—14:140—49.

Bochier, Francisco dal 1518. "Referir de Francesco dal Bochier, quando ando in India," in Aubin 1973:189—202.

Boomgaard, Peter 1989. *Children of the Colonial State: Population Growth and Economic Development in Java, 1795—1880*. Amsterdam, Free University Press.

Borri, Cristoforo 1633. *Cochin-China*, trans. R. Ashley. London, Richard Clutterbuck. Reprinted London, da Capo Press, 1970. (Pagination by letters.)

Bouchon, Geneviève 1979. "Les premiers voyages portugais *à* Pegou (1515—1520)," *Archipel* 18:127—58.

Bougas, Wayne 1988. *Islamic Cemeteries in Patani*. Kuala Lumpur, Malaysian Historical Society.

Bourges, M. de 1666. *Relation du voyage de Monseigneur l'evèque de*

Beryte, vicaire apostolique du royaume de la Cochinchine, par la Turquie, la Perse, les Indies, et jus'qu'au royaume de Siam. Paris, Denys Bechet.

Bowrey, Thomas 1680. *A Geographical Account of Countries round the Bay of Bengal*, ed. R. C. Temple. Cambridge, Hakluyt Society, 1905.

Boxer, Charles 1953. *South China in the Sixteenth Century*. Cambridge, Hakluyt Society.

—— 1964. "The Achinese Attack on Malacca in 1629, as Described in Contemporary Portuguese Source," in *Malayan and Indonesian Studies: Essays Presented to Sir Richard Winstedt on His Eighty-fifth Birthday*, ed. John Bastin and R. Roolvink. Oxford, Clarendon, pp. 105—21.

—— 1967. *Francisco Vieira de Figueiredo: A Portuguese Merchant-Adventurer in South East Asia, 1624—1667*. The Hague, Nijhoff for KITLV.

—— 1968. *Further Selections from the Tragic History of the Sea, 1559—1565*. Cambridge, Hakluyt Society.

—— 1969. "A Note on Portuguese Reactions to the Revival of the Red Sea Spice Trade and the Rise of Atjeh, 1540—1600. "JSEAH 10, iii:415—28.

—— 1969A. *The Portuguese Seaborne Empire, 1415—1825*. London. Reprinted Harmondsworth, Penguin, 1973.

Boxer Codex. See Dasmariñas 1590.

Brakel, Lode 1978. "Problems of Wahrheid and Dichtung: Islamic Historiography in Malay. "Unpublished paper.

Braudel, Fernand 1966. *The Mediterranean and the Mediterranean World in the Age of Philip II*, trans. S. Reynolds. 2 vols. New York, Harper Colophon, 1976.

—— 1967. *Capitalism and Material Life, 1400—1800*, trans. Miriam Kochan, London, Weidenfeld and Nicolson, 1973.

—— 1979. *Civilization and Capitalism, Fifteenth-Eighteenth Century*, trans. Sian Reynolds. 3 vols. New York, Harper and Row, 1985.

Broecke, Pieter van den 1634. *Pieter van den Broecke in Azië* ed. W. Ph.

Coolhaas. 2 vols. The Hague, Linschoten-Vereeniging, 1962—63.

Brooke, James 1848. *Narrative of Events in Borneo and Celebes down to the Occupation of Labuan: From the Journals of J. Brooke ... by Captain Rodney Mundy*. 2 vols. London, John Murray.

Brouwer, Hendrik et al., 1636. Letter to Heren XVII, 4 January 1636, in Cool-haas 1960:507—50.

Brown, E. H. P., and S. V. Hopkins 1956. "Seven Centuries of the Price of Consumables Compared with Builders' Wage-Rates." *Economica* 23:296—314.

Bruijn, J. R., F. S. Gaastra, and I. Schöffer 1987. *Dutch-Asiatic Shipping in the Seventeenth and Eighteenth Centuries*. The Hague, Nijhoff for Rijks Geschiedkundige Publicatiën.

Brunei expedition 1579. "Testimony and Proceedings in Regard to the Expeditions to Burney, Jolo, and Mindanao," in Blair and Robertson 1903—09 IV:149—303.

Buch, W. J. M. 1929. *De Oost-lndische Compagnie en Quinam: de betrekkingen der Nederlanders met Annam in de XVIIe eeuw*. Amsterdam, H. J. Paris.

Bukhari Al-Jauhari 1603. *Taj us-Salatin*, ed. Khalid Hussain. Kuala Lumpur, Dewan Bahasa dan Pustaka, 1966. [French trans. Aristide Marre, *Makhota radja-radja, ou la couronne des rois*, Paris, 1878.]

Bulbeck, David 1992. "A Tale of Two Kingdoms: The Historical Archeology of Gowa and Tallok, South Sulawesi, Indonesia." Ph. D. diss., ANU, Canberra.

Cabral, Jaōa 1655. Letter from Goa, in Jacobs 1988:135—40.

Camphuys, loannes et al. 1684. Letter from Batavia 19 February 1684, in Coolhaas 1971:651—78.

Campos, J. de 1940. "Early Portuguese Accounts of Thailand." *JSS* 32, reprinted in *Selected Articles from the Siam Society Journal 7*, Bangkok, Siam Society, 1959, pp. 211—38.

Carey, Peter 1984. “Changing Javanese Perceptions of the Chinese Communities in Central Java, 1755—1825,”*Indonesia* 37:1—48.

Carreiro, Roque 1630,“Narrative of the Great Victory which the Portuguese Won against the King of Achem,” trans. in Boxer 1964:109—14.

Castanheda, Fernão Lopes de 1552—4. *História do Descobrimento y Conquista da India pelos Portugueses*. Coimbra, Imprensa da Universidade, 1924—33.

Catz, Rebecca (ed.) 1989. *The Travels of Mendez Pinto*. Chicago, University of Chicago Press.

Cense, A. A. 1978. “Maleise Invloeden in het Oostelijk Deel van de Indonesische Archipeh. ”*BKI* 134:415—32.

—— 1979. *Makassaars-Nederlands Woordenboek*. The Hague, Nijhoff for KITLV.

Chandler, David P. 1983. *A History of Cambodia*. Boulder, Westview.

Chang, Pin-tsun 1991. “The First Chinese Diaspora in Southeast Asia in the Fifteenth Century,” in Ptak and Rothermunde 1991:13—28.

Chaudhuri, K. N. 1965. The English East India Company: The Study of an Early Joint-Stock Company, 1600—1640. London, Frank Cass.

—— 1978. *The Trading World of Asia and the English East India Company, 1660—1760*. Cambridge, CUP

—— 1982. “Foreign Trade,” in Raychaudhuri and Habib 1982:382—407.

Chau Ju-kua, c. 1250. *His Work on the Chinese and Arab Trade in the Twelfth and Thirteenth Centuries, entitled Chu-fan-chi*, trans. Friedrich Hirth and W. W. Rockhill. St. Petersburg, n. p. , 1911. Reprinted Taipei, 1970.

Chaunu, Pierre 1960. *Les Philippines et le Pacifique des Ibériques (XVIe, XVIIe, XVIIIe siècles): introduction rnethodologique et indices d'activité*. Paris, SEVPEN.

Chen, Chingho A. 1974. *Historical Notes on Hôi-An (Faifo)*. Carbondale, Southern Illinois University Center for Vietnamese Studies.

—— 1979. "Mac Thien Tu and Phraya Taksin: A Survey of Their Political Stand, Conflicts, and Background," in *Proceedings, Seventh IAHA Conference, 22—26 August 1977*. Bangkok, Chulalongkorn University Press, pp. 1534—75.

Chirino, Pedro 1604. *Relación de las Islas Filipinas: The Philippines in 1600*, trans. Ramón Echevarria. Manila, Historical Conservation Society, 1969.

Choisy, Abbé de 1687. *Journal du voyage de Siam fait en 1685 et 1686*, ed. Maurice Garçon. Paris, Duchartre et Van Buggenhoudt, 1930.

Chou Ta-kuan. 1297. Trans. Paul Pelliot in *Mémoires sur les coutumes du Cambodge de Tcheou Ta-Kouan*. Paris, Maisonneuve.

Chronique de Xieng Mai. Trans. Camille Notton, in *Annales du Siam*, Vol. III. Paris, Paul Geuthner, 1932.

Chroniques Cambodge 1981. *Chroniques royales du Cambodge (de 1594 à 1677)*, trans. Mak Phoeun. Paris, EPEO.

—— 1988. *Chroniques royales du Carnbodge (de 1417 à 1595)*, trans. Khin Sok. Paris, EFEO.

Clark, Walter 1643. Letter from Aceh to Surat, 17 December 1643, India Office Library E/3/18, f. 282.

Clercq, F. S. A. de 1890. *Bijdragen tot de kennis der Residentie Ternate*. Leiden, Brill.

Coen, Jan Pieterszoon 1614. Letter to Heren XVII, 10 November 1614, in Colenbrander 1919:52—96.

—— 1619. Letter to Heren XVII, 19 January 1619, in Colenbrander 1919:416—44.

—— 1619A. "Memorie van verscheyden Cleden ... van de custe van Coromandel geeyscht wort," 16 July 1619, in Colenbrander 1920:580—83.

—— 1621. Letter to Heren XVII, 8 January 1621, in Colenbrander 1919: 606—22.

—— 1622. Letter to Heren XVII, 21 January 1622, in Colenbrander 1919:

688—700.

—— 1623. Letter to Heren XVII, 20 January 1623, in Colenbrander 1919: 755 806.

Colenbrander, H. T. (ed.) 1919. *Jan Pieterszoon Coen: bescheiden omtrent zijn bedrijf in Indie*, ed. H. T. Colenbrander. Vol. I. The Hague, Nijhoff.

—— 1920. *Jan Pieterszoon Coen: bescheiden omtrent zijn bedrijf in Indië*, Vol. II. The Hague, Nijhoff.

—— 1921. *Jan Pieterszoon Coen: bescheiden omtrent zijn bedrijf in Indië*, Vol. III. The Hague, Nijhoff.

—— 1922. *Jan Pieterszoon Coen: bescheiden omtrent zijn bedrijf in Indië*, Vol. IV. The Hague, Nijhoff.

Collis, Maurice 1925. "Arakan's Place in the Civilization of the Bay." *JBRS* 15, i:41—45.

—— 1943. *The Land of the Great Image*. New York, New Directions.

—— 1949. *The Grand Peregrination, Being the Life and Adventures of Fernão Mendes Pinto*. London, Faber and Faber.

Compostel, Jacob 1636. "Origineel daghregister van de voyagie, handel en resconter met 'tschip d'Revengie naer Atchin," in ARA KA 1031 (voc. 1119), ff. 1198—1229.

Coolhaas, W. Ph. (ed.) 1952. *Jan Pieterszoon Coen: bescheiden omtrent ziin bedrijf in Indie*, Vol. VII. The Hague, Nijhoff.

—— (ed.) 1960. *Generale missiven van Gouverneurs-Generaal en Raden aan Heren XVII der Verenigde Oostindische Compagnie*. Vol. I:1610—1638. The Hague, Nijhoff.

—— 1964. *Generale missiven van Gouverneurs-Generaal en Raden aan Heren XVII der Verenigde Oostindische Compagnie*. Vol. II:1639—1655. The Hague, Nijhoff.

—— 1968. *Generale missiven van Gouverneurs-Generaal en Raden aan Heren XVII der Verenigde Oostindische Compagnie*. Vol. III:1656—1674.

The Hague, Nijhoff.

—— 1971. *Generale missiven van Gouverneurs-Generaal en Raden aan Heren XVII der Verenigde Oostindische Compagnie*. Vol. IV: 1675—1685. The Hague, Nijhoff.

—— 1975. *Generale missiven van Gouverneurs-Generaal en Raden aan Heren XVII der Verenigde Oostindische Compagnie*. Vol. V: 1686—1697. The Hague, Nijhoff.

Coomans, Michael 1980. *Evangelisatie en kultuurverandering: onderzoek naar de verhouding tussen de evangelisatie en de socio-kulturele verandering in de adat van de Dajaks van oost-Kalimantan (bisdom Samarinda), Indonesia*. St. Augustin, Steyler Verlag.

Copland, Patrick 1614. "The Narrative of the Rev. Patrick Copland," in Foster 1934: 207—14.

Cortemünde, A. J. P. 1675. *Dagbog fra en Ostindiefart, 1672—75*, ed. H. Henningsen. Kronborg, Handels-og sjøfartsmuseet.

Cortesão, Armando (ed.) 1944. *The Suma Oriental of Tomé Pires*. London, Hakluyt Society.

Costa, H. de la 1965. *Readings in Philippine History*. Manila, Bookmark.

—— 1967. *The Jesuits in the Philippines, 1581—1768*. Cambridge, Harvard University Press.

Coulson and Ivy 1636. Letter from Makassar to East India Company, 20 December 1636, IOL E/3/15, ff. 293—4.

Couto, Diego do 1645. *Da Asia*. Nine Decades. Lisbon, Regia Officina Typografica, 1778—88. Reprinted Lisbon, 1974.

Crawfurd, John 1820. *History of the Indian Archipelago*. 3 vols. Edinburgh, A. Constable.

Creese, Helen 1991. "Balinese *Babad* as Historical Sources: A Reinterpretation of the Fall of Gèlgèl," *BKI* 147: 236—60.

Croft, Ralph 1613. "A Journal Kept on Board the Hosiander, Begun by Ralph Standish and Continued by Ralph Croft, 3 February 1612 to 29 Au-

gust 1613," in Foster 1934:93—182.

Crucq, K. C. 1941. "Beschrijving der kanonnen afkomstig uit Atjeh thans in het Koninklijk Militair Invalidenhuis Bronbeek." *TBG* 81:545—52.

—— 1941A. "De geschiedenis van het heilig Kanon van Makassar." TBG 81:74—95.

Cruz, Gaspar da 1569, "Treatise in Which the Things of China Are Related," trans. C. R. Boxer, in Boxer 1953:45—239.

Curtis, William, and John Chambers 1656. Letter from Banten 20 July 1656, IOL G/10/1, pp. 127—29.

Dagh-Register. Dagh-Register gehouden in 't Casteel Batavia, 1624—1682. 31 vols. Batavia and The Hague, Bataviaasch Genootschap, 1887—1931.

Dakers, C. H. 1939. "The Malay Coins of Malacca." *JMBRAS* 17, i:1—12.

Dam, Pieter van 1701. *Beschrijvinge van de Oostindische Compagnie*, ed. F. W. Stapel. The Hague, Nijhoff.

Dampier, William 1697. *A New Voyage Round the World*. ed. Sir Albert Gray. London, Argonaut Press, 1927.

—— 1699. *Voyages and Discoveries*, ed. C. Wilkinson. London, Argonaut Press, 1931.

DasGupta, Arun Kumar 1962. "Acheh in Indonesian Trade and Politics, 1600— 1614." Ph. D. diss., Cornell University.

DasGupta, Ashin 1982. "Indian Merchants and the Trade in the Indian Ocean," in Raychaudhuri and Habib 1982:407—33.

Dasmariñas, Goméz Peréz 1590. "*Berunai in the Boxer Codex*," trans. John Carroll. *JMBRAS* 55, ii (1982):2—16.

Davis, John 1600. "The Voyage of Captain John Davis to the Easterne India, Pilot in a Dutch Ship; written by himselfe," in *The Voyages and Works of John Davis the Navigator*, ed. A. H. Markham. London, Hakluyt Society, 1880, pp. 129—89.

Day, A. 1983. "Islam and Literature in South-East Asia," in Hooker 1983: 130—59.

Dermigny, Louis 1964. *La Chine et l'Occident: le commerce à Canton au XVIIIe siècle, 1719—1833*. 3 vols. Paris, SEVPEN.

Deyell, John 1983. "The China Connection: Problems of Silver Supply in Medieval Bengal," in Richards 1983:207—27.

Dias, Balthazar 1556. Letter from Melaka 19 November 1556, in de Sà II:234—72.

Dias, Henrique 1565. "Voyage and Shipwreck of the Great Ship Sân Paulo," in Boxer, 1968:58—107.

Dias, Thomas 1684. Letter from Melaka, 18 November 1684, in F. de Haan, "Naar midden Sumatra in 1684," *TBG* 39 (1897):336—57.

Diaz, Casimiro 1718. *Conquests of the Fifipinas Islands*, trans. in Blair and Robertson 1903—09 XXXXI:317—24.

Diemen, van, et al. 1639. Letter from Batavia, 12 January 1639 in Coolhaas 1964:1—6.

Disney, A. R. 1978. *Twilight of the Pepper Empire: Portuguese Trade in Southwest India in the Early Seventeenth Century*. Cambridge, Harvard University Press.

—— 1984. "Portuguese Goa and the Great Indian Famine of 1630—31." Paper presented at the Fifth Biennial Conference of the Asian Studies Association of Australia, Adelaide.

Djajadiningrat, Hoesein 1913. *Critische Beschouwing van de Sadiarah Banten*. Ph. D. diss., Leiden. Haarlem, Joh. Enschede.

Dobbin, Christine 1983. *Islamic Revivalism in a Changing Peasant Economy: Central Sumatra, 1784—1847*. London, Curzon Press.

Douglas, Carstair 1873. *Chinese-English Dictionary of the Vernacular or Spoken Language of Amoy*. London, Trubner.

Drakard, Jane 1990. *A Malay Frontier: Unity and Duality in a Sumatran Kingdom*. Ithaca, Cornell University Southeast Asia Program.

—— 1993. "A Kingdom of Words: Minangkabau Sovereignty in Sumatran History. "Ph. D. diss. , ANU, Canberra. s.

Drewes, G. W. J. 1954. *Een javaanse primbon uit de zestiende eeuw*. Leiden, E. J. Brill.

—— 1978. *An Early Javanese Code of Muslim Ethics*. The Hague, Nijhoff for KITLV.

Drewes, G. W. J. , and Lode Brakel (eds.) 1986. *The Poems of Hamzah Fansuri*. Dordrecht, Foris for KITLV.

Dulaurier, Edouard 1845. "Institutions maritimes de l'archipel d'Asie. " translated into French from Malay and Bugis texts, in *Collection de lois maritimes antérieures au XVIIIe siècle*, ed. J. M. Pardessus. 6 vols. Paris, Benjamin Duprat VI:361— 480.

Eaton, Richard 1978. *Sufis of Bijapur, 1300 — 1700 : Social Roles of Sufis in Medieval India*. Princeton, Princeton University Press.

Edwards, E. D. , and C. O. Blagden 1931. "A Chinese Vocabulary of Malacca Malay Words and Phrases Collected between A. D. 1403 and 1511 (?). "*Bulletin of the School of Oriental Studies* 6, iii:715—49.

Elson, Robert 1984. *Javanese Peasants and the Colonial Sugar Industry*. Singapore, OUP.

Empoli, Giovanni da 1514. Letter to Lionardo, his father, in *Lettera de Giovanni da Empoli*, ed, A. Bausani. Rome, Istituto Italiano per il Medio ed Estremo Oriente, 1970, pp. 107—61.

Endicott, K. M. 1970. *An Analysis of Malay Magic*. Oxford, Clarendon.

English Factories in India, 1668 — 1669, The, ed. William Foster. Oxford, Clarendon, 1927.

English Factories in India, The, n,s, Vol. II:1670—77, ed. Sir Charles Fawcett. Oxford, Clarendon, 1952.

Eredia, Manoel Godinho de 1613. "Eredia's Description of Malacca, Meridional India, and Cathay," trans. J. V. Mills. *JMBRAS* 8, i (1930):11—84.

Evans, I. H. N. 1953. *The Religion of the Tempasuk Dusuns of North Borneo*. London, CUP.

Evelyn, John 1955. *The Diary of John Evelyn*, Vol. IV: 1673—1689, ed, E. S. de Beer. Oxford, Clarendon.

Evers, H. D. 1988. "Chettiar Moneylenders in Southeast Asia," in Lombard and Aubin 1988:199—219.

Fairbank, John K. (ed.) 1968. *The Chinese World Order*. Cambridge, Harvard University Press.

Fairbank, John K., and Ssü-yu Teng 1960. *Ch'ing Administration: Three Studies*. Cambridge, Harvard University Press.

Farrington, Anthony 1992. "English East India Company Documents relating. to Hien and Tonking. "Paper presented to Symposium on Pho Hien, at Hai Durong, Vietnam.

Fatimi, S. Q. 1963. *Islam Comes to Malaysia*. Singapore, Malaysian Sociological Research Institute.

Fei Hsin 1436, "Hsing ch'a sheng lan," in Rockhill 1915:246—50.

Fernandez, Bartolome 1579. "Testimony," Manila 19 April 1579, in Blair and Robertson 1903—09 IV:219—30.

Ferrars, Max and Bertha 1900. *Burma*. London, Sampson, Low, Marston.

Fitch, Ralph 1591. "The Voyage of M Ralph Fitch marchant of London . . . begunne in the yeere of our Lord 1583, and ended 1591," in Hakluyt 1598 — 1600 III:287—321.

Florentine Letter 1513. "Lettera ... scripta in Lisbona e mandata a fra Zuambatista in Firenze, " 31 January 1513, in *Storia dei viaggiatori nelle Indie Orientali*. Livorno, Franc. Vigo, 1875, pp. 364—98.

Floris, Peter 1615. *Peter Floris, His Voyage to the East Indies in the "Globe," 1611—1615*, ed. W. H. Moreland. London, Hakluyt Society, 1934.

Forbes, A. D. W. 1988. "The Role of Hui Muslims in the Traditional Caravan Trade between Yunnan and Thailand," in Lombard and Aubin 1988:

289—94.

Forrest, Thomas 1779. *A Voyage to New Guinea and the Moluccas from Balambangan*. 2nd ed. London. Reprinted Kuala Lumpur, OUP, 1969.

—— 1792. *A Voyage from Calcutta to the Mergui Archipelago Lying on the East Side of the Bay of Bengal*. London, J. Robson.

Forth, G. L. 1981. *Rindi: An Ethnographic Study of a Traditional Domain in Eastern Sumba*. The Hague, Nijhoff for KITLV.

Foster, William 1926. *John Company*. London, Bodley Head.

—— (ed.) 1934. *The Voyage of Thomas Best to the East Indies, 1612—14*. London, Hakluyt Society.

Fox, J. J. 1987. "Southeast Asian Religions," in *The Encyclopedia of Religion*, Vol. 13. New York, MacMillan.

Fraassen, Ch. F. van 1987. "Ternate, de Molukken en de Indonesische Archipel. Van Soa-organisatie en vierdeling: een studie van traditionele samenleving en cultuur in Indonesie." 2 vols. Ph. D. diss., Leiden University.

Fransisco 1642. "Declaratie vande gelegentheijt des Quinamsen rijcx," in Buch 1929:120—23.

Frederici, Cesare 1581. "The voyage and travell of M. Caesare Fredericke, Marchant of Venice, into the East India, and beyond the Indies," trans. T. Hickocke, in Hakluyt 1598—1600 III:198—269.

Fryke, Christopher 1692. "A Relation of a Voyage made to the East Indies by Christopher Fryke," in *Voyages to the East Indies*, ed. C. Ernest Fayle. London, Casse, 1929.

Fujiwara Seika. Letter to Nguyen Hoang, lord of Cochin-China, c. 1600 Trans. in *Sources of Japanese Tradition*, ed. Ryusaku Tsunoda, W. Th. de Bary, and Donald Keene. New York, Columbia University Press, 1958, pp. 347—48.

Gaastra, F. S. 1982. "Merchants, Middlemen and Money: Aspects of the Trade between the Indonesian Archipelago and Manila in the Seventeenth

Century," in *Papers of the Dutch-Indonesian Historical Conference, 1980*, ed. G. Schutte and H. Sutherland, Leiden and Jakarta, pp. 301—14.

Gaelen, Jan Dircsz 1636. "Joumael ofte voomaemste geschiedenisse in Cambodia," in Muller 1917:61—124.

Galloway, Patrick 1986. "Long-term fluctuations in Climate and Population in the Preindustrial Era," *Population and Development Review* 12, i:1—24.

Galvão, Antonio 1544. *A Treatise on the Moluccas (c. 1544), Probably the Preliminary Version of Antonio Galvão's lost História des Molucas*. trans. Hubert Jacobs, S. J. Rome, Jesuit Historical Institute, 1971.

Gardenis, Arend 1636. "Cort Verhael," in Knaap 1987:141—54.

Garner, Richard 1988. "Long-term Silver Mining Trends in Spanish America: A Comparative Analysis of Peru and Mexico," *AHR* 93, 4:898—935.

Garnier, Francis 1870. *Voyage d'exploration en Indo-Chine*. 2nd ed. Paris, Hachette, 1885.

Geertz, Clifford 1960. *The Religion of Java*. Glencoe, Free Press.

—— 1964. "'Internal Conversion' in Contemporary Bali," in Geertz 1973:170—89.

—— 1966. "Religion as a Cultural System," in Geertz 1973:87—125.

—— 1973. *The Interpretation of Cultures: Selected Essays by Clifford Geertz*. New York, Basic Books.

——1980. *Negara: The Theatre State in Nineteenth-Century Bali*: Princeton, Princeton University Press.

Gerdin, Ingela 1981. "The Balinese Sidikara: Ancestors, Kinship and Rank," *BKI* 137:17—34.

Gervaise, Nicolas 1688. *Histoire naturelle et politique du royaume de Siam*. Paris, Claude Barbin.

—— 1701. *An Historical Description of the Kingdom of Macassar in the Last Indies*. London, Tho. Leigh. Reprinted Farnborough, 1971.

Gijsels, A. 1621. "Grondigh Verhael van Amboyna," in Knaap 1987:20—76.

Glamann, Kristof 1958. *Dutch Asiatic Trade, 1620—1740*. The Hague, Nijhoff 1981.

Glanius 1682. *A New Voyage to the East Indies*. 2nd ed. London, H. Rodes.

Goens, Rijklof van 1652. "Het vierde gezantschap, 1652," in de Graaf 1956:98—125.

—— 1656. "De samenvattende geschriften," in de Graaf 1956:173—269.

Goens, Rijklof, et al. 1679. Letter from Batavia, 13 February 1679, in Coolhaas 1971:262—308.

Goitein, S. D. 1967. *A Mediterranean Society: The Jewish Communities of the Arab World as Portrayed in the Documents of the Cairo Geniza*. Vol. I. Berkeley, University of California Press.

—— 1973. *Letters of Mediaeval Jewish Traders*. Princeton, Princeton University Press.

Goldstone, Jack 1988. "East and West in the Seventeenth Century: Political Crises in Stuart England, Ottoman Turkey, and Ming China," *CSSH* 30, I:103—42.

Gonçalez, Blas Ruiz de Hernan 1595. "Relation des affaires du Campa," trans. Pierre-Yves Manguin, *BEFEO* 70 (1981):255—59.

Gould, James 1956. "Sumatra—America's Pepperpot, 1784—1873," *Essex Institute Historical Collections* 92:83—152, 203—51, 295—348.

Goüye, P. 1692. *l'histoire naturelle ... envoyées des Indes et de la Chine à l'Academie Royale des Sciences à Paris, par les Peres Jesuites*. Paris, Imprimerie Royale.

Graat, H. J. de 1956. *De viff gezantschapsreizen van Rijklof van Goens naar het hof van Mataram, 1648—1654*. The Hague, Nijhoff for Linschoten Vereeniging.

—— 1958. *De Regering van Sultan Agung, Vorst van Mataram, 1613—*

1645, en die van zijn voorgunger Panembahan Séda-ing-Krapjak, 1601—1613. The Hague, Nijhoff for KITLV.

—— 1961. *De Regering van Sunan Mangku-Rat I Tegal-Wangi, vorst van Mataram, 1646—1677*, Vol. I. The Hague, Nijhoff for KITLV.

Graaf, H. J. de, and Th. G. Th. Pigeaud 1974. *De eerste moslims vorstendommen op Java: studiën over de staatkundige geschiedenis van de 15de en 16de eeuw*. The Hague, Nijhoff for KITLV.

—— 1984. *Chinese Muslims in Java*. Melbourne, Monash Papers on Southeast Asia.

Groslier, Bernard P. 1958. *Angkor et le Cambodge au XVIe siècle d'aprés les sources portugaises et espagnoles*. Paris, Presses Universitaires de France.

Guerreiro, Tavarez de Vellez 1718. "Jornada," trans. Hughes, in *JMBRAS* 13, ii (1935):111—56.

Guillon, Emmanuel 1989. "Les villes du Pégou aux XIVe et XVe siècles," *Archipel* 37:107—18.

Guillot, Claude 1989. "Banten en 1678,"*Archipel* 37:119—51.

—— 1992. "Libre entreprise contre économie dirigée: guerres civilies à Banten, 1580—1609,"*Archipel* 43:57—72.

Gullick, J. M. 1958. *Indigenous Political Systems of Western Malaya*. Reprinted London, Athlone Press, 1965.

Haan, E. de 1912. *Priangan: de Preanger-Regentschappen onder het Nederlandsche Bestuur tot 1811*. 4 vols. Batavia, Kolff.

—— 1922. Oud Batavia. 3 vols. Batavia, Kolff.

Habib, Irfan 1963. "Usury in Mediaeval India,"*CSSH* 6:393— 419.

—— 1982. "Population," in Raychaudhuri and Habib 1982:163—71.

—— 1982A. "Monetary System and prices," in Raychaudhuri and Habib 1982:360—81.

Haen, Dr de 1622. "Journael ende geschiedenissen op de reyse naer den Mataram ofte Pangaran Angalagga," June 1622, in de Jonge 1862—88 IV:284—

321.

—— 1623. "Journael van't gepasseerd op de reyse naer den Mattaram," 26 December 1623, in de Jonge 1862—88 V:30—39.

Hageman, J. 1859. "Geshied en aardrijkskundig overzigt van Java op het einde der achttiende eeuw," *TBG* 3, 3, afl. I.

Hagen, Steven van der 1607. "Oost-Indische Reyse," in *Begin ende Voortgangh* 1646.

Hakluyt, Richard (ed.) 1598—1600. *The Principal Navigations, Voyages, Traffiques, and Discoveries of the English Nation*, Everyman's ed. 8 vols. London, J. M. Dent, 1907.

Hall, C. J. J. van, and C. van der Koppel (eds.) 1946—50. *De Landbouw in den Indischen archipel*. 3 vols. in 4. The Hague, van Hoeve.

Hall, D. G. E. 1926. "English Relations with Burma, 1587—1686." *JBRS* 17, i.

—— 1928. *Early English Intercourse with Burma, 1587 — 1743*. 2nd ed. London, Frank Cass, 1968.

—— 1939. "The Daghregister of Batavia and Dutch Trade with Burma in the Seventeenth Century." *JBRS* 29, iii:139—56.

—— 1955. *A History of South-East Asia*. 3rd ed. London, Macmillan, 1968.

Hamilton, Alexander 1727. *A New Account of the East Indies*. Edinburgh, John Mosman, Vol. II. Reprinted London, Argonaut Press, 1930.

Hamonic, Gilbert 1987. *Le langage des dieux: cultes et pouvoirs pré-Islamiques en pays Bugis, Célèbes-sud, Indonésie.* Paris, CNRS.

Hamzah Fansuri. *Asraru'l-Arifin* (The secrets of the Gnostics), in All-Attas 1970:233—96 (Malay), 354—415 (English).

—— *Al-Muntahi* [The adept], in Al-Attas 1970:329—53 (Malay), 448—72 (English).

—— *Poems*. In Drewes and Brakel 1986:42—143.

Hanoi 1977. *Hanoi*, Vol. I: *From the Origins to the Nineteenth Century*.

Hanoi: Vietnamese Studies no. 48.

Hayami Akira 1986. "A Great Transformation: Social and Economic Change in Sixteenth- and Seventeenth-Century Japan." *Bonner Zeitschrlft für Japanologie* 8:3—13.

—— 1989. "Preface," in *Economic and Demographic Development in Rice Producing Societies: Some Aspects of East Asian History, 1500—1900*, ed. A. Hayami and Y Tsubouchi. Tokyo, n. p. pp. 1—5.

Heemskerck, J. van 1600, "Memorie," in de Jonge 1862—88 II:448—52.

Heers, Jacques 1955. "Il commercio nel Mediterraneo alla fine del sec. XIVe nei primi anni del XV,"*Archivio Storico Italiano* 113:157—209.

Heren XVII 1621. Letter to J. P. Coen, 4 March 1621, in Colenbrander 1922: 481—508.

Hikayat Banjar. In J. J. Ras,*Hikajat Bandjarr: A Study in Malay Historiography*. The Hague, Nijhoff for KITLV, 1968, pp, 228—521.

Hikayat Hang Tuah. Ed. Kassim Ahmad. Kuala Lumpur, Dewan Bahasa dan Pustaka, 1966.

Hikayat Patani. In Teeuw and Wyatt 1970 I:68—145.

Hikayat Pocut Muhamat. *Hikayat Potjut Muhamat: An Acehnese Epic*, trans. G. W. J. Drewes. The Hague, Nijhoff for KITLV.

Hikayat Raja-raja Pasai, Ed. A. H. Hill, in JMBRAS 33, ii (1960).

Hikayat Ranto. *Two Acehnese Poems: Hikajat Ranto and Hikajat Teungku de Meuké'*, ed. G. W J, Drewes. The Hague, Nijhoff for KITLV, 1980, pp. 6—41.

Hillgarth, J. N. (ed.) 1986. *Christianity and Paganism, 350—750: The Conversion of Western Europe*. Philadelphia, University of Pennsylvania Press.

Hirosue Masashi 1988. "Prophets and Followers in Batak Millenarian Responses to the Colonial Order: Parmalim, Na Siak Bagi and Parhudamdam, 1890—1930."Ph. D. diss., ANU, Canberra.

"History of Kings." "Slapat Rajawan Datow Smin Ron: A History of

Kings," trans. R. Halliday. *JBRS* 13, i (1923):1—67.

"History of Syriam."Trans. J. S, Furnivall. *JBRS* 5(1915):1—11,49—57,129—51.

Hoadley, Mason 1988. "Javanese, Peranakan, and Chinese Elites in Cirebon: Changing Ethnic Boundaries."*JAS* 47, iii:503—17.

Hobsbawm, E. J. 1954. "The Crisis of the Seventeenth Century,"*Past and Present* 5, reprinted in Aston 1965.

Hooker, M. B. (ed.) 1983. *Islam in South-East Asia*. Leiden, Brill.

Horridge, Adrian 1981. *The Prahu: Traditional Sailing Boat of Indonesia*. Kuala Lumpur, OUP.

Horton, Robin 1971. "African Conversion."*Africa* 41:85 —108.

—— 1975. "On the Rationality of Conversion."*Africa* 45:219—35, 373—99.

Hoskins, Janet 1987. "Spirit Worship and Conversion in West Sumha," in Kipp and Rodgers 1987:136—80.

Houtman, Frederick de 1603. *Le "Spraeck ende Woord-boek,"* ed. Denys Lombard. Paris, EFEO, 1970.

Hugo, Graeme 1982. "Population Mobility and Development in Asia."Paper presented at the Fourth Biennial Conference of the Asian Studies Association of Australia, Melbourne.

Huntingdon, Richard, and Peter Metcalf 1979. *Celebrations of Death: The Anthropology of Mortuary Ritual*. Cambridge, CUP.

Hutchinson, E. W. 1940. *Adventurers in Siam in the Seventeenth Century*. London, Royal Asiatic Society.

Ibn Majid, Ahmad 1462. "Al-Mal'aqiya," trans. G. R. Tibbetts, in *A Study of the Arabic Texts Containing MateriaI of South-east Asia*. Leiden and London, 1979, pp. 99—206.

Ibrahim, ibn Muhammad 1688. *The Ship of Sulaiman*, trans, from Persian by J. O'Kane. London, Routledge and Kegan Paul, 1972.

Innes, R. L. 1980. "The Door Ajar: Japan's Foreign Trade in the Seventeenth Century. "Ph. D. diss. , University of Michigan.

—— 1975. *Sangha, State, and Society: Thai Buddhism in History*, trans. Peter Hawkes. Honolulu, University of Hawaii Press, 1986.

—— 1993. "Religious Patterns and Economic Change in Siam in the Sixteenth and Seventeenth Centuries," in Reid 1993:180—94.

—— (ed.) forthcoming. "The Junk Trade from Siam, Cambodia and the Peninsula, 1679 to 1723: Translations from the *Kai-Hentai*. "Singapore, Institute of Southeast Asian Studies.

Israel, J. I. 1989. *Dutch Primacy in World Trade*, 1585—1740. Oxford, Clarendon.

Ito Takeshi 1978. "Why Did Nuruddin ar-Raniri Leave Aceh in 1054 A. H. ?" BKI 134:489—91.

—— 1984, "The World of the Adat Aceh: A Historical Study of the Sultanate of Aceh. "Ph. D. diss. , ANU, Canberra.

Ito Takeshi and Anthony Reid 1985. "From Harbour Autocracy to 'Feudal' Diffusion in Seventeenth-Century Indonesia: The Case of Aceh," in *Feudalism: Comparative Studies*, ed. Edmund Leach, S. N. Mukherjee, and John Ward. Sydney, Sydney Association for Studies in Society and Culture.

Iwao Seiichi 1976. *Kaigai Koshoshi no Shiten, 2: Kinsei*[Views on overseas contacts, Vol. 2: Modern times]. Tokyo, Nihon Shoseki Kabukishiki Kaisha.

—— 1976A. "Japanese Foreign Trade in the Sixteenth and Seventeenth Centuries. "*Acta Asiatica* 30:1—18.

Jacobs, Hubert (ed.) 1974. *Documenta Malucensia I, S1542—1577*. Rome, Jesuit Historical Institute.

—— (ed.) 1986. *The Jesuit Makasar Documents, 1615—1682*. Rome, Jesuit Historical Institute.

—— 1987. "The Insular Kingdom of Siau under Portuguese and Spanish Impact, Sixteenth and Seventeenth Centuries. "Paper presented at European

Conference of Indonesian and Malaysian Studies, Passau.

Jansz, Hendrick 1616. Letter from Patani 31 October 1616, in Coolhaas 1952: 208—22.

Jarric, Pierre du 1608—14. *Histoire des choses plus memorable advenues taut ez Indes Orientales, que autres pais de la descouverte des Portugais*, 3 vols. Bordeaux, Millanges.

Javaanse Primbon. Trans. G. W. J. Drewes, in Drewes 1954:10—95.

"Javanese Code." *An Early Javanese Code of Muslim Ethics*, trans. G. W. J. Drewes. The Hague, Nijhoff for KITLV, 1978, pp. 14—57.

Johns, A. H. 1961. "Sufism in Indonesia." *JSEAH* 2, ii:10—23.

—— 1965. *The Gift Addressed to the Spirit of the Prophet*. Canberra, ANU Press.

—— 1979. *Cultural Options and the Role of Tradition: A Collection of Essays on Modern Indonesian and Malaysian Literature*. Canberra, ANU Press.

Jones, E. L. 1981. *The European Miracle: Environment, Economies and Geopolitics in the History of Europe and Asia*. Cambridge, CUP.

Jones, Russel 1979. "Ten Conversion Myths from Indonesia," in Levtzion 1979:129—58.

—— 1982. "The First Indonesian Mission to London. "Indonesia Circle 28: 9—19.

Jonge, J. K. J. de (ed.) 1862—88. *De opkompst van het Nededandsch Gezag in Oost-Indië*. 13 vols. The Hague, Nijhoff.

Jourdain, John 1617. *The Journal of John Jourdain, 1608—1617. Describing His Experiences in Arabia, India, and the Malay Archipelago*, ed. W. Foster. Cambridge, Hakluyt Society, 1905.

Juynboll, H. H. 1899. *Catalogus van de Maleische en Sundaneesche handschriften der Leidsche Universiteits-bibliotheek*. Leiden, Brill.

Kaempfer, E. 1727. *The History of Japan, Together with a Description of the Kingdom of Siam*, trans. J. G. Scheuchzer, Vol. I. Glasgow, James Maclehose, 1906.

Kala, U 1711. *Mahayazawingyi*[Great chronicle], ed. Saya U Khin Soe. Vol. III. Rangoon, Hanthawadi Pidakat Ponneik Taik, 1961 [translated for me by Maung Maung Nyo].

Kasetsiri, Charnvit 1976. *The Rise of Ayudhya: A History of Siam in the Fourteenth and Fifteenth Centuries*. Kuala Lumpur, OUP.

Kathirithamby-Wells, J. 1969. "Achehnese Control over West Sumatra Pepper up to the Treaty of Painan of 1663," *JSEAH* 10, iii:453—79.

—— 1970. "Ahmad Shah Ibn Iskandar and the Late Seventeenth Century 'Holy War' in Indonesia," JMBRAS 43, i:43—63.

—— 1977. *The British West Sumatran Presidency, 1760—85: Problems of Early Colonial Enterprise*. Kuala Lumpur, Penerbit Universiti Malaya.

—— 1990. "Banten: A West Indonesian Port and Polity during the Sixteenth and Seventeenth Centuries," in Kathirithamby-Wells and Villiers 1990:107—25.

Kathirithamby-Wells, J., and John Villiers 1990. *The Southeast Asian Port and Polity: Rise and Demise*. Singapore, Singapore University Press.

Keeling, William 1612. "A Journal of the Third Voyage to the East India," in Purchas 1905:502—49.

Kern, R. A. 1939. *Catalogus van de Boegineesche, tot den I La Galigo-cyclus behoorende handschriften der Leidsche Universiteit*. Leiden, Universiteitsbibliotheek.

Keyes, Charles 1974. "A Note on the Ancient Towns and Cities of Northeastern Thailand." *Tonan Ajia Kenkyu* 11, iv:497—506.

—— 1981. "Southeast Asian Tribal Religions," in *The Perennial Dictionary of World Religions*, ed. Keith Crim, New ed. San Francisco, Harper and Row, 1989, pp. 709—13.

"Kingdom of Pegu" 1605. "'A Brief Account of the Kingdom of Pegu,' trans. from Portuguese by A. Macgregor, I. C. S. Retd., with a note by D. G. E. Hall." *JBRS* 16, ii:99—138.

Kipp, Rita, and Susan Rodgers (eds.) 1987. *Indonesian Religions in Transition*. Tucson, University of Arizona Press.

Klein, P. W. 1986. "De Tonkinees-Japanse zijdehandel van de Verenigde Oostindische Compagnie en het inter-Aziatische verkeer in de 17e eeuw," in *Bewogen en bewegen: de historicus in het spanningsveld tussen economie en cultuur*, ed. W. Frijhoft and M. Hiemstra. Tilburg, Gianotten, pp. 152—77.

Knaap, Gerrit 1987. *Kruidnagelen en Christenen: de Verenigde Oost-Indische Compagnie en de bevolking van Ambon, 1656 — 1696*. Dordrecht, Foris for KITLV.

Knaap, Gerrit (ed.) 1987. *Memories van overgave van gouverneurs van Ambon in de zeventiende en achttiende eeuw*. The Hague, Nijhoff for RGP.

Knaap, Gerrit, and Luc Nagtegaal 1991 "A Forgotten Trade: Salt in Southeast Asia, 1670—1813," in Ptak and Rothermund 1991:127—58.

Kobata, Atsushi, and Mitsugo Matsuda 1969. *Ryukyuan Relations with Korea and South Sea Countries*. Kyoto, Atsushi Kobata.

Koenig, William J. 1990. *The Burmese Polity*, 1752—1819: *Politics, Administration, and Social Organization in the Early Konbaung Period*. Ann Arbor, University of Michigan Center for South and Southeast Asian Studies.

Koentjaraningrat 1985. *Javanese Culture*. Singapore, OUP.

Koubi, Jeannine 1982. *Rambu Solo', "La fumée descend": le culte des morts chez les Toradja du sud*. Paris, CNRS.

Kreemer, J. 1922—3. *Atjèh*. 2 vols. Leiden, Brill.

Kumar, Ann 1980. "Javanese Court Society and Politics in the Late Eighteenth Century: The Record of a Lady Soldier, Part I." *Indonesia* 29:1—46.

—— 1985. *The Diary of a Javanese Muslim: Religion, Politics and the Pesantren, 1883 — 1886*, Canberra, ANU Faculty of Asian Studies.

Laarhoven, Ruurdje 1988. "Textile Trade out of Batavia during the VOC Period." Paper presented at the Seventh National Conference of the Asian Studies Association of Australia, Canberra.

—— 1989. *The Magindanao Sultanate in the Seventeenth Century: Triumph of Moro Diplomacy*. Quezon City, New Day.

—— 1990. "Lords of the Great River: The Magindanao Port and Polity during the Seventeenth Century," in Kathirithamby-Wells and Villiers 1990: 161—86.

Laarhoven-Casino, Ruurdje 1985, "From Ship to Shore: Magindanao in the Seventeenth Century (from Dutch Sources)." Ph. D. diss., Ateneo de Manila University.

Lajonquière, Lunet de 1901. "Vieng-Chan." *BEFEO*: 99—118.

La Loubère, Simon de 1691. *A New Historical Relation of the Kingdom of Siam. London, Tho. Home 1693*. Reprinted Kuala Lumpur OUP, 1969.

Lamb, H. H. 1977. *Climate: Present, Past and Future*, Vol. II. London, Methuen.

—— 1982. *Climate, History and the Modern World*. London, Methuen.

Lancaster, James 1603. *The Voyage of Sir James Lancaster to Brazil and the East Indies, 1591 — 1603*, ed. Sir William Foster. London, Hakluyt Society, 1940.

Lane, Frederick 1933. "Venetian Shipping during the Commercial Revolution." Reprinted in Lane 1966: 3—24.

—— 1940. "The Mediterranean Spice Trade: Its Revival in the Sixteenth Century" (*AHR* 45). Reprinted in Lane 1966: 25—34.

—— 1966. *Venice and History: The Collected Papers of Frederick C. Lane*. Baltimore, Johns Hopkins University Press.

Lapidus, Ira 1967. *Muslim Cities in the Later Middle Ages*. Cambridge, Harvard University Press,

La-uddin 1788. "Memoirs of His Father, Nakhoda Muda," trans. William Marsden, as *Memoirs of a Malayan Family, Written by Themselves*. London. J. Murray, 1830.

Lavezaris, Guido de 1574. "Reply to Fray Rada's Opinion," in Blair and Robertson 1903—09 III:260—71.

Le Blanc, Marcel 1692. *Histoire de la révolution du roiaume de Siam, arrivée en l'année 1688*. Lyon, Horace Molin.

Legazpi, Miguel López de 1569. "Relation of the Filipinas Islands, and of the Character and Conditions of Their Inhabitants," July 1569, in Blair and Robertson 1903—09 III:54—61.

Le May, Reginald 1932. *The Coinage of Siam*. Bangkok, Siam Society.

Le Quy Don 1776. *Phu Bien Tap Luc*, extracts translated by Li Tana in Li Tana and Anthony Reid (eds.), *Southern Vietnam under the Nguyen. Documents on the Economic History of Cochinchina (Dang Trong), 1602—1777*. Singapore, ISEAS, 1993, pp. 98—126.

Le Roux, C. C. F. M. 1935. "Boegineesche zeekaarten van der lndische Archipel," T Aard. G. :687—714.

Le Thanh Koi 1971. Histoire du Vietnam, des origines à 1858. 2nd ed. Paris, Sudestasie, 1987.

Leur, J. C. van 1934. "On Early Asian Trade," trans. J. S. Homes and A. van Marle, in van Leur, *Indonesian Trade and Society*. The Hague, Nijhoff, 1955, pp. 1—144.

—— 1940. "The World of Southeast Asia," in ibid. :157—245.

Levtzion, Nehemia (ed.) 1979. *Conversion to Islam*. New York, Holmes and Meier.

Lieberman, Victor 1980. "Europeans, Trade, and the Unification of Burma, c. 1540—1620."*Oriens Exttemus* 27, ii:203—26.

—— 1980A. "Provincial Reforms in Taung-ngu Burma."*BSOAS* 43:548—69.

—— 1984. *Burmese Administrative Cycles: Anarchy and Conquest, c. 1580—1760*. Princeton, Princeton University Press.

—— 1991. "Secular Trends in Burmese Economic History, c. 1350—1830, and Their Implications for State Formation."*MAS* 25, i:1—31.

—— 1993. "Was the Seventeenth Century a Watershed in Burmese History?" in Reid 1993:214—49.

Ligtvoet, A. 1880. "Transcriptie van het dagboek der vorsten van Gowa en Tello, met vertaling en aanteekeningen." *BKI* 4:1—259.

Linschoten, J. H, van 1598. *The Voyage of Jan Huyghen van Linschoten to the East Indies*, ed. A. C. Burnell and P. A. Tiele, Vol. I. London, Hakluyt Society, 1885.

Lintgens, Aernoudt 1597. "Verbael vant tgheene mij opt eijllandt van Baelle medevaeren is," in *De eerste schipvaart der Nederlanders naar Oost-lndië onder Cornelis de Houtman*, 1595—1597, ed. G. P. Rouffaer and J. W. Ijzerman, Vol. III. The Hague, Linschoten-Vereeniging, 1929, pp. 73—103.

Li Tana 1992. "The Inner Region: A Social and Economic History of Nguyen Vietnam in the Seventeenth and Eighteenth Centuries." Ph. D. diss., ANU.

Loarca, Miguel de 1582. "Relation of the Filipinas Islands," in Blair and Robertson 1903—09 V:34—187.

Lodewycksz, Willem 1598. "D'eerste Boeck: historie van Indien vaer inne verhaelt is de avontueren die de Hollandtsche schepen bejeghent zijn," in *De eerste schipvaart der Nederlanders naar Oost-Indië onder Cornelis de Houtman, 1595—1597*, ed. G. P. Rouffaer and J. W. Ijzerman, Vol. I. The Hague, Nijhoff for Linschoten-Vereeniging, 1915, pp. 139—56.

Lombard, Denys 1967. *Le Sultanat d'Atjéh au temps d'Iskandar Muda, 1607—1636*. Paris, EFEO.

—— 1990. *Le carrefour javanais: essai d'histoire globale*. 3 vols. Paris, Editions de l'Ecole des Hautes Etudes en Sciences Sociales.

Lombard, Denys, and Jean Aubin (eds.) 1988. *Marchands et hommes d'affaires asiatiques dans l'Océan lndien et la Mer de Chine 13e — 20e siècles*. Paris, EHESS.

Lontara'-bilang Gowa. Trans. in Ligtvoet 1880:1—259.

Luang Prasoet chronicle. "Events in Ayudha from Chulasakaraj, 686－966," trans. O. Frankfurter. *JSS* 6, iii (1909):3—19.

Macassar Factory 1658. Letter to Banten, 23 July 1658, IOL, G/10/1, p. 149.

Macassar General 1665. Letter to Banten, 31 May 1665, IOL G/10/1 pp. 260— 65.

Maetsuyker et al. 1659. Letter from Batavia, 16 December 1659, in Coolhaas 1968:247—91.

—— 1660. Letter from Batavia, 16 January 1660, in Coolhaas 1968:292—313.

—— 1661. Letter from Batavia, 26 January 1661, in Coolhaas 1968:354—70.

—— 1662. Letter from Batavia, 26 December 1662, in Coolhaas 1968:403—51.

—— 1669. Letter from Batavia, 17 November 1669, in Coolhaas 1968:676—708.

Magalhães-Godinho, Vitorino 1969. *L'économie de l'empire portugais aux XVe et XVle siècles*. Paris, SEVPEN.

Ma Huan 1433. *Ying-yai Sheng-lan*: "*The Overall Survey of the Ocean's Shores*," trans. J. V. G. Mills. Cambridge, Hakluyt Society, 1970.

Mahul, Cesar A. 1973. *Muslims in the Philippines*. 2nd ed. Quezon City, University of the Philippines Press.

Mailla, P. de 1717. Letter from Peking, 5 June 1717, in Querbeuf 1781, 19:5—72.

Manguin, Pierre-Yves 1979. "L'introduction de l'Islam au Campa." *BEFEO* 66:255—69.

—— 1980. "The Southeast Asian Ship: An Historical Approach." *JSEAS* 11, ii:266—76.

——1984. "Relationship and Cross-Influences between Southeast Asian and Chinese Shipbuilding Traditions." *Final Report, SPAFA Consultative*

Workshop on Maritime Shipping and Trade Networks in Southeast Asia. Bangkok, SEAMEO Special Project on Archeology and Fine Art, pp. 197—212.

—— 1985. "Late Mediaeval Asian Shipbuilding in the Indian Ocean: A Reappraisal." *Moyen Orient et Océan Indien* 2, ii:1—30.

—— 1993. "The Vanishing *Jong*: Insular Southeast Asian Fleets in Trade and War (Fifteenth to Seventeenth Centuries)," in Reid 1993:197—213.

Mantegazza, G. M. 1784. *La Birmanie*. Rome, Ed. A. S., 1950.

Marini, Gio Filippo de, S. J. 1663. *Delle missioni de padri della Compagnia di Giesu nella Provincia de Giappone, e particolarmente di quella di Tumkino*. Rome, Nicolò Angelo Tinassi.

Marsden, William 1783. The *History of Sumatra*, 3rd rev. ed. London, 1811. Reprinted Kuala Lumpur, OUP, 1966.

Martin, François 1604. *Description du premier voyage faict aux Indes Orientales par les françois en l'an 1603*. Paris. Laurens Sonnius.

Mascarenhas, Pero, S. J. 1570. Letter from Ambon, 15 June 1570, in Jacobs 1974:595—611.

Masselman, George 1963. *The Cradle of Colonialism*. New Haven, Yale University Press.

Matelief, Comelis 1608. "Historische verhael vande treffelijcke reyse, gedaen naer de Oost-Indien ende China," in *Begin ende Voortgangh* 1646.

Maximilianus Transylvanus 1522. "De Moluccis Insulis," trans. J. A. Robertson, in Pigafetta, *First Voyage Around the World*. Manila, Filipiniana Book Guild, 1969, pp. 109—30.

Meersman, A. 1967. *The Franciscans in the Indonesian Archipelago, 1300—1775*. Louvain, Nauwelaerts.

Meilink-Roelofsz, M. A. P. 1969. *Asian Trade and European Influence in the Indonesian Archipelago between 1500 and about 1630*. The Hague, Nijhoff.

Mendelson, Michael 1975. *Sangha and State in Burma: A Study of Monas-*

tic Sectarianism and Leadership. Ithaca, Cornell University Press.

Mendoza, Juan Gonzalez de 1586. *Historia... de la China*, trans, in Blair and Robertson 1903—09 VI:134—50.

Metcalt, Peter 1982. *A Borneo Journey into Death: Berawan Eschatology from Its Rituals*. Philadelphia, University of Pennsylvania Press.

Meulen, Jan van der 1639. Letter from Aceh. ARA, KA 1040 (VOC 1131), ff. 1194—1204.

Miche, Monsignor 1852. "Notice of the Religion of the Cambojans." *JIAEA* 6:605—17.

Milaan, P. W. van 1942. "Beschouwingen over het seventiende eeuwse Mataramse wegennet," *Sociaal Geographische Mededeelingen* 4:205—39.

Miles, Douglas 1976. *Cutlass and Crescent Moon: A Case Study in Social and Political Change in Outer Indonesia*. Sydney, Sydney University Centre for Asian Studies.

Mills, J. V. 1979. "Chinese Navigators in Insulinde about A. D. 1500." *Archipel* 18:69—93.

Milner, A. C. 1983. "Islam and the Muslim State," in Hooker 1983:23—49.

Ming Shi Lu. *Ming Shi Lu Chong Zhi Dong Nan Ya Shi* [Southeast Asia in Ming dynastic chronicles], ed. Chiu Ling-yeong, Chan Hok-lam, Chan Cheung, and Lo Wen. 2 vols. Hong Kong, Hsuehtsin Press, 1968.

Missions Etrangères 1674. *Relation des missions des evesques françois aux royaumes de Siam, de la Cochinchine, de Camboye, et du Tonkin, &c.* Paris, Pierre le Petit.

—— 1680. *Relation des missions et des voyages des evesques vicaires apostoliques, et de leurs ecclesiastiques, és Annees 1672, 1673, 1674 et 1675.* Paris, Charles Angot.

—— 1680A. *Relation des missions et des voyages des evesques vicaires apostoliques, et de leurs ecclesiastiques, és Annees 1676 et 1677.* Paris, Charles Angot.

Moertono, Soemarsaid 1963. *State and Statecraft in Old Java: A Study of the Later Mataram Period, Sixteenth to Seventeenth Century*. Ithaca, Cornell Modern Indonesia Project.

Moloughney, Brian, and Xia Weizhong 1989. "Silver and the Fall of the Ming: A Reassessment," *Papers in Fat Eastern History* 40:51—78.

Moore, Barrington 1966. *Social origins of Dictatorship and Democracy: Lord and Peasant in the Making of the Modern World*. Harmondsworth, Penguin.

Morga, Antonio de 1609. *Sucesos de las lslas Filipinas*, trans. J. S. Cummins Cambridge, Hakluyt Society, 1971.

Mouhot, Henri 1864. *Travels in the Central Parts of Indo-China (Siam). Cambodia. and Laos during the Years 1858, 1859, and 1860*, 2 vols. London, John Murray.

Muller, Hendrik 1917. *De Oost-Indische Compagnie in Cambodja en Laos: verzameling van bescheiden vań 1636 tot 1670*. The Hague, Nijhoff for Linschoten-Vereeniging.

Mun, Thomas 1621. *A discourse of Trade, from England unto the East-Indies: Answering to diuerse Objections which are usually made against the same*. London. Reprinted in *East Indian Trade: Selected Works, Seventeenth Century*, London, Gregg, 1968.

Mundy, Peter 1667. *The Travels of Peter Mundy in Europe and Asia, 1608—1667*, ed. R. C. Temple, Vol. III. London, Hakluyt Society, 1919.

Museum Nasional 1980. *Selected Collection of the National Museum*. Vol. I. Jakarta, Proyek Pembangunan Museum Nasional.

——1984—85. *Selected Collection of the National Museum*. Vol. II. Jakarta, Proyek Pembangunan Museum Nasional.

Nagara-kertagama 1365. "The Nagara-kertagama by *Rakawi* Prapanca of Majapahit 1365 A. D.," trans. Theodore G. Th. Pigeaud, in Pigeaud 1960—63, vol. 3.

Nagtegaal, Lucas 1988. "Rijden op een Hollandse Tijger: de noordkust van

Java en de V. O. C. , 1680—1743. "Ph. D. diss. , University of Utrecht.

Navarrete, Domingo 1676. *The Travels and Controversies of Friar Domingo Navarrete, 1618 — 1686*, trans. J. S. Cummins. 2 vols. Cambridge, Hakluyt Society, 1962.

Neck, Jacob van 1599. "Reisverhaal," in *De tweede schipvaart der Nederlanders naar Oost-Indië onder Jacob Cornelisz van Neck en Wijbrant Warwijck, 1598—1600*, ed, J. Keuning. Vol. I. The Hague, Nijhoff for LinschotenVereeniging, 1938, pp. 1—111.

—— 1604. "Journal van Jacob van Neck, " in *De vierde schipvaart der Nederlanders naar Oost-Indië onder Jacob Wilkens en Jacob van Neck (1599—1604)*, ed. H. A. van Foreest and A. de Booy. Vol. I. The Hague, LinschotenVereeniging, 1980, pp. 166—233.

Needham, Joseph 1971. *Science and Civilisation in China*. Vol. 4, pt. 3: *Civil Engineering and Nautics*, Cambridge, CUP.

Netscher, E. , and J. A. van der Chijs 1864. *De Munten van Nederlansche-Indië*. Batavia, VBG 31.

Nguyen Gian Thanh 1508. " Spring in the Royal City. "Hanoi 1977:138—40.

Nguyen Khac Vien 1987. *Vietnam: une longue histoire*. Hanoi, Foreign Languages Publishing House.

Nguyen Thanh-Nha 1970, *Tableau économique du Vietnam aux XVIIe et* XWIIIe siècles. Paris, Cujas.

Nieuhoff, Johan 1662, "Voyages and Travels in Brasil and the Bast-Indies, " in *A Collection of Voyages and Travels*. 4 vols. London, Awnshawm and John Churchill, 1704 II: 1—369.

—— 1682. *Voyages and Travels to the East Indies*. Reprinted Singapore, OUP, 1988.

Nieuwenhuijze, C. A. O. van 1945. *Samsu'l-din van Pasai: bijdragen tot de kennis der Sumatraansche Mystiek*. Leiden, Brill.

Noguettes [1685]. *Relation du voyage et des missions du royaume de Siam, és années 1681 et 1683*. Chartres, Estienne Massot, n. d.

Noorduyn, J. 1955. *Een achttiende-eeuwse kroniek van Wadjo': Buginese historiografie*. The Hague, Smits.

—— 1956. "De Islamisering van Makasar," *BKI* 112:247—66.

—— 1978. "Majapahit in the Fifteenth Century." *BKI* 134:207—74.

Noort, Olivier van 1601. "Beschrijving vande Voyagie ghedaen door Olivier van Noort," in *De reis om de wereld door Olivier van Noort, 1598—1601*, ed. J. W. Ijzerman. The Hague, Nijhoff for KITLV, 1926, I:1—157.

Novena, Albert 1982. "Tradition and Catholicism: Prayer and Prayer Groups among the Sikkanese of Flores." Lit. B. thesis, ANU.

Nurhadi and Armeini 1978. *Laporan Survei Kepurbakalan Kerajaan Mataram Islam (Jawa Tengah)*. Jakarta, Pusat Penelitian Purbakala dan Peninggalan Nasional.

O'Connor, Richard 1983. *A Theory of Indigenous Southeast Asian Urbanism*, Singapore, Institute of Southeast Asian Studies.

—— 1985. "Centers and Sanctity, Regions and Religion: Varieties of Thai Buddhism." Paper presented at Conference of the American Anthropological Association, Washington, D. C.

—— 1989. "Sukhothai: Rule, Religion and Elite Rivalry," Paper presented at the Forty-first Annual Conference of the Association for Asian Studies, Washington, D. C.

O'Connor, V. C. Scott 1907. *Mandalay, and Other Cities of the Past in Burma*, London, Hutchison.

Oliver, Juan de 1586. "Explanation of the Commandments of the Law of God," trans. Antonio-Ma. Rosales, in *A Study of a Sixteenth-Century Tagalog Manuscript on the Ten Commandments: Its Significance and Implications*. Quezon City, University of the Philippines Press, 1984, pp. 26—67.

Osòrio, Fernão de 1563. Letter from Ternate, 15 February 1563, in Jacobs 1974:364—79.

Ouansakul, Panne 1976. "Trade Monopoly in Ayudhya." *Social Science Review*(Bangkok): 1—27.

Outhoorn, van 1693. Letter to Heren XVII, 8 December 1693, in Coolhaas 1975:605—49.

Paiva, Antonio de 1545. Letter to the bishop of Goa, in Hubert Jacobs, "The First Locally Demonstrable Christianity in Celebes, 1544," Studia 17 (1966): 282—302.

Pallu, Francois 1668. *Relation abregée des missions et des voyages des evesques francois, evoyez aux royaumes de la Chine, Cochinchine, Tonquin, et Siam*. Paris, Denys Bechet.

Panikkar, K. M. 1953. *Asia and Western Dominance: A Survey of the Vasco da Gama Epoch of Asian History, 1498—1945*. London, Allen and Unwin, 1974.

Parker, Geoffrey 1988. *The Military Revolution: Military Innovation and the Rise of the West, 1500—1800*. Cambridge, CUP.

Parker, Geoffrey, and Lesley Smith (eds.) 1978. *The General Crisis of the Seventeenth Century*. London, Routledge and Kegan Paul, 1985.

Pelras, Christian 1971. "Hiérarchie et pouvoir traditionnel en pays Wadjo'," *Archipel* I:169—91.

Phelan, J. L. 1959. *The Hispanization of the Phihppines: Spanish Aims and Filipino Responses, 1565—1700*. Madison, University of Wisconsin Press.

Phoen, Mak, and Po Dharma 1984. "La première intervention militaire vietnamien au Cambodge." *BEFEO* 73:285—318.

Pigafetta, Antonio 1524, *First Voyage Around the World*, trans. J. A. Robertson. Manila, Filipiniana Book Guild, 1969, pp. 1—108.

Pigeaud, Th. G. Th. 1938. *Javaanse volksvertoningen: bijdrage tot de beschrijving van land en volk*. Batavia, Volkslectuur.

—— 1960—63. *Java in the Fourteenth Century: A Study in Cultural History*. 4 vols. The Hague, Nijhoff for KITLV.

—— 1967. *Literature of Java*. Vol. I. The Hague, Nijhoff for KITLV.

—— 1968. *Literature of Java*. Vol. II. The Hague, Nijhoff for KITLV.

Pijper, G. F. 1924. *Het boek der duizend vragen*. Leiden, Brill.

Pinith, Saveng 1987. *Contribution à l'histoire du royaume de Luang Prabang*. Paris, EFEO.

Pinto, Fernão Mendez 1578. *Peregrinacão*, trans, in Catz 1989.

Pinto, Manoel 1548. Letter from Melaka, 7 December 1548, in J. Wicki (ed.), *Documenta Indica*. Vol. II. Rome, Jesuit Historical Institute, 1950, pp. 419—28.

Pinto da Fonseca, Antonio 1629. Letter from Melaka, 9 June 1629, reproduced in *Kerajaan Aceh dalam Dokumen Sepanyol*, ed. Aboe Bakar. Banda Aceh, Pusat Dokumentasi dan Informasi Aceh, 1982.

——1630. Letter from Melaka, 19 February 1630, trans. in Boxer 1964:114—20.

Pires, Tomé 1515. *The Suma Oriental of Tomé Pires*, trans. Armando Cortesão. London, Hakluyt Society, 1944.

Plasencia, Fr. Juan de 1589. "Customs of the Tagalogs," 21 October 1589, in Blair and Robertson 1903— 09 VII:173—85.

Poivre, Pierre, 1750. "Voyage de Pierre Poivre en Cochinchine: description de la Cochinchine, 1749—1750, "*Revue de l'Extrême-Orient* 3, i (1885): 81—121.

Polo, Marco 1298. *The Travels of Marco Polo*, trans. Ronald Latham. Harmondsworth, Penguin, 1958.

Pombejra, Dhiravat na 1984. "A Political History of Siam under the Prasatthong Dynasty, 1629—1688. "Ph. D. diss. , London University.

—— 1990. "Crown Trade and Court Politics in Ayutthaya during the Reign of King Narai, 1656—88, " in Kathirithamby-Wells and Villiers 1990:127—42.

—— 1993. "Ayutthaya at the End of the Seventeenth Century: Was There a Shift to Isolation? " in Reid 1993:252—72.

Prakash, Om 1979. "Asian Trade and European Impact: A Study of the Trade from Bengal, 1630—1720," in *The Age of Partner.ship: Europeans in Asia before Dominion*, ed. Blair King and M. N. Pearson. Honolulu, University of Hawaii Press, 1979, pp. 43—70.

Premare, P. de 1699. Letter from Canton, 17 February 1699, in de Querbeuf 1781 XVI:338—72.

Pring, Martin 1619. Letter from Sunda Straits, 13 March 1619, IOL, E/3/6/, ff. 286—94.

Ptak, Roderich, and Dietmar Rothermund (eds.) 1991. *Emporia, Commodities and Entrepreneurs in Asian Maritime Trade, c. 1400—1750*. Stuttgart: Franz Steiner Verlag.

Purchas, Samuel 1905. *Hakluytus Posthumus, or Purchas His Pilgrimes*. Vol. II. Glasgow, Hakluyt Society.

Pyrard, Francis 1619. *The Voyage of Francis Pyrard of Laval to the East Indies the Maldives, the Moluccas and Brazil*, trans. A. Gray. 2 vols. London, Hakluyt Society, 1887—89.

Qabus Nama 1082. *A Mirror for Princes: The Qabus Nama by Kai Ka'us ibn Iskandar*, trans. Reuben Levy. London, Cresset, 1951.

Querbeuf, Y. M. H. de (ed.) 1781. *Lettres edifiantes et curieuses, ecrites des missions etrangères (de la Compagnie de Jesus)*. 14 vols. Paris.

Quinn W. H., D. O. Zopkf, K. S. Short, and R. T. W. Kuo Yang 1978. "Historical Trends and Statistics of the Southern Oscillation, El Niño, and Indonesian Droughts." *Fishery Bulletin* 76, iii:663—78.

Rabibhadana, Akin 1969. *The Organization of Thai Society in the Early Bangkok Period, 1792—1873*. Ithaca, Cornell University Southeast Asia Program.

Rafael, Vicente 1988. *Contracting Colonialism*. Ithaca, Cornell University Press.

Raffles, Thomas Stamford 1817. *The History of Java*. 2 vols. London, John Murray. Reprinted Kuala Lumpur, OUP, 1965, 1978.

Raniri, Nuru'd-din ar- c. 1644. *Bustanu's-Salatin, Bab II, Fasal 13*, ed. T. Iskandar. Kuala Lumpur, Dewan Bahasa dan Pustaka, 1966.

Raychaudhuri, Tapan 1962. *Jan Company in Corormandel, 1605—1690: A Study of the Interrelations of European Commerce and Traditional Economies*. The Hague, Nijhoff for KITLV.

Rayehaudhuri, Tapan, and Irfan Habib 1982. *The Cambridge Economic History of India*. Vol. I. Cambridge, CUP.

Reael, Laurens 1618. Letter from Makian, 20 August 1618, in Coolhaas 1960:87—94.

Reid, Anthony 1969. "Sixteenth Century Turkish Influence in Western Indonesia." *JSEAH* 10, iii:395—414.

—— 1980. "The Structure of Cities in Southeast Asia: Fifteenth to Seventeenth Centuries." *JSEAS* 11 ii:235—50.

—— 1981. "A Great Seventeenth Century Indonesian Family: Matoaya and Pattingalloang of Makassar." *Masyarakat Indonesia* 8, i:1—28.

——(ed.)1983. *Slavery, Bondage and Dependency in Southeast Asia*. St. Lucia, University of Queensland Press.

—— 1983A. "The Rise of Makassar." RIMA 17:117—60.

—— 1987. "Low Population Growth and Its Causes in Pre-Colonial Southeast Asia," in Owen 1987:33—47.

—— 1988. *Southeast Asia in the Age of Commerce*, Vol. I: *The Lands below the winds*. New Haven, Yale University Press.

—— 1989. "Elephants and Water in the Feasting of Seventeenth Century Aceh." *JMBRAS* 62, ii:25—44.

—— 1990. "An Age of Commerce in Southeast Asian History." *MAS* 24, i:1—30.

—— 1992. "The Rise and Fall of Sino-Javanese Shipping," *Looking in Odd Mirrors: The Java Sea*, ed. V. J. H. Houben, H. M. J. Maier, and W. van der Molen. Leiden, Vakgroep Talen en Culturen van Zuidoost-Azië en Oceanië, pp. 177—211.

——(ed.)1993. *Southeast Asia in the Early Modern Era*. Ithaca, Cornell University Press.

"Relation" 1570. "Relation of the Voyage to Luzon," May 1570, in Blair and Robertson 1903—09 III:73—104.

"Relation" 1572. "Relation of the Conquest of the Island of Luzon," 20 April 1572, in Blair and Robertson 1903—09 III:141—72.

Reniers et al. 1651. Letter from Batavia, 19 December 1651, in Coolhaas 1964:480—554.

Rhodes, Alexandre de 1651. *Histoire du royaume de Tonquin*. Lyons, Devenet.

—— 1653. *Rhodes of Vietnam: The Travels and Missions of Father Alexander de Rhodes in China and Other Kingdoms of the Orient*, trans. S. Hertz. Westminster, Md., Newman Press, 1966.

Richard, Abbé 1778. *Histoire naturelle, civile et politique du Tonquin*. 2 vols. Paris, Moutard.

Richards, John F. (ed.) 1983. *Precious Metals in the Later Mediaeval and Early Modern Worlds*. Durham, N.C., Carolina Academic Press.

Ricklefs, M. C. 1974. *Jogjakarta under Sultan Mangkubumi, 1749—1792: A History of the Division of Java*. London, OUP.

—— 1979. "Six Centuries of Islamization in Java," in Levtzion 1979:100—28.

—— 1981. *A History of Modern Indonesia, c. 1300 to the Present*. London, Macmillan.

Rijali 1657. "Hikayat Tanah Hitu," ed. Z. J. Manusama. Ph. D. diss., Leiden University, 1977.

Riquel, Hernando 1573. "News from the Western Islands," 1 July 1573, in Blair and Robertson 1903—09 III:230—49.

Robinson, M. 1986. *The Lead and Tin Coins of Pegu and Tenasserim*. Sale, M. Robinson.

Robinson, M., and L. A. Shaw 1980. *The Coins and Banknotes of Burma*.

Manchester, M. Robinson and L. Shaw.

Rockhill, W. W. 1915. "Notes on the Relations and Trade of China with the Eastern Archipelago and the Coasts of the Indian Ocean during the Fourteenth Century, Part II," *T'oung Pao* 16:61—159, 236—70, 374—92, 435—67, 604—26.

Rodgers-Siregar, Susan 1981. *Adat, Islam, and Christianity in a Batak Homeland*. Athens, Ohio University Center for International Studies.

Rojas, Pedro de 1586. Letter to Felipe II, 30 June 1586, in Blair and Robertson 1903—09 VI:265—74.

Romano, Ruggiero 1978. "Between the Sixteenth and Seventeenth Centuries: The Economic Crisis of 1619—22," in Parker and Smith 1978:165—225.

Ronkel, Ph. S. van 1919. "Een Maleische getuigenis over den weg des Islams in Sumatra." *BKI* 75:363—78.

Rössler, Martin 1990. "Striving for Modesty: Fundamentals of the Religion and Social Organization of the Makassarese Patuntung." *BKI* 146:289—324.

Rouffaer, G. P. 1904. *De voornaemste industrieën der inlandsche bevolking van Java en Madura*. The Hague, Nijhoff.

Rovere van Breugel, J. de 1787. "Beschrijving van Bantam en de Lampongs." *BKI* 5 (1858):309—62.

Sá, Artur Basilio de (ed.) 1954—8. *Documentação para a história des missões do padroado portugues do Oriente: Insulindia*. 5 vols. Lisbon, Agencia Geral do Ultramar.

Saffet Bey 1912. "Bir Osmanli Filosunun Sumatra Seferi." *Tarihi Osmani Encumeni Mecmuasi* 10:604—14; 11:678—83.

Sakai, Robert K. 1968. "The Ryukyu (Liu-ch'iu) Islands as a Fief of Satsuma," in Fairbank 1968:112—34.

Sakamaki, Shunzo 1964. "Ryukyu and Southeast Asia." JAS 23, iii:383—89.

Salazar, Domingo de 1588. "Relation of the Philippine Islands," in Blair and

Robertson 1903—09 VII:29—51.

Salazar's Council 1581. "Bishop Salazar's Council Regarding Slaves," Manila, 16 October 1581, Blair and Robertson 1903—09 XXXIV:325—31.

San Agustin, Gaspar de 1698. *Conquistas*, trans, in Schumacher 1979:72—73.

San Antonio, Gabriel Quiroga de 1604. *Breve y verdadera relación de los successos del Reyno de Camboxa*, in A. Cabaton (ed.), *Brève et véridique relation des événements du Cambodge*. Paris, Ernest Leroux, 1914, pp. 1—83(Spanish), 85—214 (French).

Sancta Maria, Fernandus de 1569. Letter from Goa, 26 December 1569, in *Exemplar Literarum ex Indiis*. Rome, 1571.

Sande, Francisco de 1576. "Relation of the Filipinas Islands," Manila, 7 June 1576, in Blair and Robertson 1903—09 IV:21—97.

—— 1579. "Letter to Philip II," 29 July 1578, in Blair and Robertson 1903—09 IV:125—35.

Sangermano, Vincentius 1818. *A Description of the Burmese Empire*, trans. William Tandy. Rome and Rangoon. Reprinted London, Susil Gupta, 1966.

Santo Ignacio, João de 1644. Letter from Macao, 5 October 1644, in Jacobs 1988:54—61.

Savary des Bruslons, Jacques 1723. *Dictionnaire universel de commerce*. 2 vols. Paris, Jacques Estienne.

Schärer, H. 1946. *Ngaju Religion: The Conception of God among a South Borneo People*, trans. R. Needham. The Hague, Nijhoff, 1963.

Schöffer, Ivo 1978. "Did Holland's Golden Age Coincide with a Period of Crisis?" in Parker and Smith 1978:83—109.

Schofield, Roger 1983. "The Impact of Scarcity and Plenty on Population Change in England, 1541—1871." *Journal of Interdisciplinary History* 14, ii:265—91.

Schouten, Joost 1636. "A Description of the Government, Might, Religion,

Customes, Traffick, and Other Remarkable Affairs in the Kingdom of Siam," trans. R. Manley, in *A True Description of the Mighty Kingdoms of Japan and Siam*, by Francis Caron and Joost Schouten. London, Robert Boulter, 1671, pp. 121—52.

Schrieke, B. 1925. "The Shifts in Political and Economic Power in the Indonesian Archipelago in the Sixteenth and Seventeenth Century," in Schrieke 1955—57 I:1—82.

—— 1942. "Ruler and Realm in Early Java," in *Indonesian Sociological Studies: Selected Writings of B. Schrieke.* 2 vols. The Hague and Bandung, Van Hoeve. Schrieke 1955—57 II:1—267.

Schumacher, John 1968. "The Depth of Christianization in Early Seventeenth Century Philippines." *Philippine Studies* 16, iii:535—39.

—— 1979. *Readings in Philippine Church History*. Quezon City, Ateneo de Manila University.

—— 1984. "Syncretism in Philippine Catholicism: Its Historical Causes." *Philippine Studies* 32, iii:251—72.

Schurhammer, Georg 1963. Francis *Xavier: His Life, His Times*, trans. J. Costelloe. Vol. II. Rome, Jesuit Historical Institute, 1977.

Schurhammer, Georgius, and Iosephus Wicki (eds.) 1944—45. *Epistolae S. Fransisci Xaverii aliaque eius scripta*. 2 vols. Rome, Monumenta Historica Soc. Iesu.

Scott, Edmund 1606. "An exact discourse of the Subtilties, Fashions, Pollicies, Religion, and Ceremonies of the East Indians, as well Chyneses as Javans, there abyding and dweling," in *The Voyage of Henry Middleton to the Moluccas*, ed. Sir William Foster. London, Hakluyt Society, 1943, pp. 81—176.

Scott, William H. 1982. *Cracks in the Parchment Curtain, and Other Essays in Philippine History*. Quezon City, New Day.

—— 1982A. "Sixteenth Century Tagalog Technology from the *Vocabulario de la Lengua Tagalo of* Pedro de San Buenaventura, O. F. M.," in Gava':

Studies in Austronesian Languages and Cultures, ed. R. Carle et al. Berlin, Dietrich Reimer, pp. 15—33.

—— 1984. *Prehistoric Source Materials for the Study of Philippine History*. Quezon City, New Day.

Sejarah Goa. Ed. G. J. Wolhoff and Abdurrahim. Makassar, Jajasan Kebudayaan Sulawesi Selatan dan Tenggara, n. d.

Sejarah Kerajaan Tallo'. *Sejarah Kerajaan Tallo'* (Suatu Transkripsi Lontara'), ed. Abd. Rahim and Ridwan Borahima. Ujung Pandang, Lembaga Sejarah dan Anthropologi, 1975.

Sejarah Melayu 1612. Ed. R. O. Winstedt. *JMBRAS* 16, iii (1938): 42—226. [English trans. C. C. Brown in *JMBRAS* 25, ii—iii (1952).]

Shellabear, W. G. 1898. "An Account of Some of the Oldest Malay MSS. Now Extant." *JSBRAS* 31: 107—51.

Shway Yoe [pseud. J. G. Scott] 1882. *The Burman: His Life and Notions*. 2nd ed. London, Macmillan, 1896.

Siegel, James 1969. *The Rope of God*. Berkeley, University of California Press.

Silver, Cornelis 1699. "Dagregister in forma van rapport," 2 May—17 December 1699, ARA VOC 1637, ff. 96—126 [kindly made available by Ruurdje Laarhoven].

Skeat, Walter 1900. *Malay Magic: Being an Introduction to the Folklore and Popular Religion of the Malay Peninsula*. London, Macmillan. Reprinted New York, Dover, 1967.

Skinner, C. 1963. *Sja'ir Perang Mengkasar (The Rhymed Chronicle of the Macassar War) by Entji'Amin*. The Hague, Nijhoff for KITLV.

Skinner, G. William 1957. *Chinese Society in Thailand: An Analytical History*. Ithaca, Cornell University Press.

—— (ed.) 1977. *The City in Late Imperial China*. Stanford, Stanford University Press.

Smith, G. 1974. "The Dutch East India Company in the Kingdom of Ayutthaya, 1604—1694."Ph. D. diss., Northern Illinois University.

Smith, Thomas C. 1988. *Native Sources of Japanese Industrialization*, 1750—1920. Berkeley, University of California Press.

Smithies, Michael 1989. "The Travels in France of the Siamese Ambassadors, 1686—7."JSS 77, ii:59—70.

Snouck Hurgronje, C. 1888. "Een Mekkaansch gezantschap naar Atjeh in 1683."BKI 37:545—54.

—— 1893. *The Achehnese*, trans. A. W. S. O'Sullivan. 2 vols. Leiden, Brill, 1906.

Sourij, Pieter 1642. "Daghregister off journael gehouden... in legatie aen de Coninginne van Atchin," ARA KA 10516, ff. 551—88.

SP. *Calendar of State Papers, Colonial Series, East Indies, China, and Japan*, ed. W. N. Sainsbury. 5 vols. London, Longman, 1862—1895.

Speelman, Cornelis 1670. "Notitie dienende voor eenen Korten Tijd en tot nader last van de Hooge Regering op Batavia voor den onderkoopman Jan van Oppijnen."3 vols. Typescript copy at KITLV, Leiden.

—— 1670A. "De Handelsrelaties van het Makassaarse rijk volgens de Notitie van Cornelis Speelman uit 1670," ed. J. Noorduyn, in *Nederlands Historische Bronnen*. Amsterdam, Verloren, 1983 III:96—121.

Spiro, Melford E. 1967. *Burmese Supernaturalism*. Expanded ed. Philadelphia, Institute for the Study of Human Issues, 1978.

Stavorinus, J. S. 1798. *Voyage to the East Indies*, trans. S. H. Wilcocke. 3 vols. London. Reprinted London, Dawsons, 1968.

Steensgaard, Niels 1973. *The Asian Trade Revolution of the Seventeenth Century: The East India Companies and the Decline of the Caravan Trade*. Chicago, University of Chicago Press.

Sternstein, Larry 1965. " 'Krung Kao': The Old Capital of Ayutthaya." *JSS* 17, i: 82—121.

Stöhr, W. and P. Zoetmulder 1968. *Les religions d'Indonesie*. Paris, Payot.

Subrahmanyam, Sanjay 1990. *The Political Economy of Commerce: South-*

ern India 1500—1650. Cambridge, CUP.

Suebsang Promboon 1971. "Sino-Siamese Tributary Relations, 1282—1853."Ph. D. diss. , University of Michigan.

Swearer, Donald, and Sommai Premchit 1975. "The Relations between the Religious and Political Orders in Northern Thailand (14th—16th Centuries)," in *Religion and Legitimation of Power in Thailand, Laos, and Burma*, ed. Bardwell Smith. Chambersburg, Pa. , Anima, 1975, pp. 20—33.

Sya'ir Bidasari. "The Epic of Bidasari," in *Malayan Literature*, ed. Chauncy Starkweather. London, Colonial, 1901, pp. 3—89 [bound with Moorish Literature].

Syamsuddin, Helius 1982. "The Coming of Islam and the Role of the Malays as Middlemen on Bima," in *Papers of the Dutch-Indonesian Historical Conference*, ed. G. J. Schutte and Heather Sutherland, Bureau of Indonesian Studies, pp. 292—300.

Syamsu'l-din as-Samatrani 1601. *Mir'at al-Mu'minin*. Summarized in Nieuwenhuyze 1945:362—73.

Symes, Michael 1827. *An Account of an Embassy to the Kingdom of Ava in the Year 1795*. 2 vols. Edinburgh, Constable.

Tachard, Guy 1688. *A Relation of the Voyage to Siam, performed by Six Jesuits*. London, A. Churchill. Reprinted Bangkok, n. p. , 1981.

Taillandier, P. 1711. Letter of 20 February 1711, in Querbeuf 1781 XI:363—420.

Tambiah, S. J. 1970. *Buddhism and Spirit Cults in North-East Thailand*. Cambridge, CUP.

—— 1976. *World Conqueror and World Renouncer: A Study of Buddhism and Polity in Thailand against a Historical Background*. Cambridge, CUP.

Tashiro, Kazui 1987. "Exports of Gold and Silver during the Early Tokugawa Era, 1600—1750."Paper presented at Keio University Conference on monetary history.

Tavernier, J. B. 1692. *Les six voyages de Jean Baptiste Tavernier, ecuyer Baron d'Aubonne, en Turquie, en Perse, et aux Indes.* 2 vols. Paris, n. p.

—— 1692A. *Receuil de plusiers relations et traitez singuliers et curieux* Paris, n. p.

Taylor, Keith 1993. "Nguyen Hoang and the Beginning of Viet Nam's Southward Expansion," in Reid 1993:42—65.

Tching-mao 1717. Memorial to Emperor, in Mailla 1717:11—12.

Teeuw, A. and D. K. Wyatt (eds.) 1970. *Hikayat Patani: The Story of Patani.* 2 vols. The Hague, KITLV.

TePaske, John J. 1983. "New World Silver, Castile and the Philippines, 1590—1800," in Richards 1983:425—45.

Terpstra, H. 1938. *De factorij der Oostindische Compagnie te Patani.* The Hague, Nijhoff for KITLV.

Than Tun (ed.) 1983. *The Royal Orders of Burma, A. D. 1593—1885.* Part I: A. D. 1598—1648. Kyoto, Center for Southeast Asian Studies, Kyoto University.

—— 1985. *The Royal Orders of Burma, A. D. 1593—1885.* Part 2:A. D. *1649—1750.* Kyoto, Kyoto University Center for Southeast Asian Studies.

Thao Boun Souk 1976. *Vientiane: note sur les monuments historiques.* Vientiane, n. p.

Thomaz, Luis Filipe 1966. *De Malaca a Pegu: viagens de um feitor Português, 1512—1515.* Lisboa, Instituto de Alta Cultura.

—— 1979. "Les Portugais dans les mers de l'Archipel au XVIe siècle." *Archipel* 18:105—25.

—— 1988. "Malaka et ses communautés marchandes au tournant du 16e siècle," in Lombard and Aubin 1988:31—48.

—— 1993. "The Malay Sultanate of Melaka," in Reid 1993:69—90.

T'ien Ju-kang 1981. "Chêng Ho's Voyages and the Distribution of Pepper in

China. "JRAS 1981, ii:186—97.

—— 1982. "Causes of Decline in China's Overseas Trade between the Fifteenth and Eighteenth Centuries," *Papers in Far Eastern History* 25:31—44.

Tobing, Ph. O. L. 1961. *Hukum Pelajaran dan Perdagangan Amanna Gappa*. Makassar, Jajasan Kebudayaan Sulawesi Selatan dan Tenggara.

Trevor-Roper, H. R. 1959. "The General Crisis of the Seventeenth Century." *Past and Present* 16, reprinted in Aston 1965.

Trimingham, J. S. 1971. *The Sufi Orders in Islam*. Oxford, Clarendon.

True Report 1599. "A True Report of the gainefull, prosperous and speedy voiage to Iava in the East Indies, performed by a fleet of eight ships of Amsterdam." Reprinted in *De tweede schipvaart der Nederlanders naar Oost-Indië onder Jacob Cornelisz van Neck en Wybrant Warwijck, 1598 — 1600*, ed. J. Keuning. Vol. II. The Hague, Nijhoff for Linschoten-Vereeniging, 1940, pp. 27—41.

Turpin, M. 1771. *History of the Kingdom of Siam*, trans. B. Cartwright. Bangkok, Vajiranana National Library, 1908.

"Tweede Boeck" 1601. "Het Tweede Boeck, Journael oft Dagh-Register," in *De Tweede schipvaart der Nederlanders naar Oost-Indië onder Jacob Cornelisz van Neck en Wybrant Warwijck, 1598 — 1600*, ed. J. Keuning. Vol. III. The Hague, Nijhoff for Linschoten-Vereeniging, 1942, pp. 1—186.

Uchibori Motomitsu 1978. "The Leaving of This Transient World: A Study in Iban Eschatology and Mortuary Practice. "Ph. D. diss., ANU.

Undang-undang Laut. "Undang-undang Laut," ed. Sir Richard Winstedt, pp. 28—50, in "The Maritime Laws of Malacca," *JMBRAS* 29, iii (1956):22—59.

Undang-undang Melaka. *The Laws of Melaka*, ed. Liaw Yock Fang. The Hague, Nijhoff for KITLV, 1976.

United Nations Centre for Human Settlements 1987. *Global Report on Hu-*

man Settlements. Oxford, OUP.

Valentijn, François 1726. *Oud en Nieuw Oost-Indiën*, ed. S. Keijzer. 2nd ed. 3 vols. The Hague, H. C. Susan, 1858.

Varthema, Ludovico di 1510. *The Travels of Ludovico di Varthema in Egypt, Syria, Arabia Deserta and Arabia Felix, in Persia, Egypt and Ethiopia, A. D. 1503 to 1508*, trans. J. W. Jones. London, Hakluyt Society, 1863.

Velarde, Pedro Murillo 1749. *Historia de Philipinas*, trans, in Blair and Robertson 1903—09 XXXXIV:27—119.

"Verhaal" 1622. "Verhaal van eenige oorlogen in Indië," *Kroniek van het Historisch Genootschap te Utrecht* 27 (1871):497—658.

Verhoeff, Pieter 1611. *De Reis van de vloot van Pieter Willemsz Verhoff naar Azië*, 1607—1612, ed. M. E. van Opstall. Vol. I. The Hague, Nijhoff for Linschoten-Vereeniging, 1972.

"Vertoog" 1622. "Vertoog ... des Koninkrijk Siam." *Kroniek van bet Historisch Genootschap te Utrecht* 27 (1871):255.

Veth, P. J. 1873. *Atchin en zijne betrekking tot Nederland*. Leiden, G. Kolff.

—— 1877. "Geographische aanteekeningen omtrent de Oostkust van Atjeh." T. *Aard. G.* 2:233—46.

Vickers, Adrian 1989. *Bali: A Paradise Created*. Ringwood, N. S. W., Penguin Australia.

Vickery, Michael 1991. *The Travels of Mendes Pinto*, book review. *Asian Studies Review* 14, iii:251—53.

Vieira, Francisco 1558. Letter from Ternate, 13 February 1558, in Jacobs (ed.) 1974:230—40.

Villiers, John 1981. "Trade and Society in the Banda Islands in the Sixteenth Century," MAS 15, iv:723—50.

Viraphol, Sarasin 1977. *Tribute and Profit: Sino-Siamese Trade, 1652—1853*. Cambridge, Harvard University Press.

Vlamingh van Outshoom, A. de 1644. "Volcht 't verhaal wegens mijn bevindingh en verrichten in Atchien." ARA KA 1059 bis, ff. 542—52.

Vliet, Jeremias van 1636. "Description of the Kingdom of Siam," trans. L. F. van Ravenswaay. JSS 7, i (1910):1—105.

—— 1640. *The Short History of the Kings of Siam*, trans. Leonard Andaya. Bangkok, Siam Society, 1975.

Volkman, Toby 1985. *Feasts of Honor: Ritual and Change in the Toraja Highlands*. Urbana, University of Illinois Press.

Voorhoeve, P. 1955. *Twee Maleise geschriften van Nuruddin ar-Raniri*. Leiden, Brill.

Wade, Geoffrey 1991. "The Ming Shi-Lu as a Source for Southeast Asian History." Paper presented at the Twelfth Conference of the International Association of Historians of Asia, Hong Kong.

Wake, C. H. H. 1979. "The Changing Pattern of Europe's Pepper and Spice Imports, ca 1400—1700." *JEEH* 8:361—403.

—— 1986. "The Volume of European Spice Imports at the Beginning and End of the Fifteenth Century." *JEEH* 15:621— 35.

Wakeman, Frederic 1985. *The Great Enterprise: The Manchu Reconstruction of Imperial Order in Seventeenth-Century China*. Berkeley, University of California Press.

Wallerstein, Immanuel 1980. *The Modern World-System*. Vol. II: *Mercantilism and the Consolidation of the European World-Economy*. New York, Academic.

Wang Gungwu 1964. "The Opening of Relations between China and Malacca, 1403—1405," in Wang 1981:81—96.

—— 1968. "The First Three Rulers of Malacca" [JMBRAS 41]. Reprinted in Wang 1981:97—107.

—— 1970. "China and Southeast Asia, 1402—1424." Reprinted in Wang 1981:58—96.

—— 1981. *Community and Nation: Essays on Southeast Asia and the Chi-*

nese. Singapore, Heinemann for ASAA.

Wap, Dr. 1862. *Het gezantschap van den Sultan van Achin Ao 1602*. Rotterdam, H. Nijgh.

Warwijck, Wybrandt van 1604. "Historische Verhael vande Reyse gedaen inde Oost-Indien met 15 Schepen voor Reeckeningh vande vereenichde Gheoctroyeerde Oost-Indische Compagnie," in *Begin ende Voortgangh* 1646.

Weber, Max 1951. *The Religion of China: Confucianism and Taoism*, trans. Hans Gerth. Glencoe, Free Press.

Welch, David J., and Judith McNeill 1989. "Archeological Investigations of Patani History." JSEAS 20, i:27—41.

Wenk, Klaus 1965. *Thailandische Miniaturmalereien*. Wiesbaden, Franz Steiner.

Wheatley, Paul 1959. "Geographical Notes on Some Commodities Involved in Sung Maritime Trade." *JMBRAS* 32:ii.

Whitmore, John 1970. "The Development of Le Government in Fifteenth Century Vietnam." Ph. D. diss., Cornell University.

—— 1983. "Vietnam and the Monetary Flow of Eastern Asia, Thirteenth to Eighteenth Centuries," in Richards 1983:363—93.

—— 1985. *Vetnam, Ho Quy Ly, and the Ming (1371—1421)*. New Haven, Yale University Council on Southeast Asia Studies.

Wicks, R. S. 1983. "A Survey of Native Southeast Asian Coinage, circa 450—1850: Documentation and Typology." Ph. D. diss., Cornell University.

Wijeyewardene, G. 1985. "Great City on the River Ping: Some Anthropological and Historical Perspectives on Chiengmai." *Political Science Review* (Chiengmai University) 6:86—112.

—— (ed.) 1986. *The Laws of King Mangrai (Mangrayathammasart)*. Canberra, ANU Department of Anthropology.

Willemsz, Pieter 1642. "Atchins dachregister," 26 September—27 November 1642, ARA KA 1051 bis [VOC 1143] ff. 499—527.

Willoughby 1636. Letter from Banten to East India Company, 31 January 1636, in IOL E/3/15, f. 153.

Wills, John E. 1974. *Pepper, Guns, and Parleys: The Dutch East India Company and China, 1622 — 1681*. Cambridge, Harvard University Press.

Winkel 1882. "Les relations de la Hollande avec le Cambodge et la Cochinchine au XVIIe siècle," *Excursions et reconnaissances* 4, xii:492—574.

Winstedt, R. O. 1961. *A History of Classical Malay Literature*. 2nd ed. Reprinted Kuala Lumpur, OUP, 1969.

Wisseman, Jan 1983. "Raja and Rama: The Classical State in Early Java," in *Centers, Symbols, and Hierarchies: Essays on the Classical States of Southeast Asia*, ed. Lorraine Gesick. New Haven, Yale University Council on Southeast Asian Studies, pp. 9—44.

Wolters, O. W. 1970. *The Fall of Srivijaya in Malay History*. Ithaca, Cornell University Press.

Wood, W. A. R. 1924. *A History of Siam*. London. Reprinted Bangkok, Chalermnit Bookshop, 1959.

Woodard, David 1796. *The Narrative of Captain David Woodard and Four Seamen*. London, J. Johnson, 1805. Reprinted London, Dawsons of Pall Mall, 1969.

Wusthoff, Gerrit 1642. "Journael van de reyse naer der Lauwen-Landt door Gerrit Wuysthoff, 20 Juli 1641 tot 24 October 1642," in Muller 1917:149—215.

—— 1669. "Vremde geschiedenissen in de Koninckrijcken van Cambodia en Louwen-Lant, in Oost-Indien, zedert den Iare 1635, tot den Iare 1644, aldaer voor-gevallen," in Muller 1917:1—57.

Wyatt, David K. 1982. *Thailand: A Short History*. New Haven, Yale University Press.

—— 1986. "Family Politics in Seventeenth- and Eighteenth-Century Siam." *Papers from a Conference on Thai Studies in Honor of William J. Ged-*

ney, ed. R. J. Bickner, T. J. Hudak, and P. Peyasantiwong. Ann Arbor, Papers on South and Southeast Asia, pp. 257—65.

Xavier, Francis 1546. "Declaración," composed in Ternate, September 1546, in Schurhammer and Wicki 1944—45 I:355—67.

—— 1548. Letter to Rome from Cochin, 20 January 1548, in Schurhammer and Wicki 1944—45 I:375—96.

Yamamura, Kozo, and Tetsuo Kamiki 1983. "Silver Mines and Sung Coins: A Monetary History of Mediaeval and Modern Japan in International Perspective," in Richards 1983:329—62.

Yule, Henry 1886. *Hobson-Jobson: A Glossary of Colloquial Anglo-Indian Words and Phrases*. New ed. Ed. William Crooke 1903. Reprinted New Delhi, Manoharlal, 1979.

Zhang Xie 1617. *Dong xi yang kao* [A study of the eastern and western oceans]. New ed. Beijing, 1981 [translated for me by Mo Yi Mei].

Zhenghe Shiji Wenwu Xuan[Selectionss on the relics concerning Zheng He] 1985. Beijing.

Zhongyang Qixiang Ju Qixiang Kexue Yanjiu Yuan [Central Metereological Agency, Centre for Research in Metereological Science] 1981. *Zhongguo jin wubai nian hanlao fenbutu ji* [Yearly charts of dryness/ wetness in China for the last five-hundred-year period]. Beijing.

Zwier van Haren, Onno 1769. Agon, *Sulthan van Bantam*, *treurspel in vyf bedryven*. New ed. Ed. G. C. de waard. Zwolle, Tjeenk Willink, 1968.

词　汇　表

alun-alun（爪哇语）：爪哇王宫北面的广场
amok（马来语）：狂攻，猛攻
anito（他加禄语）：精灵
batik（爪哇语）：巴蒂克蜡染法：布料蜡染工序
berhala（梵语/马来语）：偶像
berkat（阿拉伯语/马来语）：神灵的保佑、恩赐
carreira da India（葡萄牙语）：每年从果阿驶往里斯本的船队
cash（印度英语）：铜或铅锡合金的低面值硬币，多指中国铜钱；源于葡萄牙语"caixes"一词，但词根源于梵语；使用于印度南部、苏门答腊或马六甲；见 picis

dalem（爪哇语/马来语）：宫殿
dar ul-Islam（阿拉伯语）："伊斯兰教国"，指处于穆斯林统治和伊斯兰教法控制下的地区
dirham（阿拉伯语/亚齐语）：小金币；参见 mas
dusun（马来语）：山间的菜园，果园
estado da India（葡萄牙语）：葡萄牙政府在亚洲的贸易公司
picis（爪哇语/马来语）：由铅、铅锡合金或铜制造的劣质硬币，中间有孔，便于穿串；参见 cash
imam（阿拉伯语/马来语）：伊玛目：伊斯兰教祈祷时的领导者
jihad（阿拉伯语）：圣战
jong（爪哇语/马来语）：帆船；大型贸易商船
jurubatu（马来语）：水手长：负责锚和测深绳
kadi（阿拉伯语/马来语）：卡迪：伊斯兰教法官

kafir (阿拉伯语/马来语):卡非尔:异教徒
kampung (马来语):甘榜:都市院落
kejawen (爪哇语):爪哇人的信仰和行为
kiwi (马来语):二船主,行商
kota (马来语):要塞;城堡
kris (马来语/爪哇语):短剑
laung-zat (缅甸语):伊洛瓦底江上的船只
malim (马来语):舵手
nakhoda (马来语):船主
nakhon (泰语):城市;国家
nao (葡萄牙语):葡萄牙大帆船
orangkaya (马来语):贵族,常常经商致富
paseban (爪哇语):宫殿前或贵族宅第中通往谒见室的走廊
petak (马来语):隔间,常见于船只货舱
prahu (马来语):(叭喇唬)船
salat (阿拉伯语):撒拉特:伊斯兰教规定的祈祷、礼拜
sangha(巴利语):僧伽:小乘佛教僧团
sarung (马来语):纱笼,男女筒裙
shahada (阿拉伯语):清真言,表达伊斯兰教信仰的言词("万物非主,惟有真主,穆罕默德是主的使者")
shari'a (阿拉伯语/马来语):沙里亚:伊斯兰教法
syahbandar (马来语):沙班达尔:港主
tukang (马来语):工匠;或船副
ulama (阿拉伯语/马来语):乌里玛:伊斯兰教学者(在阿拉伯语中为复数,但此处亦用作单数)
undang-undang (马来语):法律(汇编)
VOC (荷兰语):荷兰东印度公司
wali (阿拉伯语):(真主的)使者,圣徒;特指传统上认为在爪哇归宗伊斯兰教中贡献巨大的"九贤人"

度量衡与货币

在 17 世纪，一些银币的含银量开始确定下来，特别是西班牙银元。此前，它们的币值并无固定标准。尤其是亚洲的度量衡，因时因地变化甚大。为了进行比较，我试图根据公制或银的重量估算出这些度量衡的约数，但读者必须理解这只是一种概括，而实际情况千差万别。

bahar（马来语）巴哈尔，重量单位（3 担），因地而异，但在本书中，秤胡椒时为 180 公斤，秤丁香时为 272 公斤

cruzado 克鲁萨多，葡萄牙金币或银币，相当于 1 个雷亚尔，含银 0.0255 公斤

écu 埃居，法国硬币，与雷亚尔相当

guilder 盾，荷兰银币；含银 0.01 公斤

kati（马来语）斤，重量单位；百分之一担；0.6 公斤

kin 日本重量单位；0.567 公斤

koyan（马来语）可央，体积单位；3.5 立方米

kyat 缅元，缅甸银重量单位，约 1 提卡；含银 0.0163 公斤

mas（马来语）小金币，在亚齐的价值约为 1 个西班牙雷亚尔的 1/4 或 1/5；在望加锡的价值约为 1 雷亚尔的 4/5

pikul（马来语）担，一位成年男子的负重；两麻袋重；秤胡椒时为 60 公斤

pond（荷兰语）市斤，0.494 公斤

pound（英语）磅，0.453 公斤

quan 贯，越南银重量单位

quintal（葡萄牙语）担，50 公斤

real（西班牙语）雷亚尔，西班牙古银币（piece of eight）；含银 0.0255 公斤

rijksdaalder 荷兰硬币，值同西班牙雷亚尔；相当于 2.5 荷兰盾

tahil（爪哇-马来语，或 tael）两，贵金属重量单位，1/16 斤（kati），传统上作为

银的重量单位，相当于600（或1000）铜钱（cash）。在印度尼西亚与中国的“钱”和越南的“贯”对应。约为0.04公斤

tikal（印度英语）提卡，银的重量单位

viss（缅甸语）缅甸的重量单位，相当于100缅钱，约为2.4公斤

索　引

（下文页码系原书页码，排在中译本切口一侧。——译者）

译 者 附 记

为了本次名著版的出版，我们对 2010 年中文第一版进行了修订，改正了原译遗留的部分错误，补充遗漏之处，并对译文作了润色。贺圣达教授、刘志强教授及匿名网友等对第一版译文提出了宝贵意见，傅聪聪教授、白铁先生及本书作者瑞德教授本人协助解决了上译遗留的部分专业问题，译校者在此一并表示感谢。名著版新增瑞德教授序言一篇，由孙来臣翻译，吴小安、李塔娜提出了改正意见。译稿中或仍存有不当之处，望识者不吝指正。

图书在版编目(CIP)数据

东南亚的贸易时代:1450—1680年.第2卷,扩张与危机/(澳)安东尼·瑞德著;孙来臣,李塔娜,吴小安译.—北京:商务印书馆,2017
(汉译世界学术名著丛书:120年纪念版:珍藏本)
ISBN 978-7-100-14404-9

Ⅰ.①东… Ⅱ.①安… ②孙… ③李… ④吴… Ⅲ.①经济史—研究—东南亚—1450—1680 Ⅳ.①F133.093.3

中国版本图书馆CIP数据核字(2017)第153907号

汉译世界学术名著丛书
(120年纪念版·珍藏本)
东南亚的贸易时代:1450—1680年
第二卷
扩张与危机
〔澳〕安东尼·瑞德 著
孙来臣 李塔娜 吴小安 译

商 务 印 书 馆 出 版
(北京王府井大街36号 邮政编码100710)
商 务 印 书 馆 发 行
北 京 通 州 皇 家 印 刷 厂 印 刷
ISBN 978-7-100-14404-9

2017年12月第1版 开本 710×1000 1/16
2017年12月北京第1次印刷 印张 35½
定价:178.00元